**Die Vergütung im Bauwerkvertrag**

Beiträge
aus dem Institut für Schweizerisches und Internationales
Baurecht,
Universität Freiburg

Contributions
de l'Institut pour le droit suisse et international
de la construction,
Université de Fribourg

*Herausgegeben von / Edités par*
Peter Gauch – Pierre Tercier – Jean-Baptiste Zufferey
Professoren an der Universität Freiburg Schweiz

Band / Volume
10

Rainer Schumacher

Dr. iur., Rechtsanwalt
Lehrbeauftragter an der Universität Freiburg

# Die Vergütung im Bauwerkvertrag

*Grundvergütung – Mehrvergütung*

UNIVERSITÄTSVERLAG FREIBURG SCHWEIZ

*Die Deutsche Bibliothek – CIP-Einheitsaufnahme*

**Schumacher, Rainer:**
Die Vergütung im Bauwerkvertrag: Grundvergütung - Mehrvergütung / Rainer Schumacher. - Freiburg, Schweiz: Univ.-Verl., 1998
(Beiträge aus dem Institut für Schweizerisches und Internationales Baurecht, Universität Freiburg; Bd. 10)
ISBN 3-7278-1181-1

© 1998 by Universitätsverlag Freiburg Schweiz
Paulusdruckerei Freiburg Schweiz

ISBN 3-7278-1181-1
ISSN 1423–3746 (Reihe «Beiträge aus dem Institut für Schweiz. u. Int. Baurecht»)

## *Inhaltsübersicht*

| | |
|---|---|
| AUSFÜHRLICHES INHALTSVERZEICHNIS | VII |
| WICHTIGE STICHWÖRTER | XIX |
| PERSÖNLICHE STICHWÖRTER | XX |
| LITERATURVERZEICHNIS | XXI |
| ABKÜRZUNGSVERZEICHNIS | XIX |
| EINLEITUNG | 1 |
| **ERSTER TEIL: DIE GRUNDVERGÜTUNG** | **4** |
| I. BAUWERKVERTRÄGE MIT ODER OHNE PREISVEREINBARUNG | 4 |
| II. DIE BEMESSUNG DER GRUNDVERGÜTUNG | 60 |
| III. DIE FÄLLIGKEIT | 63 |
| IV. DIE RECHNUNGSSTELLUNG | 68 |
| V. DER ZAHLUNGSVERZUG | 84 |
| VI. RABATT UND SKONTO | 88 |
| VII. ZUR VERRECHNUNG | 90 |
| VIII. ZUR ABTRETUNG | 90 |
| IX. DIE VERJÄHRUNG DER VERGÜTUNGSFORDERUNG | 91 |
| X. ZUM BAUHANDWERKERPFANDRECHT | 93 |

## ZWEITER TEIL: DIE MEHRVERGÜTUNG 96

| | | |
|---|---|---|
| I. | Zur Mehrvergütung im Allgemeinen | 96 |
| II. | Verschiedene Ursachen des Mehraufwandes | 99 |
| III. | Die Risikozuweisung durch individuelle Vertragsgestaltung | 128 |
| IV. | Das Recht des Unternehmers auf Mehraufwand | 168 |
| V. | Die Pflicht des Unternehmers zum Mehraufwand | 177 |
| VI. | Der Mehraufwand | 187 |
| VII. | Die Höhe der Mehrvergütung | 208 |
| VIII. | Zur Anzeigepflicht des Unternehmers | 237 |
| IX. | Die Fälligkeit der Mehrvergütungsansprüche | 247 |
| X. | Rabatt und Skonto | 253 |
| XI. | Weitere wichtige Einzelfragen | 255 |

## LEITSÄTZE 260

## *Ausführliches Inhaltsverzeichnis*

| | |
|---|---|
| AUSFÜHRLICHES INHALTSVERZEICHNIS | VII |
| WICHTIGE STICHWÖRTER | XIX |
| PERSÖNLICHE STICHWÖRTER | XX |
| LITERATURVERZEICHNIS | XXI |
| ABKÜRZUNGSVERZEICHNIS | XIX |

| | |
|---|---|
| **EINLEITUNG** | **1** |

| | | |
|---|---|---|
| **ERSTER TEIL: DIE GRUNDVERGÜTUNG** | | **4** |
| **I.** | **BAUWERKVERTRÄGE MIT ODER OHNE PREISVEREINBARUNG** | **4** |
| | *A. Grundlagen* | *4* |
| | *B. Aufwand - Einzelleistungen - Werk* | *5* |
| | *1. Die Kosten des Aufwandes* | *6* |
| |     a) Die Werkkosten | 9 |
| |         aa) Die direkten Kosten | 9 |
| |         bb) Die indirekten Kosten | 9 |
| |     b) Die Endzuschläge | 10 |
| |         aa) Die Verwaltungskosten | 10 |
| |         bb) Die Geldkosten | 10 |
| |         cc) Risiko und Gewinn | 11 |
| |     c) Die Mehrwertsteuer | 11 |

|   |   |   |   |   | |
|---|---|---|---|---|---|
| 2. | *Die Einzelleistungen* | | | | *11* |
| | a) | Einteilung nach der Vertragsgestaltung | | | 15 |
| | | aa) | Die detaillierte Beschreibung der unmittelbaren Bauleistungen | | 15 |
| | | bb) | Die funktionale Leistungsbeschreibung | | 17 |
| | | cc) | Die hybride Leistungsbeschreibung | | 20 |
| | | dd) | Nebenleistungen | | 24 |
| | | ee) | Der Vorrang des Leistungsverzeichnisses nach dem Vertragsgestaltungsmodell der SIA-Norm 118 | | 25 |
| | b) | Einteilung nach dem Verhältnis zum Werk | | | 45 |
| | | aa) | Dauerhafte Arbeitsergebnisse | | 45 |
| | | bb) | Temporäre Bauleistungen | | 46 |
| | c) | Einteilung nach dem Zeitpunkt der Vereinbarung | | | 46 |
| | | aa) | Ursprünglich vereinbarte Einzelleistungen | | 46 |
| | | bb) | Zusätzliche Einzelleistungen | | 47 |
| | | | aaa) | Nötige Einzelleistungen | 47 |
| | | | bbb) | Nützliche oder bequeme Einzelleistungen | 48 |
| 3. | *Das Werk* | | | | *48* |
| C. | **Bauwerkverträge mit Preisvereinbarung** | | | | **49** |
| 1. | *Verträge mit verschiedenen Preisarten* | | | | *49* |
| 2. | *Die Vergütung von Leistungen* | | | | *50* |
| | a) | Der Gesamtpreisvertrag | | | 50 |
| | b) | Der Einheitspreisvertrag | | | 50 |
| 3. | *Die Vergütung von Aufwand* | | | | *51* |
| | a) | Die Vergütung des effektiven Aufwandes | | | 51 |
| | b) | Regieansätze für Aufwandkategorien | | | 52 |
| | c) | Feste Preise für Aufwandpositionen | | | 55 |
| | d) | Übliche Aufwandvergütung | | | 57 |
| 4. | *Zur Komplexität der gängigen Preisbildung* | | | | *58* |
| 5. | *Weitere Preisarten* | | | | *59* |
| D. | **Werkverträge ohne Preisvereinbarung** | | | | **60** |

| | | |
|---|---|---:|
| **II.** | **DIE BEMESSUNG DER GRUNDVERGÜTUNG** | **60** |
| | A. Die Bemessungsgrundlagen | 60 |
| | B. Die Beschränkung der Vergütung | 61 |
| | 1. Die Teilvergütung wegen bloss teilweiser Vertragserfüllung | 61 |
| | 2. Die Beschränkung der Vergütung wegen Fehlverhaltens des Unternehmers | 62 |
| | C. Die Vergütung bei Untergang des Werkes | 63 |
| **III.** | **DIE FÄLLIGKEIT** | **63** |
| | A. Begriff und Tragweite | 63 |
| | B. Die gesetzliche Fälligkeitsregel des Art. 372 OR | 64 |
| | C. Die Fälligkeiten nach dem Abrechnungssystem der SIA-Norm 118 | 66 |
| **IV.** | **DIE RECHNUNGSSTELLUNG** | **68** |
| | A. Im allgemeinen | 68 |
| | 1. Information (Vorstellungsäusserung) | 69 |
| | 2. Zahlungsaufforderung (Willenskundgabe) | 69 |
| | B. Das Abrechnungssystem der SIA-Norm 118 | 71 |
| | C. Die Prüfbarkeit der Rechnung | 71 |
| | D. Rechnungskorrekturen und nachträgliche Rechnungen | 73 |
| | 1. Das Problem | 73 |
| | 2. Der Grundsatz: Keine Bindung an die Rechnung | 74 |
| | 3. Die Preisvereinbarung | 75 |
| | 4. Verzicht und Verwirkung zu Lasten des Unternehmers | 76 |
| |     a) Verzicht und Verwirkung nach Gesetz | 76 |
| |     b) Die Verzichtsfiktion des Art. 156 SIA-Norm 118 | 78 |
| | E. Zur Anerkennung der Rechnung durch den Bauherrn | 79 |
| | 1. Keine Anerkennung durch blosse Bezahlung | 79 |
| | 2. Anerkennung durch den Bauherrn | 80 |
| | 3. Vertrauenshaftung des Bauherrn | 81 |
| | 4. Der Rückforderungsanspruch des Bauherrn | 82 |

| | | |
|---|---|---|
| **V.** | **DER ZAHLUNGSVERZUG** | **84** |
| | A. Der Eintritt des Zahlungsverzuges | 84 |
| | B. Der Verzugszins | 86 |
| | C. Zur Arbeitseinstellung des Unternehmers | 87 |
| **VI.** | **RABATT UND SKONTO** | **88** |
| | A. Der Rabatt | 88 |
| | B. Der Skonto | 89 |
| **VII.** | **ZUR VERRECHNUNG** | **90** |
| **VIII.** | **ZUR ABTRETUNG** | **90** |
| **IX.** | **DIE VERJÄHRUNG DER VERGÜTUNGSFORDERUNG** | **91** |
| | A. Die Verjährung des Vergütungsanspruches nach Gesetz | 91 |
| | 1. Im allgemeinen | 91 |
| | 2. Die Verjährung von Voraus- und Abschlagszahlungen | 92 |
| | B. Die Verjährung des Vergütungsanspruchs im Abrechnungssystem der SIA-Norm 118 | 93 |
| **X.** | **ZUM BAUHANDWERKERPFANDRECHT** | **93** |
| | A. Die Pfandsumme | 94 |
| | B. Die Dreimonatsfrist des Art. 839 Abs. 2 ZGB | 94 |

| | | |
|---|---|---|
| **ZWEITER TEIL: DIE MEHRVERGÜTUNG** | | **96** |
| **I.** | **ZUR MEHRVERGÜTUNG IM ALLGEMEINEN** | **96** |
| | 1. Die Problemstellung | 96 |
| | 2. Mehrvergütung und Schadenersatz | 97 |
| |     a) Mehrwertsteuer | 98 |
| |     b) Verzinsung | 98 |
| |     c) Bauhandwerkerpfandrecht | 98 |

| | | |
|---|---|---|
| **II.** | **VERSCHIEDENE URSACHEN DES MEHRAUFWANDES** | **99** |
| | *A. Der Stellenwert dieser Übersicht* | *99* |
| | *B. Ursachen im Risikobereich des Bauherrn* | *100* |
| | *1. Die Bestellungsänderung* | *100* |
| | *2. Mangelhafte Mitwirkungshandlungen des Bauherrn* | *101* |
| |     a) Im allgemeinen | 101 |
| |     b) Der Annahmeverzug des Bauherrn | 104 |
| |         aa) Der Annahmeverzug nach Gesetz | 105 |
| |         bb) Der Annahmeverzug nach der SIA-Norm 118 | 105 |
| | *3. Mangelhafte Angaben des Bauherrn* | *106* |
| |     a) Im allgemeinen | 106 |
| |     b) Art. 58 Abs. 2 SIA-Norm 118 | 109 |
| |     c) Unrichtige Mengenangaben | 111 |
| |         aa) Schlichte Mengenabweichung | 112 |
| |         bb) Andere Mengenabweichungen | 113 |
| | *4. Beeinträchtigungen des entstehenden Bauwerkes* | *114* |
| | *5. Zahlungsverzug des Bauherrn* | *114* |
| | *6. Spezielle Mehrvergütungsklauseln zu Lasten des Bauherrn* | *116* |
| |     a) Art. 60 Abs. 2 SIA-Norm 118 | 117 |
| |     b) Art. 64 ff. SIA-Norm 118 | 117 |
| |     c) Art. 84 ff. SIA-Norm 118 | 118 |
| |     d) Art. 95 Abs. 3 SIA-Norm 118 | 118 |
| |     e) Art. 101 Abs. 2 SIA-Norm 118 | 119 |
| |     f) Art. 112 Abs. 2 Satz 2 SIA-Norm 118 | 119 |
| |     g) Art. 122 Abs. 1 SIA-Norm 118 | 119 |
| |     h) Art. 132 SIA-Norm 118 | 120 |
| | *C. Ursachen im Risikobereich des Unternehmers* | *121* |
| | *1. Keine Offertkalkulation des Mehraufwandes* | *121* |
| | *2. Mangelhafte Projektierung des Unternehmers* | *121* |
| | *3. Fehlerhafte Bauausführung* | *122* |
| | *4. Schuldnerverzug des Unternehmers* | *123* |
| | *5. Haftung des Unternehmers für Werkmängel* | *123* |
| | *6. Die Ausnahmeregel des Art. 61 SIA-Norm 118* | *124* |

D. Ursachen im gemeinsamen Risikobereich des Bauherrn und
des Unternehmers                                                    *124*

1. Art. 373 Abs. 2 OR                                                *124*

2. Art. 59 SIA-Norm 118                                              *126*

3. Subsidiarität der Art. 373 Abs. 2 OR und Art. 59 SIA-Norm
   118                                                               *127*

4. Sonderbestimmungen der SIA-Norm 118                               *127*

III. **DIE RISIKOZUWEISUNG DURCH INDIVIDUELLE
     VERTRAGSGESTALTUNG**                                            **128**

A. Der Grundsatz                                                     *128*

B. Die ausdrückliche Übernahme einzelner bestimmter Risiken
im Vertrag                                                           *131*

C. Die Risikoübernahme des Bauherrn durch sein Vertrauen
erweckendes Verhalten                                                *131*

1. Die vertragliche Vertrauenshaftung im allgemeinen                 *132*
   a) Die Arbeitsteilung                                             *132*
      aa) Die Optimierung durch den Bauherrn                         *135*
      bb) Die Optimierung durch den Unternehmer                      *136*
   b) Die Vertrauenshaftung im Vertragsrecht                         *137*

2. Die Vertrauenshaftung des Bauherrn infolge detaillierter
   Leistungsbeschreibung                                             *140*
   a) Allgemeines                                                    *140*
   b) Die Vertrauenshaftung nach Gesetz                              *142*
   c) Die Vertrauenshaftung nach SIA-Norm 118                        *145*

3. Die Vertrauenshaftung des Bauherrn bei funktionaler
   Leistungsbeschreibung                                             *148*

4. Erhöhtes Vertrauen im Submissionswettbewerb                       *149*

5. Die Vertrauenszerstörung                                          *151*

D. Exkurs 1: Weitere Rechtsbehelfe des Unternehmers                  *154*

1. Nichtige Haftungsausschlussklauseln                               *155*

2. Anfechtung wegen Übervorteilung oder Willensmängeln               *155*

3. Schutz gegen übermässige Bindung                                  *156*

4. Geltungsschranken für AGB                                         *157*

5. Kartellrecht                                                      *158*

|  |  |  | |
|---|---|---|---|
|  | 6. Gerechtigkeitsbindung des öffentlichen Bauherrn | | *160* |
|  | E. Exkurs 2: Mehr Verantwortung des Unternehmers ? | | *161* |
|  | F. Exkurs 3: Zum Regressrecht des Bauherrn | | *163* |
|  | *1. Zur Rechtslage* | | *163* |
|  |  | a) Allgemeines | 163 |
|  |  | b) Umfang der Pflichten | 164 |
|  |  | c) Vertragsgestaltung | 165 |
|  |  | d) Die Ohnehin-Kosten | 166 |
|  | *2. Zur Praxis* | | *166* |
| **IV.** | **DAS RECHT DES UNTERNEHMERS AUF MEHRAUFWAND** | | **168** |
|  | A. *Die Einteilung nach den Folgen* | | *168* |
|  | B. *Mehraufwand ohne Leistungsänderung* | | *170* |
|  | *1. Der Grundsatz* | | *170* |
|  | *2. Die Anzeigepflicht des Unternehmers* | | *170* |
|  | C. *Mehraufwand zufolge Leistungsänderung* | | *171* |
|  | *1. Der Grundsatz* | | *171* |
|  | *2. Die Ausnahme* | | *172* |
|  | *3. Die Anzeigepflicht des Unternehmers* | | *172* |
|  | *4. Die Beweislast des Unternehmers* | | *173* |
|  | *5. Dialog* | | *174* |
|  |  | a) Beratung durch den Unternehmer | 175 |
|  |  | b) Unternehmervariante | 175 |
| **V.** | **DIE PFLICHT DES UNTERNEHMERS ZUM MEHRAUFWAND** | | **177** |
|  | A. *Mehraufwand ohne Leistungsänderung* | | *177* |
|  | B. *Mehraufwand zufolge Leistungsänderung* | | *178* |
|  | *1. Der Grundsatz* | | *178* |
|  | *2. Die Ausnahme: Bestellungsänderungsrecht des Bauherrn* | | *179* |
|  |  | a) Vereinbarung | 179 |
|  |  | b) Vertragsergänzung | 180 |
|  |  | c) Art. 84 Abs. 1 SIA-Norm 118 | 181 |

|  |  |  |
|---|---|---|
|  | 3. Einzelfragen | 182 |
|  |     a) Beizug anderer Unternehmer | 182 |
|  |     b) Wahlpositionen (Eventual- und Alternativpositionen) | 183 |
|  |     c) Dringliche Arbeiten | 185 |
|  |     d) Beschleunigungsmassnahmen | 186 |
|  |     e) Studien | 186 |

## VI. DER MEHRAUFWAND — 187

A. Die Erscheinungsformen des Mehraufwandes — *187*

1. Zum Mehraufwand im allgemeinen — *187*
2. Unmittelbarer und mittelbarer Mehraufwand — *189*
3. Zum mittelbaren Mehraufwand im besonderen — *190*

B. Die Ermittlung des Mehraufwandes — *192*

1. Das Problem — *192*
2. Die ohnehin geschuldeten Leistungen — *193*
   - a) Bei detaillierter Beschreibung der unmittelbaren Bauleistungen — 194
     - aa) Im Einheitspreisvertrag — 194
     - bb) Im Gesamtpreisvertrag — 194
   - b) Bei funktionaler Leistungsbeschreibung — 196
   - c) Bei hybrider Leistungsbeschreibung — 197
3. Die Ermittlungsmethoden — *198*
   - a) Die Abzugsmethode — 198
     - aa) Abzug des Ohnehin-Aufwandes — 198
     - bb) Abzug der Grundvergütung — 199
   - b) Die Trennmethode — 199
     - aa) Ausschliesslich zusätzlicher Aufwand — 200
     - bb) Überwiegend zusätzlicher Aufwand — 200
   - c) Zur Methodenwahl — 201

C. Der Beweis des Mehraufwandes — *201*

1. Die Beweispflicht des Unternehmers — *201*
2. Der Beweis des Kausalzusammenhanges — *202*
3. Der Wahrscheinlichkeitsbeweis — *203*

| | | |
|---|---|---|
| D. Einzelfragen | | 206 |
| 1. Der Abzug des unnötigen Mehraufwandes | | 206 |
| 2. Die Vorteilsausgleichung | | 206 |
| 4. Keine Kompensation mit Reserven | | 207 |

## VII. DIE HÖHE DER MEHRVERGÜTUNG — 208

A. Das Thema — 208

B. Die gesetzliche Vergütungsregel: Art. 374 OR — 209

   1. Die Tragweite des Art. 374 OR — 209

   2. Die Zuschlagskalkulation — 210

   3. Vereinfachte Verfahren — 212

      a) Die Nachteile der Ermittlung der effektiven Kosten — 212

      b) Die Mehrkostenermittlung aufgrund der ursprünglichen Kostengrundlage — 214

      c) Die Ermittlung der Mehrkosten zu Regieansätzen — 218

C. Antizipierte Mehrvergütungs-Absprachen (AMA) — 218

   1. Der Begriff — 218

   2. Die Beweislast — 219

   3. Erscheinungsformen der AMA — 220

      a) Einteilung nach der Art der Bestimmung der Mehrvergütung — 220

          aa) Festlegung von Vergütungsbeiträgen — 220

              aaa) Vereinbarung von Regieansätzen — 220

              bbb) Vereinbarung von Festpreisen — 220

          bb) Festlegung von Richtlinien — 220

              aaa) Neue Regieansätze — 221

              bbb) Neue Festpreise (Nachtragspreise) — 221

          cc) Verweisung auf Ersatzlösungen — 221

      b) Einteilung nach der Höhe der Vergütung — 222

          aa) Volle Vergütung des Mehraufwandes — 222

          bb) Beschränkte Vergütung des Mehraufwandes — 222

      c) Einteilung nach der Art der Vertragsgestaltung — 223

   4. Vor- und Nachteile der AMA — 224

D. Teilweise Risikoübernahme durch AMA? — 226

| | | |
|---|---|---:|
| | E. Zu den AMA der Art. 85 ff. SIA-Norm 118 | 228 |
| | 1. Das Kaskadensystem der Art. 85 ff. SIA-Norm 118 im allgemeinen | 228 |
| |     a) Mengenänderungen | 228 |
| |     b) Andere Änderungen | 229 |
| | 2. Art. 86 Abs. 1 und Abs. 2 SIA-Norm 118 und Ersatzklauseln | 231 |
| | 3. Die Verweisung in Art. 58 Abs. 2 Satz 1 SIA-Norm 118 | 235 |
| **VIII.** | **ZUR ANZEIGEPFLICHT DES UNTERNEHMERS** | **237** |
| | A. Begründung und Zweck der Anzeigepflicht | 237 |
| | 1. Die Anzeigepflicht nach Gesetz | 237 |
| | 2. Die Anzeigepflicht nach der SIA-Norm 118 | 239 |
| | B. Die Erfüllung der Anzeigepflicht | 239 |
| | 1. Der Inhalt der Anzeige | 239 |
| | 2. Der Zeitpunkt der Anzeige | 241 |
| | 3. Die Form der Anzeige | 241 |
| |     a) Die Formfreiheit nach Gesetz | 241 |
| |     b) Eine Formvorschrift der SIA-Norm 118 | 242 |
| | C. Zu den Haftungsvoraussetzungen | 242 |
| |     a) Anderweitige Information des Bauherrn | 243 |
| |     b) Keine Information des Bauherrn | 243 |
| |         aa) Zwangsläufiges Verhalten des Bauherrn | 244 |
| |         bb) Freiwilliges Verhalten des Bauherrn | 244 |
| | D. Die Rechtsfolgen | 244 |
| | 1. Anspruch des Bauherrn auf Ersatz seines Vertrauensschadens | 245 |
| | 2. Kein Vergütungsanspruch des Unternehmers für vermeidbaren Mehraufwand | 246 |
| **IX.** | **DIE FÄLLIGKEIT DER MEHRVERGÜTUNGSANSPRÜCHE** | **247** |
| | A. Im Einheitspreisvertrag nach SIA-Norm 118 | 247 |
| | B. Im Vertrag mit Teilzahlungsplan | 250 |
| | C. Im Vertrag ohne Zahlungsordnung | 251 |
| | D. Die Sicherheitsleistung bis zur Abnahme | 251 |

|     |     |     |
| --- | --- | --- |
|     | E. Die Sicherheitsleistung nach der Abnahme | *253* |
| X.  | **RABATT UND SKONTO** | **253** |
|     | A. Der Rabatt | *253* |
|     | B. Der Skonto | *254* |
| XI. | **WEITERE WICHTIGE EINZELFRAGEN** | **255** |
|     | A. Rechnungsstellung | *255* |
|     | 1. Im allgemeinen | *255* |
|     | 2. Bindungswirkung | *256* |
|     | B. Zahlungsverzug | *258* |
|     | C. Verrechnung und Abtretung | *258* |
|     | D. Verjährung | *258* |
|     | E. Bauhandwerkerpfandrecht | *258* |
|     | F. Interventionskosten | *259* |

**LEITSÄTZE**     **260**

## Wichtige Stichwörter

Statt eines Sachregisters soll die *systematische* Benutzung dieses Buches erleichtert werden durch
a) das ausführliche Inhaltsverzeichnis (S. IV ff.);
b) zahlreiche Querverweisungen im Text; die in Klammern gesetzten Nummern (Nr.) verweisen auf die Randnummern dieses Buches;
c) die folgenden ausgewählten wichtigen Stichwörter; die Zahlen verweisen auf die Randnummern dieses Buches.

| | |
|---|---|
| Anzeigepflicht: | 54, 129 ff., 543, 548 f., 554, 716 ff. |
| Arbeitsteilung: | 59, 66 f., 70, 94, 126, 439 ff., 476 f., 481, 525, 773 |
| Aufwandpositionen: | 32, 155, 177 ff., 186 ff., 541, 599 |
| Baugrundrisiko: | 359, 360 ff., 385, 415, 428, 478, 488, 489, 525, 559, 684, 710 ff. |
| Gesamtkalkulation: | 28, 30, 171, 181, 188, 372, 460, 676, 686, 692, 707 |
| indiv. Risikozuweisung: | 334, 385, 417 ff., 432 ff., 435 ff., 688 ff., 769 ff. |
| Kausalkette: | 352, 585, 587 ff., 628, 630 ff., 685 |
| Leistungsbeschreibung: | |
| - detaillierte | 51 ff., 67 ff., 113 ff., 116 f., 466 ff., 480, 486, 504, 526, 601 ff., 690, 708, 771 ff. |
| - funktionale | 55 ff., 400, 490, 524 f., 557, 607 ff., 690, 774 ff. |
| - hybride | 60 ff., 491, 611, 690 |
| systematisches Vorgehen: | 9 f., 67, 742, 356, 473, 742, 768 |
| Überprüfungspflicht: | 125 ff., 487, 525, 610 |
| Vertrauenshaftung: | 126, 275, 354, 435 ff., 489, 732 ff., 690 ff. |
| Vertrauenszerstörung: | 124, 498 ff., 691, 702, 707, 772 |
| Wahrscheinlichkeitsbeweis: | 618, 632 ff., 652 ff. |
| Zuschlagssystem: | 28, 31 ff., 646 ff., 653, 656, 753, 766, 768 |

XX

*Persönliche Stichwörter*

# *Literaturverzeichnis*

Ich stütze mich insbesondere auf die folgende *Literatur* (Auswahl):

- ÁGH-ACKERMANN ERNST/KUEN KURT, Technisch-wirtschaftliche Aspekte des Bauvertrages: Die Behinderung, BauR 1991, S. 542 ff. (zit. ÁGH/KUEN, BauR 1991)

- BORNER SILVIO, Einführung in die Volkswirtschaftslehre, 7. Auflage, Chur 1992 (zit. BORNER)

- BRANDENBERGER JÜRG/RUOSCH ERNST, Ablaufplanung im Bauwesen, 2. Auflage, Dietikon 1987 (zit. BRANDENBERGER/RUOSCH, Ablaufplanung)

- BRANDENBERGER JÜRG/RUOSCH ERNST, Projektmanagement im Bauwesen, 4. Auflage, Dietikon 1996 (zit. BRANDENBERGER/RUOSCH, Projektmanagement)

- BRINER HANS, Das Baugrundrisiko, in: KOLLER ALFRED (Hrsg.), Bau- und Bauprozessrecht: Ausgewählte Fragen, St. Gallen 1996, S. 225 ff. (zit. BRINER)

- BRUNNER HANS, Unvorhergesehenes beim Bauen, in: KOLLER ALFRED (Hrsg.), Aktuelle Probleme des privaten und öffentlichen Baurechts, St. Gallen 1994, S. 213 ff. (zit. BRUNNER)

- BÜHLER ALFRED, Von der Beweislast im Bauprozess, in: KOLLER ALFRED (Hrsg.), Aktuelle Probleme des privaten und öffentlichen Baurechts, St. Gallen 1994, S. 289 ff. (zit. BÜHLER)

- BÜHLER THEODOR, Zürcher Kommentar zum Schweizerischen Zivilgesetzbuch, Teilband V/2d, Der Werkvertrag, 3. Auflage, Zürich 1998 (zit. BÜHLER, N .... zu Art. .... OR)

- CHAPPUIS CHRISTINE, La responsabilité fondée sur la confiance, Semjud 1997, S. 165 ff. (zit. CHAPPUIS, Semjud 1997)

- VON CRAUSHAAR GÖTZ, Die Rechtsprechung zu Problemen des Baugrundes, in: Festschrift für *Horst Locher*, Düsseldorf 1990, S. 9 ff. (zit. VON CRAUSHAAR, FS Locher)

- ENGLERT KLAUS/BAUER KARLHEINZ, Rechtsfragen zum Baugrund, 2. Auflage, Düsseldorf 1991 (zit. ENGLERT/BAUER)

- ERDIN RETO, Unvorhergesehenes beim Werkvertrag mit Festpreis, Diss. St. Gallen 1997(zit. ERDIN)

- FIKENTSCHER WOLFGANG, Zur Generalklausel des § 242 BGB als Schlüssel des zivilrechtlichen Vertrauensschutzes: „Sonderverbindung" oder „neue Sachnormen"? - Ein Beitrag zur Rechtsverhaltensforschung (hrsg. von HOF usw., vgl. dort), S. 165 ff. (zit. FIKENTSCHER)

- GAUCH PETER, Der Werkvertrag, 4. Auflage, Zürich 1996 (zit. GWerkV)

- GAUCH PETER, Kommentar zur SIA-Norm 118, Art. 157 - 190, Zürich 1991 (zit. GAUCH, KommSIA118, Anm. .... zu Art. ....)

- GAUCH PETER (Hrsg.), Kommentar zur SIA-Norm 118, Art. 38 - 156, Zürich 1992 (zit. GAUCH oder GAUCH/PRADER oder GAUCH/EGLI oder GAUCH/SCHUMACHER, KommSIA118, Anm. ... zu Art. ...)

- GAUCH PETER, Die Vergütung von Bauleistungen, BRT 1987, Band I, S. 1 ff. (zit. GAUCH, BRT 1987, Bd. I)

- GAUCH PETER/SCHLUEP WALTER R., Schweizerisches Obligationenrecht, Allgemeiner Teil, 6. Auflage, Zürich 1995 (zit. GAUCH/SCHLUEP)

- HOF HAGEN/KUMMER HANS/WEINGART PETER/MAASEN SABINE (Hrsg.), Recht und Verhalten / Verhaltensgrundlagen des Rechts - zum Beispiel Vertrauen, Interdisziplinäre Studien zu Recht und Staat, Band 1, Baden-Baden 1994

- HOFMANN OLAF/FRIKELL ECKHARD, Nachträge am Bau, 2. Auflage, Stamsried (Deutschland) 1998 (zit. HOFMANN/FRIKELL)

- HONSELL HEINRICH/VOGT NEDIM PETER/WIEGAND WOLFGANG, Kommentar zum Schweizerischen Privatrecht, Obligationenrecht I, 2. Auflage, Basel und Frankfurt a.M. 1996 (zit. HONSELL/Bearbeiter, N ... zu Art. ... OR)

- HUBER FELIX, Der Generalunternehmervertrag des Verbands Schweizerischer Generalunternehmer/Wegleitung zu den allgemeinen Vertragsbedingungen des VSGU, Zürich 1996 (zit. HUBER)

- HÜRLIMANN ROLAND, Unternehmervarianten - Risiken und Problembereiche, BR 1996, S. 3 ff., insbesondere S. 9 f.: Zuordnung der Mehrkosten (zit. HÜRLIMANN, BR 1996)

- HÜRLIMANN ROLAND, Variantes de l'entrepreneur - Risques et problèmes en Suisse, Tijdschrift voor Aannemingsrecht/L'entreprise et le droit, Bruxelles 1997, S. 15 ff.

- INGENSTAU HEINZ/KORBION HERMANN, VOB, Verdingungsordnung für Bauleistungen, Teile A und B, Kommentar, 13. Auflage, Düsseldorf 1996 (zit. INGENSTAU/KORBION)

- JÄGGI PETER/GAUCH PETER, Zürcher Kommentar zum Schweizerischen Zivilgesetzbuch, Teilband V/1 b, Kommentar zu Art. 18 OR, Zürich 1980 (zit. JÄGGI/GAUCH, N .... zu Art. 18 OR)

- KAPELLMANN KLAUS D. (Hrsg.), Juristisches Projektmanagement bei Entwicklung und Realisierung von Bauprojekten, Düsseldorf 1997 (zit. KAPELLMANN, Projektmanagement)

- KAPELLMANN KLAUS D./SCHIFFERS KARL-HEINZ, Vergütung, Nachträge und Behinderungsfolgen beim Bauvertrag, Band 1: Einheitspreisvertrag, 3. Auflage, Düsseldorf 1996, und Band 2: Pauschalvertrag einschliesslich Schlüsselfertigbau, 2. Auflage, Düsseldorf 1997 (zit. KAPELLMANN/SCHIFFERS, Bd. 1 oder 2)

- KLEINEWEFERS HENNER/PFISTER REGULA/GRUBER WERNER, Die schweizerische Volkswirtschaft / Eine problemorientierte Einführung in die Volkswirtschaftslehre, 4. Auflage, Frauenfeld 1993 (zit. KLEINEWEFERS)

- LIEB RUPERT H.G., Wirtschaftliche Aspekte und Konsequenzen der Forcierung oder Verzögerung von Bauvorhaben, Diss. ETH Nr. 11828, vdf Hochschulverlag AG an der ETHZ, Zürich 1997 (zit. LIEB)

- LOCHER HORST, Das private Baurecht, 6. Auflage, München 1996 (zit. LOCHER, Baurecht)

- LOCHER ULRICH, Die Rechnung im Werkvertragsrecht, Düsseldorf 1990 (zit. LOCHER, Rechnung)

- LUCHESCHI MARCO, Rechtsprobleme bei Verträgen über Grossprojekte / Insbesondere unter Berücksichtigung von Industrieanlagenverträgen, Diss. Zürich 1996 (zit. LUCHESCHI)

- LUHMANN NIKLAS, Vertrauen / Ein Mechanismus der Reduktion sozialer Komplexität, 3. Auflage, Stuttgart 1989 (zit. LUHMANN, Vertrauen)

- MANDELKOW DIETER, Qualifizierte Leistungsbeschreibung als wesentliches Element des Bauvertrages, BauR 1996, S. 31 ff. (zit. MANDELKOW, BauR 1996)

- MANKIW N. GREGORY (Harvard University), Principles of Microeconomics, Fort Worth ect. 1998 (zit. MANKIW)

- MOSIMANN RUDOLF, Der Generalunternehmervertrag im Baugewerbe, Diss. Zürich 1972 (zit. MOSIMANN)

- NICKLISCH FRITZ, Mehrvergütung und Schadensersatz bei Projektänderungen und Behinderungen - Rechtliche Voraussetzungen, in: NICKLISCH FRITZ (Hrsg.), Leistungsstörungen bei Bau- und Anlagenverträgen, Heidelberger Kolloquium Technologie und Recht 1984, Heidelberg 1985, S. 83 ff. (zit. NICKLISCH 1985)

- NICKLISCH FRITZ, Vertragsgestaltung und Risikoverteilung bei neuen Technologien am Beispiel des modernen Tunnelbaus, in: Festschrift für *Rudolf Lukes*, Köln/Berlin/Bonn/München 1989, S. 143 ff. (zit. NICKLISCH, FS Lukes)

- NICKLISCH FRITZ, Ansprüche des Unternehmers auf Zeitverlängerung und Mehrvergütung bei Änderungen und Störungen des Projektablaufs, in: NICKLISCH FRITZ (Hrsg.), Verträge über Computertechnik in Forschung, Verwaltung, Wirtschaft und Technik/Vertragsgestaltung, Vertragsabwicklung, Qualitätssicherung und Streitbeilegung, Heidelberger Kolloquium Technologie und Recht 1989, Heidelberg 1990, S. 145 ff. (zit. NICKLISCH 1990)

- NICKLISCH FRITZ, Sonderrisiken und Ansprüche auf Fristverlängerung und Mehrvergütung, Heidelberger Kolloquium Technologie und Recht 1990, Betriebs-Berater, Beilage 15 vom 10. Juli 1991, S. 3 ff. (zit. NICKLISCH 1991/1)

- NICKLISCH FRITZ, Vertragsstrukturen und Risikozuordnung beim Tunnel- und Stollenbau, Heidelberger Kolloquium Technologie und Recht 1990, Betriebs-Berater, Beilage 20 vom 20. Oktober 1991, S. 6 ff. (zit. NICKLISCH 1991/2)

- OSWALD MARGRIT E., Vertrauen - ein Analyse aus psychologischer Sicht (hrsg. von HOF usw., vgl. dort), S. 111 ff. (zit. OSWALD)

- PETERMANN FRANZ, Psychologie des Vertrauens, 3. Auflage, Göttingen/Bern/Toronto/Seattle 1996 (zit. PETERMANN)

- PRADER DURI, Technische Risiken beim Tunnel- und Stollenbau, in: NICKLISCH FRITZ (Hrsg.), Leistungsstörungen bei Bau- und Anlagenverträgen, Heidelberger Kolloquium Technologie und Recht 1990, Betriebs-Berater, Beilage 20 vom 20. Oktober 1991, S. 2 ff. (zit. PRADER, 1991/2)

- SCHOPF ADOLF, Die Prüf- und Warnpflicht des Werkunternehmers unter besonderer Berücksichtigung des Baumeisters und seiner Professionisten, 2. Auflage, Wien 1997 (zit. SCHOPF, Prüfpflicht)

- SCHOPF ADOLF, Wichtige Rechtsfragen der Bauwirtschaft, Wien 1995, Nachdruck 1997 (zit. SCHOPF, Rechtsfragen)

- SCHUMACHER RAINER, Das Bauhandwerkerpfandrecht, Systematische Darstellung der Praxis, 2. Auflage, Zürich 1982 (zit. SCHUMACHER, Bauhandwerkerpfandrecht)

- SCHUMACHER RAINER, Bauen mit einem Generalunternehmer, BR 1983, S. 43 ff. (zit. SCHUMACHER, BR 1983)

- SCHUMACHER RAINER, Konventionell oder mit einem Generalunternehmer? Überlegungen eines Juristen, in: SIA-Dokumentation 71, Zürich 1983, S. 33 ff. (zit. SCHUMACHER, SIA 1983)

- SCHUMACHER RAINER, Beweisprobleme im Bauprozess, in: Festschrift für *Kurt Eichenberger*, Aarau 1990, S. 157 ff. (zit. SCHUMACHER, Beweisprobleme)

- SCHUMACHER RAINER, Sicherung von Bauforderungen, BRT 1995, Bd. II, S. 2 ff. (zit. SCHUMACHER, BRT 1995, Bd. II)

- SCHUMACHER RAINER, Die Haftung des Architekten aus Vertrag, in: GAUCH PETER/TERCIER PIERRE (Hrsg.), Das Architektenrecht/Le droit de l'architecte, 3. Auflage, Fribourg 1995 (zit. SCHUMACHER, ArchR)

- SCHUMACHER RAINER, Der Unternehmer und seine Rechnungen / Rechnungsstellung, Bezahlung und Nachforderungen, BRT 1997, Bd. II, S. 2 ff. (zit. SCHUMACHER, BRT 1997, Bd. II)

- SCHUMACHER RAINER, Vertragsgestaltung für grosse Infrastrukturbauten - Sicht eines Praktikers, BR 1997, S. 3 ff. (zit. SCHUMACHER, BR 1997)

- SCHWEIZERISCHER BAUMEISTERVERBAND (Hrsg.), Vorkalkulation des Schweiz. Baumeisterverbandes, Ausgabe 1996, Zürich 1996 (zit. Vorkalkulation SBV 1996)

- SWOBODA HANS WOLFGANG, Ursachen und Auswirkungen von Änderungen und Behinderungen bei Bauverträgen, in: NICKLISCH FRITZ (Hrsg.), Leistungsstörungen bei Bau- und Anlagenverträgen, Heidelberger Kolloquium Technologie und Recht 1984, Heidelberg 1986, S. 65 ff. (zit. SWOBODA 1985)

- SWOBODA HANS WOLFGANG, Methoden für Quantifizierung und Nachweis von Zusatzansprüchen, Heidelberger Kolloquium Technologie únd Recht 1990, Betriebs-Berater, Beilage 15 vom 10. Juli 1991, S. 6 ff. (zit. SWOBODA 1991/1)

- TERCIER PIERRE, Introduction au droit privé de la construction, Fribourg 1994 (zit. TERCIER, Introduction)

- VYGEN KLAUS/SCHUBERT EBERHARD/LANG ANDREAS, Bauverzögerung und Leistungsänderung / Rechtliche und baubetriebliche Probleme und ihre Lösungen, 2. Auflage, Wiesbaden und Berlin 1994 (zit. VYGEN/SCHUBERT/LANG)

- VYGEN KLAUS, Leistungsänderungen und Zusatzleistungen beim Pauschalvertrag, in: Festschrift für *Horst Locher* zum 65. Geburtstag, Düsseldorf 1990, S. 263 ff. (zit. VYGEN, FS Locher)

- WALTER HANS PETER, Vertrauenshaftung im Umfeld des Vertrages, ZBJV 1996, S. 273 ff. (zit. WALTER, ZBJV 1996)

- WEINGART PETER, Verhaltensgrundlagen des Rechts - zum Beispiel Vertrauen (hrsg. von HOF usw., vgl. dort), S. 9 ff. (zit. WEINGART)

- WERNER ULRICH/PASTOR WALTER, Der Bauprozess, 7. Auflage, Düsseldorf 1993 (zit. WERNER/PASTOR)

- WIDMER CHRISTIAN, Die massgeblichen Leistungen im Generalunternehmervertrag, in: LENDI/NEF/TRÜMPY (Hrsg.), Das private Baurecht der Schweiz, Zürich 1994, S. 119 ff. (zit. WIDMER)

- WIEGAND CHRISTIAN, Bauvertragliche Bodenrisikoverteilung im Rechtsvergleich, ZfBR 1990, S. 2 ff. (zit. WIEGAND, ZfBR 1990)

- WIEDGAND JÜRGEN, Leitfaden für das Planen und Bauen mit Hilfe der Wertanalyse, Wiesbaden und Berlin 1995 (zit. WIEGAND, Planen und Bauen)

- WIEGAND WOLFGANG, Rechtsschein und Vertrauen (hrsg. von Hof usw., vgl. dort), S. 183 ff. (zit. WIEGAND, Vertrauen)
- WIEGAND WOLFGANG, Von der Obligation zum Schuldverhältnis, recht 1997, S. 85 ff. (zit. WIEGAND, recht 1997)

# *Abkürzungsverzeichnis*

| | | |
|---|---|---|
| a.A. | = | anderer Ansicht |
| a.a.O. | = | am angegebenen Ort |
| Abs. | = | Absatz |
| a.E. | = | am Ende |
| AGB | = | Allgemeine Geschäftsbedingungen |
| AGVE | = | Aargauische Gerichts- und Verwaltungsentscheide |
| AJP | = | Aktuelle Juristische Praxis |
| al. | = | Alinea |
| AMA | = | antizipierte Mehrvergütungs-Absprachen |
| Anm. | = | Anmerkung(en) |
| ArchR | = | Das Architektenrecht/Le droit de l'architecte, herausgegeben von GAUCH/TERCIER, 3. Auflage, Freiburg 1995 |
| ARGE | = | Arbeitsgemeinschaft (einfache Gesellschaft gemäss Art. 530 ff. OR) |
| Art. | = | Artikel |
| Aufl. | = | Auflage |
| BauR | = | Zeitschrift für das gesamte öffentliche und zivile Baurecht, Düsseldorf |
| BB | = | Der Betriebs-Berater, Heidelberg |
| Bd. | = | Band |
| Bde. | = | Bände |
| BG | = | Bundesgesetz |
| BGE | = | Entscheidungen des Schweizerischen Bundesgerichts (amtliche Sammlung) |
| BGH | = | Bundesgerichtshof (Deutschland) |
| BGr | = | Bundesgericht |
| BJM | = | Basler Juristische Mitteilungen |
| BKP | = | Baukostenplan |
| BR | = | Baurecht/Droit de la construction (Mitteilungen zum privaten und öffentlichen Baurecht, Schweiz) |

| | | |
|---|---|---|
| BRT | = | Baurechtstagung: Deutschsprachige Tagungsunterlagen der Freiburger Baurechtstagungen, herausgegeben vom Seminar für Schweizerisches Baurecht, ab 1997 vom Institut für Schweizerisches und Internationales Baurecht, Freiburg (Schweiz), jeweils mit Angabe des Jahres und des Bandes |
| BV | = | Bundesverfassung der Schweizerischen Eidgenossenschaft vom 29. Mai 1874 (SR 101) |
| Diss. | = | Dissertation |
| FG | = | Festgabe |
| FN | = | Fussnote; ohne weitere Angaben: Fussnote des vorliegenden Buches |
| FS | = | Festschrift |
| Hrsg. | = | Herausgeber |
| i.V.m. | = | in Verbindung mit |
| JdT | = | Journal des Tribunaux |
| KG | = | BG vom 6. Oktober 1995 über Kartelle und andere Wettbewerbsbeschränkungen (Kartellgesetz) (SR 251) |
| KommSIA118 | = | Kommentar zur SIA-Norm 118. Erschienen sind zwei Bände: GAUCH (Herausgeber), Kommentar zur SIA-Norm 118, Art. 38 - 156, Zürich 1992 (bearbeitet von GAUCH, EGLI, SCHUMACHER, PRADER); GAUCH, Kommentar zur SIA-Norm 118, Art. 157 - 190, Zürich 1991 |
| lit. | = | litera |
| MWSTV | = | Mehrwertsteuerverordnung vom 22. Juni 1994 (SR 641.201) |
| N | = | Note |
| NEAT | = | Neue Eisenbahn-Alpentransversale |
| NPK | = | Normpositionenkatalog |
| Nr. | = | Nummer; ohne weitere Angaben: Randnummer des vorliegenden Buches |
| NSG | = | Nationalstrassengesetz vom 8. März 1960 (SR 725.11) |
| OG | = | BG vom 16. Dezember 1943 über die Organisaton der Bundesrechtspflege (SR 173.110) |
| OR | = | BG vom 30. März 1911 / 18. Dezember 1936 über das Obligationenrecht (SR 220) |

| | | |
|---|---|---|
| Pra | = | Die Praxis, Entscheidungen des Schweizerischen Bundesgerichts, Entscheidungen des Eidgenössischen Versicherungsgerichts, Entscheidungen des Europäischen Gerichtshofes für Menschenrechte, Entscheidungen des Gerichtshofes der Europäischen Gemeinschaften (private Sammlung) |
| recht | = | recht, Zeitschrift für juristische Ausbildung und Praxis |
| Rep | = | Repertorio di Giurisprudenza Patria |
| S. | = | Seite(n) |
| SBV | = | Schweizerischer Baumeisterverband |
| SchKG | = | BG vom 11. April 1889 / 16. Dezember 1994 über Schuldbetreibung und Konkurs (SR 281.1) |
| Semjud | = | La Semaine Judiciaire |
| SIA | = | Schweizerischer Ingenieur- und Architekten-Verein |
| SI+A | = | Schweizer Ingenieur und Architekt, Offizielles Organ des SIA u.a., Zürich |
| SIA-Norm 117 | = | Norm für die Ausschreibung und Vergebung von Arbeiten und Lieferungen bei Bauarbeiten (Submissionsverfahren), herausgegeben vom SIA, Ausgabe 1972 |
| SIA-Norm 118 | = | Allgemeine Bedingungen für Bauarbeiten, herausgegeben vom SIA, Ausgabe 1977 / 1991 (Neudruck 1991 mit redaktionellen Präzisierungen); gelegentlich abgekürzt mit *Norm* |
| SIA-Norm 198 | = | Untertagbau, herausgegeben vom SIA, Ausgabe 1993 |
| SIA-Ordnung 102 | = | Ordnung für Leistungen und Honorare der Architekten, herausgegeben vom SIA, Ausgabe 1984 |
| SIA-Ordnung 103 | = | Ordnung für Leistungen und Honorare der Bauingenieure, herausgegeben vom SIA, Ausgabe 1984 |
| SJZ | = | Schweizerische Juristen-Zeitung |
| SPR | = | Schweizerisches Privatrecht, Basel und Stuttgart bzw. Frankfurt am Main |
| SR | = | Systematische Sammlung des Bundesrechts |

| | | |
|---|---|---|
| StGB | = | Schweizerisches Strafgesetzbuch vom 21. Dezember 1937 (SR 311.0) |
| UWG | = | BG vom 19. Dezember 1986 gegen den unlauteren Wettbewerb (SR 241) |
| vgl. | = | vergleiche |
| VOB | = | (Deutsche) Verdingungsordnung für Bauleistungen |
| VOB/A | = | (Deutsche) Verdingungsordnung für Bauleistungen, Teil A, DIN 1960 - Ausgabe Dezember 1992 |
| VOB/B | = | (Deutsche) Verdingungsordnung für Bauleistungen, Teil B, DIN 1961 - Ausgabe Dezember 1992 |
| Vorbem. | = | Vorbemerkung(en) |
| VSS | = | Vereinigung Schweizerischer Strassenfachleute |
| z.B. | = | zum Beispiel |
| ZBGR | = | Schweizerische Zeitschrift für Beurkundungs- und Notariatsrecht |
| ZBJV | = | Zeitschrift des Bernischen Juristenvereins |
| ZGB | = | Schweizerisches Zivilgesetzbuch vom 10. Dezember 1907 (SR 210) |
| Ziff. | = | Ziffer |
| zit. | = | zitiert |
| ZPO | = | Zivilprozessordnung |
| ZR | = | Blätter für Zürcherische Rechtsprechung |
| ZSR | = | Zeitschrift für Schweizerisches Recht |
| ZWR | = | Zeitschrift für Walliser Rechtsprechung |

# *Einleitung*

1 Drei Hauptanliegen sind es, deren Erfüllung im Werkvertrag und insbesondere auch im Bauwerkvertrag, eine der wichtigsten Erscheinungsformen des Werkvertrages, interessiert:

2 - das richtige, d.h. vollständige und (qualitativ) mängelfreie Werk

3 - zur richtigen Zeit und

4 - zum richtigen Preis.

5 Die *Mängelhaftung* ist *im Gesetz* (Art. 367 ff. OR) und in der SIA-Norm 118 (Art. 165 ff.) kompakt geregelt; Lehre und Rechtsprechung befassen sich häufig und systematisch mit der Mängelhaftung.[1] Auch die Pflicht des Unternehmers zur *rechtzeitigen Erfüllung* ist übersichtlich geordnet und kommentiert.[2] Hingegen sind in der SIA-Norm 118, die vor allem das Werkvertragsrecht im schweizerischen Bauwesen beeinflusst,[3] die *Vergütungsbestimmungen verstreut*. Die Praxis bleibt deshalb häufig eng an einzelnen Klauseln und Problembereichen haften, ohne nach der Integration in den Gesamtzusammenhang zu suchen.

6 Die Pflicht des Bauherrn *„zur Leistung einer Vergütung"* (Art. 363 OR) ist die Hauptpflicht des Bauherrn.[4] Vergütungsfragen spielen im Rechtsalltag eine wichtige Rolle. Häufig streiten Bauherr und Unternehmer, ob dieser Anspruch auf eine Mehrvergütung (Nachforderung) besitzt. Dabei stellt sich meistens die Vorfrage nach der Höhe der Grundvergütung für die ursprünglich vereinbarten Bauarbeiten. Daraus ergibt sich die folgende grosse Gliederung dieses Buches:

7 - 1. Teil: Die *Grundvergütung* (Nr. 14 ff.)

8 - 2. Teil: Die *Mehrvergütung* (Nr. 322 ff.)

---

[1] Vgl. insbesondere GWerkV Nr. 1348 - 2759; GAUCH, KommSIA118, Anm. zu Art. 165 - 182.

[2] Vgl. insbesondere GWerkV Nr. 645 ff.; GAUCH/SCHUMACHER, KommSIA118, Anm. zu Art. 92 ff.

[3] GWerkV Nr. 261.

[4] GWerkV Nr. 895.

9   Erstes und ehrgeiziges Ziel dieser Arbeit ist es, das *System* der vielfältigen, verstreuten und verschlungenen Normen des Gesetzes und der SIA-Norm 118 darzulegen, die für die Vergütung (Grundvergütung und Mehrvergütung) im Bauwerkvertrag massgebend sind. Der Verfasser will nichts erfinden oder gar konstruieren, sondern bloss das System *finden* und *beschreiben*, das die verschiedenen Normen des Gesetzes und der SIA-Norm 118 miteinander verbindet, ähnlich wie der Biologe ein Nervensystem oder der Astronom ein planetarisches System erforscht. Die *systematische* Auslegung ist eine bedeutende Auslegungsregel.[5]

10  Indem die Zusammenhänge und verbindenden Linien, auch die Wechselwirkungen der Bestimmungen des Gesetzes und der SIA-Norm 118 aufgezeigt werden, soll für die Praktiker des Baus und des Rechts ein *Leitfaden* für die Vertragsgestaltung und die Problemlösung im Rechtsalltag geboten werden. Einerseits wird auf die umfassende Behandlung verschiedener Teilgebiete des Vergütungsrechtes bloss verwiesen, um Bekanntes und Bewährtes nicht zu wiederholen, insbesondere wenn es bereits kompakt und ausführlich behandelt worden ist. Andererseits werden wichtige und auch heikle *Einzelfragen* gründlich erörtert, insbesondere wenn sie die „Nahtstellen" zwischen den verschiedenen Normen bilden und der systematische Zusammenhang aufgezeigt werden soll.

11  Dabei stütze ich mich in erster Linie auf die grundlegenden Arbeiten von Prof. Peter Gauch zum Werkvertragsrecht und zur SIA-Norm 118. Seit Beginn seiner akademischen Laufbahn hat er in der Schweiz wie kein zweiter sich derart intensiv und luzid mit dem Werkvertragsrecht und der SIA-Norm 118 beschäftigt, dass seinen Forschungen und Auffassungen das grösste Gewicht zuzumessen ist[6].

12  Herzlich zu danken habe ich Prof. Peter Gauch nicht nur für seine wissenschaftlichen Grundlagen, sondern auch dafür, dass er mich beauftragte, an der Baurechtstagung 1997 Fragen der Vergütung im Bauwerk-

---

[5]  BGE 122 III 122 mit Verweisungen, auch BGE 123 III 297 f., 122 III 424, 117 II 622, 113 II 50; GAUCH/SCHLUEP, Nr. 1210 und Nr. 1229; JÄGGI/GAUCH, N 430 zu Art. 18 OR; vgl. auch das Beispiel in GWerkV Nr. 880. - In BGE 122 III 122 ist hervorzuheben: Insbesondere bei der Interpretation breit angelegter AGB muss der systematischen Auslegung erhebliches Gewicht beigemessen werden.

[6]  Vgl. BGE 120 II 220 = BR 1995, S. 38 f., Nr. 120, auch S. 48.

vertrag zu behandeln.[7] Er regte an, das dafür geschaffene Grundlagenpapier zu veröffentlichen, was zu diesem Buch führte. Zu danken habe ich auch meinen Mandanten, die mir gerade in letzter Zeit Gelegenheit verschafften, mich immer wieder aufs neue und intensiv mit Fragen der Vergütung zu befassen. Dabei will ich auch die Gegenparteien und Gegenanwälte nicht vergessen, auch wenn sie überrascht sein mögen: Sie haben mich immer wieder herausgefordert, meine Ausführungen und Auffassungen zu überdenken und noch besser zu begründen.

13  Wie alle meine Publikationen seit zwölf Jahren wäre auch diese ohne meine Sekretärin Frau Gabriela Schmidli nicht entstanden. Mit unerschöpflicher Geduld und grösster Sorgfalt hat sie unzählige Entwürfe im PC gespeichert, wieder gelöscht und durch neue Wörter, Sätze und Abschnitte ersetzt. Dafür danke ich ihr recht herzlich. Auch Rechtsanwalt lic.iur. Tobias Moser, Luzern, verdient meinen grossen Dank: Er hat die letzte Fassung auf Fehler kontrolliert und mich vor vielen (hoffentlich allen!) Ungenauigkeiten und Verschrieben bewahrt.

---

[7] SCHUMACHER RAINER, Der Unternehmer und seine Rechnungen/Rechnungsstellung, Bezahlung und Nachforderungen, BRT 1997, Bd. II, S. 1 ff.

# Erster Teil: Die Grundvergütung

14  Die Grundvergütung ist die im Werkvertrag vereinbarte Vergütung für die Herstellung des Werkes, zu der sich der Unternehmer durch den Abschluss des Werkvertrages verpflichtet hat.[8] Mit der Grundvergütung werden die (ursprünglich) vereinbarten Bauarbeiten abgegolten. Nach dem Regelungsmodell des Gesetzes besteht die Vergütung des Unternehmers in einer *Geldleistung* des Bauherrn.[9] Dies gilt auch bei der Übernahme der SIA-Norm 118. Typisch für den Bauwerkvertrag ist die (ausschliessliche oder überwiegende) Grundvergütung *zu festen Preisen*, nämlich zu Einheits-, Pauschal- oder Globalpreisen.[10]

15  Zur *Terminologie*: Für die Hauptpflicht des Bauherrn verwendet die SIA-Norm 118 durchwegs den Begriff der *Vergütung*[11], die auch in diesem Buche überwiegend gebraucht wird. Das Gesetz verwendet die Synonyma *Vergütung* (Art. 363, Art. 372 und Art. 373 Abs. 1 OR), *Preis* (Art. 373 Abs. 2 und 3 und Art. 374 OR) sowie *Lohn* (Art. 375 Abs. 2 OR). In der Praxis ist häufig von *Vertragspreisen* die Rede.

## I. Bauwerkverträge mit oder ohne Preisvereinbarung

### A. Grundlagen

16  Der Werkvertrag ist ein *Austauschvertrag* und damit *ein vollkommen zweiseitiger Vertrag*. Er wird in der Rechtssprache häufig als *synallag-*

---

[8]  Vgl. GWerkV Nr. 768.
[9]  GWerkV Nr. 111.
[10] Vgl. GWerkV Nr. 899 ff. und Nr. 1044.
[11] Vgl. Art. 38 ff. SIA-Norm 118.

*matischer* Vertrag bezeichnet. Das Gesetz (Art. 82 und Art. 107 OR) nennt ihn schlicht „zweiseitigen Vertrag". Die Parteien schulden einander gegenseitig Leistungen, von denen mindestens zwei im Austauschverhältnis stehen.[12] Beim Austauschvertrag ist die eine Leistung die Gegenleistung der anderen. Beim Werkvertrag: Werk gegen Geld!

17  Beim Abschluss des Werkvertrages erfordert der *Konsens* (d.h. die zum Abschluss eines Vertrages übereinstimmende gegenseitige Willensäusserung der Parteien; Art. 1 Abs. 1 OR) die Einigung in den objektiv und subjektiv wesentlichen Punkten des Vertragsinhaltes.[13]

18  Beim Werkvertrag gehören zu den *objektiv wesentlichen Punkten* des Vertragsinhaltes das auszuführende Werk und die *Entgeltlichkeit* der Werkausführung[14]:

19  - Das *Werk*, das der Unternehmer auszuführen hat, muss aufgrund der übereinstimmenden Willenserklärungen bestimmt, zumindest aber genügend bestimmbar sein.[15]

20  - Ein objektiv wesentlicher Punkt des Werkvertrages ist zwar die *Entgeltlichkeit* der Werkausführung[16], *nicht aber die Höhe der Vergütung*.[17] Es kann somit zwischen Werkverträgen *mit* oder *ohne* Preisvereinbarung unterschieden werden.

## B.   *Aufwand - Einzelleistungen - Werk*

21  Die Höhe der Vergütung hängt davon ab, wie die Gegenleistung des Unternehmers (im Austausch mit der Vergütung des Bauherrn) nach dem konkreten Werkvertrag in Geld zu bemessen ist. Für die Bemessung der vom Bauherrn geschuldeten Vergütung bieten sich mehrere Varianten

---

[12] GAUCH/SCHLUEP, Nr. 257 und Nr. 259.
[13] GAUCH/SCHLUEP, Nr. 330.
[14] GWerkV Nr. 381.
[15] GWerkV Nr. 382.
[16] GWerkV Nr. 381.
[17] GWerkV Nr. 383; ZR 1996, S. 85 = BR 1996, S. 120, Nr. 244; zur *unentgeltlichen* Herstellung eines Werkes vgl. GWerkV Nr. 115, 318, 325, 381.

an.[18] Die Hauptkategorien der Bemessungsfaktoren sind Aufwand einerseits und Leistung (Einzelleistungen oder Werk, d.h. vom Unternehmer geschuldetes Werk) andererseits. Stark vereinfacht kann deshalb zwischen *Aufwandvergütung* und *Leistungsvergütung* unterschieden werden. Aufwand, Einzelleistungen und Werk sind deshalb vorweg zu definieren und gegenseitig abzugrenzen.

## 1. Die Kosten des Aufwandes

22  Vereinbaren die Parteien eine *Aufwandvergütung*, besteht diese im Ersatz der *Kosten* des ganzen oder eines Teils des *Aufwandes* des Unternehmers für die Herstellung des geschuldeten Werkes. Bei den Regiearbeiten kommt es für die Vergütung vollumfänglich auf den Aufwand des Unternehmers an.[19]

23  Der Aufwand des Unternehmers besteht in seinem *Mitteleinsatz* („Input"). Dieser ist die *Arbeit* des Unternehmers, sein Werken (ein „Wirken"), mit welchem der Unternehmer Mittel für den zu erarbeitenden Erfolg einsetzt.[20] Die Arbeit (die „Tätigkeit") des Unternehmers ist als solche nicht geschuldet, sondern Mittel für den zu erarbeitenden Erfolg.[21] Die Mittel, die der Unternehmer einsetzt, sind *Produktionsmittel*, nämlich Personal, Werkzeuge und Geräte, Baustoffe und Hilfsstoffe usw. auf der Baustelle und in seinem gesamten Betrieb.[22]

24  Der Einsatz von Produktionsmitteln (Aufwand) verursacht *Kosten*, d.h. Geld, das für die Produktionsmittel ausgegeben wird, z.B. sofort (für Baustoffe usw.), mittel- oder langfristig (z.B. für Baustelleneinrichtungen) oder periodisch (z.B. Löhne, die oft nicht kurzfristig abbaubar sind). Die Kosten sind *Geldaufwand*, eine besondere Art von Aufwand. Die Kosten der eingesetzten Mittel ergeben die *Herstellungskosten*, auch

---

[18] Vgl. GWerkV Nr. 898.
[19] Zur *Aufwandvergütung* vgl. insbesondere GWerkV Nr. 948 ff.; GAUCH, Komm-SIA118, Anm. 2 lit. a zu Art. 48; vgl. auch Nr. 162 ff. hiernach.
[20] GWerkV Nr. 19.
[21] GWerkV Nr. 19.
[22] Vgl. Art. 364 Abs. 3 OR; GWerkV Nr. 69 und Nr. 71.

*Produktionskosten* genannt.[23] Häufig ist von Arbeitskosten oder anderen Kosten die Rede, womit immer alle Erstellungskosten gemeint sind.[24]

25 *Betriebswirtschaftlich* wird zwischen variablen Kosten und Fixkosten unterschieden[25]:

26 - *Variable Kosten* können zeitabhängig oder leistungsabhängig sein. Variable Kosten können z.B. unmittelbar von der Leistungsmenge abhängen.

27 - *Fixe Kosten* sind grundsätzlich unabhängig von der produzierten Gütermenge (z.B. einmalige Kosten für den Hin- und Rücktransport von Baustelleneinrichtungen). Als *sprungfixe Kosten* können fixe Kosten für Aufwand bezeichnet werden, der an eine bestimmte Leistungsgrenze gebunden ist; wenn diese Leistungsgrenze überschritten wird, erhöhen sich auch die fixen Kosten, etwa wenn für die Bewältigung eines erheblichen zusätzlichen Aufwandes ein zweiter Kran auf der Baustelle eingesetzt werden muss.[26]

28 Die Kosten (Produktionskosten) werden im folgenden nach dem *Zuschlagssystem* gegliedert. Dieses System besteht im wesentlichen darin, dass die (zukünftigen oder bereits entstandenen) direkten Werkkosten (Nr. 31) um *Zuschläge* (Deckungsanteile) für die indirekten Werkkosten (Nr. 32) und die Endzuschläge (Nr. 33 ff.) erhöht werden. Dieses System kann sowohl für die (reine) Aufwandentschädigung als auch für die Kalkulation von Festpreisen im Einheitspreisvertrag[27] (Vorkalkulation im Sinne der Zuschlagskalkulation) benutzt werden. In der Praxis werden die Einheits-, Pauschal- und Globalpreise im Einheitspreisvertrag häufig nach einer *gemischten Kalkulationsmethode* gebildet, nämlich aus einer Mischung von Zuschlags- und Umlagekalkulation. Die Kosten für bestimmte oder alle Teile des Aufwandes werden zuerst gesamthaft kalkuliert und dann auf verschiedene Positionen des Leistungsverzeichnisses aufgeteilt. Gemäss einer vernünftigen Empfehlung soll dies *systematisch*, insbesondere *objektabhängig* geschehen und nicht nach dem Giesskannenprinzip.[28] Bei der Verteilung (Zurechnung) steht dem Unternehmer ein Ermessensspielraum offen. Durch die Verteilung der indirekten Kosten auf die einzelnen Positionen des Leistungsverzeichnisses werden die einzelnen Preise miteinander *vernetzt*. Deshalb ist eine zuverlässige, rea-

---

[23] Vgl. Vorkalkulation SBV 1996, S. 4.
[24] Vgl. Art. 373 Abs. 1 OR; Art. 38 Abs. 2 SIA-Norm 118; GWerkV Nr. 902.
[25] Vgl. KLEINEWEFERS, S. 125.
[26] Vgl. KAPELLMANN/SCHIFFERS, Bd. 1, Nr. 21.
[27] *Einheitspreisvertrag* gemäss der Definition in Art. 42 Abs. 2 Satz 1 SIA-Norm 118.
[28] Vgl. Vorkalkulation SBV 1996, S. 3 und S. 6.

listische Kalkulation von Festpreisen regelmässig nur im Rahmen einer **Gesamtkalkulation** möglich (Nr. 30, Nr. 181, Nr. 188, Nr. 460). Diese setzt voraus, dass das vom Unternehmer herzustellende Werk ziemlich zuverlässig bekannt ist, d.h. dass es dem Unternehmer vom Bauherrn im Leistungsverzeichnis oder in der Baubeschreibung ziemlich genau umschrieben wird.

29 Bei der Angebotskalkulation muss der Unternehmer die kalkulierten Kosten des Aufwandes auf die einzelnen Preise umlegen. Diese Preisbildung (Umlage der Kostenelemente) erfolgt nach eigenem *Ermessen des Unternehmers*.[29] Aus betriebswirtschaftlichen Gründen muss der Unternehmer aufgrund des gesamten Aufwandes bzw. der gesamten Kosten eine *Gesamtvergütung* kalkulieren und auf die einzelnen Preise umlegen. Die Gesamtkosten (und auch der Gesamterlös) sind vor allem für die Ermittlung des Erfolges (Gewinn oder Verlust) von Bedeutung.[30] Aufgrund des ausgeschriebenen Werkes muss der Unternehmer den *Bauablauf* seinem Angebot zugrunde legen.[31] Die Kalkulation der gesamten Kosten bzw. der Gesamtvergütung beruht auf einer *Gesamtleistung* und einer *Gesamtbauzeit*, welche dem Unternehmer vom Bauherrn in seiner Ausschreibung vorgegeben werden.[32] Ein bestimmtes Kostenvolumen ist durch ein bestimmtes Umsatzvolumen zu decken.[33]

30 Zufolge der (notwendigen) **Gesamtkalkulation** sind die verschiedenen, heterogenen Preise (Pauschal-, Global- und Einheitspreise einerseits sowie Leistungs- und Aufwandvergütungen andererseits) miteinander *vernetzt*, so dass sich Änderungen auf das *gesamte* Preisgefüge (der Gesamtkalkulation) auswirken können. „Jede Schlüsselung von Fixkosten zur Bildung von Positions-Einheitskosten kann nur für einen bestimmten

---

[29] Vgl. GAUCH/PRADER, KommSIA118, Anm. 15 Abs. 2 zu Art. 63 Abs. 2; vgl. auch GAUCH/EGLI, KommSIA118, Anm. 3 Abs. 2 zu Art. 88 Abs. 1: „Bei grösseren (langfristigen) Bauvorhaben weicht die Kalkulationspraxis von der Regel des Art. 43 Abs. 2 oft insofern ab, als auch die Revisionskosten in die Global- oder Pauschalpreise der Baustelleneinrichtungen eingerechnet werden."

[30] Vgl. KLEINEWEFERS, S. 129; zur *Gesamtvergütung* vgl. auch GWerkV Nr. 1060.

[31] Vgl. LIEB, S. 6.

[32] Vgl. Art. 4.62 SIA-Norm 198 „Soll-Bauzeit, Soll-Bauprogramm"; vgl. LIEB, S. 57 f., auch S. 22 betreffend Zusammenhang von Kosten und Zeit; vgl. auch Art. 7 Abs. 2 Ziff. 2 SIA-Norm 118 betreffend Baubeginn und einzuhaltende Fristen, aus der sich die *Gesamtbauzeit* ergibt.

[33] Vgl. Vorkalkulation SBV 1996, S. 8.

Leistungsumfang gelten. Jede spätere Änderung der Leistungsmenge führt zu einer Über- oder Unterdeckung der Fixkosten."[34]

### a) Die Werkkosten

#### aa) Die direkten Kosten

31  Der Mitteleinsatz des Unternehmers setzt sich in erster Linie aus dem Personal-, Sach- und übrigem Aufwand zusammen, welcher dem Unternehmer für die Bauausführung unmittelbar auf der Baustelle erwächst und in der Regel einer bestimmten Leistungsposition direkt zugerechnet werden kann.[35] Der Mitteleinsatz verursacht im Normalfall die Kosten für die Elemente L M I F; diese Anfangsbuchstaben bedeuten: Lohn, Material, Inventar, Fremdleistungen.[36]

#### bb) Die indirekten Kosten

32  Die direkten Kosten erhöhen sich um die sog. *indirekten Kosten* der Baustelle, d.h. um die Kosten des Betriebs der *Baustelle*. Als solche werden Kosten bezeichnet, die nicht einer einzelnen Leistungsposition direkt zugeordnet werden können, weil sie durch mehrere oder alle Leistungspositionen zusammen verursacht werden. Sie können deshalb nur mittelbar zugerechnet werden, indem diese Kosten auf die einzelnen direkten Kosten (Kostenpositionen) verteilt werden. Dazu gehören insbesondere die sog. *Baustellengemeinkosten* für Löhne, Material, Inventar und Fremdleistungen.[37] Auch Aufsicht und Führung der Baustelle verursachen indirekte Kosten.[38] Anstatt indirekte Kosten als Zuschläge auf die direkten Kosten zu verteilen, können sie auch in besonderen Positionen des Leistungsverzeichnisses erfasst und vergütet werden. Solche besondere Positionen können als *Aufwandpositionen* bezeichnet werden.[39] Häufig

---

[34]  KAPELLMANN/SCHIFFERS, Bd. 1, Nr. 20.
[35]  Vgl. Vorkalkulation SBV 1996, S. 7, Ziff. 3.1.1.
[36]  Vgl. Vorkalkulation SBV 1996, S. 14 ff.; vgl. auch GWerkV Nr. 948.
[37]  Vgl. Vorkalkulation SBV 1996, S. 7, Ziff. 3.1.2, ferner S. 19 - S. 28.
[38]  Vgl. Vorkalkulation SBV 1996, S. 7 und S. 32.
[39]  Vgl. dazu ausführlich Nr. 177 ff. hiernach.

werden für *Baustelleneinrichtungen* solche Aufwandpositionen vorgesehen.[40]

### b) Die Endzuschläge

33 Die Werkkosten erhöhen sich um Zuschläge für die *Verwaltungskosten* und für die *Geldkosten*.[41] Die Endzuschläge erfassen sämtliche Kosten, welche nicht zum Werkbereich gehören.[42]

34 Üblich sind Zuschläge für die folgenden Kosten (allgemeine indirekte Kosten im Unterschied zu den ebenfalls indirekten Baustellengemeinkosten):

### aa) Die Verwaltungskosten

35 Unter Verwaltungskosten versteht man die Kosten, die durch den Betrieb des Unternehmens als Ganzes erwachsen.[43] Personal wird nicht nur auf der Baustelle, sondern auch im „rückwärtigen Dienst", d.h. im allgemeinen Geschäftsbetrieb eingesetzt.

### bb) Die Geldkosten

36 Die Ausgaben für den Aufwand fallen früher an als deren Vergütung. Die Kosten dieser „Vorfinanzierung" sind die Geldkosten.[44] Diese Geldkosten sind eine besondere Erscheinungsform des Geldaufwandes (Nr. 24).

---

[40] Vgl. Art. 43 Abs. 1 SIA-Norm 118.

[41] Vgl. GWerkV Nr. 948 f.: Der Personal-, Sach- und übrige Aufwand erhöht sich um die allgemeinen Geschäftskosten, die als Generalunkosten (z.B. Verwaltungs- und Geldkosten), inbegriffen ein Zuschlag für Risiko und Gewinn, anteilsmässig auf die Werkausführung entfallen; vgl. auch GWerkV Nr. 953 und GAUCH, KommSIA118, Anm. 2 lit. a zu Art. 48; ausführlich Vorkalkulation SBV 1996, S. 34 ff.

[42] Vgl. Vorkalkulation SBV 1996, S. 34.

[43] Vgl. Vorkalkulation SBV 1996, S. 34, mit Aufzählung der wichtigsten Arten von Verwaltungskosten.

[44] Vgl. Vorkalkulation SBV 1996, S. 35.

### cc) Risiko und Gewinn

37  Zur ordentlichen Kalkulation des Aufwandes gehört auch ein angemessener Zuschlag für Risiko und Gewinn.[45]

### c) Die Mehrwertsteuer

38  Zum Aufwand des Unternehmers gehören auch die *Umsatzabgaben*, die der Unternehmer dem Staat zu entrichten hat. Heute bestehen sie in der *Mehrwertsteuer*, die am 1. Januar 1995 die frühere Warenumsatzsteuer (WUST) abgelöst hat.[46]

39  Mangels abweichender Abrede ist die Mehrwertsteuer in den Festpreisen *eingeschlossen*.[47]

## 2. Die Einzelleistungen

40  Die Parteien können im Bauwerkvertrag das Werk (Nr. 148 f.), dessen Herstellung der Unternehmer im Austausch mit der Vergütung schuldet, in einzelne, verschiedenartige (Teil-) Leistungen aufteilen und diese in einzelnen Positionen des Leistungsverzeichnisses[48] umschreiben sowie für die einzelnen (Leistungs-) Positionen *feste Preise* (Einheits-, Pauschal- oder Globalpreise) vereinbaren. Die Vergütung wird dann - je nach konkretem Werkvertrag ausschliesslich oder teilweise - nach Massgabe der vom Unternehmer erbrachten Einzelleistungen berechnet. Typisch für das Baugewerbe sind *Festpreise* (Pauschal-, Global- oder Einheitspreise) für mehrere, verschiedenartige Einzelleistungen.[49]

---

[45] Vgl. GWerkV Nr. 948 und Nr. 953; Vorkalkulation SBV 1996, S. 36.

[46] Vgl. dazu GWerkV Nr. 948, Nr. 953 und Nr. 1222 ff.; GAUCH, KommSIA118, Anm. 2 lit. a zu Art. 48; zur Übergangsbestimmung des Art. 84 Abs. 8 MWSTV vgl. die kritischen Bemerkungen in GWerkV Nr. 1228 ff.

[47] GWerkV Nr. 1224; GAUCH, Anm. 5 in BR 1997, S. 52 f., Nr. 131.

[48] Vgl. Art. 8 und Art. 39 SIA-Norm 118.

[49] Vgl. Art. 38 Abs. 1 SIA-Norm 118; GWerkV Nr. 20: „Mehrzahl verschiedener Einzelarbeiten".

41 Die Leistung wird hier immer als eine *bauspezifische Leistung* verstanden, d.h. als ein bautechnisches Ergebnis, und damit vom Aufwand abgegrenzt. Was im Bauwerkvertrag Aufwand ist, kann in einem anderen Vertragsverhältnis eine geschuldete Leistung sein. Beispielsweise ist der Transport von Material auf die Baustelle ein Teil des Aufwandes des Unternehmers im Werkvertrag, aber eine Leistung des Frachtführers im Sinne von Art. 440 OR in seinem Vertragsverhältnis mit dem Unternehmer.[50] Die Herstellung einer speziellen Baustelleneinrichtung (z.B. einer Tunnelbohrmaschine) ist eine Leistung, welche die Maschinenfabrik im Werkvertragsverhältnis mit dem Unternehmer schuldet; der Einsatz dieser Baustelleneinrichtung durch den Unternehmer auf der Baustelle ist hingegen Aufwand zur Erfüllung des Bauwerkvertrages.

42 Der hier verwendete Leistungsbegriff (im Sinne der *bauspezifischen* Leistung) ist viel enger als der weite Begriff der Leistung im allgemeinen Obligationenrecht, wo unter Leistung jede Art von Aufwand zum Vorteil eines anderen verstanden wird.[51] Sachleistungen sind nur eine von mehreren Leistungsarten.[52] Hingegen sind Leistungen im bauspezifischen Sinn grundsätzlich nur die *Arbeitsergebnisse*, welche die Parteien eines Bauwerkvertrages quantitativ und qualitativ vereinbart haben, also *was* vertraglich gebaut werden soll.[53] Solche (Bau-) Leistungen können ausschliesslich oder teilweise die Bezugspunkte für die Bemessung der Vergütung sein. Welche (Bau-) Ergebnisse der Unternehmer schuldet, wird häufig in einem Leistungsverzeichnis oder einer Baubeschreibung definiert und festgelegt.[54] Von den Leistungen (in diesem engen Sinne) zu unterscheiden sind die *Modalitäten*, die von den Parteien regelmässig als weitere Verpflichtungen des Unternehmers mehr oder weniger detailliert verabredet werden.[55] Durch Modalitätsabreden können beispielsweise festgelegt werden: Bauzeit (Fristen und Termine), Bauablauffolge, Verfahrenstechnik. Ein bestimmter *Bauvorgang* kann vom Bauherrn projektiert und vorgeschrieben werden (Nr. 99 ff.) sowie in ei-

---

[50] Vgl. den Begriff der *Fremdleistungen* in Vorkalkulation SBV 1996, S. 28.
[51] GAUCH/SCHLUEP, Nr. 35.
[52] GAUCH/SCHLUEP, Nr. 36 f.
[53] Vgl. KAPELLMANN/SCHIFFERS, Bd. 1, Nr. 2 und Bd. 2, Nr. 33 FN 28: *Bauinhalt*.
[54] Vgl. Art. 8 und Art. 12 SIA-Norm 118; ferner sinngemäss GWerkV Nr. 1362.
[55] Vgl. GWerkV Nr. 1368; von KAPELLMANN/SCHIFFERS, Bd. 1, Nr. 2 und Bd. 2 Nr. 33 FN 28 werden die Modalitäten im Unterschied zum Bauinhalt, vgl. FN 53 hiervor, *Bauumstände* genannt.

ner oder mehreren Aufwandpositionen (Nr. 177 ff.) ebenfalls einen Bezugspunkt für die Bemessung eines Teils der Vergütung bilden.

43 Haben die Parteien *Festpreise* vereinbart, bedeutet dies, dass grundsätzlich nicht der Aufwand des Unternehmers (Nr. 22 ff.) vergütet wird, sondern die einzelnen Leistungen des Unternehmers, sei es durch einzelne Preise (Pauschal-, Global- oder Einheitspreise) für einzelne Leistungen, sei es durch einen Gesamtpreis (Pauschal oder Globalpreis) für die Gesamtleistung, die aus verschiedenen, meist zahlreichen Einzelleistungen zusammengefügt ist. Die Leistung ist *ergebnis*bezogen. Der Unternehmer schuldet nicht nur ein Werken (Arbeit bzw. Mitteleinsatz), sondern auch einen *Arbeitserfolg*, auch Arbeitsergebnis oder Resultat genannt.[56] Der Aufwand ist „Input", die Leistung hingegen „Output". Die gleiche Leistung kann von verschiedenen Unternehmern unterschiedlichen Aufwand erfordern,[57] manchmal auch vom gleichen Unternehmer (z.B. Mehraufwand für die ersten Leistungseinheiten in der Anlaufzeit bei Baubeginn oder nach einem Arbeitsunterbruch). Aufwand kann auch wirkungslos, ein Leerlauf sein.

44 Grundsätzlich gilt: Bei der Vergütung zu festen Preisen ist der *Aufwand* des Unternehmers *unerheblich*. Dies gilt sowohl für die Pauschal- und Globalpreise[58] als auch für die Einheitspreise. Dies wird im folgenden für die *Einheitspreise* näher ausgeführt, gilt aber auch sinngemäss für die Gesamtpreise (Pauschal- und Globalpreise), weil der durch sie abzugeltende Leistungsumfang häufig auch in Leistungsverzeichnissen umschrieben wird, insbesondere wenn eine Einheitspreisofferte des Unternehmers später pauschaliert oder „globalisiert" worden ist[59].

45 Der vereinbarte Einheitspreis ist eine *pauschale* Vergütung für eine bestimmte Einheit einer bestimmten (beschriebenen, d.h. meistens in den Ausschreibungsunterlagen umschriebenen) Leistung.[60] „Er [der Einheitspreis] ist unabhängig von den tatsächlichen Erstellungskosten und unabänderlich, mögen dem Unternehmer auch grössere oder geringere Kosten

---

[56] Vgl. GWerkV Nr. 18 f.
[57] Vgl. Vorkalkulation SBV 1996, S. 3.
[58] Vgl. GWerkV Nr. 902 i.V.m. Nr. 910 ff.
[59] Vgl. GWerkV Nr. 932.
[60] GWerkV Nr. 929, auch Nr. 917; GAUCH, KommSIA118, Anm. 10 Abs. 2 zu Art. 38 Abs. 2.

erwachsen als vorgesehen war".⁶¹ Art. 38 Abs. 2 SIA-Norm 118 umschreibt den Aufwand mit „Arbeitsaufwand oder Kosten". Gemeint sind irgendwelche *Kosten* des Unternehmers, die zu den Arbeitskosten hinzu kommen, insbesondere Kosten der Baustelleneinrichtungen und des vom Unternehmer zu liefernden Materials.⁶² Gemäss Art. 10 Abs. 1 SIA-Norm 118 umfassen die im Leistungsverzeichnis aufgeführten Leistungen des Unternehmers mangels anderer Abrede die Lieferung aller erforderlichen *Materialien* (Baustoffe, Hilfs- und Betriebsstoffe) unter Einschluss elektrischer Energie (vgl. auch Art. 134 SIA-Norm 118). Hingegen trägt der Bauherr für den Ausbau von *Hochbauten* die Kosten des Verbrauchs von Strom, Gas und Wasser (Art. 135 Abs. 3 SIA-Norm 118).

46 Vom Aufwand sind deshalb die *einzelnen Leistungen* des Unternehmers zu unterscheiden.⁶³ Die Leistung ist eine *umschriebene* Einzelleistung,⁶⁴ was der erste Satz von Art. 39 Abs. 1 SIA-Norm 118 wie folgt festhält: „Der Einheitspreis bestimmt die Vergütung für eine einzelne Leistung, die im Leistungsverzeichnis (Art. 8) als besondere Position vorgesehen ist." Der Aufwand, der für die betreffende einzelne Leistung erforderlich und nicht in einer *Aufwandposition* beschrieben wird (Nr. 177 ff.), ist (erforderlicher) Aufwand im Sinne von Art. 38 Abs. 2 SIA-Norm 118, der grundsätzlich nicht besonders vergütet wird und auch dann die Vergütung (zum Einheitspreis) nicht zu beeinflussen vermag, wenn der betreffende Aufwand grösser oder geringer als bei Vertragsabschluss vorgesehen ausfällt (unter Vorbehalt eines Anspruchs auf Vergütung von Mehraufwand aus einer bestimmten Ursache).

47 Der Grundsatz, dass mangels besonderer Vereinbarung der gesamte Aufwand in den Festpreisen inbegriffen ist, wird in einzelnen Normbestimmungen wiederholt bzw. bestätigt. Ein *Beispiel*:⁶⁵ Gemäss Art. 112 Abs. 1 SIA-Norm 118 hat der Unternehmer nicht nur die vereinbarten, sondern auch die gesetzlich gebotenen Massnahmen zum Schutze Dritter

---

⁶¹ GWerkV Nr. 929 mit Verweisung auf GWerkV Nr. 902 betreffend den Pauschalpreis.

⁶² GAUCH, KommSIA118, Anm. 7 zu Art. 38 Abs. 2.

⁶³ Vgl. GWerkV Nr. 20 und Nr. 916; Art. 8 Abs. 1, Art. 39 Abs. 1, Art. 141 Abs. 1 SIA-Norm 118; vgl. die Unterscheidung zwischen *Leistungseinheiten* und *Mengeneinheiten des Aufwandes* bei GWerkV Nr. 953.

⁶⁴ Vgl. GAUCH, KommSIA118, Anm. 4 zu Art. 39 Abs. 1.

⁶⁵ Vgl. auch Art. 9, 43 Abs. 2, 103, 115 Abs. 1 und Art. 118 Abs. 1 und 2 SIA-Norm 118.

gegen Immissionen, die durch seine Arbeit erzeugt werden, auf eigene Kosten zu treffen.[66]

48 Als nützlich erscheinen die folgenden *Einteilungen* der Einzelleistungen:

## a) Einteilung nach der Vertragsgestaltung

49 Vereinbaren die Parteien eine Leistungsvergütung, so können sie die Leistungen, die vom Unternehmer im Austausch mit der Vergütung geschuldet sind, nach verschiedenen Methoden *umschreiben* und damit bestimmen. Die wichtigsten in der Praxis angewandten Methoden der Leistungsbeschreibung als wesentlicher Teil der Vertragsgestaltung werden im folgenden behandelt.

50 Zwischen dem Vergütungsrecht und dem Recht der *Mängelhaftung* bestehen Parallelen (Nr. 356). Der Werkmangel ist ein relativer Tatbestand.[67] Er ist eine Abweichung des Werkes vom Vertrag.[68] Basis der Beurteilung, ob ein gerügter tatsächlicher Zustand einen Werkmangel bedeutet oder nicht, ist das vom Unternehmer geschuldete Werk. Deshalb muss jeweils zuerst die Soll-Beschaffenheit der Leistungen des Unternehmers ermittelt werden.[69] Analog sind die Art und der Umfang der werkvertraglich vereinbarten Leistungen zu ermitteln, um gestützt darauf zu beurteilen, ob der Unternehmer die vereinbarte Grundvergütung ganz oder bloss teilweise verdient hat und ob er allenfalls einen Anspruch auf Mehrvergütung besitzt, weil er mehr als das Geschuldete geleistet hat. Auch das Werk bzw. die einzelnen Leistungen sind ein „*relativer* Tatbestand", abhängig vom konkreten Inhalt des einzelnen Werkvertrages.

### aa) Die detaillierte Beschreibung der unmittelbaren Bauleistungen

51 Die unmittelbaren Arbeitsergebnisse des Unternehmers, d.h. was technisch gebaut und wie konstruiert werden soll, werden vom Bauherrn detailliert umschrieben, z.B. in einem Leistungsverzeichnis (Art. 8 SIA-

---

[66] Vgl. GAUCH/SCHUMACHER, KommSIA118, Anm. 3 zu Art. 112 Abs. 1.
[67] GWerkV Nr. 1360.
[68] GWerkV Nr. 1355 ff. und Nr. 1434.
[69] Vgl. GWerkV Nr. 1357.

Norm 118) oder in einer Baubeschreibung (Art. 12 SIA-Norm 118). Diese (unmittelbar geschuldeten) Einzelleistungen legen in der Regel die *allgemeinen Merkmale* wie Lage, Form, Abmessung, Ausführung, Baumaterialien, Farbe in allen Details fest.[70] Die einzelnen Leistungsbeschreibungen (z.B. in einem Leistungsverzeichnis) sind *Weisungen* im Sinne von Art. 369 OR.[71] Die (unmittelbar geschuldeten) Einzelleistungen können im ursprünglichen Werkvertrag umschrieben werden oder später, z.B. bei einer Bestellungsänderung. Die Beschreibung ist wie jede andere Willenserklärung bzw. jeder andere Vertrag der Auslegung durch den Richter zugänglich. Es gibt eine Reihe von *technischen* SIA-Normen, die Art und Umfang von Einzelleistungen definieren und als Auslegungshilfen dienen können.[72]

52    Zwecks Rationalisierung der Vertragsabschlüsse und damit auch zwecks praktikabler Vertragserfüllung und einfacher Ausführungskontrolle hat sich die Übernahme der vorformulierten und damit standardisierten Leistungsbeschriebe (inkl. Terminologie) in *Normpositionenkatalogen* (NPK) eingebürgert. Wenn ein NPK für die Ausschreibung verwendet wird, eine Position jedoch im betreffenden NPK nicht enthalten ist, sondern vom Bauherrn individuell formuliert wird, ist es üblich, eine solche Position mit „R" zu kennzeichnen.

53    Bei Übernahme der SIA-Norm 118 werden die Leistungen in erster Linie im *Leistungsverzeichnis* im Sinne von Art. 8 SIA-Norm 118 bestimmt (oder in der *Baubeschreibung* im Sinne von Art. 12 SIA-Norm 118 (Nr. 117), die im folgenden immer mitverstanden ist, wenn vom Leistungsverzeichnis die Rede ist). Innerhalb der Ausschreibungsunterlagen des Bauherrn kommt dem Leistungsverzeichnis der **Vorrang** zu.[73] Das Leistungsverzeichnis ist die *individuelle Beschreibung* der unmittelbaren Bauleistungen, für welche die Preise unmittelbar und ebenfalls *individuell vereinbart* werden. Eine Preisabrede bezieht sich immer nur auf eine bestimmte (unveränderte) Leistung.[74]

---

[70] Vgl. sinngemäss GWerkV Nr. 1363 und Nr. 1928, dort auch Nr. 1358: Erscheinungsform, Ausmasse usw.; vgl. auch Nr. 113 hiernach.

[71] Vgl. GWerkV Nr. 1928 und Nr. 1932 in Verbindung mit Nr. 459; BÜHLER, N 30 zu Art. 369 OR; BGE 116 II 456; vgl. auch Art. 10 Abs. 2 SIA-Norm 118.

[72] Vgl. z.B. die SIA-Normen 220, 229, 240, 242/1, 242/2 und 257.

[73] Dazu ausführlich Nr. 66 ff. hiernach.

[74] Vgl. GAUCH, KommSIA118, Anm. 10 Abs. 2 zu Art. 38 Abs. 2; vgl. auch GWerkV Nr. 917.

54  Wird eine einzelne Leistung vom Bauherrn nicht umschrieben, ist sie vom Unternehmer nicht zum vereinbarten Preis geschuldet, ausser der Unternehmer hätte es pflichtwidrig unterlassen, die Unrichtigkeit oder Unvollständigkeit des Leistungsverzeichnisses dem Bauherrn anzuzeigen.[75]

### bb) Die funktionale Leistungsbeschreibung

55  Das Gegenstück zur detaillierten Beschreibung der einzelnen unmittelbaren Bauleistungen (= Konstruktion) bildet die *funktionale Leistungsbeschreibung*:[76] Der Bauherr schreibt bloss die *mittelbaren*, ebenfalls technischen Arbeitsergebnisse aus, nämlich bestimmte *Leistungsziele*,[77] z.B. die Grössen oder die Funktionen von Räumen, das Verhalten von Strassenbelägen gegenüber bestimmten Einwirkungen der Benützer und der Umwelt. Der Bauherr kann damit die *Gebrauchstauglichkeit*[78] des vollendeten Werkes beschreiben und es dem Unternehmer überlassen, die im Austausch mit der Vergütung geschuldeten unmittelbaren Bauleistungen (lit. aa hiervor) selber zu planen sowie gestützt darauf die Vergütung zu kalkulieren. Die funktionale Leistungsbeschreibung führt zu Eigen-

---

[75] Dazu ausführlich Nr. 129 ff. hiernach.

[76] Vgl. GWerkV, Nr. 905 mit dem Beispiel „komplette Heizungsanlage mit bestimmtem Wirkungsgrad"; vgl. QUACK FRIEDRICH, Über die Verpflichtung des Auftraggebers zur Formulierung der Leistungsschreibung nach den Vorgaben von § 9 VOB/A, BauR 1998, S. 381 ff., insbesondere S. 383: "Nach römischem Recht... wurden öffentliche Bauten, Strassen und Bruckenbauten in ganz Europa ebenso wie Monumentalbauten nach Art der Caracallathermen mit funktionalen Leistungsvorgaben kontrahiert."

[77] Vgl. GWerkV Nr. 382. - Eine funktionale Leistungsbeschreibung umfasst auch das Modell C der SBB, das die Fortsetzung der Projektierung, insbesondere der Detailprojektierung, durch den Unternehmer bzw. durch eine Arbeitsgemeinschaft Unternehmer/Ingenieur vorsieht und zum Abschluss eines Totalunternehmervertrages führen kann; vgl. dazu: Neue Wege in der Vergabe von Bauaufträgen / Vor einer intensiveren Zusammenarbeit zwischen Ingenieurfirmen und Bauunternehmen, NZZ vom 14. November 1987, S. 33; TAUSKY ROBERT, Die Rechtsnatur der Verträge über die Planung von Bauwerken, Diss. Zürich 1991, S. 53, auch S. 47 und S. 66; - Zu einem Anwendungsfall funktionaler Leistungsbeschreibung vgl. KIEFER HANSJÖRG/NAEF ERNST, Vorgehen bei der Submission des Anschluss-Stollens Glatt, SI+A 1997, S. 650 ff. und HENNIGER KARL/GANZMANN KONRAD, Projektierung und Bau des Stollens, SI+A 1997, S. 658 ff.

[78] Zur Gebrauchstauglichkeit vgl. insbesondere GWerkV Nr. 1413 ff.

schafts- oder Gebrauchsvereinbarungen der Parteien.[79] Die Leistungsziele können auch als Mindestanforderungen formuliert werden (z.B. Mindestmasse, minimale Tragfähigkeit). Aufgrund einer funktionalen Leistungsbeschreibung ist es Recht und Pflicht des Unternehmers, das geschuldete Werk in einem vom Bauherrn vorgegebenen (blossen) Rahmen selber im Detail zu projektieren und damit bis zur Ausführungsreife weiterzuentwickeln, was bedeutet, dass der Unternehmer selber die (unmittelbaren) einzelnen Bauleistungen (vgl. lit. aa hiervor) bestimmt sowie gestützt darauf den Aufwand und den Preis kalkuliert, ohne in das „Korsett" eines vom Bauherrn verfassten Leistungsverzeichnisses „eingezwängt" zu sein. Innerhalb des vorgegebenen Rahmens hat der Unternehmer einerseits *Planungsfreiheit* und andererseits *Vollständigkeitspflicht*. Zwar kann der Bauherr auch bei der Methode der funktionalen Leistungsbeschreibung (detaillierte) *Sonderwünsche* ausschreiben und vereinbaren. Spätere (zusätzliche) Konkretisierungsanweisungen sind jedoch *Bestellungsänderungen*, die einen Mehrvergütungsanspruch des Unternehmers begründen.

56 Mittels funktionaler Leistungsbeschreibung können sog. *besondere Merkmale* des Werkes (auch *innere Eigenschaften* genannt) näher umschrieben werden, z.B. die Wasserundurchlässigkeit eines Bauteils, das bestimmte Funktionieren von mechanischen, chemischen, elektronischen usw. Anlagen oder auch Eigenschaften wie Tragfähigkeit, Luft- und Trittschallisolation, Wärmedurchlasswert.[80] System-, Haltbarkeits-, Funktions-, Zuverlässigkeits- und Verfügbarkeitsgarantien können vereinbart und dazu Leistungswerte festgelegt werden (z.B. Leistungswerte für mechanische, hydraulische, pneumatische, chemische usw. Betriebsabläufe, auch solche der Hardware und der Software von EDV-Installationen zur Prozesssteuerung, auch Einlager- und Auslagerkapazitäten). Auch Reaktionszeiten können bestimmt werden.[81]

---

[79] Vgl. GWerkV Nr. 1431: „Denn jede Gebrauchsvereinbarung der Parteien geschieht zum Zwecke, die geforderten Eigenschaften des Werkes zu bestimmen, weshalb man die Gebrauchsvereinbarung auch als Eigenschaftsvereinbarung begreifen könnte." - Zur Unterscheidung zwischen reiner und qualifizierter Zusicherung von Eigenschaften vgl. GWerkV Nr. 1375 ff., Nr. 2515, auch Nr. 2491 f. betreffend die Verjährung; zur Unterscheidung zwischen unselbständiger Garantie (= Eigenschaftszusicherung) und selbständiger Garantie vgl. GWerkV Nr. 1383, Nr. 1395 ff., Nr. 2515 f.; BGE 122 III 430 f.

[80] Vgl. GWerkV Nr. 1358 und Nr. 1364.

[81] Vgl. GWerkV Nr. 1384 ff., Nr. 1404, Nr. 1427 und Nr. 1475, auch Nr. 2520 f.; SCHUMACHER, BR 1997, S. 4 und S. 10.

57 Diese Methode der Ausschreibung wird kurz als *funktionale Leistungsbeschreibung* bezeichnet.[82]. Mit der funktionalen Leistungsbeschreibung sollen vor allem die Zwecke bzw. Funktionen der *fertigen* Leistungen des Unternehmers festgelegt werden.[83]

58 Mit der funktionalen Leistungsbeschreibung wird der Unternehmer in die Projektierung der Konstruktion eingebunden. Es wird ihm in konstruktiver Hinsicht ein Spielraum eingeräumt. Zum Nutzen des Bauherrn soll der Unternehmer seine unternehmerische, ausführungsorientierte Erfahrung (Know-how) und seine Ideen zwecks Optimierung (in technischer und finanzieller Hinsicht) einbringen. Damit wächst aber auch die Verantwortung des Unternehmers: Einerseits haftet er für Mängel seiner eigenen konstruktiven Bearbeitung (Detailbearbeitung).[84] Andererseits trägt er das Risiko für die *Vollständigkeit* seiner konstruktiven, ausführungsorientierten „Feinbearbeitung" des Projektes und der darauf gestützten Kosten- und Angebotskalkulation (Nr. 608), was in *Vollständigkeitsklauseln* (Nr. 60) ausdrücklich festgehalten werden kann. Grundsätzlich kann er keine Mehrvergütung beanspruchen, wenn sich im nachhinein erweist, dass die von ihm gewählte Bauausführung mehr (unmittelbare) Leistungen und damit mehr Aufwand erfordert. Denn bei funktionaler Leistungsbeschreibung werden alle (unmittelbaren) Leistungen,

---

[82] Die VOB/A bezeichnet diese Ausschreibungsmethode als *Leistungsbeschreibung mit Leistungsprogramm*. Gemäss § 9 Ziff. 10 VOB/A „kann die Leistung durch ein Leistungsprogramm dargestellt werden, um die technisch, wirtschaftlich und gestalterisch beste sowie funktionsgerechte Lösung der Bauaufgabe zu ermitteln."; damit soll zusammen mit der Bauausführung auch der Entwurf für die Leistung dem Wettbewerb unterstellt werden. Auch in Deutschland spricht man von *funktionaler* oder *funktionsbestimmter* Leistungsbeschreibung, so INGENSTAU/KORBION, Nr. 127 zu § 9 VOB/A; zur funktionalen Leistungsbeschreibung in Deutschland vgl. neuestens Urteil des BGH vom 23. Januar 1997, BauR 1997, S. 464 f., ferner BauR 1997, S. 126 ff.; zudem Urteil des BGH vom 27. Juni 1996, ZfBR 1997, S. 29 f.; vgl. auch: Funktionale Leistungsbeschreibung für Verkehrstunnelbauwerke - Möglichkeiten und Grenzen für die Vergabe und Abrechnung/Functional Description for Transport Tunnels - Possibilities and Limits for Awarding and Accounting, Empfehlungen des DAUB Deutscher Ausschuss für unterirdisches Bauen, „Tunnel" Internationale Fachzeitschrift für unterirdisches Bauen, Gütersloh, 4/97, S. 62 ff.; vgl. auch Empfehlungen zur Risikoverteilung in Tunnelbauverträgen / Recommandations for Sharing Risks in Tunnelling Contracts, herausgegeben vom DAUB, „Tunnel" 3/98, S. 50 ff.

[83] Vgl. INGENSTAU/KORBION, Nr. 155 zu § 9 VOB/A.

[84] Vgl. Art. 167 Satz 1 SIA-Norm 118; GAUCH, KommSIA118, Anm. 1 zu Art. 167; GWerkV Nr. 2672.

die für das Erreichen der Leistungsziele (Funktionen usw.) erforderlich sind, durch die Grundvergütung abgegolten.

59 Mit der funktionalen Leistungsbeschreibung wird ein Teil der Projektierung, meistens die letzte Stufe der Projektierung und Detaillierung (häufig im Sinne einer Optimierung), an den Unternehmer übertragen. Damit stellt sich die Frage nach der *Schnittstelle*, wo die Verantwortung des Bauherrn und seiner sachverständigen Hilfspersonen aufhört und wo die Verantwortung des Unternehmers (auch für die Vollständigkeit seiner „weiterführenden" Projektierung) beginnt. Dieser Schnittstelle wird in der Vertragsgestaltung häufig keine oder nur geringe Beachtung geschenkt, was im Streitfalle die Vertragsauslegung nach dem Vertrauensprinzip bzw. die Vertragsergänzung nach dem hypothetischen Willen der Parteien durch den Richter erfordert[85]. In der Regel, insbesondere im Zweifelsfalle, darf in Rücksicht auf die vom Bauherrn gewählte *Arbeitsteilung* davon ausgegangen werden, dass der Unternehmer die früheren, oft jahrelangen und kostspieligen Abklärungen und Projektierungen des Bauherrn und seiner spezialisierten Hilfspersonen (Geologen, Ingenieure, Architekten) nicht überprüfen oder gar wiederholen muss. Der Unternehmer darf deshalb von der Richtigkeit und Vollständigkeit „der durch den Bauherrn bekanntgegebenen Anforderungen, Gegebenheiten und Annahmen" ausgehen, wie dies Art. 167 Satz 2 SIA-Norm 118 regelt,[86] ausser der Unternehmer hätte pflichtwidrig eine Anzeige versäumt oder der Bauherr hätte seine Angaben unmissverständlich als unzuverlässig hingestellt.[87]

### cc) Die hybride Leistungsbeschreibung

60 Unter einer *hybriden Leistungsbeschreibung* ist eine solche zu verstehen, in der eine detaillierte Beschreibung der unmittelbaren Bauleistungen (lit. aa hiervor), z.B. ein Leistungsverzeichnis im Sinne von Art. 8 SIA-Norm 118, mit Elementen der funktionalen Leistungsbeschreibung (lit. bb hiervor) kombiniert wird.[88] *Beispiele*: „komplette, funktionsfähige

---

[85] Vgl. GWerkV Nr. 908; GAUCH/SCHLUEP, Nr. 1196 ff. betreffend Vertragsauslegung und Nr. 1248 ff. betreffend Vertragsergänzung; vgl. auch Nr. 739 hiernach.

[86] Vgl. GAUCH, KommSIA118, Anm. 5 zu Art. 167; GWerkV Nr. 2672.

[87] Vgl. dazu einlässlich Nr. 499 ff.

[88] Von der Kombination der beiden Ausschreibungsmethoden für die gleichen Leistungen ist die parallele Anwendung beider Ausschreibungsmethoden für verschiedene Einzelleistungen zu unterscheiden. Beispielsweise kann es durchaus sinnvoll

Heizungsanlage, bestehend aus: ...."[89] Der Unternehmer sichert eine bestimmte Eigenschaft oder Gebrauchstauglichkeit des vollendeten Werkes zu.[90] Anzutreffen sind auch hier *Vollständigkeitsklauseln*. In einer solchen Klausel wird z.B. vereinbart, dass ein Gesamtpreis (Pauschal- oder Globalpreis) alle Leistungen abgilt, die für die funktionsgerechte Gesamtleistung des vereinbarten Werkes erforderlich sind, und zwar unabhängig davon, ob sie im Leistungsverzeichnis oder in der Baubeschreibung speziell umschrieben sind oder nicht.[91] Auch in Einheitspreisverträgen versucht der Bauherr gelegentlich, sich gegen das Risiko der Unvollständigkeit des Leistungsverzeichnisses abzusichern, um damit Mehrvergütungsansprüche auszuschliessen.[92]

61  Solche hybriden Leistungsbeschreibungen sind *widersprüchlich* und deshalb *streitanfällig*. Die Vertragspraxis ist kurzsichtig und deshalb unsorgfältig. Sie krankt daran, dass bei Vertragsabschluss häufig nicht klargestellt wird, ob der Unternehmer mit „Zusätzen" zum Leistungsverzeichnis (z.B. mit einer Vollständigkeitsklausel; Nr. 60) überhaupt eine grössere Verantwortung und allenfalls welche besondere, zusätzliche Verantwortung übernehmen sollte. Die Antworten auf diese Fragen hängen vom Inhalt des jeweiligen Einzelvertrages ab, den der Richter im Streitfall nach dem Vertrauensprinzip auszulegen bzw. nach dem hypothetischen Parteiwillen zu ergänzen hat. Danach kann es durchaus Leistungselemente geben, die zwar zur vereinbarten Gesamtleistung gehö-

---

sein, Anlagen wie Maschinen, Apparate oder EDV-Einrichtungen rein funktional, hingegen die Tief- und Hochbauarbeiten in einem detaillierten Leistungsverzeichnis auszuschreiben.

[89]  GWerkV Nr. 908, wo dieses Beispiel als „funktional/detaillierte Leistungsbeschreibung" bezeichnet wird.

[90]  Vgl. Nr. 56 mit verschiedenen Beispielen derartiger Garantien; zu den Zusicherungen im allgemeinen vgl. GWerkV Nr. 1370 ff.

[91]  Vgl. GWerkV Nr. 909 und die dort genannten Beispiele; vgl. auch KAPELLMANN/SCHIFFERS, Bd. 2, S. 165 betreffend Komplettheitsklauseln.

[92]  Aus einem Leistungsverzeichnis eines öffentlichen Bauherrn: „R 999: Leistungen, die nach Auffassung des Unternehmers in den übrigen Positionen dieses Leistungsverzeichnisses nicht enthalten und deshalb separat zu entschädigen sind. Zu einem späteren Zeitpunkt können keine zusätzlichen Forderungen mehr geltend gemacht werden." Eine weiteres von einem Kantonsingenieur formuliertes Beispiel: „Es steht dem Unternehmer frei, im technischen Bericht seiner Ansicht nach fehlende Arbeitsleistungen aufzulisten und die entsprechenden Kosten zu beziffern. Nach Auftragserteilung können diesbezüglich keine Forderungen mehr geltend gemacht werden. Diese Aussage gilt ganz allgemein über das ganze Leistungsverzeichnis einschliesslich der dazu gehörigen Submissionsunterlagen."

ren, von der Preisabrede der Parteien jedoch nicht erfasst und deshalb separat (mangels anderer Abrede nach Art. 374 OR) zu vergüten sind. Enthält z.B. der Werkvertrag die Leistungsbeschreibung „komplette, funktionsfähige Heizungsanlage, bestehend aus: ....", so kann die Auslegung des konkreten Vertrages ergeben, dass der vereinbarte Preis (z.B. ein Pauschalpreis) nur die detailliert umschriebenen Leistungen abgilt. *Stammt die Leistungsbeschreibung vom Bauherrn,* so ist diese Auslegung im Zweifelsfall vorzuziehen.[93] Der Unternehmer hat jedoch den Bauherrn auf allfällige Lücken und andere Mängel des Leistungsverzeichnisses hinzuweisen, wenn er solche erkannt hat oder wenn sie für ihn offensichtlich sind.[94] Unterlässt er dies in einem solchen Fall, hat er auch die in der Beschreibung „vergessenen" Einzelleistungen zum vereinbarten Preis auszuführen.[95] *Stammt die Leistungsbeschreibung vom Bauherrn*, ergibt die Auslegung einer Zusicherung (z.B. der Wasserundurchlässigkeit der Aussenwände von Untergeschossen) in der Regel, dass sie die Tragweite einer qualifizierten Zusicherung und unselbständigen Garantie hat.[96] Sie kann z.B. als Haltbarkeitsgarantie ausgelegt werden, d.h. als eine „Qualitätszusage auf Zeit"[97], die bedeuten kann, dass der Bauherr nicht nachzuweisen braucht, dass der Mangel bereits bei der Abnahme bestand, dass dem Unternehmer aber die Einwendungen des unsachgemässen Gebrauchs und des Selbstverschuldens, begründet durch fehlerhafte Weisungen im Sinne von Art. 369 OR (z.B. falsche statische Berechnung des Bauherrn), nicht abgeschnitten sind. Die Übernahme einer unbeschränkten Haftung des Unternehmers für irgendwelche Ursachen, insbesondere für unsachgemässe Benutzung oder für Selbstverschulden des Bauherrn in der Projektierung, setzt eine eindeutige Abrede voraus und ist im Zweifel zu verneinen.[98] In derartigen Fällen ergibt die Auslegung in der Regel, dass der Unternehmer keine Haftung für die Vollständigkeit und Richtigkeit der Ausschreibung des Bauherrn übernimmt, z.B.

---

[93] GWerkV Nr. 908.

[94] Dazu ausführlich Nr. 129 ff.

[95] Vgl. GWerkV Nr. 908 mit Verweisungen.

[96] Zur Unterscheidung zwischen reiner und qualifizierter Zusicherung von Eigenschaften vgl. GWerkV Nr. 1375 ff., Nr. 2515, auch Nr. 2491 f. betreffend die Verjährung; zur Unterscheidung zwischen unselbständiger Garantie (= Eigenschaftszusicherung) und selbständiger Garantie vgl. GWerkV Nr. 1383, Nr. 1395 ff., Nr. 2515 f.; BGE 122 III 430 f.

[97] Vgl. GWerkV Nr. 1387 und Nr. 2520.

[98] Sinngemäss GWerkV Nr. 1382.

für die Wahl der richtigen Isolationsmethode oder für die richtige Statik, ausser der Unternehmer hätte einen Mangel (z.B. Lücke) der Leistungsbeschreibung des Bauherrn entdeckt oder eine solche wäre für ihn offensichtlich.

62 Soll der Unternehmer durch eine besondere Klausel (Klausel zusätzlich zur detaillierten Leistungsbeschreibung) einen Teil der Projektierungsaufgaben des Bauherrn und seiner Hilfspersonen und damit eine erhöhte Verantwortung (insbesondere für die Vollständigkeit der Leistungsbeschreibung) übernehmen, stellt sich ähnlich wie bei der (reinen) funktionalen Leistungsbeschreibung (Nr. 59) die Frage nach der *Schnittstelle*, eine Frage, die von der Vertragspraxis leider häufig vernachlässigt wird. Bis zum Vertragsabschluss mit dem Unternehmer haben der Bauherr und seine sachverständigen Hilfspersonen in oft jahrelanger „Vorarbeit" viele Etappen absolviert, insbesondere die folgenden: Abklärungen, Prognose, Projektierung, Ausschreibung (Nr. 72 ff.). Wenn dem Unternehmer eine erhöhte Verantwortung überbunden werden soll, ist klarzustellen und zu vereinbaren, welche bereits vorliegenden planerischen Leistungen (insbesondere der sachverständigen Hilfspersonen des Bauherrn) der Unternehmer zu überprüfen oder allenfalls sogar zu wiederholen hat. *Stammt die detaillierte Leistungsbeschreibung vom Bauherrn* (oder von einer sachverständigen Hilfsperson des Bauherrn), ist im Zweifel[99] (insbesondere mangels einer besonderen Abrede) anzunehmen, dass der Unternehmer von der Richtigkeit und Vollständigkeit der Vorarbeiten und Angaben des sachverständigen bzw. sachverständig beratenen Bauherrn ausgehen darf und diese trotz Garantien, Vollständigkeitsklauseln usw. nicht zu überprüfen sowie Mängel und Lücken der Ausschreibung nur anzuzeigen hat, wenn solche von ihm erkannt worden oder für ihn offensichtlich sind (offensichtlich allenfalls aufgrund seines besonderen Sachverstandes). Vollständigkeitsklauseln (Nr. 60) sind deshalb für den Bauherrn kein „Allheilmittel".[100] Vielmehr sind sie häufig mangels sorgfälti-

---

[99] Vgl. GWerkV Nr. 908; zur Unklarheitsregel, wonach im Zweifel diejenige Bedeutung vorzuziehen ist, die für den Verfasser der auszulegenden Bestimmung ungünstiger ist, vgl. GAUCH/SCHLUEP, Nr. 1231 f. mit zahlreichen Verweisungen sowie neuestens BGE 122 III 121.

[100] Vgl. KAPELLMANN, Projektmanagement, S. 217: „Ist also beispielsweise in der dem GU-Vertrag zugrunde liegenden Statik eine bestimmte Ausführung vorsehen und stellt sich diese als unzutreffend heraus, so ist auch beim Schlüsselfertigvertrag ein Nachtrag des Auftragnehmers grundsätzlich.... möglich. Auch beim Schlüsselfertigbauvertrag hängt die gewünschte Kostensicherheit letztlich also entscheidend

ger Vertragsgestaltung überhaupt nicht oder nur ganz beschränkt wirksam.

63 Dass einzelne Leistungen überhaupt nicht oder nicht vollständig vom Bauherrn umschrieben und ausgeschrieben werden, kann auf verschiedene Ursachen zurückgeführt werden, häufig darauf, dass die Leistungsbeschreibung aus Versehen lückenhaft ist oder dass das Projekt noch nicht ausschreibungsreif ist. Lücken im Leistungsverzeichnis können dadurch verursacht werden, dass der ausschreibende Architekt oder Ingenieur Informationen anderer Hilfspersonen des Bauherrn (z.B. des Geologen) nicht richtig versteht oder übersieht. Wenn in einer sog. *rollenden Planung* die Ausschreibung zu früh erfolgt, kann die seinerzeitige Leistungsbeschreibung durch die weitere Planung überholt werden, so dass der Unternehmer andere oder zusätzliche Leistungen zu erbringen hat.

### dd) Nebenleistungen

64 Gelegentlich wird der Begriff der *Nebenleistung* verwendet. Durch individuelle Vertragsauslegung ist zu ermitteln, ob es sich dabei um Einzelleistungen oder um Aufwand für Einzelleistungen handelt.

65 Art. 39 Abs. 2 Satz 2 SIA-Norm 118 laut wie folgt: „Falls nichts anderes vereinbart ist, sind auch alle Nebenleistungen eingeschlossen, wie Hilfsarbeiten, Transporte, Aufbewahrung, Unterhalt und Bewachung der Geräte, Maschinen und dergleichen." Bei diesen „Nebenleistungen" handelt es sich nicht um (ergebnisbezogene) Leistungen, sondern um *Aufwand*. Die Terminologie der SIA-Norm 118 ist insoweit inexakt. In Art. 39 Abs. 2 Satz 2 SIA-Norm 118 wird der Grundsatz festgehalten, dass der gesamte Aufwand in den Festpreisen inbegriffen (eingerechnet; vgl. Art. 39 Abs. 2 und Art. 43 Abs. 1 SIA-Norm 118) ist, ausser die Parteien hätten etwas anderes vereinbart. Dies ist z.B. der Fall, wenn die Parteien für sog. *Aufwandpositionen* (Nr. 177 ff. hiernach) feste Preise vereinbaren und damit bestimmte Mengeneinheiten des Aufwandes gleich wie Leistungseinheiten behandeln und vergüten. Um vom Grundsatz, dass der gesamte Aufwand in den Festpreisen inbegriffen ist, abzuweichen, bedarf es einer *besonderen* Vereinbarung, wie dies z.B. Art. 43 SIA-Norm 118 für Baustelleneinrichtungen vorsieht.

---

von der Qualität der Planung und der darauf basierenden Leistungsbeschreibung ab."; vgl. auch a.a.O., S. 215.

### ee) Der Vorrang des Leistungsverzeichnisses nach dem Vertragsgestaltungsmodell der SIA-Norm 118

66 Die Verwirklichung eines modernen Bauvorhabens, insbesondere eines Grossprojektes, ist sehr komplex. Sie erfordert zahlreiche, verschiedenartige Fachkenntnisse, die im Ablauf mehrerer Etappen eingesetzt werden müssen. Diese Komplexität wird vom Bauherrn durch **Arbeitsteilung** (Nr. 70, Nr. 439 ff., Nr. 476 f.) reduziert, indem er für die verschiedenen Fachrichtungen die entsprechenden Sachverständigen beizieht. Durch das dabei entstehende *Netz zahlreicher Verträge*, die horizontal und vertikal zu koordinieren sind, wird die Komplexität wieder etwas gesteigert, weil diese Arbeitsteilung selber auch komplex ist. Denn die verschiedenen sachverständigen Baubeteiligten müssen *zusammenwirken*, d.h. sich gegenseitig vertrauen und sich gegenseitig verstehen. Die durch die Arbeitsteilung bewirkte Problematik der *Schnittstellen* ist vom Bauherrn bzw. von seinem Gesamtleiter (als Projektmanager) zu lösen. Arbeitsteilung bedeutet auch die Aufteilung der Verantwortung.

67 Diese Komplexität bewältigen verschiedene Bestimmungen der SIA-Norm 118, die untereinander ein bestimmtes *System der Vertragsgestaltung* im Rahmen der Arbeitsteilung bilden. Sie verwirklichen das Modell der *detaillierten Beschreibung* der unmittelbaren Bauleistungen durch den Bauherrn (Nr. 51 ff.). Diese Beschreibung wird ausdrücklich als *vollständig* erklärt.[101] Im Ausschreibungs- bzw. Vertragsgestaltungsmodell der SIA-Norm 118 kommt deshalb dem derart gestalteten Leistungsverzeichnis **Vorrang** zu. Dieses System wird im folgenden behandelt. Die folgenden Ausführungen gelten sinngemäss auch dann, wenn die SIA-Norm 118 zwar nicht übernommen wird, jedoch der Bauwerkvertrag ganz oder zum überwiegenden Teil gleich wie nach der SIA-Norm 118 gestaltet wird, insbesondere wenn die unmittelbaren Bauleistungen vom Bauherrn *detailliert beschrieben* und diese Beschreibung ausdrücklich oder sinngemäss als *vollständig* erklärt wird.

68 Das Leistungsverzeichnis (d.h. die Leistungsbeschreibung) darf nicht isoliert, sondern muss als in die ganze Vertragsgestaltung integriert betrachtet und bewertet werden. Der Werkvertrag ist ein *Austauschvertrag*. Gegen die Bezahlung der versprochenen Vergütung hat der Unternehmer das versprochene Werk herzustellen und abzuliefern.[102] Die im Vertrag

---

[101] Vgl. Art. 8 Abs. 1, auch Abs. 2 und Art. 12 Abs. 1 SIA-Norm 118.
[102] Vgl. GWerkV Nr. 603.

versprochene (Bau-) Leistung ist ein wesentlicher Teil des Vertragsinhaltes. Eine Preisabrede bezieht sich immer nur auf eine bestimmte (unveränderte) Leistung.[103]

69  Wenn von Vertragsgestaltung die Rede ist, stellt sich die Frage: *Wer* gestaltet den Vertrag? Jeder Vertrag besteht seinem Wesen gemäss im Austausch übereinstimmender Willenserklärungen (Art. 1 Abs. 1 OR) und erfordert deshalb grundsätzlich die Vertragsgestaltung durch *beide* Vertragsparteien, welche die Willenserklärungen austauschen. Doch bei der Vorbereitung des Vertragsabschlusses kann der einen Vertragspartei eine viel grössere Macht und damit eine viel grössere Verantwortung als der Gegenpartei zukommen. Der Bauherr, „Herr des Bauens", beherrscht regelmässig auch die Ausschreibung (Nr. 443) und bestimmt damit weitgehend den Vertragsinhalt, vor allem den technischen Inhalt. So verhält es sich beim Ausschreibungs- bzw. Vertragsgestaltungsmodell, das die SIA-Norm 118 bevorzugt anbietet und in einem System mehrerer Bestimmungen regelt. Dieses (komplexe) System weist dem *Bauherrn* für die Beschreibung der Leistungen, die als Gegenwert für die Vergütung vereinbart werden, die führende, ja eine weitgehend beherrschende Rolle zu. Auch beim gesetzlichen Bauwerkvertrag werden dem Bauherrn regelmässig mehrere *Mitwirkungshandlungen* zugewiesen.[104] Solche bestehen in verstärktem, umfangreichem Masse bei Übernahme der SIA-Norm 118.

70  Die einschlägigen Bestimmungen der SIA-Norm 118 verwirklichen und verfeinern eine bestimmte Art der **Arbeitsteilung**, die sich im Bauwesen eingebürgert hat (Nr. 439 ff.). Sie besteht in der linearen[105] Zerlegung (Teilung) der Problemlösung (Lösung der komplexen Probleme eines Bauvorhabens) auf verschiedenen *Detaillierungsebenen*. Jede Phase (Stufe) der Detaillierung (Detaillierungsebene) kann ihrerseits aus mehreren Schritten, d.h. mehreren Problemlösungszyklen bestehen (z.B. Gesamt-, Fassaden-, Energiekonzept). Die Reihenfolge der Phasen erfolgt

---

[103] Vgl. GAUCH, KommSIA118, Anm. 10 Abs. 2 zu Art. 38 Abs. 2; vgl. auch GWerkV Nr. 917.

[104] Zu den Mitwirkungspflichten des Bauherrn im allgemeinen vgl. GWerkV Nr. 1328 ff.; ferner GAUCH/SCHUMACHER, KommSIA118, Anm. 2 zu Art. 94.

[105] Gemäss WIEGAND, Planen und Bauen, S. 29, gilt eine Vorgehensweise dann als *linear*, wenn jeder Schritt abgeschlossen sein muss, bevor der nächste beginnt.

nach der Methode „Top-down"[106], was bedeutet: Es wird von der Grob- zur Detaillösung fortgeschritten.[107]

71 In dem von der SIA-Norm 118 bevorzugt und ausführlich geregelten Vertragsgestaltungsmodell können insbesondere die folgenden *Phasen* (Detaillierungsebenen) in der folgenden Reihenfolge unterschieden werden, welche der Bauherr übernimmt: Abklärungen (Nr. 72), Prognose (Nr. 73 ff.), Projektierung (Nr. 91), Ausschreibung (Nr. 92 ff.), Bauleitung.[108] Für jede Phase kann der Bauherr verschiedene Sachverständige beiziehen. Innerhalb einer Phase können mehrere Sachverständige für einzelne *Problemlösungszyklen* (Nr. 70) vom Bauherrn beauftragt werden, z.B. Architekt, Bauingenieur und Fachingenieure für die Haustechnik in der Projektierungsphase.[109] Nach dem von der SIA-Norm 118 bevorzugten Vertragsgestaltungsmodell erfolgt die Arbeitsteilung mit mehreren (meist vielen) Unternehmern für die verschiedenen Arbeitsgattungen[110], eventuell mit einem einzigen Unternehmer.[111] Im Verhältnis zu dem oder den Unternehmern sind die Sachverständigen, welche der Bauherr für die einzelnen vorgängigen Phasen (Detaillierungsebenen) beigezogen hat, seine Hilfspersonen, deren Verhalten er sich wie eigenes

---

[106] Zur Unterscheidung zwischen den Methoden „Top-down" und „Bottom-up" vgl. WIEGAND, Planen und Bauen, S. 16 und S. 21.

[107] Vgl. ausführlich WIEGAND, Planen und Bauen, S. 15 ff., insbesondere S. 21 f. mit der Mahnung auf S. 22, dass Rückkoppelungen von den Detaillösungen zur Gesamtlösung erforderlich sind.

[108] Die Leistungsbeschreibung in der Phase der *Bauleitung* wird im folgenden nicht näher behandelt. Auch in der Bauleitungsphase können Leistungen festgelegt werden, beispielsweise durch (einseitige) *Bestellungsänderungen* des Bauherrn oder durch (bloss konkretisierende) *Ausführungsanweisungen* der Bauleitung; vgl. dazu GWerkV Nr. 768, Nr. 810 und Nr. 1330; GAUCH/SCHUMACHER, KommSIA118, Anm. zu Art. 99 und Art. 100.

[109] Vgl. WIEGAND, Planen und Bauen, S. 21.

[110] In Art. 30 Abs. 1 SIA-Norm 118 wird der *Nebenunternehmer* genannt; vgl. GWerkV Nr. 219 ff.; auch Nr. 209: Häufig wird die Ausführung des Projektes in Teilwerke aufgeteilt, die Gegenstand von verschiedenen Bauwerkverträgen sind (vgl. Art. 1 Abs. 1 SIA-Norm 118).

[111] Sofern nicht ausdrücklich erwähnt, wird die Vertragsgestaltung mit einem General- oder Totalunternehmer im folgenden nicht behandelt. Auf den Vertragsabschluss mit einem *Totalunternehmer* wird in Art. 33 Abs. 4 SIA-Norm 118 bloss beiläufig hingewiesen, während derjenige mit einem *Generalunternehmer* in der Norm überhaupt nicht erwähnt wird.

anrechnen lassen muss.[112] Wenn hier und im folgenden vom Bauherrn die Rede ist, sind darunter immer auch seine *sachverständigen Hilfspersonen* mitverstanden.

72  1. Die Bedürfnisermittlung führt zu einer *Bauidee*. Deren Realisierung erfordert zunächst **Abklärungen**, z.B. Abklärungen des Baugrundes. Gemäss Art. 5 Abs. 2 und Abs. 3 SIA-Norm 118 ist es der *Bauherr*, der diese Abklärungen durchführt. Den Unternehmer trifft grundsätzlich keine Überprüfungspflicht.[113]

73  2. Ein „hinreichend klares Projekt"[114] bzw. die „zweckmässige Gestaltung des Projektes und die (...) Wahl der geeigneten Bauverfahren"[115] bedingen nicht nur gründliche, fachmännische Abklärungen[116], sondern danach auch die sachverständige „*Umsetzung*" der Abklärungen (z.B. geologische und geotechnische Berichte) in das Projekt. Damit werden die *„Anforderungen der auszuführenden Arbeit"* festgelegt.[117] Dies erfordert als 2. Stufe - zwischen Abklärungen und Projektierung - eine **Prognose** der *Auswirkungen* des Bauvorganges und des (vollendeten) Werkes auf die Umgebung (insbesondere auf den Baugrund) sowie der *Einwirkungen* der Umgebung (u.a. des Baugrundes) auf den Bauvorgang und auf das (*vollendete*) Werk. Unter den *Auswirkungen* können die Störung des natürlichen Baugrundes durch Bauvorgänge (z.B. offene Baugrube, Tunnelvortrieb) und das Setzungsverhalten des fertigen Bauwerkes verstanden werden, unter den *Einwirkungen* Kräfte wie geotechnische, chemische, hydrologische, meteorologische usw. Verhältnisse, die den Bauvorgang und/oder das vollendete Werk beeinflussen bzw. beeinträchtigen können.[118] Deshalb ist beispielsweise ein Baugutachten von

---

[112] Hilfspersonenhaftung gemäss Art. 101 OR; vgl. GWerkV Nr. 1922, auch Nr. 736 und Nr. 1210 f.; ferner Nr. 477 hiernach.

[113] Vgl. Art. 5 Abs. 2 letzter Satz in Verbindung mit Art. 25 Abs. 3 SIA-Norm 118; dazu ausführlich Nr. 125 ff.

[114] Art. 5 Abs. 1 SIA-Norm 118; dazu Nr. 91.

[115] Art. 2.22 SIA-Norm 198.

[116] Art. 5 Abs. 2 und Abs. 3 SIA-Norm 118; Art. 2.11 und Art. 2.21 - 2.23 SIA-Norm 198.

[117] Vgl. Art. 5 Abs. 2 SIA-Norm 118; vgl. auch Art. 167 Satz 2 SIA-Norm 118 und dazu GAUCH, KommSIA118, Anm. 2 zu Art. 167: „z.B. Anforderungen an die Tragfähigkeit."

[118] Zur umfassenden Abklärung der Anforderungen an das Bauvorhaben vgl. insbesondere WIEGAND, Planen und Bauen, passim.

derjenigen fachmännischen Hilfsperson des Bauherrn auszuwerten, welche die Anforderungen an das Bauwerk festzulegen hat.[119]

74 **a.** In dieser Hinsicht besitzt die SIA-Norm 160 *Einwirkungen auf Tragwerke* (Ausgabe 1989) die Funktion eines *Leitbildes*. Auch wenn die SIA-Norm 160 nicht als Bestandteil des Werkvertrages mit dem Unternehmer übernommen worden ist, ergibt sich die Anwendbarkeit der im folgenden zitierten Bestimmungen der SIA-Norm 160 aus der *allgemeinen Sorgfaltspflicht* des Architekten oder Ingenieurs.[120] Der Unternehmer darf die Erfüllung selbstverständlicher Pflichten einer sorgfältigen Gesamtleitung voraussetzen, so wenn beispielsweise ein Ingenieur die Funktion eines Gesamtleiters übernommen hat.[121] Aus der SIA-Norm 160 sind die folgenden Bestimmungen hervorzuheben, welche den **Sicherheits-** und **Nutzungsplan** im einzelnen umschreiben, der auch in Art. 4.1.3 und Art. 4.2.2 SIA-Ordnung 103 vom Bauingenieur verlangt wird:

75 Die sachverständigen Berater des Bauherrn sind für die Sicherheit und Gebrauchstauglichkeit verantwortlich, insbesondere für die Gebrauchstauglichkeit von Tragwerken. Die Aufgaben, Kompetenzen und Tätigkeiten der am Bau beteiligten Personen sind frühzeitig festzulegen. Der Informationsfluss ist eindeutig zu regeln (Art. 2.12 SIA-Norm 160). Während der Projektierung, der Ausführung und der Nutzung sind bauliche und betriebliche Massnahmen zur Förderung der Dauerhaftigkeit vorzusehen (Art. 2.13 SIA-Norm 160).

76 Entscheidend für die *Sicherheit* während der Ausführung und der geplanten Nutzungsdauer sind:

77 - die Beurteilung der Einflüsse, die eine Gefährdung für das Tragwerk darstellen können,

78 - das Erkennen der kritischen Situationen für das Tragwerk.

---

[119] Vgl. KAPELLMANN/SCHIFFERS, Bd. 1, Nr. 723: „Das Baugrundgutachten wendet sich nicht unmittelbar an den ausführenden Unternehmer, sondern an einen Sonderfachmann, nämlich den Tragwerkplaner, und gibt *ihm* Instruktionen zu Gründungsmöglichkeiten, die er konstruktiv verarbeiten muss; Konstruktion und Bodenbeschreibung müssen in die Ausschreibung einfliessen."

[120] Vgl. dazu SCHUMACHER, ArchR, Nr. 435 ff.

[121] Vgl. Art. 3.3.1 und Art. 3.3.2 SIA-Ordnung 103, ferner den in Art. 4.1.1 - Art. 4.1.11 SIA-Ordnung 103 enthaltenen Leistungsbeschrieb für den Ingenieur als Gesamtleiter. - Zum Architekten als *Gesamtleiter* vgl. Art. 2.3.1 Satz 1, Art. 3.3.1 und Art. 3.3.2 SIA-Ordnung 102.

79  Das Aufstellen und Durchdenken von kritischen Situationen, sog. Gefährdungsbildern, dient der Planung von Massnahmen zur Gewährleistung der Sicherheit (Art. 2.22.1 SIA-Norm 160).

80  Im **Sicherheitsplan** werden die für das Tragwerk zu berücksichtigenden *Gefährdungsbilder* zusammengestellt und festgelegt, mit welchen *Massnahmen* den Gefahren begegnet werden soll (Art. 2.23.1 SIA-Norm 160). Der Sicherheitsplan enthält beispielsweise die Gefährdungsbilder, die vorgesehenen Massnahmen, die angenommenen Baugrundverhältnisse, die wesentlichen Berechnungsannahmen, die akzeptierten Risiken. Er dient als Grundlage beispielsweise für die Berechnung, Bemessung und konstruktive Durchbildung, für die Wahl geeigneter Baustoffe usw. (Art. 2.23.3 SIA-Norm 160).

81  Entscheidend für die *Gebrauchstauglichkeit* während der geplanten Nutzungsdauer sind:

82  - die Beurteilung der Einwirkungen, denen ein Tragwerk ausgesetzt sein kann,

83  - das Erkennen der möglichen Auswirkungen auf das Tragwerk.

84  Das Aufstellen und Durchdenken der Nutzungszustände dient der Planung von Massnahmen zur Gewährleistung der Gebrauchstauglichkeit (Art. 2.32.1 SIA-Norm 160).

85  Im **Nutzungsplan** werden die für das Tragwerk zu berücksichtigenden Nutzungszustände zusammengestellt und festgelegt, mit welchen *Massnahmen* die Gebrauchstauglichkeit gewährleistet werden soll (Art. 2.33.1 SIA-Norm 160). Massnahmen sind beispielsweise die Wahl geeigneter Baustoffe, die sorgfältige konstruktive Durchbildung usw. (Art. 2.33.2 SIA-Norm 160).

86  **b.** Zwar nicht dem Wortlaut, jedoch dem Sinn nach verlangt auch die SIA-Norm 198 *Untertagbau* (Ausgabe 1993) einen Nutzungs- und Sicherheitsplan (vgl. lit. a hiervor). Hervorzuheben sind die folgenden Regeln der SIA-Norm 198:

87  In welchem Masse die Tragfähigkeit des Gebirges ausgenutzt und damit zusätzliche stabilisierende Massnahmen eingespart werden können, hängt einerseits vom Projekt und der konstruktiven Gestaltung des Bauwerks und andererseits von den Bauvorgängen bei der Herstellung, insbesondere von der Verhinderung schädlicher Auflockerungen und Verformungen im umgebenden Gebirge ab (Art. 2.12 Abs. 2 SIA-Norm 198).

88  Zur Projektdarstellung gehören auch die vom Bauherrn dem Projekt zugrundegelegten Kriterien für Sicherheit und Gebrauchstauglichkeit (z.B. bezüglich Verformungen, Risse, Durchlässigkeit, Aussehen), ferner die festgelegten Einwirkungen für Elemente des Innenausbaus, soweit diese für den Bauzustand von Bedeutung sind (Art. 2.15 Abs. 1 SIA-Norm 198).

89  Besonders bei Untertagbauten im Lockergestein kann der Bauvorgang die Gebrauchstauglichkeit des Bauwerkes oder den Zustand benachbarter Anlagen erheblich beeinflussen (z.B. durch Setzungen, Hebungen, Änderung des Wasserhaushaltes). Für den Bauzustand nötige stabilisierende und entwässernde Massnahmen können zudem ganz oder teilweise Bestandteil des fertigen Bauwerkes sein. Art und Umfang dieser Massnahmen sind in der Regel Bestandteil des Projektes (Art. 2.16 SIA-Norm 198).

90  Der Unternehmer darf darauf *vertrauen*, dass der Bauherr durch eine oder mehrere sachverständige Hilfspersonen einen derartigen Nutzungs- und Sicherheitsplan erstellen lässt, insbesondere für ein sehr komplexes Bauwerk in einem oft sehr heterogenen Baugrund.

91  **3.** Gestützt auf die Abklärungen (Nr. 72) und gestützt auf die Festlegung der *Anforderungen* durch die Prognose (Nr. 73 ff.) wird das **Projekt** ausgearbeitet. Gemäss Art. 5 Abs. 1 SIA-Norm 118 setzt die Ausschreibung *„ein hinreichend klares Projekt"* voraus. Die Klarheit des Projektes muss *für den Unternehmer hinreichend* sein. Das hängt von der vom Bauherrn gewählten Art der Vertragsgestaltung ab. Die SIA-Norm 118 geht davon aus, dass grundsätzlich der *Bauherr* und nicht der Unternehmer projektiert.[122] Dem Vertragsgestaltungsmodell der SIA-Norm 118 liegt ein vom Bauherrn (mit seinen sachverständigen Hilfspersonen) ausgearbeitetes *vollständiges,* ausführungsreifes Projekt zugrunde. Die Leistungen, die für das ganze Bauwerk bzw. für die einzelnen Teilwerke erforderlich sind, werden *vollständig* ermittelt, was sich aus Art. 8 Abs. 1 und Art. 12 Abs. 1 SIA-Norm 118 ergibt. Eine vollständige und detaillierte Leistungsbeschreibung setzt ein vollständiges Projekt voraus, allenfalls mit Eventual- oder Alternativpositionen. Die *Pläne* (Art. 7 Abs. 2 Ziff. 4 und Art. 21 Abs. 1 Ziff. 4 SIA-Norm 118) sind *definitive Pläne*, unter Vorbehalt der Konkretisierung in der Ausführungsphase (vgl. Art. 34 Abs. 1 und Art. 100 SIA-Norm 118). Ist die Projektierung nicht abgeschlossen, kann der Bauherr als Alternative die *funktionale Leistungsbeschreibung* (Nr. 55 ff.) wählen oder später, allerdings in beschränktem Rahmen, die detaillierte Leistungsbeschreibung durch *Bestellungsänderungen* ergänzen bzw. abändern.

---

[122] Vgl. hingegen Art. 15 Abs. 3 SIA-Norm 118 betreffend Unternehmervarianten und Art. 167 SIA-Norm 118 betreffend Haftung des Unternehmers für von ihm vorgeschlagene Konstruktionen oder Ausführungsarten sowie für seine statische Berechnung und konstruktive Bearbeitung; vgl. GAUCH, KommSIA118, Anm. zu Art. 167; GWerkV Nr. 1466 und Nr. 2060; HÜRLIMANN, BR 1996, S. 3 ff.

92  4. Auf die Projektierung folgt die **Ausschreibung**. Gestützt auf das Projekt werden die von einem Unternehmer zu erbringenden Bauleistungen einer oder mehrerer Arbeitsgattungen ausgeschrieben. Zur *Vorbereitungsphase der Ausführung*[123] gehört auch die *Ausschreibung*. Diese wird wiederum vom *Bauherrn* durchgeführt. Nach dem Vertragsgestaltungsmodell, das den Art. 4 ff. SIA-Norm 118 zugrundeliegt, werden Art und Umfang der Bauleistungen, die der Unternehmer im Austausch mit der (später versprochenen) Vergütung dem Bauherrn schuldet, von diesem in der Submission umschrieben und durch Angebot und Annahme schliesslich (rechtsverbindlich) festgelegt. Die *Festlegung* der Unternehmerleistung ist eine ganz wichtige Mitwirkungshandlung des sachverständigen Bauherrn, auf deren Erfüllung der Unternehmer vertrauen darf und muss.[124] In der Ausschreibung richtet der Bauherr an verschiedene Unternehmer gleichzeitig die Einladung, ihm aufgrund bestimmter Unterlagen, *Ausschreibungsunterlagen* genannt, je ein Angebot für die Ausführung der in der Einladung bezeichneten und damit „ausgeschriebenen" Arbeiten einzureichen.[125] Die Ausschreibungsunterlagen sollen dem Unternehmer *Klarheit* verschaffen, insbesondere über Art, Umfang und Besonderheit der Bauarbeit sowie über die Art der zu vereinbarenden Preise (Art. 6 Abs. 2 SIA-Norm 118).

93  Die Festlegung der vom Unternehmer geschuldeten Leistungen (z.B. im Leistungsverzeichnis) ist nur ein Teil der *Vertragsgestaltung*, wenn auch ein ganz bedeutender. Als die drei „Säulen" der Vertragsgestaltung können bezeichnet werden: Informieren, Normieren, Koordinieren. Das Wesen des Vertragsabschlusses besteht im *Normieren*. Die Vereinbarung von Art und Umfang der vom Unternehmer geschuldeten Bauleistungen ist *normativ*. Der (normative) Vertragsinhalt hat Vorrang vor den informatorischen Vertragsgrundlagen (Nr. 110). Er ergibt sich aus verschiedenen (inhaltlichen) Vertragsbestandteilen (auch Vertragspunkte genannt), insbesondere aus den Versprechen der Parteien, die in verschiedenen physischen Gegenständen als Erklärungsträgern verkörpert sein

---

[123] Vgl. Art. 4.3 SIA-Ordnung 102; Art. 4.1.5 SIA-Ordnung 103; Art. 4.3 SIA-Ordnung 108.

[124] Vgl. GWerkV Nr. 1329 ff.; ZELTNER URS, Die Mitwirkung des Bauherrn bei der Erstellung des Bauwerkes, Diss. Freiburg 1993, S. 17 ff., auch S. 19, Nr. 50: „Ausführungsprojekt ist Endprodukt".

[125] GWerkV Nr. 458; Art. 4 Abs. 1, Art. 6 Abs. 2 und Art. 7 SIA-Norm 118; zur an einen *einzigen* Unternehmer gerichteten Einladung zur Offertstellung vgl. Art. 4 Abs. 4 SIA-Norm 118.

können, z.B. Vertragsurkunde, Besondere Bestimmungen, Leistungsverzeichnis, AGB usw. Daneben gibt es auch *Informationsträger* in mehreren physischen Gegenständen (z.B. ein Baugrundgutachten oder eine Baubewilligung als Beilagen zur Vertragsurkunde). Die verschiedenen Erklärungsträger bedürfen der *Koordination*, die regelmässig in Form einer *Rangordnung* als vereinbarte Widerspruchsregel („Kollisionsnorm") für innervertragliche Widersprüche erfolgt.[126] Da eine Rangordnung in der Regel kein Auslegungsverbot enthält,[127] ist auch bei Vereinbarung von Widerspruchsregeln zunächst zu überprüfen, ob sich die (scheinbar) widersprüchlichen Bestimmungen nicht doch harmonisieren lassen oder ob die Widerspruchsregel überhaupt nicht anwendbar ist, weil z.B. eine Abrede *individuell* getroffen worden ist und deshalb eine andere, damit im Widerspruch stehende Vertragsbestimmung zum vornherein keine Geltung hat, weil **individuelle Abreden den AGB schlechthin vorgehen**.[128]

94 Die Ausschreibungsregeln der Art. 4 ff. SIA-Norm 118 verwenden die vorerwähnten Elemente der Vertragsgestaltung, ohne sie jedoch in vollem Umfange *systematisch* auseinanderzuhalten. Im folgenden sollen die Ausschreibungsregeln der Art. 4 ff. SIA-Norm 118 systematisch erfasst werden, und dies insbesondere im Rahmen der *Arbeitsteilung* zwischen Bauherrn und Unternehmer, wie sie der SIA-Norm 118 zugrunde liegt.

95 Nach der Aufzählung in Art. 7 SIA-Norm 118 enthalten die Ausschreibungsunterlagen sowohl (*informatorische*) Angaben (vgl. teilweise Art. 7 Abs. 2 Ziff. 2 SIA-Norm 118) als auch den zukünftigen (*normativen*) Vertragsinhalt. Dabei ist zwischen den einzelnen (inhaltlichen) Vertragspunkten im Sinne von (inhaltlichen) Vertragsbestandteilen und den verschiedenen Vertragsbestandteilen im Sinne von mehreren physischen Erklärungsträgern zu differenzieren. Zum Zwecke einer systematischen Übersicht sind insbesondere zu unterscheiden:

96 **a.** Zu den (zukünftigen) *inhaltlichen* Vertragsbestandteilen sind zu rechnen:

97 - Beschreibung, der vom Unternehmer zu erbringenden *Leistungen* in bezug auf Art und Qualität der Leistungen (Art. 8 Abs. 1 und Art. 8 Abs.

---

[126] Vgl. GWerkV Nr. 304 ff., insbesondere Nr. 305.
[127] GWerkV Nr. 306.
[128] Vgl. GWerkV Nr. 196, Nr. 286, Nr. 288, Nr. 302, Nr. 306 und Nr. 316 mit weiteren Verweisungen; JÄGGI/GAUCH, N 435 zu Art. 18 OR.

2 SIA-Norm 118) und Umfang, d.h. bezüglich der voraussichtlichen Mengen (Art. 8 Abs. 2 SIA-Norm 118); daraus, eventuell im Zusammenhang mit anderen Ausschreibungsunterlagen, ergibt sich die *Gesamtleistung*;

98  - Art, Umfang und Besonderheit der Bauarbeit (Art. 6 Abs. 2 SIA-Norm 118);

99  - gewünschter Bauvorgang (Art. 7 Abs. 2 Ziff. 2 SIA-Norm 118); Projektierung und Ausschreibung können nicht nur Leistungen erfassen, sondern auch den *Bauvorgang* und damit Art und Weise des Aufwandes, den der Unternehmer zur Erbringung der Leistungen einzusetzen hat; dies entspricht Art. 7 Abs. 2 Ziff. 2 SIA-Norm 118, wonach der Bauherr auch den *„gewünschten Bauvorgang"* ausschreiben kann;[129] um den gewünschten Bauvorgang festzulegen, projektiert der Bauherr oft *Baustelleneinrichtungen*, z.B. den Typ einer Tunnelbohrmaschine, und schreibt sie in sog. *Aufwandpositionen* (Nr. 177 ff.) als besondere Positionen des Leistungsverzeichnisses aus; im *Untertagbau* ist die Ausschreibung der Baumethode die Regel. Einzelne Hinweise:

100 „Der erfahrene Bauherr wird von folgenden Gegebenheiten ausgehen: ...... Die richtige Wahl der Vortriebsmethode hat entscheidenden Einfluss auf Termin, Preis und Auswirkungen auf mögliche Abweichungen des Baugrundes von der Prognose. Hier liegt ein Grund, warum Bauherren sich in die Wahl der Vortriebseinrichtungen einmischen, mit wechselndem Erfolg".[130] Deshalb lautet Art. 2.13 Abs. 1 und Abs. 2 SIA-Norm 198 wie folgt:

101 „Der Bauherr muss schon bei der Projektgestaltung eine klare Vorstellung über geeignete Bauvorgänge haben und diese dem Unternehmer bekanntgeben. Für

---

[129] Vgl. auch GWerkV Nr. 1928: Weisungen des Bauherrn betreffend Arbeitsverfahren; vgl. die Definition des Bauverfahrens, auch Baumethode genannt, in Art. 1.1 SIA-Norm 198 Untertagbau (1993): „Gesamtheit der technischen und organisatorischen Mittel zur Lösung einer Bauaufgabe." Vgl. auch Art. 2.13 Abs. 1 und Art. 22.22 Satz 1 dieser SIA-Norm 198, wonach der Bauherr für den Baugrund geeignete Bauverfahren projektieren und ausschreiben soll.

[130] KREBS WALTER/THEILER PETER, Anforderungen an die Ausschreibungsunterlagen, SIA-Dokumentation 0124, *Vertragswesen im Untertagbau*, Zürich 1995, S. 21; vgl. auch HENKE ANDREAS, a.a.O., S. 13 zur Wahl der Baumethode im Rahmen der Optimierung des Bauherrn; dass der Bauherr bzw. sein Projektingenieur das Bauverfahren (construction method) wählt, empfiehlt neuestens: *Empfehlungen zur Auswahl und Bewertung von Tunnelvortriebsmaschinen / Recommendations for selecting and evaluating tunnel boring machines*, erarbeitet von DAUB, ÖGG und FGU, „Tunnel" Internationale Fachzeitschrift für unterirdisches Bauen, Gütersloh 5/97, S. 20 ff.

viele Untertagbauten, insbesondere im Lockergestein, bilden Projekt und Ausführungskonzept eine untrennbare Einheit."

102 „Erscheinen verschiedene Vortriebsverfahren als gleichwertig und setzen sie unterschiedliche Projekte voraus, so kann es sinnvoll sein, mehrere auszuschreiben."

103 - Baubeginn und einzuhaltende Fristen (Art. 7 Abs. 2 Ziff. 2 SIA-Norm 118), aus denen sich die *Gesamtbauzeit* ergibt.

104 **b.** Die SIA-Norm 118 erwähnt auch verschiedene (mögliche) Vertragsbestandteile im Sinne von separaten *physischen Erklärungsträgern*, insbesondere die folgenden:

105 - Vertragsurkunde (Art. 7 Abs. 2 Ziff. 1 und Art. 21 Abs. 1 Al. 1 SIA-Norm 118);

106 - Die durch das Bauobjekt bedingten, besonderen Bestimmungen, im folgenden *Besondere Bestimmungen* genannt (Art. 7 Abs. 2 Ziff. 2, Art. 8 Abs. 2 und Art. 21 Abs. 1 Al. 3 Ziff. 2 SIA-Norm 118);

107 - Leistungsverzeichnis oder Baubeschreibung (Art. 7 Abs. 2 Ziff. 3, Art. 8 bzw. Art. 12, Art. 21 Abs. 1 Ziff. 3 Al. 3 SIA-Norm 118);

108 - Pläne (Art. 7 Abs. 2 Ziff. 4 und Art. 21 Abs. 1 Al. 3 Ziff. 4 SIA-Norm 118);

109 - Allgemeine Geschäftsbedingungen (AGB; Art. 7 Abs. 2 Ziff. 5 und Art. 21 Abs. 1 Al. 3 Ziff. 5 SIA-Norm 118).

110 **c.** Häufig macht der Bauherr dem Unternehmer mehr oder weniger zahlreiche *Angaben* (Informationen). Diese können insbesondere bei Grossprojekten umfangreich sein und zu den *durch das Bauobjekt bedingten, besonderen Bestimmungen* gehören[131] sowie in der Vertragsurkunde erwähnt sein, häufig in der Rangordnung (Nr. 93). Die SIA-Norm 118 unterscheidet nicht konsequent zwischen normativen Vertragsbestandteilen und informatorischen Vertragsgrundlagen. Bei den Informationen kann es sich um bloss in Verweisungen erwähnte oder um dem Vertrag beigelegte Unterlagen handeln, z.B. um ein Baugrundgutachten, einen Situationsplan, einen Grundbuchauszug oder eine Baubewilligung.

111 **d.** *Widerspruchsregeln* enthält die SIA-Norm 118 in Art. 7 Abs. 3 und Art. 21 Abs. 1.

---

[131] Vgl. Art. 7 Abs. 2 Ziff. 2 und Art. 21 Abs. 1 Al. 3 Ziff. 2 SIA-Norm 118.

112  e. Gemäss Art. 7 Abs. 2 Ziff. 3 SIA-Norm 118 gehört zu den Ausschreibungsunterlagen ein *Leistungsverzeichnis* (für Einheitspreisverträge) oder eine *Baubeschreibung* (für Gesamtpreisverträge), auch *Projektbeschreibung* genannt (z.B. in Art. 2.14 SIA-Norm 198). Bereits aus den Bezeichnungen *Leistungsverzeichnis* (Art. 8 SIA-Norm 118) und *Baubeschreibung* (Art. 12 SIA-Norm 118) geht hervor, dass Art und Umfang der vom Unternehmer zu erbringenden Leistungen *vom Bauherrn umschrieben* werden. Es handelt sich dabei um die individuelle, konkrete Beschreibung der vom Unternehmer zu erbringenden Leistungen. Sie bildet den Kern der Ausschreibung und besitzt *Vorrang* vor den anderen Ausschreibungsunterlagen, was im folgenden näher begründet wird.

113  f. Vorerst ist das *Leistungsverzeichnis* zu definieren: Die Arbeit des Unternehmers, durch die das geschuldete Werk hergestellt wird, setzt sich regelmässig aus einer Mehrzahl verschiedener Einzelarbeiten zusammen. Das Leistungsverzeichnis führt diese Einzelleistungen als separate Positionen auf.[132]

114  Der Bauherr hat das Leistungsverzeichnis *übersichtlich*[133] und insbesondere **vollständig**[134] zu gestalten, so dass der Unternehmer nur noch die von ihm angebotenen Preise in das Leistungsverzeichnis einzusetzen hat, also für sein Angebot das Leistungsverzeichnis verwenden kann und meistens muss.[135] Das entspricht Art. 4 Abs. 1 SIA-Norm 118, wonach der Unternehmer in der Submission (= Ausschreibung) eingeladen wird, aufgrund *bestimmter Unterlagen* (= Ausschreibungsunterlagen) ein Angebot für die *ausgeschriebenen Arbeiten* einzureichen.[136]

115  Durch das Angebot des Unternehmers und die Annahme des Bauherrn „mutiert" das Leistungsverzeichnis von der Vertragsgrundlage (Information über die zu erbringenden Leistungen) zum individuellen und damit vorrangigen *Vertragsinhalt*, weil es nun die ausgeschriebenen Leistungen normiert, zu denen sich der Unternehmer im Austausch mit der Vergütung verpflichtet hat. Zusammen (komplementär) mit der Vergütungsvereinbarung, die selber im Leistungsverzeichnis selber getroffen werden

---

[132]  Art. 8 SIA-Norm 118; GWerkV Nr. 20.

[133]  Art. 8 Abs. 1 und Abs. 2 SIA-Norm 118; vgl. auch Art. 6 Abs. 2 SIA-Norm 118: „Klarheit".

[134]  Art. 8 Abs. 1 SIA-Norm 118; vgl. dort auch Abs. 2: „jede Leistung".

[135]  Art. 8 Abs. 3 Satz 2 SIA-Norm 118.

[136]  Vgl. GWerkV Nr. 458.

kann[137], bildet das Leistungsverzeichnis den (individuellen) *Kern* und damit den Hauptinhalt des Bauwerkvertrages.

116   Da das Leistungsverzeichnis gemäss Art. 8 SIA-Norm 118 alle einzelnen Leistungen *„unter Angabe von Materialqualitäten und voraussichtlichen Mengen"* übersichtlich und vollständig zu beschreiben hat, wendet die Norm die Methode der *detaillierten Beschreibung der unmittelbaren Bauleistungen* (Nr. 51 ff.) an.

117   Was soeben in bezug auf das Leistungsverzeichnis ausgeführt worden ist, gilt auch für die *Baubeschreibung*, welche in Art. 12 Abs. 1 SIA-Norm 118 für Gesamtpreisverträge vorgesehen ist. Zwar kann ein *Pflichtenheft* - für sich allein betrachtet - auch rein *funktionale Leistungsbeschreibungen* (Nr. 55 ff.) umfassen. Doch der Begriff des Pflichtenheftes im Sinne von Art. 12 Abs. 1 SIA-Norm 118 muss im gesamten Zusammenhang (Kontext) ausgelegt werden. Da das Pflichtenheft *vollständig, detailliert und klar* sein soll, und dieses Pflichtenheft ausdrücklich *Baubeschreibung*, d.h. Beschreibung der Bauarbeiten, genannt wird, ferner weil Leistungsverzeichnis und Baubeschreibung die gleiche Funktion erfüllen und beiden der *gleiche Rang* zugewiesen wird[138], ist auch die Baubeschreibung ein Anwendungsfall der *detaillierten Beschreibung der unmittelbaren Bauleistungen* (Nr. 51 ff.). In der Vertragspraxis kommt es bisweilen vor, dass das Leistungsverzeichnis zur Baubeschreibung mutiert, nämlich wenn sich der Bauherr zuerst vom Unternehmer für die verschiedenen Positionen des Leistungsverzeichnisses verschiedene Festpreise (Einheits-, Pauschal- und Globalpreise) offerieren lässt, der Vertrag aber später zu einem Gesamtpreis für alle einzelnen umschriebenen Leistungen abgeschlossen wird.[139]

118   Da der Bauherr (bzw. seine sachverständigen Hilfspersonen) die Abklärungen trifft, die Anforderungen festlegt, das Bauwerk und allenfalls sogar den Bauvorgang projektiert (z.B. eine Tunnelbohrmaschine bestimmter Art vorschreibt, die er für ein bestimmtes Gebirge als geeignet erachtet), und weil er schliesslich die Ausschreibungsunterlagen verfasst, stellt sich später gelegentlich nicht die Frage, ob die geologische Prognose richtig war, sondern die Frage: **War die Ausschreibung richtig?**

---

[137]   Art. 8 Abs. 3 Satz 2 SIA-Norm 118 sieht die Einheit von Leistungsvereinbarung und Vergütungsabrede vor.

[138]   In Art. 7 Abs. 2 Ziff. 3 und Art. 21 Abs. 1 Al. 3 Ziff. 3 SIA-Norm 118.

[139]   Vgl. GWerkV Nr. 932.

119  g. Das Leistungsverzeichnis (bzw. die Baubeschreibung) besitzt innerhalb der Ausschreibungsunterlagen bzw. der Vertragsbestandteile, welche die geschuldeten Leistungen festlegen, den **Vorrang**. Individuelle Vereinbarungen der Parteien geniessen ohnehin den Vorrang vor AGB (Nr. 93). Zudem räumt die SIA-Norm 118 dem Leistungsverzeichnis ausdrücklich einen *vorrangigen* Stellenwert ein. Hinzuweisen ist insbesondere auf folgendes:

120  **aa.** Das *Angebot* des Unternehmers mit den zugehörigen Beilagen geht den Ausschreibungsunterlagen vor (Art. 21 Abs. 1 Al. 2 SIA-Norm 118). Das Angebot des Unternehmers ist im Normalfall in das (unveränderte oder im Einverständnis mit dem Bauherrn abgeänderte) Leistungsverzeichnis integriert (Art. 8 Abs. 3 Satz 2 SIA-Norm 118) und erlangt schon deshalb Vorrang vor den *Besonderen Bestimmungen*.

121  **bb.** Das Leistungsverzeichnis besitzt Vorrang vor den (ebenfalls normativen) *Plänen* (Art. 7 Abs. 2 Ziff. 3/4 und Abs. 3 sowie Art. 21 Abs. 1 Al. 3 Ziff. 3/4 SIA-Norm 118). Beim Abschluss eines *Gesamtpreisvertrages* (Pauschal- oder Globalvertrages) besitzt das Leistungsverzeichnis grundsätzlich ebenfalls Vorrang vor den Plänen. Die Rangordnung des Art. 21 SIA-Norm 118 wird nur partiell durchbrochen.[140] Nur in bezug auf *Mengenangaben* orientieren die Pläne den Unternehmer vorrangig; der Unternehmer trägt das Mengenrisiko (Art. 40 Abs. 1 Satz 2 SIA-Norm 118). Im übrigen bleibt es aber bei der Rangordnung des Art. 21, was die zugehörigen Einzelleistungen betrifft.[141]

122  **cc.** Zwar sieht die Norm den Vorrang der *Besonderen Bestimmungen*[142] vor dem Leistungsverzeichnis vor (Art. 7 Abs. 2 Ziff. 2/3 und Art. 21 Abs. 1 Al. 3 Ziff. 2/3 SIA-Norm 118). Aber es ist folgendes zu beachten:

123  In bezug auf eine einzelne Leistung kann zwischen den *Besonderen Bestimmungen* und dem *Leistungsverzeichnis* ein Widerspruch bestehen. Beispielsweise wird in den Besonderen Bestimmungen eine besondere, teure Ausführungsart in Aussicht genommen, eventuell aufgrund der Empfehlung eines Spezialisten (z.B. eines Geologen), im Leistungsverzeichnis jedoch eine viel einfachere und deshalb auch viel billigere Ausführung ausgeschrieben. Ein solcher Widerspruch kann darauf zurückge-

---

[140] GAUCH, KommSIA118, Anm. 10 lit. b zu Art. 40 Abs. 2.
[141] GAUCH, KommSIA118, Anm. 10 lit. a zu Art. 40 Abs. 2.
[142] Durch das Bauobjekt bestimmte, besondere Bestimmungen; vgl. Art. 7 Abs. 2 und Art. 21 Abs. 1 Al. 3 Ziff. 2 SIA-Norm 118; vgl. auch Nr. 106 hiervor.

führt werden, dass die Besonderen Bestimmungen von einem Spezialisten (z.B. Geologen) formuliert oder beeinflusst worden sind, der Verfasser des Leistungsverzeichnisses (z.B. Architekt oder Ingenieur) den Bericht des Spezialisten (z.B. des Geologen) nicht verstanden oder gar nicht gelesen oder den Spezialisten für die Submission nicht beigezogen hat, um keinen Honorarteil zu verlieren. Einen solchen Widerspruchsfall regelt die Norm wie folgt:

124 Gemäss Art. 8 Abs. 2 Satz 1 Halbsatz 2 SIA-Norm 118 sind für die Bauausführung und damit auch für die Preisvereinbarung „allfällige objektbedingte Bestimmungen" im Sinne von Art. 7 Abs. 2 Ziff. 2 SIA-Norm 118 nur massgebend, wenn auf sie im Leistungsverzeichnis *verwiesen* wird. Weil das Leistungsverzeichnis *übersichtlich* und *vollständig* sein soll (Art. 8 Abs. 1 und Abs. 2 SIA-Norm 118), worauf der Unternehmer - nach dem Ausschreibungsmodell der SIA-Norm 118 - vertrauen darf, genügt für die Verbindlichkeit einer anderen Leistungsbeschreibung in den *Besonderen Bestimmungen* nur ein eindeutiger, konkreter (individueller) Hinweis in der einzelnen Leistungsposition des Leistungsverzeichnisses unter Angabe der genauen einschlägigen Stelle der *Besonderen Bestimmungen*, jedoch nicht eine generelle (pauschale) Verweisung auf die gesamten *Besonderen Bestimmungen*.[143] Dies ist ein Anwendungsfall des Grundsatzes, dass die Zerstörung des Vertrauens in die Richtigkeit, Vollständigkeit und Übersichtlichkeit (vgl. Art. 8 Abs. 1 SIA-Norm 118) bzw. Klarheit (Art. 12 Abs. 1 SIA-Norm 118) von Angaben des Bauherrn nur unter qualifizierten, engen Voraussetzungen wirksam ist.[144] Zusätzlich ist der Grundsatz zu beachten, dass der (normative) Vertragsinhalt Vorrang vor den (informativen) Angaben besitzt. Zudem wäre es stossend und rechtsmissbräuchlich (Art. 2 Abs. 2 ZGB) wenn der Bauherr

---

[143] Vgl. KAPELLMANN/SCHIFFERS, Bd. 2, Nr. 280 Abs. 2: Besondere Bedingungen sind nur massgebend, wenn sie konkret in einer bestimmten Position genannt sind, wenn also ihre Einbeziehung in die Vertragsleistung ausdrücklich und klar erkennbar ist und sie deshalb kalkulierbar sind; vgl. auch KAPELLMANN/SCHIFFERS, Bd. 1, Nr. 196 „unübersehbare konkrete Hinweise" und Nr. 215 „konkreter Hinweis an der richtigen Stelle"; gemäss den gleichen Autoren, Bd. 1, Nr. 208 Abs. 2 darf vom Unternehmer keine „detektivische Kleinarbeit" verlangt werden. KAPELLMANN/SCHIFFERS, Bd. 1, Nr. 723 weisen zutreffend darauf hin, dass sich ein geologisches Gutachten nicht unmittelbar an den Unternehmer wendet, sondern in erster Linie an den Planer; diesem gibt es Instruktionen zu Gründungsmöglichkeiten, die er konstruktiv verarbeiten muss; Konstruktion und Bodenbeschreibung müssen in die Ausschreibung einfliessen.

[144] Vgl. GWerkV Nr. 1097 ff., auch Nr. 1088; vgl. dazu ausführlich Nr. 499 ff. hiernach.

von allfälligen Fehlern des Projektverfassers (z.B. mangelndes Verständnis geologischer Unterlagen) profitieren könnte.

125 **dd.** Der Vorrang des Leistungsverzeichnisses vor anderen Angaben des Bauherrn wird auch dadurch bestimmt, dass der Unternehmer die Angaben und Weisungen des Bauherrn (zu denen auch das Leistungsverzeichnis selbst gehört) **nicht überprüfen muss**. Von der Prüfungspflicht wird der Unternehmer in Art. 25 Abs. 3 und Abs. 4 SIA-Norm 118 ausdrücklich entbunden.[145] Die Entbindung von der Prüfungspflicht ist *umfassend*. Zwar werden in Art. 25 Abs. 3 SIA-Norm 118 nur die *„übergebenen Pläne"* und der *„zu bearbeitende Baugrund"* erwähnt, in Abs. 4 die *„Weisungen der Bauleitung"*. Der Wortlaut ist jedoch unvollständig.[146] In Art. 58 Abs. 2 Satz 2 SIA-Norm 118 werden die Angaben des Bauherrn, damit auch die Ausschreibungsunterlagen generell behandelt und nicht auf die Pläne beschränkt. Art. 5 Abs. 2 letzter Satz SIA-Norm 118 verweist für *alle* Ausschreibungsunterlagen auf Art. 25 Abs. 3 SIA-Norm 118.

126 Deshalb ergibt sich bei sinngemässer sowie auch systematischer Auslegung (Nr. 9) der Art. 25 Abs. 3 und Abs. 4 SIA-Norm 118, dass der Unternehmer *alle* sachverständig erteilten (normativen) Weisungen (inkl. Leistungsverzeichnis) und (informatorischen) Angaben nicht überprüfen muss. Denn auch wenn die SIA-Norm 118 nicht übernommen wird, hat der Unternehmer grundsätzlich alle sachverständigen Weisungen und Angaben nicht zu überprüfen.[147] Diese gesetzliche Rechtslage hat ihren Niederschlag in der SIA-Norm 118 gefunden. Diese Regelung entspricht sowohl dem ökonomischen Prinzip der (kostengünstigen) *Arbeitsteilung* als auch dem rechtlichen Prinzip der Verkehrssicherheit gewährenden *Vertrauenshaftung*. Der Unternehmer ist deshalb nicht gehalten, die sachverständigen Angaben und Weisungen des Bauherrn auf ihre Vollständigkeit, Richtigkeit und Widerspruchsfreiheit hin zu überprüfen.

127 Zudem kann der Unternehmer nur *umfassend*, d.h. in bezug auf *alle* sachverständigen Weisungen und Informationen, von der Nachprüfungs-

---

[145] Vgl. GWerkV Nr. 1970, Nr. 1977 und Nr. 2005; vgl. auch GAUCH, KommSIA118, Anm. 16 lit. a Abs. 2 zu Art. 166 Abs. 4 mit der Betonung der *grossen Bedeutung* dieser Vorschrift für die Praxis. Auch nach *Gesetz* muss der Unternehmer sachverständige Weisungen des Bauherrn nicht überprüfen; vgl. GWerkV Nr. 1975 in Verbindung mit Nr. 1923 und Nr. 1956, auch Nr. 2004 und Nr. 2008.

[146] So sinngemäss auch GWerkV Nr. 1970.

[147] GWerkV Nr. 1975, auch Nr. 2004 und Nr. 2008.

pflicht entbunden werden. Weisungen und Angaben sind miteinander vernetzt. Vertragsgrundlagen sind Informationen und Erkenntnisse, die den Geschäftswillen einer Vertragspartei (hier des ausschreibenden und damit beschreibenden Bauherrn) bilden und deshalb diesem Willen *zugrunde liegen*, aber nicht zum Geschäftswillen (Vertragsinhalt) werden. Eine zuverlässige und damit sinnvolle Nachprüfung wäre nur möglich durch den umfassenden Nachvollzug der Abklärungen (vgl. Art. 5 Abs. 2 und Abs. 3 SIA-Norm 118), der Anforderungen (vgl. Art. 5 Abs. 2 SIA-Norm 118), der Projektierung (vgl. Art. 5 Abs. 1 SIA-Norm 118) und der Ausschreibung (Art. 7 ff. SIA-Norm 118). Denn Fehler können bei jeder und bei mehreren Tätigkeiten des Bauherrn begangen werden. Beispielsweise können richtige Abklärungen bei der Projektierung falsch interpretiert oder überhaupt nicht beachtet werden. Oder ein richtiges Projekt kann falsch oder lückenhaft ausgeschrieben werden. Eine zuverlässige, effiziente Nachprüfung hätte alle Elemente der Ausschreibung zu untersuchen, d.h. alle Bezugspunkte miteinander zu vergleichen. Es wäre deshalb nicht sinnvoll, wenn der Unternehmer beispielsweise nicht die Pläne, aber die Leistungsbeschreibung oder ein geologisches Gutachten zu überprüfen hätte oder umgekehrt.

128 Da den Unternehmer grundsätzlich keine Nachprüfungspflicht trifft, führt die blosse *Erkennbarkeit* von Fehlern und Lücken der Ausschreibung *nicht* zur Verantwortung bzw. Mitverantwortung des Unternehmers für den Mehraufwand oder für Mängel oder für Bauzeitverlängerungen, die durch mangelhafte Ausschreibungsunterlagen verursacht werden. Wenn später wegen einer unrichtigen oder unvollständigen Leistungsbeschreibung ein Werkmangel entsteht oder zusätzliche Leistungen des Unternehmers erforderlich werden, kann deshalb dem Unternehmer nicht entgegengehalten werden, die Unrichtigkeit oder Unvollständigkeit der Leistungsbeschreibung des sachverständigen Bauherrn wäre bei einer sorgfältigen Prüfung für ihn erkennbar gewesen.[148]

129 Die grundsätzliche Entbindung des Unternehmers von der Nachprüfungspflicht gilt jedoch nicht uneingeschränkt. Die aus Art. 2 ZGB hergeleitete allgemeine Sorgfalts- und Treuepflicht des Unternehmers verlangt von ihm, dass er die berechtigten Interessen des Bauherrn in guten Treuen wahrt.[149] Ein Ausfluss dieser allgemeinen Sorgfaltspflicht ist die

---

[148] Vgl. GAUCH PETER, Bemerkungen zur SIA-Norm 118, Jahresbericht SBI 1993, S. 14; GAUCH, KommSIA118, Anm. 17 lit. b zu Art. 58 Abs. 2.

[149] GWerkV Nr. 820.

Anzeigepflicht nach Gesetz[150] und nach Art. 25 SIA-Norm 118. Deshalb ist der Unternehmer an die Vereinbarung von festen Preisen gebunden, wenn er Mängel oder Lücken der sachverständigen Weisungen und Angaben des Bauherrn entweder tatsächlich erkannt hat oder hätte erkennen müssen. Erkennen muss der Unternehmer Mängel und Lücken der Ausschreibungsunterlagen, wenn sie *offensichtlich* sind oder wenn der Unternehmer eine *Prüfungspflicht* übernommen hat. Dazu ist im einzelnen festzuhalten:

130 - Hat der Unternehmer die Unrichtigkeit der Angaben des Bauherrn *tatsächlich erkannt*, ist er an die Vereinbarung fester Preise gebunden, weil er auf die mangelhaften Angaben des Bauherrn gar nicht vertraute und deshalb richtig kalkulieren konnte.[151] Es ist am Unternehmer, den Preis seiner Arbeit zu bestimmen.[152]

131 - Wenn der Unternehmer die Unrichtigkeit sachverständiger Angaben zwar nicht erkannt hat, diese aber für ihn (mit seinem Sachverstand) *offensichtlich* war, ist der Unternehmer ebenfalls an die Offerte bzw. Vereinbarung fester Preise gebunden. Denn das Prinzip von Treu und Glauben gestattet zwar dem Unternehmer, sich auf die sachverständigen Angaben des Bauherrn ohne eigene Nachprüfung zu verlassen, nicht aber, so *unvorsichtig* zu sein, dass er eine offensichtliche Unrichtigkeit übersieht.[153] *Offensichtlich* sind Lücken und Fehler des Leistungsverzeichnisses, auch Widersprüche zu anderen Ausschreibungsunterlagen, die auf den ersten Blick und damit ohne weiteres, nämlich ohne Prüfung erkennbar sind.[154] Eine offensichtliche Unrichtigkeit *springt in die Augen*; sie ist augenfällig und deshalb unübersehbar. Was für die abklärenden, projektierenden und ausschreibenden sachverständigen Hilfspersonen des Bauherrn nicht offensichtlich war, ist meistens für den Unternehmer ebenfalls nicht augenfällig. Trotzdem sind Angaben des Bauherrn nicht nutzlos. Der Unternehmer muss sie - in zumutbarem Ausmasse - zur Kenntnis nehmen, um allfällige offensichtliche Fehler und Lücken zu entdecken und um entweder Rücksprache mit dem Bauherrn zu nehmen

---

[150] Vgl. GWerkV Nr. 829 ff.; vgl. auch Nr. 716 ff. hiernach.
[151] Vgl. GWerkV Nr. 908 a.E. und Nr. 1100, vgl. auch GWerkV Nr. 1964 ff.
[152] Vgl. GWerkV Nr. 1086.
[153] Vgl. GWerkV Nr. 1101.
[154] Vgl. GWerkV Nr. 1964 ff., insbesondere Nr. 1969; ferner GAUCH, KommSIA118, Anm. 16 zu Art. 163 Abs. 2. Für die Offensichtlichkeit ist der Bauherr beweispflichtig; vgl. BÜHLER, S. 336.

(vgl. Art. 15 Abs. 2 SIA-Norm 118) oder auf eigenes Risiko zu kalkulieren. Aber er muss die Angaben nicht überprüfen. Offensichtlich kann auch etwas bei der Ortsbesichtigung werden (vgl. Art. 16 SIA-Norm 118). Welche Kenntnisnahme aller Ausschreibungsunterlagen dem Unternehmer zumutbar ist, damit er allfällige *offensichtliche* Unrichtigkeiten entdeckt, beurteilt sich nach den konkreten Umständen des Einzelfalles. In der Regel ist dabei insbesondere zu berücksichtigen, wie *umfangreich* die Ausschreibungsunterlagen sind und welche *Zeit* (Eingabefrist) dem Unternehmer für die Kenntnisnahme zur Verfügung steht.[155] Denn Überinformation führt zur *Desinformation*.[156] Je mehr Angaben der Bauherr macht und je voluminöser die Ausschreibungsunterlagen sind, desto geringer ist für den Bauherrn die „Chance" der Offensichtlichkeit von allfälligen Lücken, Fehlern und Widersprüchen.

132 - Eine *Nachprüfungspflicht* des Unternehmers kann insbesondere bestehen, wenn er sich zur Nachprüfung der Angaben und Weisungen des Bauherrn verpflichtet hat oder vom Bauherrn auf die Unzuverlässigkeit seiner Angaben individuell und unzweideutig hingewiesen worden ist, womit das Vertrauen des Unternehmers in die sachverständigen Angaben und Weisungen des Bauherrn zerstört wird.[157] Der Bauherr kann eine Nachprüfung bestimmter Angaben oder Weisungen ausdrücklich verlangen.[158] Die Nachprüfung durch den Unternehmer darf durch den Bauherrn in guten Treuen erwartet bzw. vorausgesetzt werden bei überschiessendem Sachverstand eines Spezialunternehmers, der bedeutend weiter reicht als der Sachverstand auf Seiten des Bauherrn.[159] Häufig dürfte es unsicher sein, weil es vom Ermessen des Richters abhängig ist,

---

[155] Vgl. sinngemäss GWerkV Nr. 1086 und Nr. 2000 betreffend Umfang bzw. Zumutbarkeit einer Nachprüfung innert einer kurzen Eingabefrist, sogar unter der Voraussetzung, dass der Unternehmer zur Nachprüfung verpflichtet ist.

[156] FELLMANN WALTER, Berner Kommentar, Der einfache Auftrag, Bern 1992, N 43 zu Art. 400 OR; SCHUMACHER, ArchR, Nr. 456; WIEGAND, Planen und Bauen, S. 19, S. 146 und S. 149. Vgl. auch NZZ vom 13. März 1998, S. 65: „Information Fatigue Syndrome" als neue Krankheit; Informationen können nicht mehr richtig analysiert werden; Angst und Selbstzweifel nehmen zu, und für eigene Fehler werden zusehends andere verantwortlich gemacht.

[157] Vgl. GAUCH, zit. in FN 148, S. 14, FN 24; zur Vertrauenszerstörung ausführlich Nr. 499 ff. hiernach.

[158] Vgl. GWerkV Nr. 1097 und Nr. 1976. - Für die allfällige Nachprüfungspflicht des Unternehmers ist der Bauherr beweispflichtig; BÜHLER, S. 336 f.

[159] Vgl. BGE 116 II 457; GWerkV Nr. 1976, auch Nr. 1962 und Nr. 818; zum „überschiessenden Sachverstand" vgl. Anm. von GAUCH zu BR 1992, S. 95, Nr. 156.

wenn sich der Bauherr einfach darauf verlässt, dass der spezielle Sachverstand des Unternehmers bedeutend weiter reiche als sein eigener, oder darauf, dass die Überprüfung vom Unternehmer „in guten Treuen erwartet werden darf". Die Nachprüfung kann zu einer *Qualitätssicherung* gehören, zu der sich der Unternehmer allenfalls gegenüber dem Bauherrn verpflichtet hat.[160] Andererseits muss sich der Bauherr der entsprechenden finanziellen Konsequenzen einer Nachprüfungspflicht des Unternehmers bewusst sein, nämlich dass dieser die Mehrkosten, z.B. Prüfungskosten und/oder Risikoreserven, in die Preise einrechnet oder gar von einem Angebot absieht.

133 Was die Prüfungspflicht anbelangt, bestehen erhebliche Unterschiede zwischen dem schweizerischen und dem **deutschen** Recht. Während das schweizerische Recht[161] und die SIA-Norm 118 (Art. 25 Abs. 3 und Abs. 4 SIA-Norm 118; vgl. auch Art. 167 Satz 2 SIA-Norm 118) grundsätzlich keine Pflicht des Unternehmers zur Überprüfung sachverständig erteilter Weisungen und Informationen kennen, hat in Deutschland der Auftragnehmer (Unternehmer) die Ausführungsunterlagen grundsätzlich zu *überprüfen*, dies insbesondere wenn § 3 Satz 2 VOB/B anwendbar ist.[162] Zwar bestehen grosse Abstufungen in bezug auf das Ausmass der Prüfungspflicht des Unternehmers. Bei sachverständiger Planung des Bauherrn ist sie stark eingeschränkt, aber besteht auch dann noch.[163] Es besteht selbst eine gewisse Pflicht des Unternehmers, den *Baugrund* zu prüfen.[164] Wegen dieses Unterschiedes ist in diesem Bereich keine „Osmose" zwischen deutschem und schweizerischem Recht zulässig.

134 Im Unterschied zum deutschen Recht genügt blosse Erkennbarkeit der Mangelhaftigkeit oder Lückenhaftigkeit der sachverständigen Ausschreibungsunterlagen nach schweizerischem Recht nicht, um die Verantwortung bzw. Mitverantwortung des Unternehmers zu begründen. Nur wenn er einen Fehler oder eine Lücke tatsächlich festgestellt hat oder wenn ein Fehler oder eine Lücke für ihn offensichtlich (in die Augen springend)

---

[160] Vgl. GWerkV Nr. 1976 und Nr. 2559 ff.

[161] Vgl. insbesondere GWerkV Nr. 1975.

[162] Zur Prüfpflicht des Bieters vgl. insbesondere INGENSTAU/KORBION, Nr. 33 ff. zur § 3 VOB/B und Nr. 182 ff. zu § 4 VOB/B; HOCHSTEIN REINER, Zur Systematik der Prüfungs- und Hinweispflichten des Auftragnehmers im VOB-Bauvertrag, in: Festschrift für *Hermann Korbion*, Düsseldorf 1986, S. 165 ff.; KAPELLMANN/SCHIFFERS, Bd. 1, Nr. 194 ff.; LANGE INGO, Baugrundhaftung und Baugrundrisiko, Düsseldorf 1997, S. 38.

[163] Vgl. z.B. INGENSTAU/KORBION, Nr. 198 zu § 4 VOB/B.

[164] INGENSTAU/KORBION, a.a.O., Nr. 203 zu § 4 VOB/B; ebenso LOCHER, Baurecht, Nr. 101.

war, trägt der Unternehmer die Verantwortung (z.B. für eine falsche Preiskalkulation).

135  5. *Fazit*: Bei Übernahme des „engmaschigen", nämlich detaillierten Leistungsbeschreibungssystems der SIA-Norm 118 bleibt kaum Raum für die Annahme vorausgesetzter, d.h. nicht ausdrücklich vereinbarter Leistungen, die durch die vereinbarten festen Preise (Pauschal-, Global- oder Einheitspreise) ebenfalls abgegolten würden.

136  6. Selbstverständlich sind die Parteien frei, das Vertragsgestaltungssystem der SIA-Norm 118 *abzuändern*. Von dieser Vertragsfreiheit macht die Vertragspraxis gelegentlich Gebrauch, häufig allerdings recht ungeschickt, teils unvollständig, teils widersprüchlich, weil unsystematisch vorgegangen wird. Dadurch entstehen *hybride Leistungsbeschreibungen*, und es gilt das, was zu dieser Erscheinungsform der Leistungsbeschreibung bereits ausgeführt worden ist (Nr. 60 ff.). Beispielsweise steht eine Vollständigkeitsklausel (Nr. 60) im Widerspruch zu Art. 8 Abs. 1 und Abs. 2 bzw. Art. 12 Abs. 1 SIA-Norm 118, wonach ein Leistungsverzeichnis bzw. eine Baubeschreibung für den Unternehmer als *vollständig* zu gelten hat. *Stammt die detaillierte Leistungsbeschreibung vom Bauherrn*, wie dies die SIA-Norm 118 vorsieht, wird die richterliche Vertragsauslegung in der Regel ergeben, dass der Unternehmer trotz Vollständigkeitsklausel von der Richtigkeit und Vollständigkeit der Leistungsbeschreibung ausgehen darf und dem Bauherrn nur unter engen Voraussetzungen (Nr. 129 ff.) Mängel seiner Leistungsbeschreibung des Bauherrn entweder anzuzeigen oder bei seiner Preiskalkulation zu berücksichtigen hat (Nr. 62).

### b) Einteilung nach dem Verhältnis zum Werk

#### aa) Dauerhafte Arbeitsergebnisse

137 Viele, aber nicht alle Einzelleistungen sind von Dauer und werden *im Werk als Endprodukt verkörpert*. Die SIA-Norm 118 definiert den Begriff der *Leistung* nicht. Die typische Einzelleistung (im Sinne der Norm) scheint ein dauerhaftes *Resultat* zu sein, das in Laufmetern, Quadratme-

tern, Kubikmetern usw. ausgemessen werden kann.[165] Das typische Ausmessen erfasst *erbrachte Leistungen* und damit Resultate.[166]

### bb) Temporäre Bauleistungen

138 Temporäre Bauleistungen sind von vorübergehendem (*provisorischem*) Bestand oder Nutzen und finden keinen Niederschlag im vollendeten Werk. Es kann sich um Sicherungsmassnahmen handeln, die gelegentlich auch Bauhilfsmassnahmen genannt werden. Sie können auch der Arbeitssicherheit dienen.[167] *Beispiele:* Baugrubensicherung mittels Rühlwand; die Wasserhaltung einer zu erstellenden Baugrube oder die vorübergehende Grundwasserabsenkung einer Baugrube; die Schneeräumung auf der Zufahrtsstrasse je Winter usw.;[168] besondere Massnahmen zum Schutz bereits ausgeführter, aber noch nicht abgenommener Werkteile oder zur Weiterführung der Arbeiten bei ungünstigen Witterungsverhältnissen (vgl. Art. 60 Abs. 1 SIA-Norm 118); Nachbarschutz gemäss Art. 110 Abs. 1 SIA-Norm 118 und Immissionsschutz gemäss Art. 112 Abs. 1 oder Abs. 2 SIA-Norm 118 (z.B. Lärmschutz- oder Staubschutzwand); Stabilisierung des Gebirges bei Untertagbauten; Drainagebohrungen; Sicherungsanker usw.

## c) Einteilung nach dem Zeitpunkt der Vereinbarung

### aa) Ursprünglich vereinbarte Einzelleistungen

139 Es handelt sich um Einzelleistungen, die bei Abschluss des Werkvertrages vereinbart werden. Art. 8 und Art. 12 SIA-Norm 118 sehen vor, dass die Einzelleistungen beim Abschluss des Werkvertrages umfassend vereinbart werden.

---

[165] Vgl. GAUCH, KommSIA118, Anm. 4 zu Art. 39 Abs. 1.
[166] Vgl. GAUCH/SCHUMACHER, KommSIA118, Anm. 2 zu Art. 141.
[167] Vgl. Art. 104 SIA-Norm 118; GAUCH/SCHUMACHER, KommSIA118, Anm. zu Art. 104.
[168] Vgl. GAUCH, KommSIA118, Anm. 2 zu Art. 40 Abs. 1.

**bb) Zusätzliche Einzelleistungen**

140 Unter zusätzlichen Einzelleistungen werden solche verstanden, die erst nach Abschluss des Werkvertrages vereinbart oder vom Bauherrn einseitig festgelegt werden, wenn ihm ein entsprechendes Änderungsrecht (Gestaltungsrecht) zusteht (Nr. 563 ff.). Grundsätzlich darf der Unternehmer zusätzliche Leistungen nur im Einverständnis mit dem Bauherrn erbringen (zur Ausnahme Nr. 547). Zusätzliche Einzelleistungen des Unternehmers können dazu führen, dass er ein *verändertes* (grösseres, kleineres oder besseres) Werk abliefert oder dass er trotzdem ein *unverändertes* Werk herstellt, z.B. wenn die zusätzlichen Leistungen in temporären Sicherungsmassnahmen bestanden haben (Nr. 138). Den zusätzlichen sind die *veränderten* Einzelleistungen gleichzustellen.

141 Die zusätzlichen Einzelleistungen können nach der *Entscheidungsfreiheit des Bauherrn* analog Art. 647c - e ZGB wie folgt unterteilt werden:

**aaa) Nötige Einzelleistungen**

142 Nötige Einzelleistungen können häufig in *temporären Bauleistungen,* auch Hilfsmassnahmen genannt, bestehen (Nr. 138). Einzelne Erscheinungsformen:

143 - *korrigierende* Massnahmen: Beseitigung (Behebung) bzw. Ausbesserung (Reparatur) von Störungen der Bauarbeiten (z.B. zufolge eines Tagbruches); Verfüllung von Hohlräumen; Sicherungsmassnahmen; damit sollen realisierte Risiken bewältigt werden;

144 - *präventive* Massnahmen: Drohendem Schaden (neuen oder weiteren Störungen) soll vorgebeugt werden oder es soll vermieden werden, dass entstandener Schaden sich vergrössert (z.B. Injektionen zur Stabilisierung des Gebirges zwecks Fortsetzung des Auffahrens eines Tunnels aus einem Injektionsstollen heraus oder von der Oberfläche her); damit sollen drohende Risiken abgewehrt werden;

145 - *aufklärende* Massnahmen, z.B. mineralogische und felsmechanische Untersuchungen im Untertagbau wie Sondierbohrungen, Sondierstollen, Probeanker, Sondierschlitze.

146 Bei der Projektierung bzw. bei der Wahl von Baumethoden kann in einzelnen Fällen der Aufwand allfälliger nötiger Massnahmen bereits beeinflusst werden. Beispielsweise können die Möglichkeiten für das Einbringen von Sicherungs-

massnahmen bei der Wahl des Vortriebssystems im Tunnelbau berücksichtigt werden.[169]

**bbb) Nützliche oder bequeme Einzelleistungen**

147 Zusätzliche Massnahmen können - aus der Sicht des Bauherrn - nützlich oder bequem sein, z.B. um neue Bedürfnisse des Bauherrn zu befriedigen oder zusätzliche Anforderungen, die an das fertige Bauwerk gestellt werden, zu erfüllen; dies ist der Bereich der (echten) *Bestellungsänderungen* des Bauherrn (Nr. 563 ff.).

## 3. Das Werk

148 Das Werk,[170] dessen Herstellung und Ablieferung der Unternehmer dem Bauherrn schuldet, ist ein *Arbeitsergebnis* (Erfolg, Resultat) der Vertragserfüllung (Bauausführung) des Unternehmers.[171]

149 Das Werk kann eine einzige Einzelleistung sein. Häufig besteht es jedoch aus einer Summe zahlreicher Einzelleistungen, nämlich aus dem Total zahlreicher *dauerhafter* Einzelleistungen.[172] Aber nicht alle Einzelleistungen müssen im Werk als Endprodukt verkörpert sein. Beispielsweise finden korrigierende und präventive Massnahmen, Vorkehren gegen Immissionen der Bauausführung usw. (Nr. 138, Nr. 142 ff.) keinen „Niederschlag" im vollendeten Werk.

---

[169] Vgl. GUGGER B., Anforderungen für die Ausführung der Ausbruchssicherung aus der Sicht des Projektanten, in: SIKA-Tunnelbautagung vom 21./22. März 1996, S. 7.

[170] Ganzes Bauwerk oder Teil eines Bauwerkes; vgl. Art. 1 Abs. 1 SIA-Norm 118; zum Teilunternehmer vgl. GWerkV Nr. 218 ff.

[171] GWerkV Nr. 18 f., Nr. 24 und Nr. 603; vgl. auch den Begriff „Ergebnis" in Art. 1 Abs. 2 SIA-Norm 118.

[172] Vgl. GWerkV Nr. 20 und Nr. 916; Art. 8 Abs. 1 Satz 2 SIA-Norm 118.

## C. Bauwerkverträge mit Preisvereinbarung

150 Vom *Vergütungssystem* (Preisgestaltungssystem) ist das *Abrechnungssystem* mit den Fälligkeitsregeln zu unterscheiden.[173]

151 Im folgenden wird eine Übersicht über Varianten der Preisgestaltung geboten. Sichere, d.h. möglichst unbestreitbare Rechnungen erfordern später nicht nur eine *genaue Leistungsermittlung*,[174] sondern zuerst und in erster Linie eine sorgfältige Vertragsgestaltung.

### 1. Verträge mit verschiedenen Preisarten

152 Im Werkvertrag kann die Vergütung zu *verschiedenen Preisarten* vereinbart werden. Viele Werkverträge enthalten ein *differenziertes Vergütungssystem*.[175]

153 Die Parteien können im gleichen Werkvertrag neben der Leistungsvergütung, die häufig überwiegt (vgl. Art. 38 Abs. 1 SIA-Norm 118), auch eine teilweise Aufwandvergütung vereinbaren. Diese bildet dann die (vereinbarte) Ausnahme vom Grundsatz, dass bei Leistungsvergütung die Kosten des Aufwandes nicht massgebend sind (Nr. 44). Für die (zusätzliche) Aufwandvergütung können ein *Trennsystem* und ein *Mischsystem* unterschieden werden; beide Systeme können im gleichen Werkvertrag angewendet werden:

154 - *Trennsystem:* Ein bestimmter Teil der Bauarbeiten wird „in Regie", d.h. nach Aufwand vergütet.[176] Man spricht dann von „*Teilregie*".[177] Die übrigen Bauarbeiten werden nach Leistung vergütet.

---

[173] Zum Abrechnungssystem der SIA-Norm 118 mit unterschiedlichen Fälligkeiten vgl. Nr. 218 ff.

[174] Zur Beweissicherung vgl. SCHUMACHER, BRT 1995, Bd. II, S. 5 ff.

[175] GWerkV Nr. 1030 ff.; vgl. Art. 42 Abs. 1 SIA-Norm 118; GAUCH, KommSIA118, Anm. 1 zu Art. 42 Abs. 1.

[176] Vgl. Art. 44 Abs. 1 SIA-Norm 118; vgl. auch dessen Vorbehalt in Art. 42 Abs. 2 Satz 2 SIA-Norm 118.

[177] GAUCH, KommSIA118, Anm. 4 lit. a zu Art. 44 Abs. 1.

155  - *Mischsystem:* Die *gleichen* Bauarbeiten werden teils nach festen Leistungspreisen, insbesondere Einheitspreisen, teils nach ebenfalls festen „Aufwandpositionen" vergütet.[178]

## 2. Die Vergütung von Leistungen

156  Art. 38 Abs. 1 SIA-Norm 118 enthält den („regiefeindlichen") Ratschlag, nach Möglichkeit entweder Einheitspreise, Globalpreise oder Pauschalpreise zu vereinbaren.[179] Dabei handelt es sich die für das Bauwesen typischen Leistungsvergütungen zu *Festpreisen*.

### a) Der Gesamtpreisvertrag

157  Der Werkvertrag kann ein *Gesamtpreisvertrag* sein, bei dem sich die vereinbarte Vergütung ausschliesslich nach Global- oder Pauschalpreisen bestimmt, oft nach einem einzigen derartigen Preis.[180] Erscheinungsformen sind:

158  - der Pauschalpreis;[181]

159  - der Globalpreis.[182]

### b) Der Einheitspreisvertrag

160  Als *Einheitspreisvertrag* gilt jeder Werkvertrag, bei dem für alle oder einen Teil der Leistungen Einheitspreise vereinbart sind.[183] Einheitsprei-

---

[178] Vgl. insbesondere Art. 43 SIA-Norm 118 betreffend *Baustelleneinrichtungen*; zu den „Aufwandpositionen" ausführlich Nr. 177 ff.
[179] GAUCH, KommSIA118, Anm. 4 lit. a zu Art. 44 Abs. 1.
[180] Vgl. Art. 42 Abs. 2 Satz 2 SIA-Norm 118.
[181] Vgl. GWerkV Nr. 900 ff.; GAUCH, KommSIA118, Anm. zu Art. 41; vgl. auch Nr. 603 hiernach.
[182] Vgl. GWerkV Nr. 910 ff.; GAUCH, KommSIA118, Anm. zu Art. 40; vg.. auch Nr. 603 hiernach.
[183] Vgl. Art. 42 Abs. 2 Satz 1 SIA-Norm 118; zu den Einheitspreisen vgl. GWerkV Nr. 915 ff.; GAUCH, KommSIA118, Anm. zu Art. 39.

se werden für *Leistungseinheiten*, d.h. Mengeneinheiten verschiedener Einzelleistungen vergütet.[184]

161 Die Leistungseinheiten, die zu den vereinbarten Preisen zu erbringen sind, ergeben sich aus der Umschreibung der Leistungen durch die Parteien selbst, nämlich im *Leistungsverzeichnis* (Art. 8 SIA-Norm 118) oder in der *Baubeschreibung* (Art. 12 SIA-Norm 118). Beide sind bereits einlässlich behandelt worden (Nr. 51 ff. und Nr. 112 ff.). Der Einheitspreis wurde auch bei der Definition der *Einzelleistungen* erörtert (Nr. 44 ff.).

## 3. Die Vergütung von Aufwand

162 Die Vergütung des Aufwandes kann in unterschiedlicher Weise vereinbart werden. Übersicht:

### a) Die Vergütung des effektiven Aufwandes

163 Die Parteien können vereinbaren, dass der *effektive* Aufwand des Unternehmers vergütet wird. Dann gilt die gesetzliche Vergütungsregel des Art. 374 OR. Zu vergüten sind die Kosten plus Zuschlag („*cost plus fee*").[185] Der Zuschlag für Risiko und Gewinn wird in Art. 374 OR zwar nicht ausdrücklich erwähnt, „gehört implizite aber zum Wert der Arbeit und der Aufwendungen", von dem Art. 374 OR spricht.[186] Vergütungspflichtig ist somit der effektive Aufwand des Unternehmers im konkreten Einzelfall, z.B. die unterschiedlichen Löhne für die eingesetzten Arbeitnehmer, die effektiv bezahlten Einkaufspreise usw., die vom Unternehmer zu beweisen sind.

164 Möglich ist auch, dass die Parteien den Vergütungsanspruch des Unternehmers auf die Erstattung der *reinen Selbstkosten* (ohne Risiko- und Gewinnzuschlag) beschränken. Eine solche Beschränkung kommt aber selten vor und darf nicht

---

[184] GWerkV Nr. 916 in Verbindung mit Nr. 953; GAUCH, KommSIA118, insbesondere Anm. 4 und Anm. 6 zu Art. 39 Abs. 1.

[185] Vgl. GWerkV Nr. 946 ff.; GAUCH, KommSIA118, Anm. 3 lit. b Abs. 2 zu Art. 48 und Anm. 1 zu Art. 49 Abs. 1; vgl. auch Nr. 644 hiernach.

[186] GWerkV Nr. 949; vgl. auch Nr. 650 hiernach.

leichthin angenommen werden. Die blosse Tatsache, dass die Parteien eine „Entschädigung nach Aufwand" vereinbart haben, rechtfertigt es z.B. nicht, auf die Wegbedingung eines Zuschlages für Risiko und Gewinn zu schliessen.[187]

### b) Regieansätze für Aufwandkategorien

165 Die Parteien können *Regiepreise* vereinbaren, nämlich bestimmte Preisansätze für Mengeneinheiten bestimmter *Aufwandkategorien*, z.B. Stundenlöhne für Maurer, Preis pro Gewicht eines bestimmten Baustoffes, Preis pro Einsatzstunde einer bestimmten Maschine usw. In den vereinbarten Ansätzen eingeschlossen ist in aller Regel auch das Entgelt für die verschiedenen Zuschläge wie Geschäftskosten, Risiko und Gewinn, gesetzliche Umsatzabgaben.[188]

166 Wird die gesamte Arbeit des Unternehmers zu Regiepreisen vergütet, spricht man von *Gesamtregie*; dann liegt ein reiner Regievertrag vor.[189] Von *Teilregie* spricht man, wenn im Werkvertrag die Vergütung eines Teils der Bauarbeiten in Regie vereinbart worden ist (Nr. 154).

167 Durch die Anwendung von Regieansätzen wird die nach Aufwand geschuldete Vergütung insofern *verobjektiviert*, als es bei ihrer Bemessung nicht auf die effektiven Kosten des betreffenden, individuellen Unternehmers ankommt. Für ein solches Abweichen vom Berechnungssystem des Art. 374 OR gibt es gute Gründe. Sie liegen in der Erfahrungstatsache, dass eine Vergütung nach Massgabe der effektiven Selbstkosten („cost plus fee") allzu stark auf die subjektiven Verhältnisse des Unternehmers abstellt, Manipulationen (z.B. hinsichtlich der allgemeinen Geschäftskosten) ermöglicht und zu vermehrten Streitigkeiten führt.[190] Regieansätze sollten in der Regel *Durchschnittswerte* sein.

---

[187] GWerkV Nr. 955, GAUCH, KommSIA118, Anm. 3 lit. b Abs. 2 zu Art. 48.

[188] GWerkV Nr. 953; zu den Regiepreisen vgl. insbesondere GWerkV Nr. 952 ff.; Art. 44 Abs. 1 und Art. 49 Abs. 1 SIA-Norm 118, dazu GAUCH, KommSIA118, Anm. zu Art. 44- 57, und GWerkV Nr. 969 f.; zu den „Arbeiten" ohne Leitung des Unternehmers im Sinne von Art. 53 und Art. 44 Abs. 3 SIA-Norm 118 vgl. GWerkV Nr. 972; GAUCH, KommSIA118, Anm. 14 zu Art. 44, Anm. 5 zu Art. 53 und Anm. 4 zu Art. 57.

[189] Vgl. GAUCH, KommSIA118, Anm. 4 lit. a zu Art. 44 Abs. 2 und Anm. 1 lit. c Art. 56 Abs. 1.

[190] GWerkV Nr. 954; ferner GAUCH, KommSIA118, Anm. 3 lit. b Abs. 1 und lit. c zu Art. 48; vgl. auch Nr. 652 hiernach.

168 Nach der Art der *Vertragsgestaltung* können die Regieansätze wie folgt eingeteilt werden:

169 - *Vertragsindividuelle Regieansätze:* Diese sind Regieansätze, welche die Parteien für ihren konkreten Vertrag individuell ausgehandelt haben.[191] Wenn sie - wie dies häufig geschieht - solche Regieansätze für *untergeordnete* Regiearbeiten vereinbart haben, sind die Ausführungen zu den *gemischten* Regieansätzen (Nr. 171) zu beachten.

170 - *Vorgeformte Regieansätze:* Die Parteien können auch vorgeformte Regieansätze, insbesondere *Regietarife* einschlägiger Berufsverbände, übernehmen.[192] Die Übernahme von Verbandstarifen kann ausdrücklich oder stillschweigend erfolgen.[193]

171 - *Gemischte Regieansätze:* Häufig werden beim Abschluss des Werkvertrages Regieansätze für akzessorische (sichere oder eventuelle) Regiearbeiten vereinbart. Der Unternehmer darf in der Regel davon ausgehen, dass es sich um *untergeordnete* Arbeiten innerhalb oder zusätzlich zur detailliert ausgeschriebenen Gesamtleistung handeln wird, insbesondere wenn der Bauherr ein geschätztes Total der Regiearbeiten angibt (vgl. Art. 44 Abs. 2 Satz 2 SIA-Norm 118), das wenige Prozente des geschätzten Totals der Festpreise beträgt. Verschiedene Kostenelemente (Gerätekosten, Werkhof- und Magazinkosten, Kosten für Aufsicht und Unterkunft, Personaltransporte usw.) für solche akzessorische Regiearbeiten werden durch die Vergütung für den parallel laufenden Hauptbetrieb, d.h. durch die für die Bauausführung vereinbarten festen Preise (für Leistungen und für „Aufwandpositionen") gedeckt und werden deshalb nicht ein zweites Mal in die Regieansätze eingerechnet. Dies verlangt der sachverständige Bauherr in der Regel. In der Praxis werden deshalb die *Regietarife* der Berufsverbände (Nr. 170) grundsätzlich übernommen, jedoch individuell um grosse „Rabatte" (z.B. 30 %) reduziert. Diese „Rabatte" entsprechen den vorerwähnten Kostenelementen, die schon durch die festen Preise abgegolten werden. Es handelt sich also nicht um echte Rabatte im Sinne von schlichten Preisnachlässen (Nr. 302). Dies führt ebenfalls zu einem heterogenen *Mischsystem* (Nr. 155). Auch derartige

---

[191] GWerkV Nr. 952; Art. 49 Abs. 1 SIA-Norm 118; GAUCH, KommSIA118, Anm. 1 lit. b sowie Anm. 4 und Anm. 7 zu Art. 49 Abs. 1.

[192] Vgl. GWerkV Nr. 952, 954 und 958 ff.; vgl. auch Art. 49 Abs. 2 SIA-Norm 118.

[193] Zur *stillschweigenden* Übernahme von Verbandstarifen vgl. BR 1996, S. 46, Nr. 98 mit Anm. von GAUCH; die Parteien können auch *übliche* Regieansätze vereinbaren (Art. 49 Abs. 2 SIA-Norm 118).

Regieansätze sind mit den Festpreisen für Leistungs- und Aufwandpositionen eng *vernetzt*. Sie sind in die *Gesamtkalkulation* integriert.

172 Die **SIA-Norm 118** sieht die Vergütung der folgenden Arbeiten („Regiearbeiten") nach Aufwand vor:

173 - wenn die Ausführung in Regie im *Werkvertrag* für einen Teil der Arbeit (Teilregie) oder für alle Arbeiten (Gesamtregie) vereinbart worden ist;[194]

174 - wenn *dringliche Arbeiten* zur Abänderung von Gefahr oder Schaden erforderlich sind;[195]

175 - wenn die Bauleitung Arbeiten zufolge *Bestellungsänderungen* gemäss Art. 87 Abs. 4, Art. 88 Abs. 2 und Art. 89 Abs. 3 in Regie ausführen lässt.[196]

176 Die Aufwandvergütung erfolgt nach Massgabe der Art. 49 - 55 SIA-Norm 118. Die Bestimmungen, auf die Art. 48 SIA-Norm 118 verweist, sehen u.a. vor, dass sich die Aufwandvergütung nach *Regieansätzen* bemisst (Art. 49 - 52 SIA-Norm 118). Damit steht einerseits zwar fest, dass die SIA-Norm 118 von der gesetzlichen Berechnungsmethode des Art. 374 OR („cost plus fee") abweicht. Andererseits aber enthält die SIA-Norm 118 keine eigene Liste mit Regieansätzen. Art. 49 SIA-Norm 118 ist schwer verständlich.[197] Im Werkvertrag können vertragsindividuelle Regieansätze festgelegt werden (Art. 49 Abs. 1 SIA-Norm 118). Enthält der Werkvertrag keine Ansätze, so gelten die im Zeitpunkt und am Ort der Arbeitsausführung massgebenden Regietarife der Berufsverbände; fehlen solche Regietarife, so werden die in diesem Zeitpunkt am Ausführungsort üblichen Ansätze angewendet (Art. 49 Abs. 2 SIA-Norm 118). Regietarife der Berufsverbände oder am Ausführungsort übliche Ansätze können auch vereinbart werden.[198]

---

[194] Art. 44 Abs. 1 SIA-Norm 118; GAUCH, KommSIA118, Anm. 1 - 4 zu Art. 44 Abs. 1.

[195] Art. 44 Abs. 2 und Art. 45 Abs. 2 SIA-Norm 118 mit einschlägigen Anmerkungen von GAUCH, KommSIA118.

[196] Art. 44 Abs. 2 SIA-Norm 118; GAUCH, KommSIA118, Anm. 6 zu Art. 44 Abs. 2 sowie GAUCH/EGLI, KommSIA118, Anm. zu Art. 87 Abs. 4, Art. 88 Abs. 2 und Art. 89 Abs. 3.

[197] Vgl. GWerkV Nr. 970; GAUCH, KommSIA118, Anm. 1 lit. a zu Art. 49.

[198] GAUCH, KommSIA118, Anm. 1 lit. c zu Art. 49 Abs. 1.

## c) Feste Preise für Aufwandpositionen

177 Beim Abschluss von Einheitspreisverträgen[199] wird häufig zusammenhängender Aufwand in einer Position des Leistungsverzeichnisses umschrieben. Ein solcher Aufwand kann als „Aufwandeinheit" oder „Aufwandpaket" bezeichnet werden, die entsprechenden Beschreibungen im Leistungsverzeichnis als *Aufwandpositionen* (im Unterschied zu den Leistungspositionen). Auch für die Aufwandpositionen werden *Festpreise* (Pauschal-, Global- oder Einheitspreise) vereinbart.[200] Mit diesen wird ein Teil des Aufwandes *zusätzlich* zu den (festen) Leistungspreisen vergütet, jedoch ebenfalls unabhängig von den tatsächlichen Mengeneinheiten und von den effektiven Kosten der verschiedenen Aufwandkategorien wie Löhne oder Erwerb, Installation, Betrieb und Demontage von Baustelleneinrichtungen, d.h. unabhängig vom tatsächlichen Aufwand für das betreffende „Aufwandpaket". Die Aufwandpositionen werden analog den (echten) Leistungspositionen behandelt, weshalb die Bezeichnung *Aufwandpositionen* berechtigt ist.

178 Der häufigste und damit auch wichtigste Anwendungsfall dieser Vergütungsart ist die Vereinbarung von festen Preisen für *Baustelleneinrichtungen*.[201] Die *Vorhaltekosten* für Baustelleneinrichtungen werden in der Praxis pro Zeiteinheit der Belegung (für oder wegen der übernommenen Bauarbeit) kalkuliert. Man spricht von einem "kalkulatorischen Mietansatz des Unternehmers" z.B. pro Monat.[202] Dass es sich bei den Positionen für Baustelleneinrichtungen im Sinne von Art. 43 SIA-Norm 118 um *Aufwand-Festpreise* (in Nachbildung der Festpreise für Leistungspositionen) handelt, geht auch aus Art. 86 Abs. 3 Satz 1 SIA-Norm 118 hervor. „Aus diesem Hinweis wird deutlich, welche Bedeutung dem Umstand zukommt, dass Baustelleneinrichtungen *nicht* in den Einheitspreisen eingerechnet sind, sondern besonders vergütet werden."[203] Werden

---

[199] Vgl. die Definition des *Einheitspreisvertrages* in Art. 42 Abs. 2 Satz 1 SIA-Norm 118.

[200] Vgl. GAUCH/EGLI, KommSIA118, Anm. 3 Abs. 1 zu Art. 88 Abs. 1: „Die zu den besonderen Positionen [für Baustelleneinrichtungen] gehörenden Preise sind vorwiegend Global- oder Pauschalpreise (Art. 40 oder Art. 41), bisweilen aber Einheitspreise (Art. 39)."

[201] Vgl. Art. 9, Art. 43, Art. 88 und Art. 123 ff. SIA-Norm 118; vgl. auch Art. 4.68 SIA-Norm 198/1993 Untertagbau.

[202] GAUCH, KommSIA118, Anm. 11 zu Art. 43 Abs. 1.

[203] GAUCH/EGLI, KommSIA118, Anm. 11 zu Art. 86 Abs. 3.

hingegen keine Festpreise für Baustelleneinrichtungen vereinbart, sind deren Kosten wie der übrige Aufwand in die Einheitspreise einzurechnen.[204]

179 Die Parteien sind selbstverständlich frei, nebst Baustelleneinrichtungen auch irgendwelchen anderen Aufwand, z.B. auch die in Art. 39 Abs. 2 Satz 2 SIA-Norm 118 erwähnten *„Nebenleistungen"*[205], analog Leistungspositionen zu behandeln und dafür feste Preise zu vereinbaren. Alle Aufwandpositionen sind *Ausnahmen* von der Regel, dass im Festpreisvertrag der Aufwand nicht ersetzt wird, ausser es besteht wegen einer bestimmten Ursache ein Rechtsanspruch auf die Vergütung von *Mehraufwand*. In der Vertragspraxis kann das eine Mal der Einsatz eines bestimmten Arbeitsgerätes in einer Aufwandposition festgelegt werden und zu einer besonderen Vergütung (Einheitspreis bzw. Pauschal- oder Globalpreis) berechtigen, während ein anderes Mal der Einsatz des gleichen Arbeitsgerätes im Aufwand (im Sinne von Art. 38 Abs. 2 SIA-Norm 118) inbegriffen und nicht separat vergütet wird. Das hängt von der *individuellen* Vertragsgestaltung ab.

180 Die (durch die SIA-Norm 118 geförderte) Vertragspraxis führt häufig, ja fast regelmässig zu einer heterogenen Mischung[206] von Leistungs- und Aufwandvergütungen, was die *Komplexität* steigert. Denn Leistungs- und Aufwandpositionen sind miteinander *eng vernetzt*. Beispielsweise gehört der Aufwand für die Baustelleneinrichtungen zu den *Baustellengemeinkosten* und damit zu den indirekten Werkkosten (Nr. 32). Wenn bei veränderten Verhältnissen eine Mehrvergütung zu berechnen ist, sind deshalb die Schwierigkeiten der Abgrenzung zwischen der Grundvergütung für die Leistungen und der separaten Grundvergütung für einen Teil des Aufwandes „vorprogrammiert".

181 Was bezüglich Notwendigkeit und Voraussetzung einer *Gesamtkalkulation* bereits ausgeführt worden ist (Nr. 28 ff.), gilt auch für die Bildung von Festpreisen für Leistungs- und Aufwandpositionen im gleichen Bauwerkvertrag. Bei der Kalkulation seines Angebotes muss sich der Unternehmer entscheiden, welchen Teil des Aufwandes er in die Festpreise für Leistungspositionen und welchen er in die ebenfalls festen Preise für Aufwandpositionen einrechnen will. Die Preisbildung (Umlage

---

[204] Vgl. Art. 9 Abs. 2 SIA-Norm 118.
[205] Zur Auslegung dieser *Nebenleistungen* vgl. Nr. 64 f.
[206] Zum Mischsystem im allgemeinen vgl. Nr. 155.

der Kostenelemente) erfolgt nach eigenem *Ermessen* des Unternehmers.[207] Nach seinem Ermessen hat er einzelne Kostenelemente auf die Leistungs- und auf die Aufwandpositionen zu verteilen, d.h. *umzulegen* (Nr. 29). Im Untertagbau und im Tagbau bzw. Hochbau ist die Preisbildung unterschiedlich. Im Untertagbau wird in der Regel mehr Aufwand in die Aufwandpositionen für Baustelleneinrichtungen eingerechnet. Insbesondere die Festpreise für Leistungs- und Aufwandpositionen sind deshalb aufgrund der gesamten Kalkulation eng miteinander *vernetzt*, so dass sich Änderungen sowohl auf die Leistungspositionen als auch auf die Aufwandpositionen auswirken können.

182  Zum Zwecke einer *klaren Sprachregelung* empfiehlt sich gemäss der Systematik, welche der SIA-Norm 118 zugrunde liegt, die Unterscheidung zwischen **Aufwandkategorien** (wie Stundenlöhnen, Materialpreisen usw.), die aufgrund einer entsprechenden Vereinbarung durch *Regieansätze* vergütet werden können, und **Aufwandpositionen**, die analog Leistungspositionen zu *Festpreisen* zu vergüten sind.

### d)  Übliche Aufwandvergütung

183  Gelegentlich verabreden die Parteien, dass sich die Vergütung des Aufwandes „*nach der Übung bestimmt*".[208] In diesem Fall schuldet der Bauherr die Vergütung, die nach allgemein anerkannter Auffassung am Ort und zur Zeit der Leistung für den betreffenden Aufwand bezahlt werden muss.[209] Regietarife können eine Orientierungshilfe zur Bestimmung der üblichen Aufwandvergütung bilden (Nr. 649).

---

[207] Vgl. GAUCH/PRADER, KommSIA118, Anm. 15 Abs. 2 zu Art. 63 Abs. 2; vgl. auch GAUCH/EGLI, KommSIA118, Anm. 3 Abs. 2 zu Art. 88 Abs. 1: „Bei grösseren (langfristigen) Bauvorhaben weicht die Kalkulationspraxis von der Regel des Art. 43 Abs. 2 oft insofern ab, als auch die *Revisionskosten* in die Global- oder Pauschalpreise der Baustelleneinrichtungen eingerechnet werden."

[208] GWerkV Nr. 951; vgl. z.B. Art. 49 Abs. 2 Satz 2 SIA-Norm 118.

[209] GWerkV Nr. 951.

## 4. Zur Komplexität der gängigen Preisbildung

184 Die gebräuchliche Preisbildung im Bauwerkvertrag und insbesondere diejenige nach den einschlägigen Bestimmungen der SIA-Norm 118 ist **sehr komplex**.[210] Kosten (für den Aufwand) und Preise (für Leistungen) sind zwei verschiedene Dinge. Das kommt z.B. in den Begriffen Kostengrundlage (Art. 62 ff. SIA-Norm 118) und Preisanalyse (Art. 18 Abs. 2 SIA-Norm 118) zum Ausdruck.[211] Die Kostenkalkulation ist eine Aufwandkalkulation, die teilweise in der allfälligen Kostengrundlage enthalten ist. Die Preisbildung hingegen beruht auf der Preiskalkulation im Sinne der Angebotskalkulation.[212] Die Kosten (Produktionskosten) müssen bei der Angebotskalkulation in einzelne Elemente aufgeteilt und auf die einzelnen Positionen des Leistungsverzeichnisses, d.h. auf die einzelnen Preise *umgelegt* werden (Nr. 29, Nr. 181, Nr. 460). Diese Kostenumlage ist sehr komplex, weil das gesamte Preisbildungssystem sehr komplex ist:

185 - Regelmässig werden im gleichen Werkvertrag *verschiedene Preisarten* (= Arten fester Preise) vereinbart, nämlich Pauschal-, Global- und Einheitspreise, ferner Regieansätze.[213]

186 - Die Komplexität wird durch *verschiedene Bemessungsarten* im gleichen Werkvertrag gesteigert, nämlich durch das Mischsystem für Leistungs- und Aufwandpositionen und durch gemischte Regieansätze.[214]

187 Die Preisbildung (Umlage der Kostenelemente) erfolgt nach eigenem Ermessen des *Unternehmers*.[215] Wie bereits erwähnt (Nr. 181), ist die

---

[210] Die *Komplexität* wird z.B. wie folgt definiert: „Ein sich im Zeitablauf veränderndes System mit nicht mehr überblickbarer Anzahl von Elementen bzw. Beziehungen" (WIEGAND, Planen und Bauen, S. 16).

[211] Zur Bedeutung von Kostengrundlage und Preisanalyse bei der Bemessung von Mehrvergütungsansprüchen vgl. Nr. 654 ff.

[212] Vgl. KAPELLMANN/SCHIFFERS, Bd. 1, Nr. 27 - 31 und Nr. 303; zur Lage des Unternehmers bei der Angebotskalkulation in der Submission vgl. insbesondere Nr. 493 ff. hiernach.

[213] Vgl. GAUCH, KommSIA118, Anm. 1 zu Art. 42 Abs. 1; GWerkV Nr. 1032 ff.

[214] Vgl. SCHUMACHER, BRT 1997, Bd. II, S. 8 lit. c; zum Mischsystem im allgemeinen Nr. 155, zu den gemischten Regieansätzen Nr. 171 und zu den Aufwandpositionen Nr. 177 ff.

[215] Vgl. GAUCH/PRADER, KommSIA118, Anm. 15 Abs. 2 zu Art. 63 Abs. 2; vgl. Nr. 181.

Preisbildung im Untertagbau und im Tagbau bzw. Hochbau unterschiedlich. Im Untertagbau wird in der Regel mehr Aufwand in die Baustelleneinrichtungen (Aufwandpositionen) eingerechnet.

188 Zufolge des heterogenen Mischsystems von Leistungs- und Aufwandvergütungen und häufig auch für die Regieansätze sind die verschiedenen Preise (Pauschal-, Global-, Einheits- und Regiepreise) aufgrund der Gesamtkalkulation (Nr. 28 ff. und Nr. 181) miteinander *vernetzt*, so dass sich Änderungen sowohl auf die Leistungspositionen als auch auf die Aufwandpositionen und Regieansätze auswirken können. Es besteht ein intensiver Zusammenhang zwischen Leistungsumfang und den gesamten Kosten, auch den Grenzkosten.[216] „Jede Schlüsselung von Fixkosten zur Bildung von Positions-Einheitskosten kann nur für einen bestimmten Leistungsumfang gelten. Jede spätere Änderung der Leistungsmenge führt zu einer Über- oder Unterdeckung der Fixkosten".[217]

## 5. Weitere Preisarten

189 Es gibt zahlreiche weitere Preisarten. Zu erwähnen sind:

190 - der *Circa-Preis* mit einer oberen und einer unteren Grenze;[218]

191 - der *reine Höchstpreis*,[219] bisweilen auch *Kostendach* genannt;[220]

192 - der *Referenzpreis*, auch „Zielpreis" oder „Target-Price" genannt;[221] der Ausdruck „Kostendach" hat oftmals auch die Bedeutung eines Referenzpreises;[222]

193 - der *Nutzpreis*.[223]

---

[216] KLEINEWEFERS, S. 129; MANKIW, S. 272 ff.; KAPELLMANN/SCHIFFERS, Bd. 1, Nr. 19; vgl. auch Nr. 25 - Nr. 27 hiervor.

[217] KAPELLMANN/SCHIFFERS, Bd. 1, Nr. 20.

[218] GWerkV Nr. 941 f. und Nr. 968; Art. 56 SIA-Norm 118; GAUCH, KommSIA118, Anm. 2 lit. b zu Art. 56 Abs. 1.

[219] GWerkV Nr. 1036 f.

[220] GWerkV Nr. 1040 f.; GAUCH, Anm. in BR 1997, S. 52 f., Nr. 131.

[221] GWerkV Nr. 1038 f.; GAUCH, KommSIA118, Anm. 2 lit. c zu Art. 56 Abs. 1.

[222] GWerkV Nr. 1040.

[223] GWerkV Nr. 1042 f.

## D. Werkverträge ohne Preisvereinbarung

194 Wird bei Abschluss des Werkvertrages für einen Teil oder alle Leistungen kein Preis vereinbart, so sind diese Leistungen *nach Aufwand* zu vergüten.[224]

195 Ein Sonderfall ist der Werkvertrag mit einem *unverbindlichen Kostenvoranschlag* als Geschäftsgrundlage bzw. Vertragsgrundlage.[225]

## II. Die Bemessung der Grundvergütung

### A. Die Bemessungsgrundlagen

196 Die Vergütung wird bemessen:

197 - nach der (allfälligen, jedoch regelmässig getroffenen) *Preisvereinbarung* der Parteien[226] und

198 - nach der *erbrachten Leistung*, die der Unternehmer u.a. mit Regierapporten (vgl. Art. 47 SIA-Norm 118) und Ausmassurkunden (vgl. Art. 141 - 143 SIA-Norm 118) nachweist.[227]

---

[224] Art. 374 OR; GWerkV Nr. 946 ff.; vgl. GAUCH, KommSIA118, Anm. 4 lit. b zu Art. 44 Abs. 1; vgl. auch Nr. 163 hiervor.

[225] Vgl. GWerkV Nr. 937 ff., 966 f., 941; betreffend Art. 56 SIA-Norm 118 vgl. GWerkV Nr. 971 und Nr. 1041 sowie GAUCH, KommSIA118, Anm. 1 lit. a zu Art. 56 Abs. 1: Vergütung nach Aufwand aufgrund von Art. 374 OR, jedoch Reduktion bei unverhältnismässiger Überschreitung des ungefähren Kostenansatzes gemäss Art. 375 OR; dazu GWerkV Nr. 973 ff.

[226] Zur Bemessung der geschuldeten Vergütung nach verschiedenen Preisarten vgl. GWerkV Nr. 898 ff. sowie GAUCH, KommSIA118, Anm. zu Art. 38 - 43 und zu Art. 48 - 56.

[227] Zur Beweissicherung vgl. SCHUMACHER, BRT 1995 Bd. II, S. 5 ff.

## B. *Die Beschränkung der Vergütung*

### 1. Die Teilvergütung wegen bloss teilweiser Vertragserfüllung

199 Aus verschiedenen Gründen kann der Fall eintreten, dass der Unternehmer den Werkvertrag *nur teilweise erfüllt* und dies seinen Vergütungsanspruch reduziert. Dieser Fall kann z.B. eintreten:

200 - wegen Rücktritts des Bauherrn gestützt auf Art. 377 OR; der Unternehmer besitzt Anspruch auf Vergütung der bereits geleisteten Arbeit[228] und auf volle Schadloshaltung;[229]

201 - wegen Rücktritts des Bauherrn infolge Schuldnerverzugs des Unternehmers;[230]

202 - wegen Rücktritts des Unternehmers zufolge Annahmeverzuges des Bauherrn[231] oder wegen Schuldnerverzuges (Zahlungsverzuges) des Bauherrn;[232]

203 - zufolge teilweisen Unterganges des Werkes nach Massgabe des Art. 376 OR bzw. Art. 187 - 189 SIA-Norm 118;[233] stellt der Unternehmer die untergegangene Teilleistung wieder her, so ist zu differenzieren zwischen der Vergütung der untergeordneten Teilleistung und dem (allfälligen) Mehrvergütungsanspruch für die Wiederherstellung;[234]

---

[228] GWerkV Nr. 535 ff.

[229] GWerkV Nr. 542 ff.; zur gesetzlichen Additionsmethode vgl. GWerkV Nr. 546 ff. und zur Abzugsmethode gemäss Art. 184 Abs. 2 SIA-Norm 118 vgl. GWerkV Nr. 551 ff. sowie GAUCH, KommSIA118, Anm. 10 f. zu Art. 184 Abs. 2.

[230] GWerkV Nr. 686 ff. und Nr. 867.

[231] Vgl. Art. 95 OR bzw. Art. 94 Abs. 2 Satz 3 SIA-Norm 118; GWerkV Nr. 1342; GAUCH/SCHUMACHER, KommSIA118, Anm. 19 zu Art. 94 Abs. 2.

[232] Vgl. Art. 107 ff. OR; Art. 190 Abs. 2 SIA-Norm 118; GWerkV Nr. 1274 ff.; GAUCH, KommSIA118, Anm. 18 ff. zu Art. 190.

[233] Vgl. GWerkV Nr. 1183 ff., insbesondere Nr. 1194 ff. bzw. GAUCH, KommSIA118, Anm. zu Art. 187 - 189.

[234] Vgl. dazu neuestens BGE 123 II 183 ff.; vgl. auch Nr. 211 hiernach.

204 - wegen Unmöglichkeit der Werkvollendung aus Verhältnissen des Bauherrn nach Massgabe des Art. 378 OR bzw. Art. 185 SIA-Norm 118;[235]

205 - infolge Todes oder Unfähigkeit des Unternehmers nach Massgabe des Art. 379 Abs. 2 OR bzw. Art. 185 SIA-Norm 118;[236]

206 - zufolge Rücktritts des Bauherrn wegen Überschreitung des Kostenansatzes gemäss Art. 375 Abs. 2 OR;[237]

207 - wegen Auflösung des Werkvertrages infolge ausserordentlicher Umstände nach Massgabe des Art. 373 Abs. 2 OR;[238]

208 - wegen erheblicher Verminderung der Herstellungskosten, welche zu einer übermässigen Äquivalenzstörung zum Nachteil des Bauherrn führen.[239]

## 2. Die Beschränkung der Vergütung wegen Fehlverhaltens des Unternehmers

209 Die Vergütung zu Einheitspreisen oder nach Aufwand wird beschränkt, wenn der Unternehmer absichtlich oder fahrlässig (unsorgfältig) seine Pflicht verletzt, das Werk mit angemessenen (nicht übermässigen) Mengeneinheiten oder mit einem angemessenen Aufwand herzustellen, soweit die vom Bauherrn geschuldete Vergütung nach Einheitspreisen bemessen wird oder vom Aufwand abhängt.[240] Vergütungspflichtig ist immer nur diejenige Menge oder derjenige Aufwand, die bzw. der *bei sorgfältigem Vorgehen genügt hätte*, um die geschuldete Leistung vertragsgemäss auszuführen.

---

[235] Vgl. GWerkV Nr. 722 ff., speziell Nr. 725 betreffend den Baugrund und betreffend der dem Unternehmer vorgeschriebenen Art der Ausführung, bzw. GAUCH, KommSIA118, Anm. zu Art. 185.

[236] GWerkV Nr. 763 ff. bzw. GAUCH, KommSIA118, Anm. zu Art. 186.

[237] GWerkV Nr. 977.

[238] GWerkV Nr. 1117 f.; GAUCH, KommSIA118, Anm. 9 zu Art. 59 Abs. 2.

[239] GWerkV Nr. 1145 ff.

[240] GWerkV Nr. 839, 856, 928 und 964 f.; GAUCH, KommSIA118, Anm. 2 lit. b zu Art. 48; GAUCH/SCHUMACHER, KommSIA118, Anm. 2 lit. a zu Art. 141 Abs. 1; vgl. auch Nr. 636.

210 Bei einem *Werkmangel* kann der Werklohn bei gegebenen Voraussetzungen *gemindert* werden, sei es nach Art. 368 OR, sei es nach Art. 169 Abs. 1 Ziff. 2 bzw. Abs. 2 SIA-Norm 118.[241] Auch ein allfälliger Mehrvergütungsanspruch ist gegebenenfalls zu mindern.[242]

## C. Die Vergütung bei Untergang des Werkes

211 Ob und allenfalls in welchem Umfange der Unternehmer Anspruch auf eine Vergütung wegen vollumfänglicher Bauausführung bei Untergang des Werkes vor der Abnahme besitzt, wird in Art. 376 OR bzw. Art. 187 - 189 SIA-Norm 118 geregelt.[243]

## III. Die Fälligkeit

## A. Begriff und Tragweite

212 Die Fälligkeit ist eine Eigenschaft der Forderung (oder Schuld). Sie bedeutet, dass der Gläubiger die Leistung *einfordern* und *einklagen* darf. Der Zeitpunkt des Eintritts der Fälligkeit heisst *Fälligkeitstermin*.[244] Die Fälligkeit ist in verschiedener Hinsicht von Bedeutung. Hier interessieren vor allem folgende Punkte:

---

[241] Vgl. GWerkV Nr. 1609 ff. und GAUCH, KommSIA118, Anm. 18 zu Art. 169 Abs. 1 Ziff. 2.

[242] GWerkV Nr. 1648; GAUCH, KommSIA118, Anm. 2 lit. b Abs. 2 zu Art. 48.

[243] Vgl. dazu ausführlich GWerkV Nr. 1181 ff. sowie GWerkV Nr. 1217 ff. und GAUCH, KommSIA118, Anm. zu Art. 187 - 189; zum allfälligen Vergütungsanspruch bei teilweiser Bauausführung vgl. Nr. 203 hiervor.

[244] GAUCH/SCHLUEP, Nr. 45 und Nr. 2161.

213 - Der Gläubiger (Unternehmer) darf nicht verlangen, dass der Schuldner (Bauherr) vor Eintritt der Fälligkeit leistet. Das hindert den Gläubiger indessen nicht daran, vom Schuldner schon *vor* der Fälligkeit die Leistung auf den Fälligkeitstermin (oder später) zu verlangen.[245]

214 - Der Eintritt der Fälligkeit löst in der Regel den Beginn der *Verjährungsfrist* für die fällig gewordene Forderung aus.[246]

215 - Durch Abrede können der Fälligkeitstermin und damit auch der Beginn der Verjährungsfrist verschoben werden. Solche Abreden enthält insbesondere die SIA-Norm 118.[247]

## B. Die gesetzliche Fälligkeitsregel des Art. 372 OR

216 Gemäss Art. 372 Abs. 1 OR, der für das Werkvertragsrecht Art. 75 OR verdrängt, wird die Vergütung bei der *Ablieferung* des Werkes fällig. Das bedeutet, dass die Ablieferung zwar die Vollendung voraussetzt, dass aber die Vergütung nicht bereits bei der Vollendung fällig wird, und dass die Prüfung des Bauherrn (vgl. Art. 370 OR) den Eintritt der Fälligkeit nicht hinausschiebt.[248] Das gilt auch, wenn die ursprüngliche Leistungspflicht des Unternehmers durch nachträgliche Bestellungsänderungen erweitert oder sonstwie modifiziert wurde.[249]

217 Der Unternehmer besitzt keinen gesetzlichen Anspruch auf Abschlagszahlungen. Art. 372 Abs. 2 OR enthält jedoch die Ausnahmebestimmung, wonach bei *vereinbarten* Teillieferungen bei jeder Ablieferung eines Werkteiles die Vergütung teilweise fällig wird.

---

[245] GAUCH/SCHLUEP, Nr. 2163; vgl. auch GWerkV Nr. 1151.
[246] Art. 130 Abs. 1 OR; GAUCH/SCHLUEP, Nr. 2167 und Nr. 3438 ff.; vgl. aber Art. 130 Abs. 2 OR und GAUCH/SCHLUEP, Nr. 3442 ff.
[247] Vgl. Nr. 223, Nr. 225 und Nr. 316.
[248] Ausführlich GWerkV Nr. 1152 ff.
[249] GWerkV Nr. 1154.

**Das Abrechnungssystem der SIA-Norm 118**

**Zusammenstellung (Art. 153 Abs. 3 und Art. 156)**

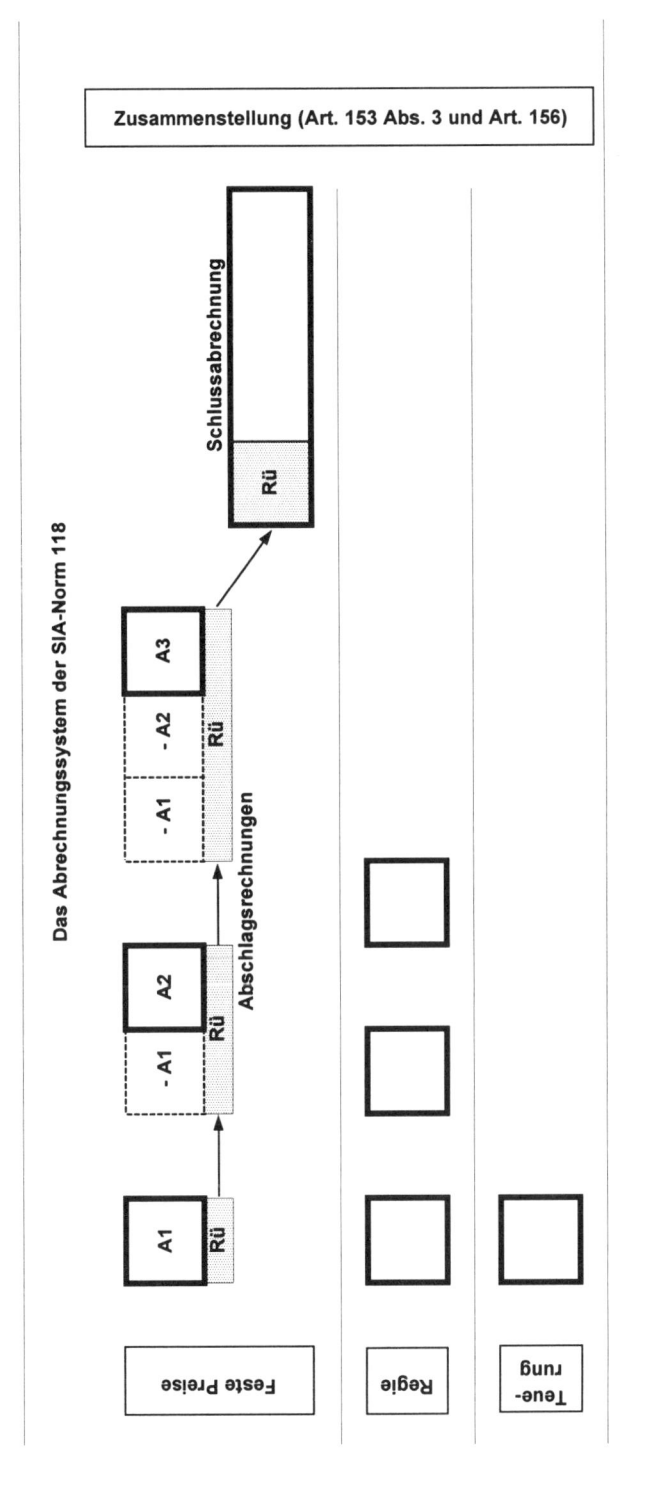

Kurze Hinweise:
1. A = *Abschlagsrechnung* (Art. 144 Abs. 1) über *alle* bisherigen Leistungen, abzüglich früherer Abschlagsrechnungen und abzüglich degressiv wachsender *Rückbehalt* (= Rü; Art. 149 - 151)
2. Die *Schlussabrechnung* (Nr. 153 Abs. 1) ist keine Gesamtabrechnung.
3. Die *Zusammenstellung* (Art. 153 Abs. 3) gibt einen Überblick über sämtliche Rechnungen und Zahlungen und enthält einen allfälligen Vorbehalt noch nicht gestellter Rechnungen (Art. 156).
4. Für alle Forderungen des Unternehmers ist die *Verzichtsfiktion* (Art. 156) zu beachten.

## C. Die Fälligkeiten nach dem Abrechnungssystem der SIA-Norm 118

218  Die SIA-Norm 118 sieht *vier* verschiedene *Einzelabrechnungen* mit unterschiedlichen *Fälligkeiten* vor:[250]

219  1. monatliche *Regierechnungen* (ev. abzüglich Rückbehalt; vgl. Art. 55 Abs. 2 SIA-Norm 118), die mit der Zustellung der Rechnung fällig werden (Art. 55 Abs. 1 SIA-Norm 118);[251]

220  2. periodische bzw. monatliche *Teuerungsabrechnungen*, die mit der Rechnungsstellung fällig werden (Art. 66 SIA-Norm 118);[252]

221  3. monatliche *Abschlagsrechnungen* bei Einheitspreisverträgen nach Massgabe der erbrachten Leistungen, abzüglich Rückbehalt (Art. 144 ff. SIA-Norm 118), bzw. gemäss Teilzahlungsplan bei Gesamtpreisverträgen (Art. 147 SIA-Norm 118), die fällig werden, sobald das ordnungsgemäss abgefasste Zahlungsbegehren bei der Bauleitung eingeht (Art. 148 SIA-Norm 118);[253]

222  4. die *Schlussabrechnung* (Art. 153 Abs. 1 SIA-Norm 118), die keine Gesamtabrechnung ist, jedoch von einer *Zusammenstellung* sämtlicher Rechnungen begleitet wird (Art. 153 Abs. 3 SIA-Norm 118), mit unterschiedlichen Fälligkeitsregeln in Art. 152 SIA-Norm 118 für den *Rückbehalt* und in Art. 155 Abs. 1 und Abs. 2 SIA-Norm 118 für den *übrigen Teil* der Schlussabrechnung.[254] Dem Risiko, dass der Unternehmer die Schlussabrechnung sehr spät stellt und damit den Fälligkeitseintritt sowie den Verjährungsbeginn zu verzögern versucht, kann dadurch begegnet werden, dass der Bauherr bzw. die Bauleitung nach erfolgloser Mahnung des Unternehmers die Schlussabrechnung auf Kosten des Unternehmers

---

[250] Dazu GWerkV Nr. 1167 ff.; GAUCH/SCHUMACHER, KommSIA118, Vorbem. zu Art. 153 - 156; vgl. die graphische Darstellung auf S. 65 hiervor.

[251] GAUCH, KommSIA118, Anm. zu Art. 55.

[252] GAUCH/PRADER, KommSIA118, Anm. zu Art. 66.

[253] GAUCH/SCHUMACHER, KommSIA118, Anm. zu Art. 148.

[254] GAUCH/SCHUMACHER, KommSIA118, Anm. zu Art. 148, Art. 152 und Art. 155, insbesondere Anm. 9 zu Art. 155 Abs. 1 betreffend die zwei verschiedenen Fälligkeitsregeln.

selbst erstellt (Art. 154 Abs. 1 Satz 2).[255] Obwohl die *Zusammenstellung* in Art. 154 Abs. 1 Satz 2 SIA-Norm 118 nicht erwähnt wird, ergibt die sinnvolle und systematische Auslegung bzw. Ergänzung (Nr. 9) dieser Bestimmung, die auf den hypothetischen Parteiwillen abstellt,[256] dass die Bauleitung bei Säumnis des Unternehmers auch die Zusammenstellung mit der Verzichtsfiktion des Art. 156 SIA-Norm 118 erstellen kann.[257] Denn Art. 156 SIA-Norm 118 schützt das berechtigte Interesse des Bauherrn an einer raschen und umfassenden Kenntnis der gesamten Werkvergütung (z.B. im Hinblick auf die rasche Umwandlung des Baukredites in eine oder mehrere Hypotheken mit günstigeren Zinssätzen oder zur Kalkulation von Verkaufspreisen bzw. Mietzinsen). Das Interesse des Unternehmers wird dadurch gewahrt, dass er zuerst gemahnt werden muss (Art. 154 Abs. 1 Satz 2 SIA-Norm 118) und dass selbstverständlich die Verzichtsfiktion des Art. 156 SIA-Norm 118 in einem solchen Falle erst eintreten kann, wenn Schlussabrechnung und Zusammenstellung (erstellt von der Bauleitung) zur Kenntnis des Unternehmers gelangt sind und dieser innert angemessener Frist keinen Einspruch erhoben hat.

223 Die Regeln, welche die SIA-Norm 118 über die Fälligkeit der einzelnen Vergütungsleistungen enthält, werden ergänzt durch Art. 190 Abs. 1 SIA-Norm 118. Danach leistet der Bauherr „fällige Zahlungen innerhalb von dreissig Tagen, sofern nicht in der Vertragsurkunde eine andere Zahlungsfrist vereinbart ist". Diese Zahlungsfrist von dreissig Tagen zeichnet sich dadurch aus, dass sie mit der Fälligkeit der jeweiligen Zahlung zu laufen beginnt, deren Fälligkeit also nicht hinausschiebt, sondern voraussetzt. Diese Normbestimmung berechtigt den Bauherrn, die „an sich" fällige Zahlung bis zum Ablauf der Frist einredeweise zu verweigern. Da die (aufschiebende) Einrede des Bauherrn vom Unternehmer nicht beseitigt werden kann, wird auch der *Verjährungsbeginn* bis zum Ablauf der Zahlungsfrist *aufgeschoben*.[258]

224 Art. 190 Abs. 1 SIA-Norm 118 sieht ausdrücklich vor, dass der Bauherr erst nach Ablauf der Zahlungsfrist in Schuldnerverzug geraten kann. Diese Bestimmung ist sogar so formuliert, dass auch die für den Ver-

---

[255] GAUCH/SCHUMACHER, KommSIA118, Anm. 10 ff. zu Art. 154 Abs. 1.
[256] Vgl. JÄGGI/GAUCH, N 498 zu Art. 18 OR.
[257] Noch anderer Meinung GAUCH/SCHUMACHER, KommSIA118, Anm. 12 zu Art. 154 Abs. 1.
[258] GWerkV Nr. 1179 mit Hinweis auf Art. 134 Abs. 1 Ziff. 6 OR und mit verschiedenen Verweisungen auf Rechtsprechung und Lehre.

zugseintritt vorausgesetzte Mahnung in die Zeit nach Ablauf der Zahlungsfrist fällt. Eine nochmalige Mahnung nach Ablauf der Frist kann aber unterbleiben, wenn der Unternehmer den Bauherrn schon vor Fristablauf gemahnt und ihn unmissverständlich aufgefordert hat, die geschuldete Zahlung mit Ablauf der Frist oder in einem späteren Zeitpunkt zu leisten.[259]

## IV. Die Rechnungsstellung

### A. Im allgemeinen

225 Von Gesetzes wegen hat die Rechnungsstellung keinen Einfluss auf die Fälligkeit.[260] Den Parteien steht es allerdings frei zu vereinbaren, dass die Fälligkeit von der Rechnungsstellung durch den Unternehmer abhängt,[261] was sich mittelbar auf den Beginn der Verjährungsfrist auswirkt.[262] Solche Vereinbarungen treffen die Parteien durch die Übernahme der SIA-Norm 118 (Nr. 215).

226 Rechnungen werden tagtäglich ausgestellt, zugestellt und empfangen. Trotzdem wird der Begriff der Rechnung selten definiert. Das Wort *Rechnung* sucht man häufig vergeblich in Sachregistern der Lehrbücher.

227 Die Zustellung einer Rechnung (= Rechnungsstellung) enthält zwei wesentliche Elemente: Sie ist sowohl eine *Vorstellungsäusserung* als auch eine *Willenskundgabe*.

---

[259] GWerkV Nr. 1179; GAUCH, KommSIA118, Anm. 14 Abs. 2 zu Art. 190 Abs. 1; vgl. auch Nr. 292 hiernach.
[260] GWerkV Nr. 1159 und Nr. 1259; vgl. jedoch GWerkV Nr. 1161.
[261] GWerkV Nr. 1164.
[262] GWerkV Nr. 1259; vgl. Nr. 316 hiernach.

## 1. Information (Vorstellungsäusserung)

228   Mit der Zustellung einer Rechnung *informiert* der Unternehmer den Bauherrn über seine Vorstellung über die Existenz und die Höhe seines Vergütungsanspruches. Diese Orientierung ist die Voraussetzung dafür, dass der Unternehmer vom Bauherrn die Zahlung verlangen kann. Er kann diese Befugnis nur ausüben, indem er den fällig gewordenen Anspruch, dessen Höhe dem Bauherrn sonst unbekannt sein kann, durch Vorlegung einer prüffähigen und dementsprechend substantiierten Rechnung beziffert.[263]

## 2. Zahlungsaufforderung (Willenskundgabe)

229   Die *Willenskundgabe* besteht darin, dass der Unternehmer den Bauherrn *auffordert*, den in Rechnung gestellten Betrag zu bezahlen. Dies ist jedoch *keine rechtsgeschäftliche Willenserklärung*.[264] Auch die *Mängelrüge* ist kein Rechtsgeschäft, enthält jedoch ebenfalls eine Willenskundgabe und ist damit mehr als eine Vorstellungsäusserung.[265] Rechnung und Mahnung gehören zu den sog. *Rechtshandlungen ohne rechtsgeschäftlichen Charakter*. Solchen Rechtshandlungen legen der Vertrag oder das Gesetz eine Rechtswirkung bei, die sich *nicht* nach dem Inhalt der Rechtshandlung (z.B. einer Mitteilung oder Willenskundgabe) richtet.[266] Daran ändert nichts, dass solche Rechtshandlungen oft im Bewusstsein und in der Absicht einer bestimmten Rechtswirkung vorgenommen werden und auf die beabsichtigte Rechtswirkung mitunter sogar ausdrücklich hingewiesen wird. *Einzelheiten*:

230   **a.** Die *Aufforderung*, den in Rechnung gestellten Betrag zu bezahlen, kann ausdrücklich oder stillschweigend erklärt werden. In der Regel muss die Zustellung einer Rechnung als Zahlungsaufforderung ausgelegt werden, auch wenn der Rechnungstext keine (ausdrückliche) Zahlungsaufforderung enthält.

---

[263] GWerkV Nr. 1160.
[264] GWerkV Nr. 1258; Anm. von GAUCH zu BR 1981, S. 55, Nr. 54.
[265] GWerkV Nr. 2135.
[266] Vgl. GAUCH/SCHLUEP, Nr. 166.

231 b. Solange der Unternehmer es nach Eintritt der Fälligkeit *unterlässt*, vom Bauherrn die Zahlung zu fordern, braucht dieser nicht zu leisten.[267]

232 c. Der Unternehmer darf nicht verlangen, dass der Bauherr vor Eintritt der Fälligkeit leistet.[268]

233 **Strafrecht**: Zur strafrechtlichen Qualifizierung von vollumfänglich fingierten oder überhöhten Rechnungen wegen Betrugs und/oder wegen Urkundenfälschung äusserte sich das Bundesgericht im Urteil vom 10. Mai 1995.[269] Aus diesem Urteil ist festzuhalten: Im Gegensatz zur einfachen schriftlichen Lüge ist die Falschbeurkundung strafbar, wenn mit der Urkunde eine allgemeingültige, objektive Garantie verknüpft ist aufgrund der Eigenschaften des Ausstellers (Beamter etc.) oder aufgrund der Bedeutung, welche das Gesetz dem Schriftstück beimisst (Art. 958 OR bezüglich der Bilanz). Der allgemeinen Lebenserfahrung zugrunde liegende Tatsachen wie z.B. das Vertrauen, welches gewöhnlich durch die Aussage desjenigen geweckt wird, der diese zu seinen eigenen Ungunsten [wohl richtig: Gunsten] macht, genügen nicht. Es ist von geringer Bedeutung, dass im Geschäftsverkehr allgemein davon ausgegangen wird, dass solche Aussagen zutreffend seien. Die Urkundeneigenschaft eines Schriftstücks ist relativ. Es kann diese Eigenschaft unter bestimmten Umständen aufweisen und unter anderen nicht. Die Tatsache, dass Rechnungen grundsätzlich als Urkunden zu qualifizieren sind, bedeutet demnach nicht, dass eine Rechnung, deren Inhalt nicht zutreffend ist, notwendigerweise eine strafbare Falschbeurkundung darstellt. Dasselbe gilt für mit Quittungen versehene Rechnungen.[270] Aus der Verneinung (bereits) des objektiven Tatbestandes der Urkundenfälschung darf aber nicht geschlossen werden, das Verhalten sei grundsätzlich nicht strafbar; namentlich ist auf den Versuch des *Betruges* zu verweisen.[271] - In einem neueren Urteil qualifizierte das Bundesgericht die Vorlage einer falschen Bauabrechnung als strafbaren *Betrug* im Sinne von Art. 146 StGB.[272]

234 *Keine Falschbeurkundung* (Art. 251 StGB) begeht, wer für nicht ausgeführte Arbeiten Rechnungen stellt,[273] wer inhaltlich unrichtige Regierapporte abliefert[274] oder wer eine fiktive Rechnung samt Quittung präsentiert, sofern das kon-

---

[267] GAUCH/SCHLUEP, Nr. 2165.
[268] GAUCH/SCHLUEP, Nr. 2163, vgl. auch Nr. 213 hiervor.
[269] Pra 1996, S. 444 ff.; vgl. auch GWerkV Nr. 1272.
[270] Pra 1996, S. 446.
[271] Pra 1996, S. 448.
[272] BGE 122 IV 197 ff.: unwahre Bauabrechnung zwecks Nachweis von angeblichen Investitionen als *Prozessbetrug* bestraft; vgl. GAUCH PETER, Prozessbetrug, BR 1997, S. 2.
[273] BGE 117 IV 35.
[274] BGE 117 IV 165.

krete Schriftstück nicht aufgrund besonderer Umstände einen erhöhten Beweiswert besitzt.[275]

## B. Das Abrechnungssystem der SIA-Norm 118

235 Das Abrechnungssystem der SIA-Norm 118 wurde bereits im Zusammenhang mit den *Fälligkeitsregeln* dargestellt (Nr. 218 ff.).

## C. Die Prüfbarkeit der Rechnung

236 Die *Information* des Unternehmers über Bestand und Höhe einer in Rechnung gestellten Forderung (nach der Vorstellung des Unternehmers) bezweckt, beim Bauherrn als Informationsempfänger den gleichen Wissensstand zu erzielen und ihn damit zu veranlassen, d.h. zu motivieren, die Rechnung zu bezahlen. Wer informieren will, muss sich verständlich machen, so dass er verstanden wird, d.h. der Empfänger informiert ist. Das erfordert eine Gestaltung der Rechnung durch den Unternehmer, dass der Bauherr bzw. seine Bauleitung überprüfen kann, ob überhaupt und wieviel er dem Unternehmer schuldet. Um überprüfbar zu sein, muss die Rechnung insbesondere wie folgt gestaltet werden: Sie muss kompatibel mit dem von den Parteien gewählten Vergütungssystem sein und die Überprüfung der tatsächlich erbrachten Leistungen ermöglichen, z.B. durch Verweis auf dem Bauherrn zugängliche Regierapporte (Art. 47 SIA-Norm 118) oder Ausmassurkunden (Art. 141 - 143 SIA-Norm 118). Häufig erfordert dies die Gliederung der Rechnung nach dem Leistungsverzeichnis.[276]

237 Art. 144 Abs. 2 und Abs. 3 SIA-Norm 118 nennen die *Voraussetzungen* der Prüfbarkeit der Abschlagsrechnungen.[277] Art. 154 Abs. 1 SIA-Norm

---

[275] BGE 121 IV 131.

[276] Vgl. GAUCH/SCHUMACHER, KommSIA118, Anm. 11 lit. a zu Art. 144 Abs. 2 und Anm. 9 lit. a zu Art. 154 Abs. 1.

[277] GAUCH/SCHUMACHER, KommSIA118, Anm. 11 zu Art. 144 Abs. 2.

118 schreibt die „*ordnungsgemässe*" Einreichung der Schlussabrechnung vor, worunter auch eine prüfbare Schlussabrechnung zu verstehen ist.[278] Im übrigen ist das Erfordernis der Prüffähigkeit nach den Anschauungen der Baubranche eine *Selbstverständlichkeit*.[279] Auch die übrigen Rechnungen nach dem Abrechnungssystem der SIA-Norm 118 müssen prüfbar sein. Das gilt überhaupt für alle Rechnungen, auch wenn die SIA-Norm 118 nicht als Vertragsbestandteil übernommen worden ist.

238 Die Überprüfung muss mit angemessenem, d.h. *zumutbarem* Aufwand des Bauherrn bzw. seiner Bauleitung möglich sein. Hat der Unternehmer den Werkvertrag mit einem Bauherrn mit eigenem Sachverstand oder mit sachverständigen Hilfspersonen abgeschlossen, darf der Unternehmer bei der Gestaltung der Rechnung von einer sachverständigen Prüfung durch eine Bauleitung ausgehen, welche die ganze Bauausführung begleitet hat und über umfangreiche Kenntnisse und Dokumente wie Baujournal, Regie- und Tagesrapporte usw. verfügt.

239 Wenn eine Rechnung *nicht überprüfbar* ist, gilt folgendes:

240 **a.** Mangels anderer Abrede[280] bewirkt die mangelnde Prüfbarkeit *keinen* Aufschub des Eintritts der Fälligkeit und damit auch keinen Aufschub des Beginns der Verjährungsfrist.[281] Eine andere (abweichende) Abrede enthält Art. 155 Abs. 1 SIA-Norm 118, wonach die Schlussabrechnung erst mit dem *Prüfungsbescheid* der Bauleitung fällig wird, was die Einreichung einer prüfungsfähigen Schlussabrechnung voraussetzt.[282]

241 **b.** Solange und soweit eine Rechnung nicht überprüfbar ist, ist dem Bauherrn keine Zahlung zuzumuten.[283] Insofern wird zwar nicht die Fälligkeit, aber die *Fälligkeitswirkung aufgeschoben*.[284] Ist eine Rechnung zwar überprüfbar, aber vom Bauherrn nicht überprüft worden, vermögen seine allfälligen Zweifel, Bedenken usw., auch allfällige Begehren um zusätzliche Auskünfte oder Belege, die Fälligkeitswirkung nicht hinauszuschieben.

---

[278] Vgl. GAUCH/SCHUMACHER, KommSIA118, Anm. 9 zu Art. 154 Abs. 1.
[279] Vgl. GWerkV Nr. 1178.
[280] GWerkV Nr. 1164.
[281] GWerkV Nr. 1160.
[282] Vgl. Art. 154 Abs. 1 Satz 2 SIA-Norm 118; vgl. GAUCH/SCHUMACHER, KommSIA118, Anm. 9 zu Art. 154 Abs. 1.
[283] Vgl. GWerkV Nr. 1160.
[284] GWerkV Nr. 1160.

242  **c.** Der Aufschub der Fälligkeitswirkung (wegen Unzumutbarkeit der Zahlung) bewirkt folgendes:

243  - Der Bauherr gerät in bezug auf seine Vergütungspflicht *nicht in Schuldnerverzug,* weil es dem Unternehmer verwehrt ist, den Bauherrn durch Mahnung in Verzug zu setzen.[285]

244  - Ist ein Skonto für den betreffenden Rechnungsbetrag vereinbart worden, *beginnt die Skontofrist nicht zu laufen.*[286]

245  **d.** Ist nur ein *Teil* der Rechnung nicht überprüfbar, tritt der Aufschub der Fälligkeitswirkung nur für den unüberprüfbaren Teil ein. Beispielsweise können die in Rechnung gestellten Einheitspreise überprüft werden, hingegen nicht Regiearbeiten.

## D. *Rechnungskorrekturen und nachträgliche Rechnungen*

### 1. Das Problem

246  In der Praxis können sich die folgenden Fragen stellen:

247  - Darf der Unternehmer eine gestellte Rechnung nachträglich korrigieren, insbesondere erhöhen?

248  - Darf der Unternehmer weitere, d.h. zusätzliche Rechnungen stellen?

249  Dieses Problem kann sich insbesondere stellen, wenn der Unternehmer wegen angeblichen Mehraufwandes eine Rechnung nachträglich erhöht oder deswegen weitere Rechnungen stellt. Wenn der Bauherr die Rechnungsstellung des Unternehmers bestreitet oder es deswegen gar auf einen Prozess ankommen lässt, ist der Unternehmer dazu besonders geneigt. Bei den folgenden Ausführungen bleibt immer vorbehalten, dass der Bauherr nicht die Einrede der *Verjährung* erheben kann.

---

[285] GWerkV Nr. 1160, vgl. dort auch Nr. 1274 ff.
[286] GWerkV Nr. 1238; vgl. auch BGE 118 II 64 f. = BR 1992, S. 99, Nr. 165 mit kritischen Anm. von GAUCH.

250 Nach der massgebenden *Prozessordnung* des Kantons bzw. des Bundes entscheidet sich, bis in welcher Prozessphase der Unternehmer Rechnungen erhöhen bzw. anders begründen und weitere Forderungen stellen kann.

## 2. Der Grundsatz: Keine Bindung an die Rechnung

251 Da die Rechnung, mit der ein Unternehmer seinen Vergütungsanspruch ganz oder zum Teil einfordert, *keine rechtsgeschäftliche Willenserklärung* ist (Nr. 229), ist der Unternehmer an die Rechnung (Höhe, Begründung usw.) grundsätzlich *nicht gebunden*. Insbesondere beinhaltet die Einreichung der Rechnung in der Regel keine Erklärung des Unternehmers, auf weitere Forderungen zu verzichten. Auch wenn der Unternehmer erkennbar den gesamten Vergütungsanspruch, allenfalls unter Abzug bereits erhaltener Zahlungen, in Rechnung stellen will, ist er an die gestellte Rechnung grundsätzlich nicht in der Weise gebunden, dass eine berechtigte Nachforderung ausgeschlossen wäre.[287]

252 Eine erste *Ausnahme* ist der Fall, in welchem dem Unternehmer im Rahmen des Art. 374 OR ein gewisser *Ermessensspielraum* bei der Bewertung des Aufwandes und dessen Kosten zusteht. Macht der Unternehmer von diesem Ermessen Gebrauch, indem er eine angemessene Vergütung für seinen Aufwand verlangt, so muss er sich bei seiner Bewertung behaften lassen und kann nicht im nachhinein eine höhere Vergütung verlangen, die auch noch angemessen wäre.[288] Aus den folgenden *weiteren* Gründen kann der Unternehmer ebenfalls an seine Rechnungsstellung gebunden sein.

---

[287] GWerkV Nr. 1261; zum *vorläufigen* Charakter von Abschlagsrechnungen vgl. GWerkV Nr. 1163 sowie GAUCH/SCHUMACHER, KommSIA118, lit. a der Vorbem. zu Art. 144 - 148.

[288] GWerkV Nr. 1261.

## 3. Die Preisvereinbarung

253 Die Preisvereinbarung, auch Abrechnungsvereinbarung genannt, ist ein *zweiseitiges Rechtsgeschäft*, in welchem sowohl der Unternehmer als auch der Bauherr die Rechnungsstellung des Unternehmers *rechtsverbindlich anerkennen*.[289] Dies kann z.B. im Rahmen eines (aussergerichtlichen oder gerichtlichen) Vergleiches geschehen, durch den Meinungsverschiedenheiten zwischen den Parteien betreffend die Rechnungsstellung des Unternehmers erledigt werden.

254 Eine Preisvereinbarung kann *ausdrücklich* abgeschlossen werden. Beispielsweise vereinbaren die Parteien eine bestimmte Restforderung des Unternehmers per Saldo aller Vergütungsansprüche für die Erstellung des betreffenden Werkes.

255 Art. 154 Abs. 3 Satz 1 SIA-Norm 118 lautet: „Ergeben sich bei der Prüfung [der Schlussabrechnung durch die Bauleitung] keine Differenzen, so gilt die Schlussabrechnung mit dem Prüfungsbescheid der Bauleitung als beidseitig anerkannt." In einem solchen Fall sind *beide Parteien*, also sowohl der Bauherr als auch der Unternehmer an die Schlussabrechnung gebunden und darf der Unternehmer seine Schlussabrechnung nachträglich nicht erhöhen, ausser aufgrund einer erfolgreichen Anfechtung wegen eines Willensmangels (Nr. 23 ff. OR), z.B. wegen eines Erklärungsirrtums.[290] Somit kann gemäss Art. 154 Abs. 3 Satz 1 SIA-Norm 118 eine *Preisvereinbarung* zustande kommen. Die Schlussabrechnung (im Sinne der SIA-Norm 118) enthält deshalb das (rechtsgeschäftliche) *Angebot* einer Preisvereinbarung durch den Unternehmer, das vom Bauherrn (vertreten durch die Bauleitung) dadurch angenommen werden kann, dass dieser die Schlussabrechnung vollumfänglich anerkennt. An das in der Schlussabrechnung enthaltene Preisvereinbarungsangebot ist der Unternehmer bis zum Prüfungsbescheid, längstens bis zum Ablauf der nach Art. 154 Abs. 2 SIA-Norm 118 massgebenden Prüfungsfrist gebunden. Wenn jedoch allfällige Einwendungen (Differenzen) der Bauleitung vor dem Prüfungsbescheid nicht bereinigt sind, kommt diesem die rechtliche Tragweite einer *Ablehnung* des Preisvereinbarungsangebotes des Unternehmers zu. Er ist danach an die Schlussabrechnung nicht mehr gebunden. Bei der Bereinigung von Differenzen (vor oder nach

---

[289] GWerkV Nr. 1269 a.E.
[290] GAUCH/SCHUMACHER, KommSIA118, Anm. 25 lit. d zu Art. 154 Abs. 3.

dem Prüfungsbescheid) stellt sich die Frage nach der *Bevollmächtigung* des Vertreters des Unternehmers zu einer rechtsgeschäftlichen Preisvereinbarung, die von der Schlussabrechnung abweicht.

256 Die Parteien können ihren Willen zum Abschluss einer Preisvereinbarung auch durch Rechnungsstellung und Bezahlung zum Ausdruck bringen. Da dies aber nicht der Normalfall ist, trägt derjenige die Beweislast, der im Einzelfall behauptet, durch Rechnungsstellung und Bezahlung sei eine Preisvereinbarung getroffen werden.[291]

257 Ist eine Preisvereinbarung getroffen worden und will der Unternehmer oder der Bauherr später trotzdem eine Mehrvergütung bzw. eine Rückforderung geltend machen, genügt nicht die blosse Bestreitung, sondern nur die (erfolgreiche) Anfechtung wegen *Willensmängeln* nach den materiellen und formellen Vorschriften des Gesetzes (Art. 23 ff. OR). Dabei ist ein Kalkulationsirrtum der einen oder anderen Vertragspartei ein *unbeachtlicher* Irrtum im Motiv im Sinne von Art. 24 Abs. 2 OR und nicht ein Rechnungsfehler, der gemäss Art. 24 Abs. 3 OR berücksichtigt werden könnte, ausser es handle sich um Versehen, die den Parteien gemeinsam unterliefen.[292] Ist dem Architekten oder Ingenieur bei der Rechnungskontrolle ein Fehler unterlaufen, kann er dem Bauherrn für den dadurch verursachten Schaden haften.[293]

## 4. Verzicht und Verwirkung zu Lasten des Unternehmers

### a) Verzicht und Verwirkung nach Gesetz

258 Nebst dem *ausdrücklichen Verzicht* des Unternehmers auf in Rechnung gestellte Beträge, auf Rechnungskorrekturen zu Lasten des Bauherrn oder auf zusätzliche Rechnungen bestehen *weitere Rechtsgründe*, die zu einem Forderungsverlust des Unternehmers führen können. Zu erwähnen sind insbesondere die folgenden:

---

[291] Anm. GAUCH zu BR 1981, S. 55, Nr. 54.
[292] GWerkV Nr. 1249 ff. mit Verweisungen, dort auch Nr. 1256 betreffend absichtlich eingebaute Rechnungsfehler. - Zur Anfechtbarkeit eines Vergleiches vgl. BGE 124 II 12.
[293] Vgl. SCHUMACHER, ArchR, Nr. 513.

259 Die *Verwirkung* eines Anspruches kann bereits vor Ablauf der Verjährungsfrist eintreten, wenn die Ausübung eines Rechts deswegen *rechtsmissbräuchlich* ist (Art. 2 Abs. 2 ZGB), weil der Berechtigte übermässig lange untätig war. Das Zuwarten kann gegebenenfalls als Verzicht auf den Anspruch ausgelegt werden. Durch Untätigkeit bei einer „Generalabrechnung" kann z.B. ein nicht geltend gemachter Anspruch verwirkt werden.[294]

260 Langes Zuwarten des Unternehmers kann unter Umständen bedeuten, dass der Unternehmer auf weitere Rechnungen bzw. auf Rechnungskorrekturen *konkludent verzichtet* hat.[295] Verwirkung durch Passivität darf jedoch nicht leichthin angenommen werden.[296] Besondere Umstände des Einzelfalles können ergeben, dass der Unternehmer durch die Einreichung einer zu tiefen Rechnung auf eine Mehrforderung konkludent verzichtet hat.[297] Reicht der Unternehmer während langer Zeit überhaupt keine Rechnung ein, kann dies als Indiz für die (eher seltene) Unentgeltlichkeit des Werkes ausgelegt werden.

261 Der Unternehmer kann an seine Rechnungsstellung auch nach Treu und Glauben (Art. 2 ZGB) gebunden sein, weil der Bauherr auf die Vollständigkeit und Richtigkeit der Rechnung *vertraut* und derart *disponiert* hat, dass er durch die nachträgliche Geltendmachung einer weiteren Forderung geschädigt wird, weil er seine Vermögensdisposition nicht mehr rückgängig machen kann. Bei rechtzeitiger bzw. richtiger, d.h. umfassender Information hätte sich der Bauherr anders verhalten können und wahrscheinlich anders verhalten. Der dem Bauherrn gegebenenfalls zu ersetzende *Vertrauensschaden* kann darin bestehen, dass er z.B. bei früherer bzw. richtiger Rechnungsstellung auf Bestellungsänderungen verzichtet oder in den Werkverträgen mit anschliessenden Nebenunternehmern Einsparungen erzielt oder die Verkaufspreise (etwa für Stockwerkeinheiten) bzw. die Mietzinsen anders kalkuliert hätte.[298]

---

[294] Vgl. MERZ, N 521 zu Art. 2 ZGB; vgl. dort auch N 518 zu Art. 2 ZGB betreffend die Pflicht, baldige Rechtsklarheit zu schaffen.
[295] Vgl. GAUCH/SCHLUEP, Nr. 3508.
[296] Vgl. GAUCH/SCHLUEP, Nr. 3508; BGE 114 II 111 f.
[297] GWerkV Nr. 1262.
[298] Vgl. GWerkV Nr. 1262; analog SCHUMACHER, ArchR Nr. 767 mit Verweisungen.

### b) Die Verzichtsfiktion des Art. 156 SIA-Norm 118

262 In Verbindung mit Art. 153 Abs. 3 SIA-Norm 118 enthält Art. 156 SIA-Norm 118 die folgende *Verzichtsfiktion*: „Bringt der Unternehmer in der Zusammenstellung gemäss Art. 153 Abs. 3 keinen schriftlichen Vorbehalt an, so erklärt er mit deren Einreichung, dass er keine weiteren Rechnungen stellen wird und auf jeden weiteren Vergütungsanspruch für Leistungen verzichtet, die er bis anhin nicht in Rechnung gestellt hat. Vorbehalten bleiben Zinsansprüche nach Art. 190."

263 Der Schlussabrechnung (Art. 153 Abs. 1 SIA-Norm 118) hat der Unternehmer eine *Zusammenstellung* (Nr. 222) beizufügen, welche den Bauherrn über alle ausgestellten Rechnungen sowie über bereits erfolgte und noch ausstehende Zahlungen orientiert. Enthält diese Zusammenstellung des Unternehmers keinen schriftlichen Vorbehalt, so hat deren Einreichung nach Art. 156 SIA-Norm 118 zugleich die Bedeutung einer stillschweigenden Erklärung, wonach der Unternehmer (abgesehen von Verzugszinsforderungen) „keine weiteren Rechnungen stellen wird und auf jeden weiteren Vergütungsanspruch für Leistungen verzichtet, die er bis anhin nicht in Rechnung gestellt hat" (Art. 156 SIA-Norm 118). Die Einreichung der vorbehaltlosen Zusammenstellung wird somit als *Verzichtserklärung* des Unternehmers ausgelegt.[299] Nach dem umfassenden Wortlaut (Verzicht „*auf jeden weiteren Vergütungsanspruch*") verzichtet der Unternehmer bei Anwendbarkeit des Art. 156 SIA-Norm 118 nicht nur auf weitere Rechnungen, sondern auch auf die Erhöhung bereits gestellter Rechnungen. Art. 156 SIA-Norm 118 bezweckt die rasche, vollständige und übersichtliche Information des Bauherrn über sämtliche Vergütungsansprüche des Unternehmers, was zum Vorteil des Bauherrn regelmässig zu begrüssen ist (Nr. 222).

264 Art. 156 SIA-Norm 118 schliesst nicht aus, dass sich der Unternehmer vor oder ohne Einreichung der Zusammenstellung auf irgendeine Art (vgl. Nr. 253 und Nr. 258 ff.) an seine Rechnungsstellung gebunden hat. Doch sind an den Beweis einer früheren konkludenten Preisvereinbarung oder eines konkludenten einseitigen Verzichtes des Unternehmers durch den ohnehin beweispflichtigen Bauherrn angesichts von Art. 156 SIA-Norm 118 besonders hohe Anforderungen zu stellen.

---

[299] GWerkV Nr. 1263 und GAUCH/SCHUMACHER, KommSIA118, Anm. zu Art. 156, je mit Hinweisen auf Einschränkungen des Verzichtes.

## E. Zur Anerkennung der Rechnung durch den Bauherrn

### 1. Keine Anerkennung durch blosse Bezahlung

265 Schlichte Bezahlung ist *keine* Anerkennungshandlung des Bauherrn. Umso weniger gilt blosses Schweigen des Bauherrn als Anerkennung der empfangenen Rechnung, sofern nichts anderes vereinbart wurde.[300] Selbst langes Schweigen auf den Eingang einer detaillierten Rechnung hat grundsätzlich keine Anerkennungswirkung.[301]

266 Bei schlichter Bezahlung ist deshalb ein Vorbehalt des Bauherrn an und für sich *unnötig*. Gleichwohl kann eine Zahlung unter ausdrücklichem Vorbehalt *nützlich* sein, weil ein Vorbehalt die sonst nie ganz ausgeschlossene Auslegung als stillschweigende Anerkennung sicher ausschliesst und zudem eine allfällige Rückforderung von Zuvielbezahltem erleichtert (Nr. 280).

267 *Abschlagszahlungen* haben ohnehin nur vorläufigen Charakter, indem sie auf Anrechnung an den ganzen Vergütungsanspruch erfolgen.[302] Sie können deshalb in der Regel nicht als Anerkennungshandlungen ausgelegt werden.

268 Ob die vorbehaltlose Bezahlung der Unternehmerrechnung eine Genehmigung des abgelieferten Werkes durch konkludentes Verhalten bein-

---

[300] GWerkV Nr. 1266; GAUCH, Anm. 2 zu BR 1996, S. 47, Nr. 99; BGE 112 II 500 ff. = BR 1988, S. 14, Nr. 8; BGE 88 II 89. - Konkludentes Verhalten (die Zahlung oder Passivität) darf nur dann als *Anerkennung*, welche die Verjährung unterbricht (Art. 135, Ziff. 1 OR), ausgelegt werden, wenn der Schuldner dadurch eindeutig seine Meinung ausdrückt, dass er sich rechtlich für verpflichtet hält, z.B. wenn er eindeutig kundgibt, dass seine Zahlung eine blosse Abschlagszahlung ist und dass er zu weiterer Zahlung verpflichtet ist; vgl. dazu GAUCH/SCHLUEP, Nr. 3475; HONSELL/BERTI, Anm. 2 zu Art. 135 OR.

[301] GWerkV Nr. 1266; BGE 112 II 502; zur Ausnahme zufolge Vertrauenshaftung vgl. Nr. 275 f.

[302] GWerkV Nr. 1163; GAUCH/SCHUMACHER, KommSIA118, lit. a der Vorbem. zu Art. 144 - 148.

haltet, ist nach den konkreten Umständen des Einzelfalles zu entscheiden.[303]

## 2. Anerkennung durch den Bauherrn

269  Die Anerkennung kann durch den Bauherrn persönlich erfolgen oder durch einen Stellvertreter.[304] Gemäss Art. 154 Abs. 3 SIA-Norm 118 wird die Schlussabrechnung durch den *Prüfungsbescheid* der Bauleitung anerkannt.[305] Behält sich ein Bauherr, z.B. ein öffentlicher, vor, die Unternehmerrechnungen (Teil-, Abschlags- und Schlussrechnungen) auch nach der Kontrolle durch die Bauleitung formell und materiell zu überprüfen (z.B. durch die eidgenössische oder eine kantonale Finanzkontrolle) und nötigenfalls zu korrigieren, hebt er damit die Anerkennungsvollmacht der Bauleitung auf, sofern dieser Vorbehalt in einem Vertragsbestandteil mit Vorrang vor der SIA-Norm 118 erklärt wird.

270  Indem der Bauherr die Rechnung anerkennt, erklärt er, den Forderungsbetrag zu schulden. Eine solche Erklärung hat die Bedeutung und Wirkung einer (kausalen) *Schuldanerkennung*.

271  Der Bauherr kann Rechnungen des Unternehmers anerkennen durch zweiseitiges Rechtsgeschäft, d.h. durch eine *Abrechnungsvereinbarung* oder durch einseitige (rechtsgeschäftliche) *Anerkennung*. Die Abrechnungsvereinbarung wurde bereits behandelt (Nr. 253 ff.). Die folgenden Ausführungen befassen sich mit der *einseitigen* Anerkennung durch den Bauherrn.

272  Der Bauherr kann Rechnungen des Unternehmers ausdrücklich oder stillschweigend anerkennen. Eine Anerkennung kann der Bauherr später nur wegen Willensmängeln anfechten (Art. 23 ff. OR; Nr. 255). Blosse Bestreitung hilft dann nicht mehr. In der Praxis ist gelegentlich umstritten, ob der Bauherr eine Rechnung stillschweigend anerkannt hat. Das Verhalten des Bauherrn ist aufgrund aller konkreten Umstände des Einzelfalles *auszulegen*.

---

[303] GWerkV Nr. 2082.
[304] Vgl. GWerkV Nr. 1267 f. mit zahlreichen Verweisungen.
[305] Vgl. GWerkV Nr. 1268; GAUCH/SCHUMACHER, KommSIA118, Anm. 24 und 25 zu Art. 154 Abs. 3.

273 Ob der Empfänger, der eine Rechnung nur, aber immerhin, *teilweise bestreitet*, sie im unbestrittenen Umfang anerkennt, hängt von den Umständen des Einzelfalles ab. Bei teilweiser Bestreitung einer empfangenen Rechnung gilt der Rest nur dann als anerkannt, wenn im Einzelfall besondere Umstände hinzutreten, die es dem Rechnungssteller nach Treu und Glauben (Vertrauensprinzip) gestatten, das Verhalten des Rechnungsempfängers als teilweise Anerkennung der empfangenen Rechnung aufzufassen. Überhaupt sind an die Anerkennung einer Rechnung *strenge* Anforderungen zu stellen, um eine ungerechtfertigte Benachteiligung des Rechnungsempfängers zu vermeiden.[306]

274 Ein *Prüfvermerk*, mit dem ein Vertreter (etwa der Architekt) die eingegangene Rechnung zur Bezahlung freigibt, ist keine Anerkennung der geprüften Rechnung. Aber auch ein Prüfvermerk des Bauherrn selbst hat, für sich allein genommen, keinen Erklärungswert gegenüber dem Unternehmer, sondern manifestiert lediglich, dass der in Rechnung gestellte Betrag zur Bezahlung (z.B. durch die Bank) freigegeben ist. Dies gilt grundsätzlich auch dann, wenn der Bauherr die mit dem Prüfvermerk versehene Rechnung dem Unternehmer übergibt, womit der Unternehmer über das Ergebnis des internen Prüfvorganges in Kenntnis gesetzt wird.[307]

## 3. Vertrauenshaftung des Bauherrn

275 Auch wenn das Verhalten des Bauherrn nicht als Rechnungsanerkennung ausgelegt werden kann, ist es möglich, dass er dem Unternehmer durch *langes Schweigen* einen Vertrauensschaden verursacht.[308] Lange Passivität des Bauherrn ist geeignet, beim Unternehmer das Vertrauen zu erwecken, dass der Bauherr seine Rechnungsstellung als in Ordnung erachte. Dadurch kann der Unternehmer davon abgehalten werden, sich rechtzeitig mehr oder bessere Beweise zu beschaffen oder die Rechnungsstellung anders zu gestalten, z.B. für Mehrvergütungen statt fester, noch nicht vereinbarter Nachtragspreise die Kosten des effektiven Auf-

---

[306] GAUCH, Anm. 3 zu BR 1996, Nr. 99, S. 47; zur stillschweigenden Anerkennung eines Vergütungstarifs durch Unterlassung der Bestreitung des Tarifs durch den Bauherrn vgl. GAUCH, kritische Anmerkung zu BR 1996, S. 46 f., Nr. 98.
[307] Vgl. GWerkV Nr. 1265.
[308] Vgl. GWerkV Nr. 1266.

wandes zu verrechnen oder umgekehrt. Treu und Glauben (Art. 2 ZGB) können eine rasche Bestreitung erfordern, um klare Rechtsverhältnisse zu schaffen und um Meinungsverschiedenheiten zur Austragung zu bringen, solange die Erinnerung der Beteiligten noch frisch ist und alle Belege vorhanden und leicht greifbar sind.[309] Beispielsweise kann die Bestreitung einer Abschlagsrechnung für eine mündlich erteilte Bestellungsänderung innert nützlicher Frist den Unternehmer veranlassen, inskünftig Bestellungsänderungen nur noch schriftlich entgegenzunehmen oder die Erstellung der Regierapporte und Ausmassurkunden zu perfektionieren, indem er auf der Einhaltung der 7-Tage-Frist des Art. 47 Abs. 2 SIA-Norm 118 beharrt oder den Vertreter des Bauherrn mit eingeschriebenem Brief zum Ausmessen einlädt sowie auf eine Arbeitsteilung beim Ausmessen verzichtet.[310]

276 Zwar ist vom Bestreiten einer Rechnung der Widerspruch gegen Ausmasse oder Regierapporte zu unterscheiden.[311] Doch beruht die Bestreitung einer Rechnung häufig auf der Anfechtung der Beweiskraft von Beweismitteln wie Regierapporten und Ausmassen. Gelingt es dem Bauherrn nicht, die tatsächliche Vermutung der Richtigkeit von Regierapporten und Ausmassprotokollen (nach dem Leistungserfassungs- und Leistungsbeweissicherungssystem der SIA-Norm 118) zu entkräften, kann seine Bestreitung der Rechnung zwar noch rechtzeitig, aber erfolglos sein.

## 4. Der Rückforderungsanspruch des Bauherrn

277 Macht der Bauherr geltend, er hätte überhöhte Rechnungen beglichen und deshalb mehr bezahlt als geschuldet, so ist er befugt, vom Unternehmer das Zuvielbezahlte unter den folgenden *Voraussetzungen* zurückzuverlangen:[312]

278 **a.** Hat der Bauherr den Vergütungsanspruch des Unternehmers *anerkannt*, setzt der Rückforderungsanspruch die erfolgreiche Anfechtung der

---

[309] Vgl. sinngemäss ZR 1956, S. 197 ff., insbesondere S. 198.
[310] Vgl. GAUCH/SCHUMACHER, KommSIA118, Anm. 4, 7 und 14 zu Art. 142.
[311] Vgl. GWerkV Nr. 1264; GAUCH/SCHUMACHER, KommSIA118, Anm. 9 zu Art. 142 Abs. 1.
[312] Dazu ausführlich GWerkV Nr. 1269 ff.

Anerkennung wegen eines Willensmangels voraus (Art. 23 ff. OR; Nr. 257 und Nr. 272).

279 **b.** Mangels einer besonderen Abrede unterliegt der Rückforderungsanspruch des Unternehmers den Regeln über die *ungerechtfertigte Bereicherung*.[313] Der Rückforderungsanspruch des Bauherrn verjährt nach Art. 67 OR innerhalb eines Jahres.[314]

280 **c.** Wenn der Bauherr seine Zahlungen „*unter Vorbehalt*" geleistet und damit zum Ausdruck gebracht hat, dass er Überzahlungen zurückfordern werde, rechtfertigt es sich, den Bereicherungsanspruch in Abweichung von Art. 63 Abs. 1 OR auch bei freiwilliger und irrtumsfreier Bezahlung der Nichtschuld zu gewähren.[315]

281 **d.** Das Bereicherungsrecht wird durch das *Vertragsrecht* verdrängt, soweit die Parteien eine Rückzahlungsabrede getroffen haben, die auf den konkreten Fall anwendbar ist. Vertragsrechtlichen Charakter hat insbesondere der vereinbarte Anspruch des Bauherrn auf Rückzahlung zuviel geleisteter Akontozahlungen. Denn mit der Leistung und Entgegennahme von Akontozahlungen (auch in der Form von Abschlagszahlungen) wird stillschweigend vereinbart, dass der Unternehmer nach vollzogener Abwicklung des Vertrages „abzurechnen" und einen allfälligen Überschuss herauszugeben habe. Abschlagszahlungen haben nur *vorläufigen Charakter*.[316] Bisweilen verpflichtet sich der Unternehmer schon im ursprünglichen Werkvertrag zur Herausgabe eines späteren Akonto-Überschusses. Eine solche Abrede ist z.B. in Art. 155 Abs. 3 SIA-Norm 118 mitenthalten.[317]

282 **e.** Die Verjährung des Rückforderungsanspruches richtet sich dann nach Art. 127 ff. OR. Die Verjährungsfrist beträgt in der Regel *zehn* Jahre (Art. 127 OR) anstatt der nur einjährigen Verjährungsfrist des Art. 67 OR.

283 **f.** Der Rückforderungsanspruch unterliegt dem Rechtsmissbrauchsverbot des Art. 2 Abs. 2 ZGB, weshalb er wegen illoyaler Verspätung der

---

[313] GWerkV Nr. 1269; BR 1981, S. 55, Nr. 54.
[314] GWerkV Nr. 1271.
[315] GWerkV Nr. 1269.
[316] GWerkV Nr. 1163; GAUCH/SCHUMACHER, KommSIA118, lit. a der Vorbem. zu Art. 144 - 148.
[317] GWerkV Nr. 1270; Anm. von GAUCH zu BR 1992, S. 38, Nr. 72; GAUCH/SCHUMACHER, KommSIA118, Anm. 18 zu Art. 155 Abs. 3.

Rechtsausübung (übermässige lange Untätigkeit) verwirken kann. Eine solche Wirkung ist allerdings nicht leichthin anzunehmen, sondern nur mit grosser Zurückhaltung und nur wenn besondere Umstände es rechtfertigen.[318] Öffentliche und private Besteller sind dabei gleich zu behandeln. Insbesondere trifft den öffentlichen Besteller keine „Loyalitätspflicht", sich im Interesse des Unternehmers mit einer zusätzlichen Rechnungsprüfung durch seine Kontrollorgane zu beeilen.[319] Häufig behält sich der öffentliche Bauherr die Überprüfung der Unternehmerrechnungen bzw. seiner Abschlags-, Teil- und Schlusszahlungen durch seine Finanzkontrolle (z.B. die eidgenössische und die kantonale Finanzkontrolle im Nationalstrassenbau) ausdrücklich vor. Dann hat die Bauleitung *keine Vollmacht*, die Rechnungen für den Bauherrn verbindlich anzuerkennen; Art. 154 Abs. 3 SIA-Norm 118 (Nr. 269) wird dadurch aufgehoben. Wenn nichts Zusätzliches vereinbart wird, bleibt es jedoch beim gesetzlichen Bereicherungsanspruch des Bauherrn (Nr. 279).

## V. *Der Zahlungsverzug*

### A. *Der Eintritt des Zahlungsverzuges*

284 Der Bauherr gerät in Schuldnerverzug

285 - durch *Mahnung* des Unternehmers (Art. 102 Abs. 1 OR) oder

286 - wenn der Bauherr einen bestimmten *Verfalltag* (Verfalltermin) versäumt (Art. 102 Abs. 2 OR).

287 Im Vordergrund der Praxis steht die Inverzugsetzung durch *Mahnung* im Sinne von Art. 102 Abs. 1 OR.

---

[318] GWerkV Nr. 1271; GAUCH/SCHLUEP, Nr. 3508.
[319] GWerkV Nr. 1271.

288 Die in Art. 102 Abs. 1 OR als Voraussetzung des Verzugs erwähnte *Mahnung* ist die „unmissverständliche Aufforderung des Gläubigers an den Schuldner, die geschuldete Leistung zu erbringen".[320]

289 Die „mahnende" Aufforderung des Gläubigers ist eine empfangsbedürftige *Willensäusserung*, die keiner (gesetzlichen) Form bedarf; sie kann auch stillschweigend erklärt werden.[321]

290 Zwar ist auch die (blosse) Zustellung einer Rechnung eine Zahlungsaufforderung und damit ebenfalls eine Willensäusserung (Nr. 229). Gegenüber der (blossen) Rechnungsstellung kann die Mahnung als eine *qualifizierte Zahlungsaufforderung* bezeichnet werden. Die (erhöhte) Qualifikation besteht darin, dass es sich - wie bereits gesagt (Nr. 288) - bei der Mahnung (im Sinne von Art. 102 Abs. 1 OR) um eine *unmissverständliche* Aufforderung zur Leistung (Zahlung) handelt. Die „mahnende" Zahlungsaufforderung muss in einer Art und Weise erfolgen, die keine Zweifel lässt, dass es dem Gläubiger nicht gleichgültig ist, wenn er die Leistung nicht sogleich oder bis zum Ablauf einer eingeräumten Frist erhält. Bringt der Gläubiger demgegenüber zum Ausdruck, dass er die Erfüllung nur *gelegentlich* haben will, ist sein Verhalten nicht als eine Mahnung zu qualifizieren.[322]

291 Zum *frühestmöglichen Zeitpunkt* der Mahnung des Unternehmers: Die Mahnung kann schon *vor der Fälligkeit der Forderung vorsorglich erklärt werden*.[323] Deshalb kann bereits die Rechnung eine (vorsorgliche) Mahnung enthalten.[324] Es ist im Einzelfall eine Auslegungsfrage, ob es sich um eine blosse Rechnungsstellung (ohne Mahnung) oder um eine „kombinierte" Rechnung-Mahnung handelt. Die Angabe des Postcheck- oder Bankkontos oder die Beilage eines Einzahlungsscheines macht eine Rechnung noch nicht zur gleichzeitigen Mahnung. Wird jedoch in der

---

[320] GAUCH/SCHLUEP, Nr. 2937; SCHENKER FRANZ, Die Voraussetzungen und die Folgen des Schuldnerverzugs im schweizerischen Obligationenrecht, Diss. Freiburg 1988, insbesondere Nr. 69, 86, 123, 166.

[321] GAUCH/SCHLUEP, Nr. 2938.

[322] Vgl. SCHENKER, a.a.O., Nr. 166.

[323] BGE 103 II 105; GAUCH/SCHLUEP, Nr. 2163 und Nr. 2938; BUCHER EUGEN, Schweizerisches Obligationenrecht, Allgemeiner Teil, 2. Auflage, Zürich 1988, S. 357; SCHENKER, a.a.O., Nr. 160 ff.; a.A. VON TUHR/ESCHER, S. 136, Anm. 10, sowie die von SCHENKER, a.a.O., Nr. 159 in der FN 52 erwähnten Autoren.

[324] Vgl. GAUCH/SCHLUEP, Nr. 2941 Abs. 1; SJZ 1994, S. 218 und 1996, S. 242 f.; AGVE 1994, S. 36 f. = SJZ 1996, S. 317 Nr. 34.

Rechnung eine *Zahlungsfrist genannt*, stellt die Rechnung zufolge dieser zusätzlichen Äusserung eine *Mahnung* dar.[325] Die Funktion der Mahnung besteht gerade darin, bei Fehlen eines bestimmten Verfalltages (im Sinne von Art. 102 Abs. 2 OR) einen dem Willen des Gläubigers entsprechenden *genauen* Termin für die Vornahme der Leistung (Zahlungstermin) festzulegen.[326]

292 Ist Art. 190 Abs. 1 SIA-Norm 118 anwendbar, wird dem Bauherrn zum vornherein eine Zahlungsfrist von mindestens dreissig Tagen eingeräumt. Diese Bestimmung ist so formuliert, dass auch die für den Verzugseintritt vorausgesetzte Mahnung in die Zeit nach Ablauf der Zahlungsfrist fällt. Eine nochmalige Mahnung nach Ablauf dieser Frist kann aber unterbleiben, wenn der Unternehmer den Bauherrn schon vor Ablauf der Frist gemahnt und ihn unmissverständlich aufgefordert hat, die geschuldete Zahlung mit Ablauf der Frist oder in einem späteren Zeitpunkt zu leisten.[327] Der Bauherr wird auch bei der Übernahme der SIA-Norm 118 beispielsweise gemahnt, wenn der Unternehmer in der Rechnung vermerkt, dass diese innert 30 Tagen zu bezahlen sei.

293 Ein besonderes Problem der Inverzugsetzung kann entstehen, wenn die Rechnungsstellung durch den Bauherrn erfolgt.[328]

## B. *Der Verzugszins*

294 Die *Höhe* des ab Eintritt des Zahlungsverzuges geschuldeten *Verzugszinses* bemisst sich nach einer der folgenden Bestimmungen:

295     - Bildet die SIA-Norm 118 Bestandteil des Werkvertrages, so ist gemäss Art. 190 Abs. 1 Satz 5 SIA-Norm 118 der am Zahlungsort übliche Zinssatz für bankmässige Kontokorrent-Kredite an Unternehmer massgebend.[329]

---

[325] Für Einzelheiten vgl. GAUCH/SCHLUEP, Nr. 2940 ff.; SCHENKER, a.a.O., Nr. 164 ff.
[326] SCHENKER, a.a.O., Nr. 161.
[327] GWerkV Nr. 1179; GAUCH, KommSIA118, Anm. 14 Abs. 2 zu Art. 190 Abs. 1; vgl. auch Nr. 224 hiervor.
[328] Vgl. GWerkV Nr. 1180.
[329] GWerkV Nr. 1278; GAUCH, KommSIA118, Anm. 16 Abs. 3 zu Art. 190 Abs. 1.

296  - Gilt die gesetzliche Ordnung, so schuldet der Bauherr entweder 5 % Zins, wenn er ein „gewöhnlicher" Schuldner und deshalb Art. 104 Abs. 1 OR unterworfen ist, oder den „kaufmännischen" Verzugszins gemäss Art. 104 Abs. 3 OR.[330]

297  Verzugszinsen werden von der Verzichtsfiktion des Art. 156 SIA-Norm 118 *nicht erfasst*.[331]

298  Verzugszinsen haben akzessorischen Charakter,[332] weshalb auch sie durch ein *Bauhandwerkerpfandrecht* (Art. 837 Abs. 1 Ziff. 3 ZGB) gesichert werden können, und zwar zeitlich unbeschränkt.[333]

299  Erleidet der Unternehmer einen *grösseren Schaden*, als ihm durch den Verzugszins vergütet wird, so ist der Bauherr zum Ersatz auch dieses Schadens verpflichtet, wenn er nicht beweist, dass ihn kein Verschulden trifft (Art. 106 Abs. 1 OR). Auf diesem Schaden kann ein *Schadenszins* geschuldet sein.[334]

## C. *Zur Arbeitseinstellung des Unternehmers*

300  Schuldnerverzug des Bauherrn kann den Unternehmer gestützt auf Art. 82 OR zur *Arbeitseinstellung* berechtigen.[335] Art. 37 Abs. 1 SIA-Norm 118 verbietet nur eine *unbefugte* Unterbrechung der Arbeit.[336] Der Unternehmer ist zur Arbeitseinstellung auch befugt, wenn der Bauherr mit einer Abschlagszahlung oder mit einer Teilzahlung für geleistete Regiearbeiten oder für Teuerung in Verzug geraten ist.[337]

---

[330] GWerkV Nr. 1278; vgl. BGE 116 II 140 ff.
[331] Art. 156 Satz 2 SIA-Norm 118; Nr. 262 hiervor.
[332] BGE 119 V 234.
[333] BGE 121 III 445 ff. = BR 1996, S. 124 f., Nr. 258 mit Anm. von SCHUMACHER; vgl. auch Nr. 320 hiernach.
[334] Zur Höhe des Schadenszinses vgl. neuestens BGE 122 III 53 ff.; zur (eventuell vermuteten) Existenz und zur konkreten Berechnung des den Verzugszins übersteigenden Verspätungsschadens vgl. neuestens BGE 123 III 241 ff.
[335] GWerkV Nr. 1280 ff.; ausführlich Nr. 377 hiernach.
[336] GWerkV Nr. 1280.
[337] GWerkV Nr. 1281.

## VI. Rabatt und Skonto

301 Rabatt und Skonto sind zwei wesentlich verschiedene *Preisnachlässe*. Sie werden in der Praxis nicht immer auseinandergehalten, was dann zu auslegungs- bzw. ergänzungsbedürftigen Vertragsklauseln wie der folgenden führen kann: „*Rabatt und Skonto 5 %*".[338]

### A. Der Rabatt

302 Der Rabatt ist ein vom Unternehmer vertraglich gewährter Preisnachlass, meist in der Form eines prozentualen Abzuges vom Werklohn. Er wird ohne Rücksicht auf den Zeitpunkt der Zahlung gewährt.[339]

303 Der Unternehmer gewährt einen bestimmten Rabatt entweder für die ganze Vergütung (Gesamtrabatt) oder nur für einen Teil (z.B. nur für die Festpreisvergütung oder nur für die Regiearbeiten). Aber auch dann, wenn nach dem Wortlaut des Vertrages ein Gesamtrabatt gewährt wurde, kann die Vertragsauslegung ergeben, dass nach dem Inhalt der getroffenen Abrede gewisse Teile der Vergütung (etwa Mehrforderungen) nicht rabattfähig sind. Wurden sowohl ein Gesamtrabatt als auch ein Spezialrabatt für einzelne Arbeiten oder Baustoffe vereinbart, so ist im Zweifel anzunehmen, dass für die betreffenden Arbeiten nur die spezielle Rabattregelung gilt, eine Kumulierung der Rabatte also nicht gewollt ist.[340]

304 Gemäss der SIA-Norm 118 erstreckt sich ein gesamthaft gewährter Prozentrabatt weder auf die Vergütung von Regiearbeiten (Art. 54 SIA-Norm 118) noch auf die teuerungsbedingte Mehrvergütung, wenn diese

---

[338] Zu den Auslegungsproblemen vgl. GWerkV Nr. 1244 ff.

[339] GWerkV Nr. 1244 ff.; GAUCH, KommSIA118, Anm. 2 zu Art. 54. - Zur Unterscheidung zwischen generellen und vertragsindividuellen Rabatten vgl. GAUCH/PRADER, KommSIA118, Anm. 2 lit. b und Anm. 4 lit. b zu Art. 76 Abs. 1.

[340] GWerkV Nr. 1245.

nach der Teuerungsabrechnung mit Mengennachweis durchgeführt wird (Art. 66 Abs. 5 SIA-Norm 118).[341]

## B. *Der Skonto*

305 Der Skonto besteht in einem prozentualen Abzug vom Vergütungsbetrag, den der Unternehmer für eine sofortige oder kurzfristige Bezahlung gewährt.[342] Durch die Übernahme der SIA-Norm 118 wird kein Skonto vereinbart. Art. 190 Abs. 1 Satz 2 SIA-Norm 118 regelt nur den Verlust des Anspruches auf den Skontoabzug und setzt dessen Vereinbarung ausserhalb der Norm ausdrücklich voraus.[343]

306 In der *Skontoabrede* sind insbesondere zu vereinbaren: der Skontosatz, die Skontofrist, der Zeitpunkt, in welchem die Skontofrist zu laufen beginnt, und die Rechtzeitigkeit der Zahlung, mit welcher die Skontofrist gewahrt wird; rechtzeitige Erfüllung bedeutet in der Regel, dass der Betrag bis spätestens zum Ablauf der Skontofrist in den Verfügungsbereich des Gläubigers gelangt ist;[344] Bestimmung der skontofähigen Zahlungen; im Zweifel ist zu vermuten, dass sich die Skontoabrede auf *sämtliche* Zahlungen bezieht.[345]

307 Die mangelnde Prüffähigkeit einer (skontofähigen) Rechnung kann den Beginn der Skontofrist hinausschieben (Nr. 244).

---

[341] Vgl. dazu GWerkV Nr. 1246 mit weiteren Verweisungen.

[342] BGE 118 II 64 = BR 1992, S. 99, Nr. 165; GWerkV Nr. 1233 ff.; GAUCH PETER, Skonto und Skontoabzug - Zu einer Weisung des Bundesamtes für Strassenbau, BR 1990, S. 109 f.; KAINZ DIETER, Der Skontoabzug beim Bauvertrag, 3. Auflage, München 1992.

[343] GAUCH, KommSIA118, Anm. 9 zu Art. 190 Abs. 1.

[344] Vgl. BGE 119 II 232 ff.

[345] GAUCH, KommSIA118, Anm. 9 lit. c zu Art. 190 Abs. 1.

## VII. Zur Verrechnung

308   Eine berechtigte Verrechnung durch den Bauherrn (z.B. von Schadenersatzansprüchen oder mit einer Konventionalstrafe) berechtigt den Unternehmer nicht zur Einstellung der Bauarbeiten und auch nicht zur Auflösung des Werkvertrages (vgl. Art. 37 Abs. 1 SIA-Norm 118). Macht er dies trotzdem, tragen beide Parteien im Prozessfall Risiken, der Bauherr das Risiko, dass die von ihm verrechnete Gegenforderung nicht bestand, und der Unternehmer das Risiko, dass die vom Bauherrn verrechnete Forderung rechtmässig war.[346]

## VIII. Zur Abtretung

309   Der Vergütungsanspruch des Unternehmers kann nach Massgabe der Art. 164 ff. OR abgetreten werden.[347]

310   Die Abtretung ist auch zulässig, wenn der Bauherr mit der Eintragung von Bauhandwerkerpfandrechten durch Subunternehmer rechnen muss.[348] Nach einer Abtretung ist nur der neue Gläubiger (Zessionar) berechtigt, ein allfälliges Bauhandwerkerpfandrecht geltend zu machen.[349]

---

[346]   Vgl. GWerkV Nr. 1125; GAUCH/SCHLUEP, Nr. 3326 ff., insbesondere Nr. 3328.
[347]   GWerkV Nr. 1317 ff.
[348]   BGE 109 II 446; GWerkV Nr. 1317.
[349]   SCHUMACHER, Bauhandwerkerpfandrecht, Nr. 304 ff.

## IX. Die Verjährung der Vergütungsforderung

### A. Die Verjährung des Vergütungsanspruches nach Gesetz

#### 1. Im allgemeinen

311 Grundsätzlich verjährt die Vergütungsforderung des Unternehmers innert der ordentlichen Verjährungsfrist von zehn Jahren (Art. 127 OR). Art. 128 Ziff. 3 OR verkürzt die Verjährungsfrist auf fünf Jahre für Forderungen „*aus Handwerksarbeit*". Diese Bestimmung stellt gegenüber Art. 127 OR eine *Ausnahmevorschrift* dar und ist deshalb eng auszulegen.[350] Handwerksarbeit im Sinne von Art. 128 Ziff. 3 OR ist ein Alltagsgeschäft im Sinne einer traditionellen Handwerksarbeit von Hand oder mit einfachen Geräten und Werkzeugen, selten mit Maschinen, sowie ohne spezielle Technologien und ohne besonderen Aufwand betreffend Planung, Organisation und Administration.[351]

312 Der Beginn der Verjährung richtet sich nach Art. 130 Abs. 1 OR, wonach die Verjährung mit der *Fälligkeit* der Forderung beginnt. Das bedeutet, dass gemäss der Fälligkeitsregel des Art. 372 OR (Nr. 216) die Verjährungsfrist für den Vergütungsanspruch des Unternehmers mit der Ablieferung des Werkes zu laufen beginnt, aber nicht schon früher (z.B. nicht schon mit der Vollendung des Werkes) und nicht später (z.B. nicht erst nach ordnungsgemässer Prüfung des abgelieferten Werkes durch den Besteller).[352] Insbesondere ist darauf hinzuweisen, dass die Verjährung nicht erst mit der Rechnungsstellung durch den Unternehmer zu laufen beginnt.[353] Hat der Unternehmer das Werk durch Mitteilung der Vollendung abzuliefern, so ist im Einzelfall möglich, dass die Ablieferung erst

---

[350] BGE 123 III 122 f. und Pra 1997, S. 39, beide mit Verweisungen auf frühere BGE.
[351] Zum Begriff der Handwerksarbeit insbesondere GWerkV Nr. 1285 ff.; BGE 123 III 122 ff.; Pra 1997, S. 38 ff.; ZWR 1996, S. 265 ff. = BR 1997, S. 54, Nr. 134 mit Anm. von VIKTOR AEPLI.
[352] GWerkV Nr. 1153 und Nr. 1297.
[353] GWerkV Nr. 1297.

mit der Rechnungsstellung erfolgt, die nach den konkreten Umständen eine derartige Mitteilung enthält; trifft dies zu, so wird auch der Vergütungsanspruch erst in diesem Zeitpunkt fällig, weil es vorher an einer Ablieferung fehlt. Dann beginnt auch die Verjährungsfrist erst mit der Rechnungsstellung zu laufen.[354]

## 2. Die Verjährung von Voraus- und Abschlagszahlungen

313 Werden verschiedene Teile der geschuldeten Vergütung zu verschiedenen Zeiten fällig, so läuft die Verjährung für jeden Vergütungsteil ab Eintritt seiner Fälligkeit.[355] Selbst Vorauszahlungen und Abschlagszahlungen, die ein Unternehmer nach dem Inhalt des konkreten Werkvertrages verlangen kann, beginnen (unter Vorbehalt des Art. 134 OR) zu verjähren, sobald sie fällig sind. Bei diesem Verjährungsbeginn bleibt es, auch wenn der Unternehmer nach Bauvollendung eine Restforderung ausrechnet und fakturiert, die nach Begleichung von Voraus- oder Abschlagszahlungen übrig bleibt. Eine solche Rechnungsstellung hat weder novierende Wirkung, noch unterbricht sie die laufende Verjährung für einen ausstehenden Zahlungsbetrag. Anerkennt dagegen der Bauherr die durch Saldierung ermittelte Restforderung des Unternehmers (Nr. 269 ff.), so unterbricht er damit auch die laufende Verjährung der früher fällig gewordenen, aber nicht bezahlten Forderungsbeträge, die in der anerkannten Restforderung eingeschlossen sind (Art. 135 Ziff. 1 OR).[356]

---

[354] Vgl. GWerkV Nr. 1161.

[355] Vgl. z.B. BGE 110 II 178 betreffend Beginn der Verjährungsfrist für das Restguthaben.

[356] GWerkV Nr. 1298.

## B. *Die Verjährung des Vergütungsanspruchs im Abrechnungssystem der SIA-Norm 118*

314 Grundsätzlich gilt die gesetzliche Regelung. Doch ist folgendes zu beachten:

315 - Die Verjährung läuft für jede *einzelne* Rechnung nach dem Abrechnungssystem der SIA-Norm 118) *separat* (Nr. 218 ff.).

316 - Nach Art. 190 Abs. 1 der SIA-Norm 118 steht dem Bauherrn jedoch eine Zahlungsfrist von dreissig Tagen ab Eintritt der Fälligkeit zu. Dadurch wird der Verjährungsbeginn auf das Ende dieser Frist hinausgeschoben.[357]

317 - Für die Forderung, die durch die Schlussabrechnung der SIA-Norm 118 ermittelt wird, ist allerdings im Unterschied zur gesetzlichen Regelung des Art. 372 OR (Nr. 216) zu beachten, dass sie die Beträge der fällig gewordenen Abschlagszahlungen auch dann nicht erfasst, wenn deren Bezahlung noch aussteht (Art. 153 Abs. 1 SIA-Norm 118). Folglich hat die Anerkennung dieser „Abrechnungsforderung" keine unterbrechende Wirkung für die Verjährung der ausstehenden Abschlagszahlungen.[358]

## X. *Zum Bauhandwerkerpfandrecht*

318 Das Bauhandwerkerpfandrecht wird hier nicht gründlich behandelt. Für die Praxis ist folgendes hervorzuheben[359]:

---

[357] GAUCH, KommSIA118, Anm. 4 zu Art. 190 Abs. 1; GAUCH, KommSIA118, Vorbem. zu Art. 38 - 83, Anm. lit. c; GWerkV Nr. 1179, auch Nr. 1299; vgl. zudem Nr. 224 und Nr. 240 hiervor.

[358] GWerkV Nr. 1298.

[359] Vgl. auch Nr. 310 betreffend Pfandanspruch nach Abtretung des Vergütungsanspruchs.

## A. Die Pfandsumme

319 Der oder die ausgewiesenen Rechnungen des Unternehmers ergeben in der Regel die *Pfandsumme*, in deren Höhe das Bauhandwerkerpfandrecht eingetragen werden kann, wenn die übrigen Voraussetzungen der Art. 837 Abs. 1 Ziff. 3 ff. ZGB erfüllt sind. Eine *Ausnahme* besteht im *Mieterbau*: Der Unternehmer besitzt einen Pfandanspruch nur, sofern und soweit seine im Auftrage des Mieters ausgeführten Bauarbeiten den *Wert* des Grundstückes *tatsächlich vermehrt* haben; die Höhe des Vergütungsanspruches des Unternehmers ist somit unbeachtlich.[360]

320 Auch der *Verzugszins* kann durch das Baupfand gesichert werden, und dies ohne zeitliche Beschränkung.[361] Eintritt des Zahlungsverzuges und Höhe des Verzugszinses wurden bereits behandelt (Nr. 284 ff. und Nr. 294 ff.). Wenn der Grundeigentümer (als Bauherr) und der das Baupfand beanspruchende Unternehmer in einem direkten Vertragsverhältnis stehen, kann das Begehren um Eintragung bzw. Vormerkung eines Bauhandwerkerpfandrechtes zugleich auch als Mahnung des Unternehmers qualifiziert werden, welche den Bauherrn in Verzug setzt, wenn dies nicht bereits schon früher geschehen sein sollte.

## B. Die Dreimonatsfrist des Art. 839 Abs. 2 ZGB

321 Das Bauhandwerkerpfandrecht ist innert drei Monaten ab **Vollendung** der Bauarbeiten im Grundbuch einzutragen bzw. vorzumerken. Dass das Eintragungsbegehren innerhalb dieser Frist gestellt wird, genügt nicht.[362] Weder die Abnahme noch die Fälligkeit der Vergütungsforderung noch die Rechnungsstellung lösen erst den Beginn der Dreimonatsfrist aus.[363]

---

[360] BGE 116 II 677 ff. = BR 1992, S. 105 ff., Nr. 185 mit Anmerkungen von SCHUMACHER; SCHUMACHER RAINER, Der Mieter und das Bauen, BRT 1993, Bd. II, S. 63 ff.

[361] Vgl. BGE 121 III 445 ff. = BR 1996, S. 124 f., Nr. 258 mit Anm. von SCHUMACHER; vgl. auch Nr. 298 hiervor.

[362] Vgl. SCHUMACHER, Bauhandwerkerpfandrecht, Nr. 700.

[363] Vgl. SCHUMACHER, Bauhandwerkerpfandrecht, Nr. 634.

Die Schlussabrechnung kann im Einzelfall ein Indiz dafür sein, dass die Bauarbeiten bereits früher vollendet worden sind. Abschlagszahlungsgesuche beeinflussen den Fristbeginn ebenfalls nicht, dies selbst dann nicht, wenn Werkteile sukzessive abgenommen werden (Teilabnahmen).

## Zweiter Teil: Die Mehrvergütung

### I. Zur Mehrvergütung im allgemeinen

#### 1. Die Problemstellung

322 Haben die Parteien feste Preise (Pauschal-, Global- und/oder Einheitspreise) vereinbart, ist der Unternehmer verpflichtet, das übernommene Werk gegen Bezahlung der vereinbarten (Grund-) Vergütung herzustellen. Er ist grundsätzlich an die festen Preise *gebunden*, „selbst wenn er mehr Arbeit oder grössere Auslagen gehabt hat, als vorgesehen war".[364]

323 Die *Bindung* an vereinbarte Festpreise ist jedoch *nicht absolut*.[365] Aufgrund von gesetzlichen Normen oder vertraglichen Bestimmungen kann die Bindung an die Festpreise durchbrochen werden.[366] Je nach der Ursache des Mehraufwandes und der einschlägigen rechtlichen (gesetzlichen oder vertraglichen) Regelung besitzt der Unternehmer Anspruch auf (vollumfängliche oder teilweise) Mehrvergütung für den Mehraufwand oder er hat keinen solchen Anspruch.

324 Die Forderung einer Mehrvergütung wird häufig *Nachforderung* genannt. Sie ist die Forderung einer *zusätzlichen* Vergütung[367], d.h. einer Vergütung zusätzlich zur Grundvergütung.

325 In diesem zweiten Teil behandle ich die in der Praxis häufig umstrittene Frage, unter welchen Voraussetzungen und in welcher Höhe der Unter-

---

[364] Art. 373 Abs. 1 OR; Art. 38 Abs. 2 SIA-Norm 118; GWerkV Nr. 902, Nr. 929 und Nr. 1044; GAUCH, KommSIA118, Anm. 6 - 9 zu Art. 38 Abs. 2.

[365] Vgl. GWerkV Nr. 904, Nr. 930 und Nr. 1045; GAUCH, KommSIA118, Anm. 10 zu Art. 38 Abs. 3: In Art. 38 Abs. 3 SIA-Norm 118 wird auf verschiedene Normbestimmungen verwiesen, gemäss welchen dem Unternehmer trotz der Vereinbarung eines Festpreises ein Anspruch auf Mehrvergütung zustehen kann; Art. 38 Abs. 3 SIA-Norm 118 ist indessen *unvollständig*, indem er nicht alle Fälle erfasst, die zu einer Mehr- oder Mindervergütung führen können.

[366] Vgl. die Übersichten bei GWerkV Nr. 904 und Nr. 930.

[367] Vgl. den Wortlaut des Art. 58 Abs. 2 Satz 1 SIA-Norm 118.

nehmer zusätzlich zur Grundvergütung einen weiteren Vergütungsanspruch besitzen kann. Nach einer Übersicht über die verschiedenen Risikobereiche (Nr. 332 ff.) wird die Risikozuweisung durch die konkrete, individuelle Vertragsgestaltung dargelegt (Nr. 417 ff.). Auf die Behandlung der Arten und der Berechnung des Mehraufwandes (Nr. 582 ff.) folgt die Bemessung der Höhe der Mehrvergütung (Nr. 640 ff.). Zum Schluss werden wichtige Einzelfragen behandelt (Nr. 716 ff.).

## 2. Mehrvergütung und Schadenersatz

326 Vom Anspruch auf Mehrvergütung zu unterscheiden ist ein allfälliger (zusätzlicher oder alleiniger) *Schadenersatzanspruch* des Unternehmers,[368] obwohl – wirtschaftlich betrachtet – ein unbezahlter Mehraufwand und ein nicht ersetzter Schaden beide finanzielle Verluste des Unternehmers sind. Schaden kann dem Unternehmer erwachsen, wenn er wegen einer längeren Bauzeit Folgeaufträge verliert oder Dritten gegenüber in Rückstand gerät und deshalb haftbar wird.[369] Wenn beispielsweise eine Tunnelbohrmaschine viel länger als geplant benötigt wird und für ein neues Bauprojekt nicht angeboten werden kann, so kann dem Unternehmer deswegen Schaden erwachsen.

327 Wurde die SIA-Norm 118 übernommen, hat der Unternehmer in der *Zusammenstellung* im Sinne von Art. 153 Abs. 3 SIA-Norm 118 auch bereits geltend gemachte Schadenersatzforderungen zu erwähnen oder zukünftige Schadenersatzforderungen vorzubehalten, um die Verzichtsfiktion des Art. 156 SIA-Norm 118 zu vermeiden.[370]

328 Zwar wird der Schadenersatzanspruch des Unternehmers hier nicht weiter behandelt. Doch ist die Abgrenzung zwischen Mehrvergütung und Schadenersatz insbesondere aus den folgenden Gründen bedeutsam:

---

[368] Vgl. GWerkV Nr. 1336, Nr. 1340 f., Nr. 1280 in Verbindung mit Nr. 904; ebenso GAUCH PETER, Fristen und Termine – Die Bauzeit im Werkvertrag, BRT 1995, Bd. I, S. 24 f. – Vgl. neuestens ROBERTO VITO, Schadensrecht, Basel und Frankfurt a.M. 1997, insbesondere S. 158 ff. betreffend den Verlust einer blossen Gewinnchance („perte d'une chance") und S. 191 ff. betreffend Verlust von Gebrauchsvorteilen.

[369] Vgl. GWerkV Nr. 1340; vgl. Art. 97 Abs. 1 SIA-Norm 118.

[370] Vgl. GAUCH/SCHUMACHER, KommSIA118, Anm. 8 zu Art. 156; zur Verzichtsfiktion vgl. Nr. 262 ff. und Nr. 761 ff.

### a) Mehrwertsteuer

329 *Mehraufwand* bedeutet Mehr-Umsatz, dessen Entgelt der Mehrwertsteuer unterliegt.[371] Ob der ersatzpflichtige Bauherr zum *Vorsteuerabzug* berechtigt ist, entscheidet sich nach den einschlägigen Bestimmungen.[372] Hingegen ist für einen *Schadenersatzanspruch* keine Mehrwertsteuer zu entrichten. Der Schaden kann jedoch mehrwertsteuerbelastete Leistungen und Lieferungen umfassen (z.B. Ausgaben für Experten und Anwälte).

### b) Verzinsung

330 Auf Mehrvergütungsforderungen ist gegebenenfalls *Verzugszins* zu entrichten (Nr. 294 ff.), während bei einem Schadenersatzanspruch ein *Schadenszins* vom Eintritt des schädigenden Ereignisses an geschuldet ist.[373]

### c) Bauhandwerkerpfandrecht

331 Gleich wie der Anspruch auf Grundvergütung kann auch der *Mehrvergütungsanspruch* samt Verzugszins (Nr. 320) durch ein Bauhandwerkerpfandrecht gesichert werden, wenn die gesetzlichen Voraussetzungen erfüllt sind.[374] Hingegen sind *Schadenersatzansprüche* nebst Schadenszinsen nicht pfandberechtigt.[375]

---

[371] Vgl. Art. 1 lit. a und Art. 4 MWStV.

[372] Vgl. Eidg. Steuerverwaltung, Wegleitung 1997 für Mehrwertsteuerpflichtige, Nr. 432b - Nr. 432e.

[373] Vgl. GAUCH/SCHLUEP, Nr. 2791 mit Verweisungen; SCHENKER FRANZ, Die Voraussetzungen und die Folgen des Schuldnerverzugs im schweizerischen Obligationenrecht, Diss. Freiburg 1988, Nr. 396 f.; zum Schadenszins in der Vertragshaftung vgl. neuestens BGE 122 III 53 ff., kommentiert von WIEGAND WOLFGANG, ZBJV 1998, S. 201 f.

[374] Vgl. SCHUMACHER, Bauhandwerkerpfandrecht, Nr. 493, Nr. 655 ff. und Nr. 805 betreffend Bestellungsänderungen, Nr. 803 betreffend Regiearbeiten und Nr. 809 betreffend Mehrvergütung wegen erschwerender Umstände; SCHUMACHER, BRT 1997, Bd. II, S. 18.

[375] Vgl. SCHUMACHER, Bauhandwerkerpfandrecht, Nr. 84, Nr. 216, Nr. 600 und Nr. 814 f.; implizite SCHUMACHER, BRT 1997, Bd. II, S. 18.

## II. Verschiedene Ursachen des Mehraufwandes

### A. Der Stellenwert dieser Übersicht

332 Jeder Mehraufwand des Unternehmers ist auf eine oder mehrere Ursachen zurückzuführen. Im folgenden soll eine *Übersicht* über verschiedene, in der Praxis bedeutsame Ursachen von Mehraufwand des Unternehmers geboten werden.

333 Die Gliederung dieser Übersicht erfolgt nach dem (rechtsrelevanten) Kriterium, ob die betreffende Ursache den Unternehmer zu einer Mehrvergütung berechtigen kann oder nicht. Das ist die Frage danach, welche Vertragspartei ein bestimmtes Risiko zu tragen hat, der Bauherr oder der Unternehmer oder beide teilweise. Risikozuweisungen enthalten ausdrückliche und ungeschriebene Regeln des Gesetzes sowie Vertragsbedingungen, die in AGB (insbesondere SIA-Norm 118) vorformuliert worden sind und in einen einzelnen Werkvertrag übernommen werden. Die Gliederung erfolgt deshalb in Ursachen im Risikobereich des *Bauherrn* (Nr. 337 ff.), im Risikobereich des *Unternehmers* (Nr. 398 ff.) und im *gemeinsamen* Risikobereich des Bauherrn und des Unternehmers (Nr. 408 ff.).

334 Soweit in diesem Kapitel (II.) von Risikobereichen bzw. -zuweisungen die Rede ist, bezweckt dies vor allem eine praktische **Übersicht** über die möglichen und auch häufigen, d.h. *typischen* Risikozuweisungen. Diese Übersicht ist ein „Problemkatalog" sowohl für die Vertragsgestaltung als auch für die Streiterledigung. Vorbehalten bleibt jedoch immer die allein massgebende Risikozuweisung nach der *individuellen Gestaltung des konkreten Einzelvertrages*, in der - ebenfalls individuell - vereinbart wird, ob und inwieweit AGB als Vertragsbestandteile übernommen werden. Verbindlich ist die Risikozuweisung durch die *autonome* Vertragsgestaltung der Parteien im Einzelfall. Innerhalb der Schranken des Gesetzes kann der Inhalt des Vertrages beliebig festgelegt werden (Art. 19 Abs. 1 OR). Mit der individuellen Risikozuweisung durch die konkrete Gestaltung des Einzelvertrages befasst sich das anschliessende Kapitel (Nr. 417 ff.).

335 Diese Übersicht ist daher sowohl vorläufig als auch unvollständig: *vorläufig*, weil immer die individuelle Vertragsgestaltung vorbehalten bleibt, und *unvollständig*, weil der Vielfalt der individuellen Vertragsgestaltung keine Grenzen gesetzt sind, ausser die Schranken des Gesetzes (Art. 19 Abs. 1 OR).

336 Die Risikozuweisungen der folgenden Übersicht können in der individuellen Vertragsgestaltung (Nr. 417 ff.) bestätigt, abgeändert oder ausgeschlossen werden. Sie können jedoch „vorentscheidend" in dem Sinne sein, dass sie als *Auslegungsmittel* dienen können. Da es sich zum grossen Teil um *typische* Risikozuweisungen handelt und diese Vermutungen begründen können, kann eine Vertragspartei mit dem Beweis zur Entkräftung einer Vermutung belastet sein.

## B. Ursachen im Risikobereich des Bauherrn

337 Ursachen, welche den Unternehmer zu einer Mehrvergütung (auch Preiserhöhung genannt) berechtigen,[376] werden zum *Risikobereich* des Bauherrn gerechnet.[377] Der Risikobereich des Bauherrn wird vom Gesetz mit *„aus Verhältnissen des Bestellers"* umschrieben (Randtitel zu Art. 378 OR). Es ist auch vom *Verantwortungsbereich* des Bauherrn die Rede. Dazu gehört die *Hilfspersonenhaftung* (Art. 101 OR) des Bauherrn für seine Hilfspersonen wie Architekten und Ingenieure,[378] die im folgenden nicht mehr erwähnt wird, jedoch immer mitverstanden ist.

### 1. Die Bestellungsänderung

338 Durch Bestellungsänderung (aufgrund einer zusätzlichen Vereinbarung oder kraft einseitigen Bestellungsänderungsrechts des Bauherrn) ändert

---

[376] Vgl. die Übersichten bei GWerkV Nr. 904 und Nr. 930.
[377] Vgl. GWerkV Nr. 680 f. und Nr. 724, auch Nr. 1917.
[378] Vgl. z.B. GWerkV Nr. 1210 f., Nr. 1956, Nr. 2743; zum Ingenieur als Hilfsperson des Bauherrn vgl. GWerkV Nr. 2751. - Vgl. auch Nr. 477 hiernach.

sich der *Inhalt* der vom Unternehmer geschuldeten Leistung.[379] Bestellt der Bauherr eine zusätzliche bzw. andere Leistung, ändert sich regelmässig auch der Werkpreis. Das einseitige Bestellungsänderungsrecht des Bauherrn kann sich durch Vertragsauslegung bzw. -ergänzung ergeben[380], während die SIA-Norm 118 in Art. 84 ff. die einseitige Bestellungsänderung durch den Bauherrn ausführlich regelt.[381]

339 Eine Bestellungsänderung kann vom Bauherrn ausdrücklich erteilt werden. Beschränkt der Bauherr im nachhinein die Freiheit des Unternehmers, Art und Weise der Leistung selbst zu bestimmen, indem er Anforderungen stellt, mit denen der Unternehmer aufgrund der Ausschreibungsunterlagen nicht zu rechnen brauchte, so ist darin ebenfalls eine Bestellungsänderung zu erblicken.[382] (Einseitige) Bestellungsänderungen können auch in Form von Weisungen oder Plänen erfolgen.[383] Andere Verhältnisse (z.B. Baugrundverhältnisse) können den Bauherrn zur Bestellung zusätzlicher oder anderer Leistungen zwingen.[384]

340 Die Bestellungsänderung wird später weiter behandelt (Nr. 563 ff.).

## 2. Mangelhafte Mitwirkungshandlungen des Bauherrn

### a) Im allgemeinen

341 Durch mangelhafte *Mitwirkungshandlungen* kann der Bauherr den Unternehmer behindern und ihm ersatzpflichtigen Mehraufwand verursachen.[385] Mangelhaft bzw. fehlerhaft kann bedeuten: technisch mangel-

---

[379] GWerkV Nr. 604 a.E.
[380] Vgl. GWerkV Nr. 768 ff.: Die Bestellungsänderung im allgemeinen.
[381] Vgl. GWerkV Nr. 791 ff.; GAUCH/EGLI, KommSIA118, Vorbem. zu Art. 84 - 91 und Anm. zu Art. 84 ff.
[382] Vgl. GAUCH/EGLI, KommSIA118, Vorbem. zu Art. 84 - 91, lit. e Abs. 2.
[383] Vgl. GWerkV Nr. 772, Nr. 1932 und Nr. 1934; GAUCH/SCHUMACHER, KommSIA118, Anm. 1 lit. c zu Art. 99 und Anm. 1 lit. d zu Art. 100 Abs. 1.
[384] Vgl. GAUCH, KommSIA118, Anm. 6 lit. b Abs. 3 zu Art. 58 Abs. 1. - Vgl. auch Nr. 142 ff., Nr. 540, Nr. 711 und Nr. 729.
[385] Zu den *Mitwirkungspflichten* im allgemeinen vgl. insbesondere GWerkV Nr.1328 ff.

haft, widersprüchlich, unvollständig, fehlend, verspätet, dies immer unter Vorbehalt der allfälligen Überprüfungs- und Abmahnungspflicht des Unternehmer nach Gesetz oder SIA-Norm 118.

342 Der Mehraufwand, welcher dem Unternehmer zufolge fehlerhafter Mitwirkungshandlungen des Bauherrn erwächst, ist - mangels anderer Abrede - nach Art. 374 OR zu bemessen und dem Unternehmer zu vergüten.[386] Die Mehrvergütungspflicht des Bauherrn zufolge fehlerhafter Mitwirkungshandlungen setzt kein Verschulden voraus. Es genügt, dass er sich objektiv fehlerhaft verhält. Es ist nicht vorausgesetzt, dass er eine Vertragspflicht verletzt.[387] Die mangelhafte Mitwirkungshandlung wird dem Unternehmer als *Selbstverschulden* angerechnet. Darin wird der Ausdruck „Verschulden" in einem untechnischen, weiteren Sinne verstanden.[388]

343 Der vertragliche Risikobereich des Bauherrn umfasst sicher den Bereich seiner Mitwirkungshandlungen.[389] Fehlerhaftes Verhalten des Bauherrn kann nicht nur die (alleinige oder Teil-) Ursache eines Werkmangels sein,[390] sondern unter Umständen bereits die Bauausführung des Unternehmers behindern und diesen deshalb zu einer Mehrvergütung berechtigen.

344 *Wichtige Mitwirkungshandlungen* des Bauherrn, die er regelmässig durch eine sachverständige Bauleitung ausüben lässt, sind insbesondere: Abklärungen (Nr. 72), Prognose (Nr. 73 ff.), Projektierung (Nr. 91) und Ausschreibung (Nr. 92 ff.). Ferner sind zu erwähnen:[391] Konkretisierung des auszuführenden Werkes; Bereitstellung und Anweisung eines für die Werkleistung aufnahmebereiten, d.h. baureifen Baugrundes; Planlieferungen (Art. 100 Abs. 1 SIA-Norm 118); Weisungen (Art. 99 SIA-Norm 118); Koordination der Arbeiten der Nebenunternehmer; auch ein reali-

---

[386] GWerkV Nr. 1336 f.; GAUCH, zit. in FN 368, BRT 1995, Bd. I, S. 24; GAUCH/SCHUMACHER, KommSIA118, Anm. 11 lit. d a.E. zu Art. 94 Abs. 2; SCHERRER ERWIN, Nebenunternehmer beim Bauen, Diss. Freiburg 1994, S. 162 ff.; Nr. 644 ff. hiernach.
[387] Vgl. sinngemäss GWerkV Nr. 1917.
[388] Vgl. sinngemäss GWerkV Nr. 1924. - Zum Verschuldensbegriff des Art. 58 Abs. 2 Satz 2 SIA-Norm 118 vgl. Nr. 489 hiernach.
[389] GWerkV Nr. 724.
[390] Vgl. GWerkV Nr. 1961; vgl. auch Art. 166 Abs. 4 SIA-Norm 118.
[391] Gemäss GWerkV Nr. 1330 ff.

stischer Terminplan der Bauleitung mit Pufferzeiten und rechtzeitige Leistungen der Vorunternehmer (Nr. 349).

345 *Die Festlegung der Unternehmerleistung* (in der Ausschreibung) ist eine ganz wichtige Mitwirkungshandlung des Bauherrn.[392] Fehlerhafte Mitwirkungshandlungen des Bauherrn [393] können z.B. in mangelhaften (falschen, unvollständigen, unklaren, widersprüchlichen) Ausschreibungsunterlagen (Leistungsverzeichnis, Baubeschreibung, Pläne usw.), Weisungen (Art. 99 SIA-Norm 118) usw. bestehen, die Konstruktion und Baumethoden (Nr. 99 ff.) betreffen. Bei der Erstellung des Leistungsverzeichnisses kann eine unzutreffende NPK-Position ausgeschrieben werden. Bei der Vereinbarung eines Gesamtpreises kann das Projekt wegen seiner Unvollständigkeit mangelhaft sein, wobei dem Unternehmer die Unklarheitsregel hilft.[394] Die Unvollständigkeit beruht insbesondere auf einem mangelhaften Verhalten, wenn die betreffenden Handlungen des Bauherrn den falschen Anschein der Vollständigkeit erwecken.[395]

346 Fehlerhaftes Verhalten des Bauherrn kann gelegentlich auch darin bestehen, dass er *Erfahrungen nicht auswertet*, die er bei der Projektierung oder Ausführung anderer Bauprojekte mit vergleichbaren Verhältnissen gewonnen hat oder hätte gewinnen können. Auch *Zweckoptimismus* kann zu einem unausgereiften Projekt oder einer lückenhaften Leistungsbeschreibung führen.[396]

347 Fehlerhaftes Verhalten des Bauherrn kann auch auf *Missverständnissen* zwischen ihm und seinen Hilfspersonen bzw. unter seinen Hilfspersonen (Geologe, Geotechniker, Ingenieur usw.) beruhen oder zu Missverständnissen führen. *Schnittstellen* der Verantwortung der verschiedenen sachverständigen Personen werden häufig überhaupt nicht, nicht richtig oder nicht vollständig durchdacht und geregelt. Nicht allzu selten bestehen

---

[392] Vgl. GWerkV Nr. 1329 ff.; ZELTNER URS, Die Mitwirkung des Bauherrn bei der Erstellung des Bauwerkes, Diss. Freiburg 1993, S. 17 ff.

[393] Vgl. GWerkV Nr. 1341; zu den Ausschreibungsunterlagen als Weisungen vgl. auch Nr. 51 hiervor mit FN 71.

[394] GWerkV Nr. 906; vgl. dazu auch Nr. 501 hiernach.

[395] Vgl. GWerkV Nr. 1096.

[396] Vgl. HÄRING MARKUS O., Geologie der Piora-Zone weiterhin im dunkeln / Mehrkostenberechnung zur NEAT beruht auf blossen Annahmen, NZZ vom 21. August 1996, S. 15: „Es ist den Tunnelbauern zu wünschen, dass sie nicht sämtliche Schwierigkeiten antreffen. Dies darf sie aber nicht dazu verführen, logische Erkundungsschritte zu überspringen und Resultaten vorzugreifen. Zweckoptimismus bildet nur zu oft den Grundstein für ein finanzielles Debakel".

Kommunikationsschwierigkeiten zwischen dem Bauingenieur als Projektverfasser einerseits und dem Geologen und dem Geotechniker andererseits. Diese Hilfspersonen des Bauherrn verstehen sich gelegentlich nicht.[397] Geologische Berichte sind im allgemeinen zu umfangreich und enthalten viele Daten, die nicht interessieren oder die nicht dem ausgeschriebenen Projekt entsprechen.[398] Aus falschem Ehrgeiz oder auch aus Gewinnsucht (um keine Honoraranteile zu verlieren) konsultiert der Projektverfasser (z.B. bei der Erstellung des Leistungsverzeichnisses) nicht die zuständigen Spezialisten wie Geologen, Geotechniker usw. Eine einzelne Hilfsperson kann überfordert sein.[399]

### b) Der Annahmeverzug des Bauherrn

348 Der Bauherr kann dem Unternehmer insbesondere Mehraufwand verursachen, wenn er, der Bauherr, Mitwirkungshandlungen ungerechtfertigt unterlässt oder verzögert. Dadurch gerät der Bauherr in *Annahmeverzug*.[400] Eine typische Folge des Annahmeverzuges des Bauherrn ist die *Bauzeitverlängerung*. Der Annahmeverzug des Bauherrn berechtigt den Unternehmer regelmässig zu einer *Fristerstreckung*.[401] Zudem kann der Annahmeverzug einen *Mehrvergütungsanspruch* des Unternehmers begründen, der im folgenden behandelt wird. Die Bauzeitverlängerung kann eine Zwischenursache bilden, welche einen zusätzlichen oder den alleinigen Mehraufwand des Unternehmers bewirkt.

---

[397] BRINER, S. 249, zitiert einen (ungenannten) „erfahrenen Experten der Geotechnik und des Grundbaus" wie folgt: „Das grösste Baugrundrisiko besteht in den Missverständnissen zwischen dem Geologen und dem Bauingenieur."

[398] KREBS WALTER/THEILER PETER, Anforderungen an die Ausschreibungsunterlagen, in: *Vertragswesen im Untertagbau*, SIA-Dokumentation 0124, Zürich 1995, S. 26.

[399] Zum *Übernahmeverschulden* vgl. GAUCH/SCHLUEP, Nr. 2757 und Nr. 2767; vgl. auch SCHUMACHER, ArchR, Nr. 577 ff.

[400] GWerkV Nr. 1325.

[401] GWerkV Nr. 1335 bzw. Nr. 678 ff.; Art. 96 Abs. 1 SIA-Norm 118 gewährt dem Unternehmer den Anspruch auf Fristerstreckung, wenn sich die Ausführung des Werkes „ohne Verschulden des Unternehmers" verzögert; ob ihm auch ein Anspruch auf Mehrvergütung zusteht, ergibt sich nicht aus Art. 96 SIA-Norm 118, sondern aus anderen Bestimmungen, d.h. nach Massgabe der Art der Ursache der Verzögerung; vgl. dazu GAUCH/SCHUMACHER, KommSIA118, Anm. 6 lit. c zu Art. 96 Abs. 1.

### aa) Der Annahmeverzug nach Gesetz

349 Im schweizerischen Werkvertragsrecht fehlt eine Gesetzesbestimmung, die den Mehrvergütungsanspruch des Festpreisunternehmers bei Annahmeverzug des Bauherrn regelt. Dies ist eine *Gesetzeslücke*, die der Richter zugunsten des Unternehmers ausfüllen muss, sofern sich der Anspruch auf Mehrvergütung nicht schon aus dem vereinbarten Inhalt des Vertrages oder aus einer Vertragsergänzung nach Massgabe des „hypothetischen Parteiwillens" ergibt. Somit kann der Unternehmer (mangels anderer Abrede) auch nach schweizerischem Recht verlangen, dass ihm der Bauherr für Mehraufwendungen infolge Annahmeverzugs eine Mehrvergütung bezahlt.[402] Für die Bemessung der Vergütung des Mehraufwandes ist Art. 374 OR massgebend.[403] Ein Verschulden des Bauherrn ist weder für den Annahmeverzug noch für den akzessorischen Mehrvergütungsanspruch des Unternehmers vorausgesetzt. Der Anspruch auf Mehrvergütung kann auch entstehen, wenn der Mehraufwand durch verzögerte oder mangelhafte Vorunternehmerleistungen von Nebenunternehmern verursacht wird.[404]

### bb) Der Annahmeverzug nach der SIA-Norm 118

350 Art. 94 Abs. 2 Satz 1 SIA-Norm 118 ist die zentrale Bestimmung für den Annahmeverzug des Bauherrn. Diese Normbestimmung ist auf sämtliche Mitwirkungshandlungen anwendbar, welche dem Bauherrn obliegen und welche die Ausführungszeit des Unternehmers beeinflussen.[405] Ein Verschulden des Bauherrn ist weder für den Annahmeverzugs des Bauherrn noch für den sich daraus ergebenden Mehrvergütungsanspruch des Unternehmers vorausgesetzt.[406] Der Anspruch auf *Mehrvergütung* zufolge Säumnis des Bauherrn ist in Art. 94 Abs. 2 SIA-Norm 118 nicht geregelt

---

[402] GWerkV Nr. 1337; zum Annahmeverzug des Bauherrn ausführlich GWerkV Nr. 1324 ff. und Nr. 1335 ff.

[403] Vgl. GWerkV Nr. 1336.

[404] GWerkV Nr. 678 ff. und Nr. 1338.

[405] GAUCH/SCHUMACHER, KommSIA118, Anm. 11 lit. b zu Art. 94 Abs. 2.

[406] GAUCH/SCHUMACHER, KommSIA118, Anm. 11 lit. c zu Art. 94 Abs. 2; zur Anzeigepflicht vgl. Nr. 716 ff. hiernach.

und ergibt sich aus allgemeinen Grundsätzen, somit aus der gesetzlichen Ordnung.[407]

## 3. Mangelhafte Angaben des Bauherrn

### a) Im allgemeinen

351 Unter anderem bilden auch einzelne Angaben des Bauherrn die Grundlagen für die Offertkalkulation des Unternehmers. Stimmen die einschlägigen Angaben des Bauherrn nicht, stimmt auch die Kalkulation des Unternehmers nicht mehr. Mangelhafte Angaben des Bauherrn über kostenbildende Faktoren können dem Unternehmer einen von ihm nicht kalkulierten Mehraufwand verursachen und ihn zu einer Mehrvergütung berechtigen. *Mangelhaft* sind Angaben, wenn sie fehlen oder lückenhaft sind oder der Wirklichkeit widersprechen.[408]

352 Mangelhafte *Angaben* und fehlerhafte *Mitwirkungshandlungen* des Bauherrn sind oft in einer Kausalkette miteinander *vernetzt*. Falsche Informationen und mangelhafte Mitwirkungshandlungen des Bauherrn können gelegentlich auf eine gemeinsame Ursache (Primärursache) zurückgeführt werden, z.B. auf mangelnde Kenntnisse oder unsorgfältige Abklärungen des Bauherrn bzw. seiner Bauleitung. Falsche oder unklare Vorstellungen des Bauherrn können sowohl in seine Informationen zuhanden des Unternehmers als auch in seine Projektierung und Weisungen einfliessen. Mitwirkungshandlungen des Bauherrn (Projekt, Ausschreibung usw.) können dem Unternehmer *indirekte* Informationen vermitteln, z.B. dass der Bauherr aufgrund seiner Kenntnisse oder Abklärungen das Projekt, bestimmte Baumethoden (Nr. 99 ff.), Baustoffe usw. als für die Bauausführung und damit auch als für die Kostenkalkulation richtig erachtet. Deshalb bilden sowohl einzelne Mitwirkungshandlungen als

---

[407] GAUCH/SCHUMACHER, KommSIA118, Anm. 11 lit. d a.E. zu Art. 94 Abs. 2; GAUCH, zit. in FN 368, BRT 1995, Bd. I, S. 24; SCHERRER ERWIN, zit. in FN 386, Nr. 162 ff.; zur gesetzlichen Ordnung vgl. Nr. 349 hiervor.

[408] Vgl. GAUCH, KommSIA118, Anm. 12 zu Art. 58 Abs. 2; vgl. auch GWerkV Nr. 1981: „Mangelhaft ist der Baugrund, wenn er ungeeignet ist, um das Werk wie es vereinbart wurde, mängelfrei herzustellen."; vgl. ferner GWerkV Nr. 1096: „Mangelhaft können die Angaben des Bauherrn auch sein, wenn sie unvollständig sind, aber den Anschein der Vollständigkeit erwecken." - Vgl. auch Nr. 341 hiervor.

auch einzelne Angaben des Bauherrn regelmässig die Grundlagen für die Kostenkalkulation des Unternehmers.

353 Ein Anspruch des Unternehmers auf Mehrvergütung zufolge mangelhafter Angaben des Bauherrn kann je nach den konkreten Umständen des Einzelfalles wie folgt begründet werden:

354 1. Durch die *individuelle Gestaltung des konkreten Einzelvertrages* kann der Bauherr das (Mehrkosten-) Risiko für seine Angaben übernehmen, sei es ausdrücklich, sei es konkludent durch die Erweckung von Vertrauen in die Richtigkeit, Vollständigkeit und Übersichtlichkeit seiner Angaben über kostenbildende Faktoren. Diese Risikoübernahme des Bauherrn wird im anschliessenden Kapitel (Nr. 417 ff.) näher behandelt.

355 2. Der Bauherr haftet für die Mehrkosten, wenn die Mangelhaftigkeit der Angaben (und damit der Offertkalkulation des Unternehmers) auf *Absicht* oder *Fahrlässigkeit* (Unsorgfalt) des Bauherrn zurückzuführen ist. Gemäss Art. 97 Abs. 1 OR wird das Verschulden für mangelhafte Angaben vermutet, so dass es dem Bauherrn obliegt, sich gegebenenfalls vom vermuteten Verschulden zu entlasten.[409] Angaben über kostenbildende Faktoren macht der Bauherr regelmässig *vor Vertragsabschluss*. Dann liegt sog. „culpa in contrahendo" vor.[410] Sind die Voraussetzungen der Culpa-Haftung erfüllt, besitzt der Unternehmer Anspruch auf Vergütung des Mehraufwandes. Die Vernetzung der (informativen) Vertragsgrundlagen (Angaben des Bauherrn vor Vertragsabschluss) mit dem (normativen) Vertragsinhalt (insbesondere Leistungsbeschreibung) rechtfertigt es, dass auf die Haftung aus „culpa in contrahendo" insbesondere für falsche oder pflichtwidrig unterlassene Informationen des Bauherrn im Falle des *Vertragsabschlusses* einheitlich und ausschliesslich *vertragsrechtliche Regeln* angewendet werden.[411] Richtige und falsche bzw. unterlassene In-

---

[409] GAUCH/SCHLUEP, Nr. 2773 f.

[410] Vgl. GWerkV Nr. 440, Nr. 1103, Nr. 1105 und Nr. 1116.

[411] Nach WALTER, ZBJV 1996, S. 281 mit FN 27, ist die Haftung für „culpa in contrahendo" unausweichlich nach den Regeln der Vertragsverletzung abzuwickeln; ebenso im Ergebnis GAUCH/SCHLUEP, Nr. 982; GAUCH PETER, ZSR 1997, Bd. I, S. 337: „Die Haftung aus culpa in contrahendo ist zwar keine Vertragshaftung, wird nach herrschender Lehre und Rechtsprechung aber weitgehend vertragsgleich behandelt." ABEGGLEN SANDRO, Die Aufklärungspflicht in Dienstleistungsbeziehungen, insbesondere im Bankgeschäft, Diss. Bern 1995, S. 131 ff., befürwortet die „Identität vorvertraglicher und vertraglicher Aufklärungspflichten" und weist auf S. 129 f. darauf hin, dass die schweizerische Rechtsprechung oftmals nicht genau untersucht, ob bloss ein vorvertragliches oder bereits ein vertragliches Verhältnis vor-

formationen bilden eine komplexe Einheit. Die Grenzen zwischen ihnen sowie zum normativen Vertragsinhalt sind unscharf und häufig nicht leicht zu ziehen. Vorvertragliche Informationen, die falsch waren oder unterlassen wurden, werden häufig nach Vertragsabschluss pflichtwidrig nicht berichtigt bzw. nicht nachgeholt.

356   3. Für eine *verschuldensunabhängige* Haftung des Bauherrn für mangelhafte Angaben spricht die Einheit der Gleichbehandlung aller Folgen mangelhafter Angaben des Bauherrn (Nr. 50). Führen mangelhafte Angaben zu einem Werkmangel, haftet der Bauherr dafür aus sog. „Selbstverschulden", das kein echtes Verschulden bedeutet.[412] Beispielsweise trägt der Bauherr das *Baugrundrisiko*, weil ihm unzutreffende, sachverständige Angaben über den Baugrund als Selbstverschulden im Sinne von Art. 369 OR angerechnet werden.[413] Die einzelnen Leistungsbeschreibungen (z.B. in einem Leistungsverzeichnis) sind *Weisungen* im Sinne von Art. 369 OR.[414] Es hängt oft vom Zufall ab, ob eine unrichtige Weisung zu einem Werkmangel führt oder nur zu Mehraufwand des Unternehmers, weil sich die Mangelhaftigkeit der Weisung bereits während der Bauausführung auswirkt. Auch der Annahmeverzug des Bauherrn ist verschuldensunabhängig (Nr. 349 f.).

357   4. Steht dem Unternehmer *keiner* der soeben behandelten Rechtsgründe zur Verfügung, kann ihn Art. 373 Abs. 2 OR (Nr. 408 ff.) bzw. Art. 59 SIA-Norm 118 (Nr. 412 ff.), der Art. 373 Abs. 2 OR nachgebildet ist,[415]

---

gelegen hatte, als die Aufklärungspflicht verletzt wurde; vgl. auch unveröffentlichter BGE 4C.272/1990 vom 13. März 1991, S. 13 ff.

[412] GWerkV Nr. 1924, auch Nr. 1917; zur systematischen Auslegung des Gesetzes unter Einbezug der Regeln über die Mängelhaftung vgl. GWerkV Nr. 880 mit Verweisung. - Zum Verschuldensbegriff des Art. 58 Abs. 2 Satz 2 SIA-Norm 118 vgl. Nr. 489 hiernach; zum "Selbstverschulden" des Bauherrn vgl. Nr. 342 und Nr. 349 f. hiervor.

[413] GWerkV Nr. 1978 ff., insbesondere Nr. 1979; die kausale, d.h. verschuldensunabhängige Mängelhaftung des Bauherrn gemäss Art. 369 OR wegen seiner eigenen, unzutreffenden Angaben, die zu Werkmängeln führen, ist im Grunde genommen ein gesetzlich geregelter Sonderfall der Vertrauenshaftung; dazu einlässlich Nr. 473 ff., insbesondere Nr. 478 hiernach.

[414] Vgl. GWerkV Nr. 1928 und Nr. 1932 in Verbindung mit Nr. 459; BÜHLER, N 30 zu Art. 369 OR; BGE 116 II 456; vgl. auch Art. 10 Abs. 2 SIA-Norm 118; ferner Nr. 51 hiervor. - Vgl. auch GWerkV Nr. 1959 f.: Dem Bauherrn darf zugemutet werden, dass er richtige Weisungen erteilt oder durch die Bauleitung als sachverständige Hilfsperson erteilen lässt.

[415] GAUCH, KommSIA118, Anm. 1 zu Art. 59 Abs. 1; vgl. jedoch Nr. 414 hiernach.

zu einer *beschränkten* Preiserhöhung berechtigen, wenn die restriktiven Voraussetzungen erfüllt sind. Zum Verhältnis dieser Bestimmungen zu anderen Vergütungsregelungen ist folgendes anzumerken:

358 - Die Haftung aus „culpa in contrahendo" (Nr. 355) gründet weder in Art. 373 Abs. 2 OR, noch setzt sie sonstwie voraus, dass die Erfüllungslast des Unternehmers sich übermässig erschwert.[416] Art. 373 Abs. 2 OR kann jedoch eine alternative oder zusätzliche Hilfe sein, z.B. wenn der Unternehmer den Vertrag auflösen will.[417]

359 - Art. 58 Abs. 2 SIA-Norm 118 (Nr. 360 ff.) besitzt *Vorrang* vor Art. 59 SIA-Norm 118.[418] Art. 59 vermag Art. 58 Abs. 2 der Norm höchstens zu *ergänzen:* Es ist möglich, dass nebst dem echten oder fingierten Verschulden im Sinne von Art. 58 Abs. 2 SIA-Norm 118 auch der Tatbestand des Art. 59 Abs. 1 SIA-Norm 118 erfüllt ist. Alsdann beschränkt sich der Anspruch des Unternehmers nicht auf eine zusätzliche Vergütung. Vielmehr kann er, unter den Voraussetzungen des Art. 59 Abs. 1 SIA-Norm 118, statt eine Mehrvergütung einfordern, auch auf Auflösung des Werkvertrages klagen, falls eine Vertragsauflösung unter Berücksichtigung der beidseitigen Interessen angemessen ist; darüber entscheidet aber erst nach Jahr und Tag der angerufene Richter.[419]

### b) Art. 58 Abs. 2 SIA-Norm 118

360 Art. 58 Abs. 2 SIA-Norm 118 regelt den Anspruch des Unternehmers auf eine „*zusätzliche Vergütung*" bei *Verschulden* des Bauherrn.[420] Auch hier ist dem eigenen Verhalten des Bauherrn dasjenige seiner Hilfspersonen (Art. 101 OR), insbesondere dasjenige seiner Bauleitung, gleichzustellen.[421] Art. 58 Abs. 2 SIA-Norm 118 zerfällt in *zwei* Teile:

---

[416] GWerkV Nr. 1103.

[417] GWerkV Nr. 1103.

[418] GAUCH, KommSIA118, Anm. 1 lit. a zu Art. 59 Abs. 1. - Zu Art. 59 SIA-Norm 118 vgl. Nr. 412 ff.

[419] Vgl. GAUCH, KommSIA118, Anm. 10 lit. a zu Art. 58 Abs. 2.

[420] Vgl. ausführlich GAUCH, KommSIA118, Anm. 8 ff. zu Art. 58 Abs. 2; ferner GWerkV Nr. 1104.

[421] GAUCH, KommSIA118, Anm. 8 lit. a zu Art. 58 Abs. 2; vgl. auch Nr. 347 und Nr. 477.

361 Der *erste* Satz von Art. 58 Abs. 2 SIA-Norm 118 enthält seinerseits zwei Regeln:

362 - Zuerst wird der gesetzliche Grundsatz bestätigt bzw. wiederholt, dass der Unternehmer bei Verschulden des Bauherrn Anspruch auf eine zusätzliche Vergütung besitzt (Nr. 355).

363 - Sodann wird (teilweise) die Höhe der *„zusätzlichen Vergütung"* des Mehraufwandes ohne Leistungsänderung geregelt: Sie wird nach Art. 86 - 91 SIA-Norm 118 (Bemessung der Mehrvergütung bei Bestellungsänderungen) bestimmt, jedoch mit der Einschränkung, dass diese Normbestimmungen *„sinngemäss"* anzuwenden sind (Nr. 710 ff.).

364 Im *zweiten* Satz regelt Art. 58 Abs. 2 SIA-Norm 118 *„insbesondere"* eine besondere Erscheinungsform des mangelhaften Verhaltens des Bauherrn, nämlich mangelhafte Angaben in sachverständig verfassten Ausschreibungsunterlagen über den *Baugrund*. „Als Verschulden sind dem Bauherrn insbesondere mangelhafte Angaben in den Ausschreibungsunterlagen über den Baugrund (Art. 5) anzurechnen, vorausgesetzt, dass der Bauherr durch eine Bauleitung vertreten oder selbst sachverständig oder durch einen beigezogenen Sachverständigen beraten war."[422] Das bedeutet: Bei mangelhaften Angaben des sachverständigen oder sachverständig beratenen Bauherrn muss dessen Verschulden *nicht* nachgewiesen werden, sondern dieses wird unwiderlegbar fingiert. *"Das belastet den Bauherrn .... mit einem erhöhten Risiko, was den Baugrund betrifft."*[423]

365 Die Frage, ob mit dem Wörtchen „*insbesondere*" auch noch in anderen Fällen (ausser mangelhaften Angaben über den *Baugrund*) das Verschulden des Bauherrn fingiert werde, ist kontrovers. Die Frage wird als „heikel und ungelöst" bezeichnet. Das Wort „*insbesondere*" spreche für die Bejahung der Frage; der Gedanke, dass vertragliche Regeln, die vom dispositiven Gesetzesrecht abweichen (namentlich auch in Allgemeinen Vertragsbedingungen), restriktiv auszulegen sind, spreche dagegen.[424] In

---

[422] Dazu ausführlich GAUCH, KommSIA118, Anm. 11 - 17 zu Art. 58 Abs. 2; vgl. auch GWerkV Nr. 1104; zum Begriff des *Verschuldens* im Sinne von Art. 58 Abs. 2 Satz 2 SIA-Norm 118 vgl. Nr. 489 hiernach.

[423] GAUCH, KommSIA118, Anm. 13 Abs. 2 zu Art. 58 Abs. 2; vgl. hingegen Nr. 489 hiernach.

[424] GAUCH PETER, Sanierung, Reparatur und Umbau - Vertragsrechtliche Probleme, BRT 1991, Bd. I, S. 9; gemäss GAUCH, KommSIA118, Anm. 11 zu Art. 58 Abs. 2, ist die Anwendung der Sonderregel des Art. 58 Abs. 2 Satz 2 SIA-Norm 118 auf andere Angaben der Ausschreibungsunterlagen mit dem klaren Wortlaut der Regel

der Praxis kann diese Frage häufig offen gelassen werden, weil der Bauherr der Haftung für das Vertrauen unterliegt, das er mit seinen detaillierten und sachverständigen Angaben (auch) über kostenbildende Faktoren erweckt hat (Nr. 466 ff.). Diese *Vertrauenshaftung* ist nicht auf Angaben über Baugrundverhältnisse beschränkt (Nr. 489). Zudem beruhen sowohl die Vertrauenshaftung als auch die sog. Verschuldensfiktion des Art. 58 Abs. 2 SIA-Norm 118 auf dem *Sachverstand des Bauherrn*.[425]

### c) Unrichtige Mengenangaben

366 Die Erfüllungslast des Unternehmers kann im *Einheitspreisvertrag* dadurch erschwert werden, dass die vom Bauherrn angegebene Menge an Leistungseinheiten oder Aufwandpositionen (Nr. 177 ff.) bei der Bauausführung über- oder unterschritten wird. Mengen werden mindestens zweimal festgestellt:

367 - Bei *Vertragsabschluss* wird die *erwartete* Menge angegeben.[426] Sie wird auch *ausgeschriebene* oder *voraussichtliche* Menge genannt.[427]

368 - Die bis zur *Bauausführung* tatsächlich ausgeführte Menge wird die *festgestellte* Menge,[428] auch die *ausgeführte* oder *geleistete* Menge genannt.[429] Die Mengen, die im Einheitspreisvertrag zu festen Preisen für Leistungs- und Aufwandpositionen zu vergüten sind, werden gemäss Art. 141 - 143 SIA-Norm 118 festgestellt.[430]

369 Eine Mengenänderung kann, muss aber nicht den Aufwand für einzelne Leistungs- und Aufwandpositionen verändern. Z.B. kann sich bei einer Mengenunterschreitung der prozentuale Anteil der indirekten Kosten (Nr. 32) und der Verwaltungskosten (Nr. 35) je ausgeführter Einheit er-

---

unvereinbar; in GWerkV Nr. 1104 werden nur die Angaben über Baugrundverhältnisse behandelt.

[425] Vgl. GAUCH, KommSIA118, Anm. 13 Abs. 2 zu Art. 58 Abs. 2; ferner Nr. 476 hiernach.

[426] Vgl. Art. 39 Abs. 1 Satz 3 SIA-Norm 118.

[427] Vgl. Art. 8 Abs. 2 SIA-Norm 118; GAUCH, KommSIA118, Anm. 6 lit. a und Anm. 9 zu Art. 39 Abs. 1; GWerkV Nr. 1105.

[428] Vgl. Art. 39 Abs. 1 Satz 2 SIA-Norm 118.

[429] Vgl. GAUCH, KommSIA118, Anm. 6 zu Art. 39 Abs. 1; GAUCH/EGLI, KommSIA118, Anm. 1 zu Art. 86 Abs. 1.

[430] Vgl. dazu GAUCH/SCHUMACHER, KommSIA118, Anm. zu Art. 141 ff.

höhen.[431] Dies ist auch bei einer Mengenüberschreitung möglich, z.B. wenn der Unternehmer grössere Mengen mit zusätzlichen oder anderen Baustelleneinrichtungen, Arbeitskräften usw. bewältigen oder die zusätzlich benötigten Baustoffe zu teureren Preisen einkaufen muss.

370 Jede Mengenänderung ist - genau genommen - nur eine *Zwischenursache*. Bei der Beantwortung der Frage, ob eine Mengenänderung zu einer Mehrvergütung und, wenn ja, in welcher Höhe berechtigt, ist nach der *primären* Ursache wie folgt zu differenzieren:

### aa) Schlichte Mengenabweichung

371 Eine Ursache der Mengenabweichung kann in der (wesenseigenen) *Ungenauigkeit* jeder noch so sorgfältigen Projektierung und Ausschreibung liegen. Der Vertragsinhalt wird nicht geändert,[432] sondern höchstens *konkretisiert*.[433] Diese Erscheinungsform der (Mengenabweichung) wird *als schlichte Mengenabweichung* bezeichnet.[434]

372 Da sich der Vertragsinhalt nicht ändert, kann es sich wesensgemäss nur um *marginale* Mengenabweichungen aus dieser Ursache handeln, die regelmässig nur Grenzkosten (Nr. 188) verursachen, die im Rahmen der Gesamtkalkulation berechenbar sind. Erhebliche Mengenabweichungen (z.B. Über- oder Unterschreitungen von 20 %) müssen auf eine *andere* oder mehrere *andere* Ursachen zurückgeführt werden. Im einzelnen ist folgendes anzumerken:

373 - Beim *Gesamtpreisvertrag* (Pauschal- oder Globalvertrag) sind Preisanpassungen wegen schlichter Mengenänderungen grundsätzlich ausgeschlossen.[435] Mindestens der Ausschluss des Mengenrisikos ist ein Grund und gehört zum Inhalt der Pauschalierung bzw. "Globalisierung". Zwar ist die Anwendbarkeit des Art. 373 Abs. 2 OR bzw. des Art. 59 SIA-Norm 118 auch beim Gesamtpreisvertrag grundsätzlich nicht ausge-

---

[431] Vgl. GWerkV Nr. 1105.
[432] GWerkV Nr. 803; GAUCH/EGLI, KommSIA118, Anm. 9 lit. a zu Art. 86 Abs. 2.
[433] Zum Begriff der *Konkretisierung* vgl. insbesondere GWerkV Nr. 810, auch Nr. 382, Nr. 768 und Nr. 1330.
[434] Vgl. GWerkV Nr. 803 f. und Nr. 931; GAUCH/EGLI, KommSIA118, Anm. 9 zu Art. 86 Abs. 2.
[435] Vgl. Art. 40 Abs. 1 Satz 2 SIA-Norm 118; GAUCH, KommSIA118, Anm. 7 Abs. 1 zu Art. 40 Abs. 1; GWerkV Nr. 902.

schlossen.[436] Doch weil die blosse Ursache der Ungenauigkeit der Projektierung oder Ausschreibung wesensgemäss nur *marginale* Mengenabweichungen verursachen kann (Nr. 372), ist es praktisch unvorstellbar, dass eine schlichte Mengenabweichung je einmal die restriktiven Voraussetzungen des Art. 373 Abs. 2 OR (Nr. 408 ff.) bzw. des Art. 59 SIA-Norm 118 (Nr. 412 ff.) zu erfüllen vermag.

374 - Beim *Einheitspreisvertrag* verändern Mengenabweichungen sozusagen „automatisch" die Vergütung des Unternehmers, weil mehr oder weniger (tatsächliche) Mengen zu vergüten sind.[437] Die Vergütung der Mehr- oder Mindermengen zufolge schlichter Mengenabweichung wird durch die SIA-Norm 118 nicht geregelt.[438] Wurde die SIA-Norm 118 übernommen, stellt sich die Frage, ob z.B. Art. 86 Abs. 2 SIA-Norm 118 auch auf die schlichte Mengenabweichung anwendbar sei. Nach meiner Auffassung ist diese Frage nicht von praktischer Bedeutung. Da eine schlichte Mengenabweichung wegen ihrer Ursache (Mengenabweichung bloss wegen der wesenseigenen Ungenauigkeit der Projektierung oder Ausschreibung) nur zu *marginalen* Abweichungen führen kann (Nr. 372), dürften die vereinbarten Einheitspreise (für Leistungs- und Aufwandpositionen) auch bei (eben bloss marginalen) Mengenabweichungen in der Regel unverändert gelten.[439]

### bb) Andere Mengenabweichungen

375 Mengenabweichungen aus einer *anderen Ursache* als der blossen (wesensimmanenten) Ungenauigkeit des Projektierens und Ausschreibens sind nach den Regeln zu behandeln, die für die betreffende Ursache gelten. Dabei kann sich die Frage stellen, ob die Mehrvergütungsregeln der Art. 85 ff. SIA-Norm 118 (z.B. Art. 86 Abs. 2 mit einer Toleranzgrenze von +/- 20 %) anwendbar sind oder nicht. Die Anwendbarkeit ist in der Regel zu verneinen (Nr. 701 ff.).

---

[436] Vgl. GWerkV Nr. 1105.
[437] GWerkV Nr. 917 und Nr. 1256.
[438] GAUCH/EGLI, KommSIA118, Anm. 9 lit. b zu Art. 86 Abs. 2; GWerkV Nr. 803 f.
[439] Vgl. GAUCH/EGLI, KommSIA118, Anm. 9 lit. b Abs. 2 zu Art. 86 Abs. 2; GWerkV Nr. 804.

## 4. Beeinträchtigungen des entstehenden Bauwerkes

376 Der Bauherr haftet für alle Folgen (inkl. Mehraufwand) seines Verhaltens, mit dem er selbst das im Entstehen begriffene Werk des Unternehmers *beeinträchtigt*. Derartige Handlungen des Bauherrn sind gleich wie seine fehlerhaften Ausführungsanweisungen zu behandeln.[440] Nebst der Gefahr von durch Nebenunternehmer verursachten Verzögerungen (Nr. 349) trägt der Bauherr auch das Risiko, wenn das Werk des Unternehmers ganz oder teilweise zerstört wird durch einen Nebenunternehmer, der es im Einverständnis des Bauherrn oder auf seine Weisung hin gebraucht, und wenn die Wiederherstellung dem Unternehmer Mehraufwand verursacht.[441] Möglich ist auch, dass der Bauherr dem Unternehmer Mehraufwand zu vergüten hat, welcher dem Unternehmer von Dritten verursacht wird, z.B. durch Demonstranten, die sich gegen das konkrete Bauvorhaben auflehnen.[442]

## 5. Zahlungsverzug des Bauherrn

377 Der Verzug des Bauherrn mit einer fälligen Vergütungsleistung, auch mit einer fälligen Mehrvergütung (Nr. 739 ff.), untersteht nach Voraussetzungen und Wirkungen den allgemeinen Gesetzesbestimmungen über den *Schuldnerverzug* (Art. 102 ff. OR).[443] Zu den Wirkungen gehört auch das Recht des Unternehmers zur *Arbeitseinstellung*. Stellt der Unternehmer die Arbeit zu Recht ein, hat ihm der Bauherr den Mehraufwand zu

---

[440] GWerkV Nr. 1199 mit Beispielen, u.a. vorzeitige Ingebrauchnahme des Werkes; vgl. auch Nr. 203 hiervor betreffend teilweisen Untergang des Werkes.

[441] GWerkV Nr. 1199.

[442] GWerkV Nr. 1199; SCHUMACHER RAINER, Untergang und Beschädigung des Werkes, BRT 1983, Bd. I, S. 66; vgl. auch Praxis 1997, S. 33 betreffend gegen die Armee gerichteten Vandalismus; ferner NEUENSCHWANDER PETER K., Die Schadenersatzpflicht für Demonstrationsschäden, Diss. Zürich 1983.

[443] Zum Schuldnerverzug des Bauherrn vgl. ausführlich GWerkV Nr. 1274 ff.; zum Schuldnerverzug im allgemeinen GAUCH/SCHLUEP, Nr. 2916 ff.

vergüten, welcher dem Unternehmer durch die Arbeitseinstellung erwächst.[444]

378  Andere Ursachen können ebenfalls zu einem Arbeitsunterbruch führen, z.B. eine verspätete Bestellungsänderung oder ein Annahmeverzug des Bauherrn. Dies sind Fälle des *zwangsläufigen* Arbeitsunterbruches, dessen Mehraufwand auch direkter oder (meistens) indirekter Mehraufwand der betreffenden Ursache sein kann. Die Arbeitseinstellung zufolge Zahlungsverzuges des Bauherrn ist jedoch *freiwillig*. Bei Zahlungsverzug kann der Unternehmer berechtigt sein, die Arbeit einzustellen. Er muss jedoch von seinem allfälligen Recht keinen Gebrauch machen. Zum Recht des Unternehmers auf (freiwillige) Arbeitseinstellung ist folgendes anzumerken:

379  - Art. 95 OR gestattet es dem Unternehmer, nach den Bestimmungen über den Verzug des Schuldners *vom Vertrag zurückzutreten*.[445] Nach den Regeln über den Schuldnerverzug kann der Unternehmer nicht nur bei Zahlungsverzug, sondern auch bei Annahmeverzug (Nr. 348 ff.) vom Vertrage zurücktreten.[446] Dann kann der Ersatz des allfälligen *Auflösungsschadens* geschuldet sein.[447]

380  - Von der Vertragsauflösung (Nr. 379) ist die *Arbeitseinstellung* (Nr. 300) zu unterscheiden. Der Unternehmer ist befugt, mit der Einrede des nichterfüllten Vertrages die Arbeit einzustellen, bis er eine verzögerte Zahlung des Bauherrn erhält. Diese Befugnis zur Arbeitseinstellung gründet nicht im Recht des Schuldnerverzugs, sondern in Art. 82 OR und besteht auch dann, wenn die SIA-Norm 118 übernommen worden ist, da die Norm nichts Gegenteiliges vorsieht, auch nicht in Art. 37 Abs. 1 Satz 2 SIA-Norm 118, der nur eine „*vertragswidrige*", also unbefugte Arbeitsunterbrechung verbietet.[448]

381  - Der Unternehmer ist zur Arbeitseinstellung auch dann befugt, wenn es sich bei der fraglichen Zahlung um eine Abschlagszahlung oder eine Teilzahlung für geleistete Regiearbeiten oder für die Teuerung handelt.[449] Konsequenterweise muss dieses Recht dem Unternehmer auch dann zu-

---

[444] Vgl. dazu GWerkV Nr. 677, Nr. 904 und Nr. 1280 ff.
[445] Vgl. GWerkV Nr. 1275 ff.; vgl. auch Nr. 300 hiervor.
[446] GWerkV Nr. 1342.
[447] Vgl. GWerkV Nr. 1276.
[448] GWerkV Nr. 1280.
[449] GWerkV Nr. 1281; vgl. auch BR 1997, S. 125, Nr. 314.

stehen, wenn eine fällige *Mehrvergütungsforderung* vom Bauherrn nicht rechtzeitig vergütet worden ist, dies selbst dann, wenn der Bauherr den Mehrvergütungsanspruch ablehnt.[450] Bestreitet der Bauherr die Berechtigung des Mehrvergütungsanspruches, wegen dessen Nichtbezahlung die Arbeit eingestellt wird, trägt der Unternehmer das *Risiko*, dass der Richter später, d.h. nach meistens langer Prozessdauer, die Berechtigung der Forderung und damit auch das Recht zur Arbeitseinstellung verneint, was den Bauherrn zu Schadenersatz berechtigen kann.

382 - Die Befugnis zur Arbeitseinstellung darf *nicht rechtsmissbräuchlich* ausgeübt werden. Die Arbeitseinstellung darf im Verhältnis zum ausstehenden Vergütungsbetrag nicht eine völlig unverhältnismässige Massnahme sein. Die Arbeitseinstellung kann z.B. eine solche sein, wenn sie dem Bauherrn *nicht rechtzeitig* angekündigt worden ist.[451]

383 - Wird die Arbeit zu Recht eingestellt, hat der Unternehmer Anspruch auf Ersatz der dadurch entstandenen *Mehrkosten*[452] und bei (vermutetem) Verschulden des Bauherrn auch Anspruch auf Ersatz eines allfälligen *Verzugsschadens*.[453]

## 6. Spezielle Mehrvergütungsklauseln zu Lasten des Bauherrn

384 In einzelnen Vertragsklauseln[454] kann der Bauherr verpflichtet werden, bei Eintritt besonderer, bestimmter Risiken dem Unternehmer den durch den Risikoeintritt erwachsenen Mehraufwand vollumfänglich (Nr. 31 ff.) oder eingeschränkt zu vergüten. *Beispiel:* Ab einer bestimmten, auf der Baustelle im Freien zu vereinbaren Tageszeiten gemessenen *Minustemperatur* ist der Unternehmer berechtigt, die Bauarbeiten einzustellen, und ist der Bauherr verpflichtet, dem Unternehmer den durch den Arbeitsun-

---

[450] So auch KAPELLMANN/SCHIFFERS, Bd. 2, Nr. 1019; zur Fälligkeit und zum Eintritt des Verzuges mit der Bezahlung einer Mehrvergütungsforderung Nr. 739 ff. hiernach.

[451] GWerkV Nr. 1282.

[452] GWerkV Nr. 904.

[453] GWerkV Nr. 1280.

[454] Eine *gesetzliche* Preisanpassungsnorm war die Übergangsbestimmung des Art. 84 Abs. 8 MWStV; vgl. dazu die kritischen Bemerkungen in GWerkV Nr. 1228 ff.

terbruch verursachten Mehraufwand und allenfalls auch die Kosten besonderer Massnahmen zum temporären Schutz des im Entstehen begriffenen Werkes zu vergüten. Oder bei Bauwerkverträgen mit Auslandberührung (Bauarbeiten im Ausland oder Beschaffung aus dem Ausland) werden *Währungsklauseln* vereinbart.

385 Nebst individuellen Preisanpassungsklauseln[455] sind in der Vertragspraxis auch *vorformulierte* Klauseln anzutreffen. Im folgenden wird auf einzelne weitere Sonderbestimmungen der SIA-Norm 118 hingewiesen (zusätzlich zu Art. 58 Abs. 2 SIA-Norm 118; Nr. 360 ff.). Dabei bleibt eine abweichende Regelung durch die *individuelle Gestaltung des konkreten Einzelvertrages* immer *vorbehalten*. Durch diese kann der Bauherr das (Mehrkosten-) Risiko für seine Angaben übernehmen, sei es ausdrücklich, sei es konkludent durch die Erweckung von Vertrauen in die Richtigkeit, Vollständigkeit und Übersichtlichkeit seiner Angaben über kostenbildende Faktoren. Diese Risikoübernahme des Bauherrn wird im anschliessenden Kapitel (Nr. 417 ff.) näher behandelt. Hinzuweisen ist auch auf die späteren Ausführungen über die Anwendbarkeit antizipierter Mehrvergütungsabsprachen (AMA), die nur eine beschränkte Vergütung des Mehraufwandes vorsehen (Nr. 675 ff.).

### a) Art. 60 Abs. 2 SIA-Norm 118

386 Art. 60 Abs. 2 SIA-Norm 118 regelt den (eingeschränkten) Anspruch des Unternehmers auf eine Mehrvergütung für *witterungsbedingte Ausfälle* einzelner Arbeitsstunden aufgrund eines *Gesamtarbeitsvertrages*, sofern die Einrechnung dieses Risikos in den Ausschreibungsunterlagen nicht ausdrücklich verlangt worden war.[456]

### b) Art. 64 ff. SIA-Norm 118

387 Dem Unternehmer erwächst Mehraufwand, wenn die Lohnkosten oder Preise nach Abschluss des Werkvertrages steigen. Art. 64 ff. SIA-Norm 118 regeln die sog. *Teuerungsabrechnung,* d.h. die Preisanpassung zufolge Teuerung, wenn der Unternehmer einen vertraglichen Anspruch

---

[455] Zur *vertraglichen* Regelung der Vertragsanpassung vgl. GAUCH/SCHLUEP, Nr. 1284 f.

[456] Vgl. GAUCH, KommSIA118, Anm. 11 ff. zu Art. 60 Abs. 2.

auf Teuerungsausgleich besitzt und die Art. 64 ff. SIA-Norm 118 gelten.[457] Anstelle der Art. 64 ff. SIA-Norm 118 wird häufig die Teuerungsabrechnung nach dem Produktionskosten-Index des SBV (sog. PKI des SBV) vereinbart. Es handelt sich dabei um ein Gleitpreisverfahren, dessen Anwendung relativ einfach ist.[458] Im Unterschied zu Art. 64 ff. SIA-Norm 118 fehlen jedoch im PKI viele Rechtsregeln.

### c) Art. 84 ff. SIA-Norm 118

388 Die Berechtigung des Unternehmers zu einer zusätzlichen Vergütung zufolge *Bestellungsänderung* des Bauherrn wird später behandelt.[459]

### d) Art. 95 Abs. 3 SIA-Norm 118

389 Gemäss Art. 95 Abs. 3 SIA-Norm 118 trägt der Bauherr die nachgewiesenen Mehrkosten für *Beschleunigungsmassnahmen* (zusätzliche Vorkehren zur Einhaltung der Fristen), sofern kein Verschulden des Unternehmers vorliegt. Wenn diese Bestimmung anwendbar ist, sind dem Unternehmer grundsätzlich nur die *tatsächlichen Mehrkosten* zu ersetzen, also der Mehraufwand ohne Zuschlag für Risiko und Gewinn. Dieser Vergütungsanspruch, den Art. 95 Abs. 3 SIA-Norm 118 dem Unternehmer einräumt, hängt aber weder von den Voraussetzungen des Art. 59 SIA-Norm 118 ab, noch unterliegt er den übrigen Einschränkungen dieser Bestimmung.[460]

390 Jedoch hat der Unternehmer Beschleunigungsmassnahmen zu einem beschränkten Vergütungsanspruch nur dann durchzuführen, wenn dies für ihn *zumutbar* ist.[461] Unzumutbarkeit ist z.B. zu bejahen, wenn der Bauherr (für eigenes oder für das Verhalten seiner Hilfspersonen) ge-

---

[457] Vgl. die einlässliche Kommentierung durch GAUCH/PRADER, KommSIA118, Anm. zu Art. 64 - Art. 82.
[458] GAUCH/PRADER, KommSIA118, Anm. 10 zu Art. 65 Abs. 2.
[459] Zum Recht des Bauherrn zur einseitigen Bestellungsänderung vgl. Nr. 563 ff. und zu den antizipierten Mehrvergütungs-Absprachen (AMA) in Art. 86 ff. SIA-Norm 118 vgl. Nr. 664 ff.; zu den Wahlpositionen (Eventual- und Alternativpositionen) vgl. Nr. 573 ff. - Zur Bestellungsänderung vgl. auch Nr. 338 ff.
[460] GAUCH/SCHUMACHER, KommSIA118, Anm. 31 lit. a zu Art. 95 Abs. 3.
[461] GAUCH/SCHUMACHER, KommSIA118, Anm. 24 zu Art. 95 Abs. 3.

mäss Art. 94 Abs. 2 SIA-Norm 118 haftet. Dann trifft den Bauherrn eine *vollumfängliche* Vergütungspflicht samt Zuschlag für Risiko und Gewinn.[462] Art. 94 Abs. 2 SIA-Norm 118 hat deshalb *Vorrang* vor Art. 95 Abs. 3 SIA-Norm 118. Dies ergibt sich auch aus Art. 96 Abs. 3 SIA-Norm 118.[463] Überhaupt besitzt der Unternehmer Anspruch auf eine uneingeschränkte Mehrvergütung, wenn Beschleunigungsmassnahmen wegen einer Ursache angeordnet werden, die aus dem Risikobereich des Bauherrn stammt und den Unternehmer zu einem vollen Mehrvergütungsanspruch für den gesamten Mehraufwand berechtigt (z.B. Art. 58 Abs. 2 SIA-Norm 118).

### e) Art. 101 Abs. 2 SIA-Norm 118

391 Für weitere vom Bauherrn bestellte *Studien, Pläne* und dergleichen kann der Unternehmer ebenfalls einen Anspruch auf Mehrvergütung besitzen (Nr. 551, Nr. 581).[464] Eine bestimmte Ursache (z.B. anderer Baugrund oder Bestellungsänderung) kann den Bauherrn veranlassen, beim Unternehmer Studien, Pläne und dergleichen anzufordern.

### f) Art. 112 Abs. 2 Satz 2 SIA-Norm 118

392 Unter bestimmten Voraussetzungen trägt der Bauherr die Kosten zusätzlicher, nachträglich angeordneter Massnahmen zum Schutze gegen *Immissionen*.[465]

### g) Art. 122 Abs. 1 SIA-Norm 118

393 Der Bauherr ersetzt dem Unternehmer die Kosten, die diesem wegen des Schutzes von (archäologischen) *Altertümern, Findlingen* usw. und zufol-

---

[462] Vgl. GAUCH/SCHUMACHER, KommSIA118, Anm. 24 Abs. 2 a.E. zu Art. 95 Abs. 3.

[463] Vgl. GAUCH/SCHUMACHER, KommSIA118, Anm. 27 zu Art. 96 Abs. 3 SIA-Norm 118; CHAVANNE SYLVIE, Le retard dans l'exécution des travaux de construction / Selon le Code des Obligations et la norme SIA118, Basel 1993, Nr. 521 mit FN 369.

[464] GAUCH/SCHUMACHER, KommSIA118, Anm. 3 zu Art. 101 Abs. 2.

[465] Vgl. GAUCH/SCHUMACHER, KommSIA118, Anm. 13 ff. zu Art. 112 Abs. 2.

ge der wegen solcher Funde verursachten Baueinstellung entstehen. Es wird die Auffassung vertreten, dass der Bauherr nur die *tatsächlichen Mehrkosten* (ohne Zuschlag für Risiko und Verdienst) zu ersetzen habe, die dem Unternehmer aus der Arbeitseinstellung und aus der Befolgung der ihm erteilten Weisungen erwachsen.[466] Diese Auffassung ist aus den folgenden Gründen zu überdenken:

394 **aa.** Im Unterschied zu Art. 95 Abs. 3 SIA-Norm 118 („die nachgewiesenen Mehrkosten"; Nr. 389 f.) enthält der Wortlaut des Art. 122 Abs. 1 SIA-Norm 118 („dadurch entstehende Kosten") *keine Einschränkung.*

395 **bb.** In Art. 374 OR wird der Zuschlag für Risiko und Gewinn nicht ausdrücklich erwähnt; gleichwohl gehört dieser Zuschlag zum „Wert der Arbeit und der Aufwendungen", von dem Art. 374 OR spricht.[467] Nach dem Grundsatz der gesetzeskonformen Vertragsauslegung verdient im Zweifel diejenige Interpretation den Vorzug, die dem dispositiven Recht entspricht.[468] Abweichungen vom dispositiven Recht sind *„mit hinreichender Deutlichkeit zum Ausdruck zu bringen".*[469] Dies spricht dafür, dass dem Unternehmer der zusätzliche Aufwand, der ihm wegen Funden erwächst, uneingeschränkt zu vergüten ist.

396 **cc.** Ohnehin ist der Vorbehalt der individuellen Gestaltung des konkreten Einzelvertrages zu beachten (Nr. 385).

### h) Art. 132 SIA-Norm 118

397 Wird die *Stromlieferung* unterbrochen oder eingeschränkt und dauert die Störung im Einzelfall länger als zwei Stunden, so hat der Unternehmer Anspruch auf eine zusätzliche Vergütung nach Art. 59 Abs. 2 SIA-Norm 118.[470] Auch hier ist die individuelle Gestaltung des konkreten Einzelvertrages vorbehalten (Nr. 385).

---

[466] GAUCH/PRADER, KommSIA118, Anm. 13 Abs. 1 zu Art. 122 Abs. 1.
[467] GWerkV Nr. 949.
[468] Vgl. GWerkV Nr. 1132 mit Verweisungen; vgl. auch GAUCH, KommSIA118, 1992, S. 37 f., Nr. 32.
[469] GWerkV Nr. 1115 mit Verweisungen; BGE 122 III 121.
[470] Vgl. GAUCH/PRADER, KommSIA118, Anm. zu Art. 132; vgl. auch GAUCH, KommSIA118, Anm. 6 lit. b Abs. 2 zu Art. 58 Abs. 1.

## C. Ursachen im Risikobereich des Unternehmers

398  Der Risikobereich des Unternehmers lässt sich *negativ* wie folgt umschreiben: Der Unternehmer trägt das Risiko des Mehraufwandes, wenn ihm der Bauherr weder nach dem individuellen Vertragsinhalt noch nach den „mitgeltenden" Normen des Gesetzes oder von AGB eine vollumfängliche oder beschränkte Mehrvergütung schuldet. Im folgenden werden einige Risiken des Unternehmers aufgezählt.

### 1. Keine Offertkalkulation des Mehraufwandes

399  War der Mehraufwand dem Unternehmer bei der Offertstellung bereits bekannt oder für ihn offensichtlich (Nr. 131), und hat er ihn trotzdem nicht kalkuliert, d.h. nicht in seine Preise eingerechnet, trägt er das Risiko einer solchen Fehlkalkulation und besitzt keinen Anspruch auf Vergütung der Mehrkosten. Hat der Unternehmer die Unrichtigkeit der Ausschreibungsunterlagen tatsächlich erkannt, so konnte er richtig kalkulieren und ist an die von ihm offerierten bzw. an die vereinbarten Preise gebunden (Nr. 130). Hat der Unternehmer die Unrichtigkeit sachverständiger Angaben des Bauherrn zwar nicht erkannt, war diese aber für ihn (mit seinem Sachverstand) *offensichtlich*, ist er ebenfalls an die Offerte bzw. an die Vereinbarung fester Preise gebunden. Er hat dann die Folgen seiner eigenen Unvorsichtigkeit zu tragen (Nr. 131). Im übrigen wird auf Lehre und Rechtsprechung zum Problem der *Rechnungsfehler* des Unternehmers verwiesen.[471]

### 2. Mangelhafte Projektierung des Unternehmers

400  Ein Teil der Projektierung kann in den Händen des Unternehmers liegen. Dies gehört zum Wesen eines Bauwerkvertrages mit *funktionaler* Leistungsbeschreibung (Nr. 55 ff.). Kalkuliert der Unternehmer im Rahmen seiner eigenen Projektierung den Aufwand zu gering, trägt er das Risiko

---

[471] Vgl. GWerkV Nr. 1249 ff.

des Mehraufwandes.[472] In solchen Fällen stellt sich die Frage nach der *Schnittstelle* zwischen der Projektierungs- und Ausschreibungsverantwortung des Bauherrn einerseits und der Planungsverantwortung des Unternehmers andererseits (Nr. 59, auch Nr. 62). In der Regel darf der Unternehmer von der Richtigkeit der Anforderungen, Gegebenheiten und Annahmen ausgehen, die ihm vom Bauherrn bekanntgegeben worden sind.[473] Dies gilt grundsätzlich auch dann, wenn das Werk nach einer *Unternehmervariante* (Projekt- oder Ausführungsvariante) ausgeführt worden ist. Auch eine Unternehmervariante schliesst einen Anspruch des Unternehmers auf Mehrvergütung nicht zum vornherein aus.[474]

## 3. Fehlerhafte Bauausführung

401 Es versteht sich von selbst, dass der Unternehmer keinen Anspruch auf Vergütung des Mehraufwandes besitzt und sich auch nicht auf Art. 373 Abs. 2 OR berufen kann, wenn der Mehraufwand auf eine ungeeignete Bauausführung zurückzuführen ist, beispielsweise auf die folgenden Ursachen: ungeeignetes oder ungenügend dotiertes Personal, ungeeignete Baustoffe, ungeeignete (veraltete oder zuwenig leistungsfähige) oder zuwenig Baustelleneinrichtungen, unzweckmässige Planung der Betriebsabläufe, ungenügende Aufsicht über die Ausführung der Bauarbeiten,[475] auch das unzweckmässige Verhalten eines Subunternehmers.

---

[472] Analog der Haftung des Unternehmers für Werkmängel, die er mit seiner Projektierung verursacht hat, gemäss Art. 167 Satz 1 SIA-Norm 118.

[473] Vgl. Art. 167 Satz 2 SIA-Norm 118.

[474] Grundlegend HÜRLIMANN ROLAND, Unternehmervarianten - Risiken und Problembereiche, BR 1996, S. 3 ff., insbesondere S. 9, Ziff. VII/2; vgl. auch a.a.O., S. 8, Ziff. VI/5; ferner Nr. 556 hiernach.

[475] Vgl. Art. 36 Abs. 2 Satz 2 SIA-Norm 118: „Während der Arbeitszeit ist der Baustellenchef auf dem Platze zugegen; er sorgt für richtige Ausführung der Arbeit und für Ordnung."

## 4. Schuldnerverzug des Unternehmers

402 Fehlverhalten des Unternehmers kann auch zu seinem Schuldnerverzug führen, der bezüglich Voraussetzungen und Wirkungen den gesetzlichen Bestimmungen untersteht (Art. 366 Abs. 1 und Art. 102 ff. OR).[476] Mögliche Ursachen des Schuldnerverzuges des Unternehmers sind: verspäteter Arbeitsbeginn, z.B. zufolge verspäteter oder ungenügender Disponierung von Personal, Verspätungen in Transport und Montage von Baustelleneinrichtungen. Jedes unzweckmässige Verhalten des Unternehmers (Nr. 401) kann zu seinem Verzug führen. Erwächst dem Unternehmer zufolge seines eigenen Verzuges ein Mehraufwand, versteht es sich von selbst, dass er diesen selber zu tragen hat, auch eine Teuerung, die ihm zufolge seines Schuldnerverzuges erwächst.[477]

## 5. Haftung des Unternehmers für Werkmängel

403 Der Unternehmer trägt auch den Mehraufwand, der ihm zufolge *mangelhafter Arbeit* bzw. zufolge der Verwendung mangelhaften Baustoffes bei der (ersten) Bauausführung oder bei der (nachträglichen) Nachbesserung erwächst. Nachbesserungsarbeiten sind grundsätzlich unentgeltlich auszuführen. Jedoch kann der Unternehmer einen *zusätzlichen Vergütungsanspruch* besitzen:

404 - auf Ersatz der sog. „Sowieso-Kosten",[478]

405 - auf Vergütung zusätzlicher oder anderer Leistungen, die über die geschuldeten Nachbesserungsarbeiten hinausgehen und für die der Unternehmer vom Bauherrn einen entsprechenden Auftrag erhalten hat,[479]

406 - für einen Beitrag des Bauherrn an die Nachbesserungskosten wegen seines Mitverschuldens[480] oder aus anderen Gründen.[481]

---

[476] Vgl. GWerkV Nr. 659 ff. und Nr. 668 ff.; zum Zahlungsverzug des Bauherrn vgl. Nr. 377 ff. hiervor.

[477] Vgl. Art. 97 Abs. 2 SIA-Norm 118; GAUCH/SCHUMACHER, KommSIA118, Anm. 3 ff. zu Art. 97 Abs. 2.

[478] GWerkV Nr. 1728, 1735, 1741.

[479] GWerkV Nr. 1729.

## 6. Die Ausnahmeregel des Art. 61 SIA-Norm 118

407  Art. 61 SIA-Norm 118 lautet: „Muss der Unternehmer seine Baustelle vorübergehend stillegen, weil allgemeine marktwirtschaftliche Störungen einen Mangel an Arbeitskräften oder des von ihm zu liefernden Materials verursachen, so erhält er wegen der ihm daraus erwachsenden Mehraufwendungen nur dann eine zusätzliche Vergütung, wenn dies vereinbart wurde. Art. 59 ist nicht anwendbar; ein Auflösungsrecht besteht nicht." In solchen Fällen kann der Unternehmer keine zusätzliche Vergütung nach Art. 59 Abs. 1 SIA-Norm 118 verlangen. Art. 61 SIA-Norm 118 enthält eine *Ausnahmebestimmung* zu Art. 59 SIA-Norm 118 und damit auch zu Art. 373 Abs. 2 OR, für die ein sachlicher Grund nicht ersichtlich ist. Art. 61 SIA-Norm 118 führt zum paradoxen Ergebnis, dass der Unternehmer bei einem betriebsindividuellen Streik besser dasteht als bei einem Streik, der z.B. die gesamte Baubranche erfasst.[482]

## D. *Ursachen im gemeinsamen Risikobereich des Bauherrn und des Unternehmers*

### 1. Art. 373 Abs. 2 OR

408  Art. 373 Abs. 2 OR ist eine Ausnahmebestimmung von der Regel, dass der Unternehmer an die Abrede fester Preise gebunden ist. Diese Bestimmung bezweckt, die Bindung des Unternehmers an die getroffene Festpreisabrede auf ein *zumutbares* Mass zu beschränken. Sie ist Ausfluss des Gedankens, dass der Grundsatz der Vertragstreue, der aus dem Prinzip von Treu und Glauben fliesst, seinerseits durch dieses Prinzip beschränkt wird, indem diese Bestimmung die Vertragstreue hinter das in

---

[480]  GWerkV Nr. 1738.

[481]  GWerkV Nr. 1736 f. und Nr. 1739; zum *Zuschuss an die Verbesserungskosten* GWerkV Nr. 1740 ff.

[482]  GAUCH, KommSIA118, Anm. 7 zu Art. 61.

Art. 2 ZGB niedergelegte Gebot wechselseitiger Rücksichtnahme zurücktreten lässt.[483]

409 Art. 373 Abs. 2 OR berechtigt den Unternehmer nur unter *sehr restriktiven* Voraussetzungen zu einer Preisanpassung, welche ihrerseits erheblich eingeschränkt ist. Dies bedeutet eine *Verteilung* der Risiken aussergewöhnlicher, nicht vorausgesehener bzw. ausgeschlossener Umstände zwischen Bauherr und Unternehmer. Solche Ursachen (im Sinne von Art. 373 Abs. 2 OR) liegen deshalb *im gemeinsamen Risikobereich* des Bauherrn und des Unternehmers.

410 Die restriktiven Voraussetzungen der Preisanpassung und die Beschränkung der Höhe der Preisanpassung sind von GAUCH einlässlich dargestellt worden, so dass darauf verwiesen wird.[484] Nur weniges sei hier angemerkt:

411 *Unvorhersehbar* im Sinne von Art. 373 Abs. 2 OR sind in aller Regel die Ereignisse der höheren Gewalt,[485] z.B. ein unvorhersehbarer Bergsturz auf die einzige Zufahrtsstrasse zu einer Gebirgsbaustelle. Stets voraussehbar sind dagegen normale Witterungsverhältnisse wie etwa die üblichen „Schlechtwettertage" beim Bauen sowie die normale Teuerung,[486] hingegen nicht ein aussergewöhnliches Ansteigen von Löhnen, Zinsen oder Materialpreisen.[487] Voraussehbar sind alle Umstände, deren Eintritt vom Standpunkt des Unternehmers aus so wahrscheinlich ist, dass für den vernünftigen Unternehmer ein Grund besteht, beim Entscheid über den Abschluss des Vertrages oder über dessen inhaltliche Ausgestaltung darauf Rücksicht zu nehmen. Dabei spielt auch die Dauer des Werkvertrages, also die Frage seiner Kurz- oder Langfristigkeit, eine Rolle.[488]

---

[483] GWerkV Nr. 1047 mit Verweisungen.

[484] Vgl. GWerkV Nr. 1044 ff., zu den Voraussetzungen der Preisanpassung GWerkV Nr. 1049 ff. und zur beschränkten Preiserhöhung (nebst der richterlichen Vertragsauflösung) GWerkV Nr. 1115 mit zahlreichen Verweisungen auf Literatur und Judikatur.

[485] GWerkV Nr. 1080.

[486] GWerkV Nr. 1080; BGE 101 II 21.

[487] Vgl. GWerkV Nr. 1068; BGE 104 II 316.

[488] GWerkV Nr. 1080.

## 2. Art. 59 SIA-Norm 118

412 Art. 59 SIA-Norm 118 (Nr. 559) regelt ebenfalls die Mehrvergütung zufolge *ausserordentlicher Umstände*. Bei der Auslegung dieser Normbestimmung ist zwischen den Voraussetzungen der Preisanpassung und deren Höhe zu unterscheiden.

413 Was die *ausserordentlichen Umstände* als Voraussetzungen einer Preisanpassung anbelangt, lautet Art. 59 Abs. 1 Satz 1 SIA-Norm 118 genau gleich wie die Umschreibung der ausserordentlichen Umstände in Art. 373 Abs. 2 OR. Der zweite Satz von Art. 59 Abs. 1 SIA-Norm 118 enthält einzelne (nicht abschliessende) Beispiele ausserordentlicher Umstände. Da Art. 59 Abs. 1 SIA-Norm 118 insoweit das Gesetz bloss wiederholt, rechtfertigt es sich, diese Normbestimmung in bezug auf die Voraussetzungen einer Preisanpassung zufolge ausserordentlicher Umstände gleich wie Art. 373 Abs. 2 OR auszulegen.[489]

414 Was die *Höhe* der Preisanpassung anbelangt, wird die Auffassung vertreten, dass Art. 59 Abs. 2 SIA-Norm 118 den Unternehmer nicht zu einer höheren Vergütung berechtige, als sie ihm gemäss Art. 373 Abs. 2 OR gegebenenfalls zustehe.[490] Diese Auslegung beachtet jedoch nicht die *deutliche* Abweichung von Art. 59 Abs. 2 SIA-Norm 118 von Art. 373 Abs. 2 OR. Diese Abweichung ist nicht nur deutlich, sondern fällt geradezu auf, weil Art. 59 Abs. 1 SIA-Norm 118 in bezug auf die Voraussetzungen einer Preisanpassung exakt den Wortlaut des Art. 373 Abs. 2 OR übernimmt, während Abs. 2 dieser Normbestimmung mit dem Wortlaut, wonach *„höchstens die nachgewiesenen tatsächlichen Mehraufwendungen"* zu vergüten sind, klar vom Gesetzestext abweicht. Denn gemäss Lehre und Rechtsprechung zu Art. 373 Abs. 2 OR können nie die tatsächlichen Mehraufwendungen (d.h. die Selbstkosten ohne Gewinnzuschlag) vergütet werden.[491] Art. 59 Abs. 2 SIA-Norm 118 lässt jedoch eine Mehrvergütung in der Höhe der *„nachgewiesenen tatsächlichen Mehraufwendungen"* ausdrücklich zu und geht damit weiter als Art. 373

---

[489] Insoweit gl.M. GAUCH, KommSIA118, Anm. 1 zu Art. 59 Abs. 1; sinngemäss GWerkV Nr. 1072; zum allgemeinen Auslegungsgrundsatz, dass Vertragsklauseln, die eine gesetzliche Regel wiederholen, grundsätzlich im Sinne des Gesetzes auszulegen sind vgl. GAUCH, KommSIA118, 1992, S. 37 f., Nr. 32 mit Verweisungen; GAUCH/SCHLUEP, Nr. 1230.

[490] GWerkV Nr. 1115; GAUCH, KommSIA118, Anm. 8 zu Art. 59 Abs. 2.

[491] GWerkV Nr. 1115 mit zahlreichen Verweisungen.

Abs. 2 OR bzw. weiter als die (restriktive) Lehre und Rechtsprechung zu dieser Gesetzesbestimmung. Somit weicht Art. 59 Abs. 2 Satz 1 SIA-Norm 118 zugunsten des Unternehmers vom Gesetz ab.[492] Da Art. 373 Abs. 2 OR dispositives Recht ist, sind vertragliche Abreden zulässig, welche die Rechtslage des Unternehmers verbessern.[493] Doch ist zu beachten, dass Art. 59 Abs. 2 SIA-Norm 118 dem Unternehmer nicht den unbedingten Anspruch auf die Vergütung der Mehrkosten (ohne Gewinnzuschlag) verschafft. Auch wenn diese Normbestimmung anwendbar ist, steht dem Richter im Streitfall ein Ermessensspielraum offen.

## 3. Subsidiarität der Art. 373 Abs. 2 OR und Art. 59 SIA-Norm 118

415 Art. 373 Abs. 2 OR und damit auch Art. 59 SIA-Norm 118 sind „Not-Anker" für den Unternehmer. Wenn ihm andere Rechtsbehelfe zur Verfügung stehen, die ihm eine vollumfängliche Vergütung des Mehraufwandes gewähren, kann sich der Unternehmer auf diese berufen, zumal Art. 373 Abs. 2 OR dispositives Recht ist und ihm widersprechende Parteiabreden vorgehen.[494] Das Verhältnis des Art. 373 Abs. 2 OR bzw. des Art. 59 SIA-Norm 118 zur Haftung aus „culpa in contrahendo" und zu Art. 58 Abs. 2 SIA-Norm 118 wurde bereits behandelt (Nr. 358 f.).

## 4. Sonderbestimmungen der SIA-Norm 118

416 Die SIA-Norm 118 enthält verschiedene Sonderbestimmungen, die Art. 59 SIA-Norm 118 und damit auch Art. 373 Abs. 2 OR vorgehen.[495] Solche Sonderbestimmungen wurden bereits behandelt (Nr. 384 ff., auch Nr. 359, Nr. 360 ff. und Nr. 407).

---

[492] So sinngemäss auch BÜHLER, S. 319, FN 129.
[493] Vgl. GWerkV Nr. 1128; die Abweichung kann jedoch im Einzelfall ungewöhnlich sein; vgl. dazu Nr. 510 hiernach.
[494] GWerkV Nr. 1128; vgl. auch Nr. 389 hiervor.
[495] Vgl. GAUCH, KommSIA118, Anm. 1 lit. a zu Art. 59 Abs. 1.

## III. Die Risikozuweisung durch individuelle Vertragsgestaltung

### A. Der Grundsatz

417 Erfahrungsgemäss kann die *Vertragserfüllung*, z.B. im Bauwerkvertrag die *Bauausführung*[496], für die eine oder andere Vertragspartei oder für beide *Nachteile* bewirken. Deren *Ursachen*[497] werden auch als *Störfälle* oder *Leistungsstörungen* (im weiten Sinne des Begriffes) bezeichnet.

418 Die Nachteile können verschiedener *Art* sein. Zu erwähnen sind insbesondere die folgenden:

419 - *Ungenügende Qualität* des Werkes; das ist das Problem der Mängelhaftung des Unternehmers.

420 - *Mehraufwand des Unternehmers;* dies ist das Problem des Anspruchs des Unternehmers auf Mehrvergütung.

421 - *Längere Bauzeit*; das ist das Problem des Anspruchs des Unternehmers auf Fristerstreckung und auf Mehrvergütung sowie der Ansprüche beider Parteien auf Ersatz des Verspätungsschadens.

422 Zahlreiche Rechtsnormen entscheiden, welche Partei allfällige Nachteile zu tragen hat. Hier geht es um die Suche nach den Rechtsregeln, die bestimmen, welche Partei den *Mehraufwand* des Unternehmers im Bauwerkvertrag zu tragen hat.[498] Aus den Rechtsregeln ergibt sich die Risikozuweisung.

423 Jede Risikozuweisung, d.h. jede rechtliche Verpflichtung einer Vertragspartei, die negativen Folgen (Nachteile) des Eintrittes eines bestimmten Risikos (ganz oder teilweise) zu tragen, bedarf der sachgerechten Be-

---

[496] Vgl. die Überschrift zu Kapitel 4 (Art. 92 ff.) der SIA-Norm 118.

[497] Vgl. die *Übersicht* über die verschiedenen Ursachen des Mehraufwandes in Nr. 332 ff. hiervor.

[498] Wie in Nr. 333 bemerkt worden ist, wurde die Übersicht über die *verschiedenen Ursachen des Mehraufwandes* (Nr. 332 ff.) danach gegliedert, ob die betreffende Ursache den Unternehmer zu einer Mehrvergütung berechtigen kann oder nicht.

gründung, d.h. der Rechtfertigung.⁴⁹⁹ Bei zahlreichen Ursachen ist die Rechtspflicht einer Vertragspartei, den Mehraufwand (ganz oder teilweise) zu tragen, klar. Wer z.B. vertraglich übernommene Pflichten verletzt, hat den Mehraufwand zu tragen, insbesondere nach den Regeln über die sog. *positive Vertragsverletzung*; nach wohl herrschender Meinung erfassen die Art. 97 - 101 OR (über den Wortlaut des Art. 97 Abs. 1 OR hinaus) jede *fehlerhafte Erfüllung*.⁵⁰⁰ Das versteht sich von selbst, so wie im Werkvertrag zufolge Bestellungsänderung ein Anspruch auf Mehrvergütung entsteht.⁵⁰¹

424 Bei anderen Ursachen bedarf es einer vertieften rechtlichen Begründung. Dies ist insbesondere bei der *Risikozuweisung* nötig.

425 *Risiko* ist die bei Vertragsabschluss bestehende Möglichkeit (bzw. die latente oder gar drohende Gefahr), einen Nachteil zu erleiden.⁵⁰² Der Eintritt eines Risikos („Schadensereignis") kann Mehraufwand verursachen. Bei Vertragsabschluss ist der Risikoeintritt mehr oder weniger wahrscheinlich. Risikoanalyse und Risikobewertung erfolgen im Einzelfall oft erst nach Risikoeintritt.

426 Rechtliche Probleme der Vertragserfüllung werden nach *Vertragsrecht* geregelt. *Vertragsfreiheit* herrscht.⁵⁰³ Der Inhalt des Vertrages und damit auch die Risikozuweisungen werden in erster Linie von den Parteien *autonom* bestimmt,⁵⁰⁴ sei es durch individuelle Vereinbarungen, sei es durch die Übernahme vorgeformter AGB, z.B. der SIA-Norm 118. Ergänzend ist Gesetzesrecht anwendbar. Deshalb lautet der wichtigste *Grundsatz* der Risikozuweisung:

427 Das Risiko trägt, wer es im Vertrag übernimmt. **Für die Risikozuteilung massgebend ist immer der konkrete Einzelvertrag in seiner indivi-**

---

⁴⁹⁹ Vgl. WALTER, ZBJV 1996, S. 293.

⁵⁰⁰ GAUCH/SCHLUEP, Nr. 2606, mit zahlreichen Verweisungen.

⁵⁰¹ GWerkV Nr. 905.

⁵⁰² Vgl. die Definition des *Risikos* in: SCHNEIDER JÖRG [Hrsg.], Risiko und Sicherheit technischer Systeme, Basel/Boston/Berlin 1991, S. 283.

⁵⁰³ Vgl. GAUCH/SCHLUEP, Nr. 314: Die Vertragsfreiheit ist ein Ausfluss der *Privatautonomie*; sie „ist das selbstverständlichste Grundprinzip einer jeden Zivilrechtsordnung, welche die Gestaltung von Rechtsverhältnissen durch den einzelnen kennt"; zu den verschiedenen Erscheinungsformen der Vertragsfreiheit vgl. GAUCH/SCHLUEP, Nr. 612 ff., insbesondere Nr. 618 und Nr. 624 ff. betreffend die *Inhaltsfreiheit*.

⁵⁰⁴ Vgl. WALTER, ZBJV 1996, S. 277 f. und S. 282 f.

**duellen Gestaltung**.⁵⁰⁵ Verbindlich ist die Risikozuweisung durch die *autonome* Vertragsgestaltung der Parteien im Einzelfall.

428 Generell-abstrakte Zuweisungen wie z.B. „Der Bauherr trägt das Baugrundrisiko."⁵⁰⁶ sind im Einzelfall daraufhin zu untersuchen, ob sie mit der konkreten, individuellen Vertragsgestaltung übereinstimmen. Die *Verschuldensfiktion* des Art. 58 Abs. 2 Satz 2 SIA-Norm 118 wegen mangelhafter Angaben des Bauherrn in den Ausschreibungsunterlagen über den Baugrund erscheint als ein Kunstgriff und erweckt Unbehagen.⁵⁰⁷ Das *Baugrundrisiko* ist ein typisches, in der Praxis sehr bedeutsames Baurisiko, mit dem sich Rechtsprechung und Lehre und deshalb auch die folgenden Ausführungen intensiv auseinandersetzen. Häufig werden Kostenüberschreitungen mit dem Baugrund begründet.

429 Möglich ist, dass ein Nachteil von *beiden* Parteien (Bauherr und Unternehmer) *anteilig* zu tragen ist. Die folgenden zwei Fallgruppen sind zu unterscheiden:

430 **a.** Es kann *Ursachenkonkurrenz* bestehen: Ein bestimmter Nachteil ist von beiden Parteien teilweise zu tragen, weil jede Partei je für eine verschiedene Ursache einzustehen hat, die zusammen den betreffenden Nachteil bewirkt haben.

431 **b.** Möglich ist aber auch, dass beide Parteien einen von einer *einzigen* Ursache bewirkten Nachteil anteilig zu tragen haben, z.B. aufgrund einer Gesetzesvorschrift (z.B. Art. 373 Abs. 2 OR), oder weil die Parteien nur eine beschränkte Vergütung des Mehraufwandes vereinbart haben, z.B. in sog. *antizipierten Mehrvergütungs-Absprachen* (Nr. 664 ff.).

---

[505] Vgl. GWerkV Nr. 724.

[506] Vgl. GWerkV Nr. 1979; vgl. auch VON CRAUSHAAR, FS Locher, S. 19: „Allgemein wird mit Recht angenommen, dass das so verstandene Baugrundrisiko der Bauherr trägt. Dafür lassen sich gute sachlogische Argumente finden wie z.B., dass der Bauherr regelmässig den Baugrund in Besitz hat, dass dieser deshalb zu seiner Sphäre gehört, dass der Bauherr den Baugrund zur Verfügung stellt und dass er üblicherweise die Vorteile aus dem Baugrund zieht und daher auch die Nachteile tragen soll."; PETERS WOLFGANG P.J., Die Wirksamkeit vertraglicher Regelungen zum Baugrundrisiko, BauR 1998, S. 215 ff., insbesondere S. 216 f.

[507] Die Verschuldensfiktion des Art. 58 Abs. 2 Satz 2 SIA-Norm 118 ist sinngemäss eine Umschreibung der *Vertrauenshaftung*; vgl. dazu Nr. 489 hiernach.

## B. Die ausdrückliche Übernahme einzelner bestimmter Risiken im Vertrag

432 Im Vertrag können die Parteien ausdrücklich und individuell vereinbaren, welche Vertragspartei ein bestimmtes einzelnes Risiko trägt. Die Risikoübernahme kann aufgrund einer Empfehlung geschehen.[508]

433 Einzelne bestimmte Risiken können auch in AGB zugewiesen werden, beispielsweise in der SIA-Norm 118.[509] Dann sind die Schranken zu beachten, denen die Geltung von AGB unterworfen ist.[510]

434 Davon zu unterscheiden sind Vertragsklauseln, die auf eine *generelle* Risikozuweisung bzw. Risikoüberwälzung oder Risikoteilung zielen. Solche generellen Risikoklauseln können individuell vereinbart oder in AGB enthalten sein. Sie werden später behandelt.[511]

## C. Die Risikoübernahme des Bauherrn durch sein Vertrauen erweckendes Verhalten

435 Die vorstehende Überschrift und die folgenden Ausführungen erscheinen als *einseitig*, indem sie sich nur mit der Risikoübernahme zu Lasten des Bauherrn zufolge seines Vertrauen erweckenden Verhaltens befassen. Selbstverständlich ist es nicht ausgeschlossen, dass der Unternehmer seinerseits Vertrauen beim Bauherrn erweckt und damit ein Risiko oder gar mehrere Risiken übernimmt.[512] Die Risikotragung des Bauherrn zufolge

---

[508] Vgl. die Empfehlungen für die Zuordnung verschiedener Risiken im Anhang A5 auf S. 57 f. der SIA-Norm 198 *Untertagbau*, Ausgabe 1993.

[509] Vgl. Nr. 385 und die in Nr. 386 ff. aufgeführten speziellen Mehrvergütungsklauseln zu Lasten des Bauherrn; vgl. auch Nr. 407 betreffend Art. 61 SIA-Norm 118.

[510] Vgl. GAUCH/SCHLUEP, Nr. 1138 ff., auch Nr. 1151 ff. betreffend die Bestimmung des Art. 8 UWG; vgl. auch Nr. 510 f. hiernach

[511] Vgl. insbesondere Nr. 498 ff. und Nr. 688 ff.

[512] Vgl. GWerkV Nr. 1976: Nach den Umständen des Einzelfalles kann der Bauherr eine Überprüfung sachverständig erteilter Weisungen „in guten Treuen" erwarten.

seines Vertrauen erweckenden Verhaltens steht jedoch in der Praxis im Vordergrund, weshalb es sich rechtfertigt, sich ausschliesslich mit ihr zu befassen. Die folgenden Ausführungen gelten jedoch sinngemäss für analoges Verhalten des Unternehmers gegenüber dem Bauherrn.

## 1. Die vertragliche Vertrauenshaftung im allgemeinen

### a) Die Arbeitsteilung

436   Knappe Ressourcen erfordern die *Optimierung*. Ökonomisches Verhalten ist Zieloptimierung unter Restriktionen.[513]

437   Die Entscheidungen beider Parteien (= Willenserklärungen im Sinne von Art. 1 Abs. 1 OR) beruhen beidseits auf Überlegungen und Motiven (= Vertragsgrundlagen). In der Regel wägt jede Partei ab, wie die für sie nur beschränkt verfügbaren, d.h. knappen Ressourcen für den bestmöglichen, d.h. optimalen (materiellen oder ideellen) Erfolg (= Nutzen) eingesetzt werden können. Diese Abwägung ist die *Optimierung*.[514] Die Knappheit bestimmt den Wert eines Gutes.[515] Marktwirtschaft ist ein System, in welchem der entscheidungsfreie, selbstverantwortliche Unternehmer eine *Maximierung* seines Gewinns durch *Minimierung* der Kosten erreicht und dadurch eine optimale Allokation (Zuteilung) der Ressourcen bewirkt.[516]

438   Da die Ressourcen im Verhältnis zu den Bedürfnissen immer knapp sind, müssen die Mittel (Ressourcen) möglichst *effizient* eingesetzt werden.[517] Die Forderung nach *Effizienz,* ein *ökonomisches Prinzip,* bedeutet, dass ein gegebenes Bedürfnis bzw. vorgegebenes Ziel mit möglichst geringem Mitteleinsatz (Aufwand) zu realisieren ist, oder umgekehrt, dass mit den verfügbaren Mitteln eine maximale Bedürfnisbefriedigung angestrebt

---

Die Obliegenheit des Unternehmers zur *Anzeige* (Nr. 716 ff. hiernach) schützt das Vertrauen des Bauherrn in die im Werkvertrag vereinbarten Kosten.

[513]   Vgl. KLEINEWEFERS, S. 61; MANKIW, S. 4.
[514]   Vgl. BORNER, S. 12.
[515]   BORNER, S. 16.
[516]   BORNER, S. 15.
[517]   BORNER, S. 20.

wird.⁵¹⁸ Dadurch soll die Verschwendung von Ressourcen vermieden werden.⁵¹⁹ Geldmittel sind immer ein knappes Gut. Es ist deshalb verständlich und auch legitim, dass beide Vertragspartner möglichst Geld sparen wollen. Regelmässig will der Bauherr möglichst wenig Geld für das Werk auslegen, und auf der anderen Seite will der Unternehmer möglichst wenig (Geld kostenden) Aufwand für Leistungen betreiben, die ihm zu Festpreisen (Pauschal-, Global- oder Einheitspreisen) vergütet werden.

439  Im Normalfall verfügt der einzelne Mensch (auch eine juristische Person) nicht über den notwendigen *Sachverstand* und die erforderlichen *technischen Mittel*, um Bauwerke, insbesondere moderne, technisch komplexe und entsprechend anspruchsvolle Bauwerke, allein zu projektieren und auszuführen. Er bedarf deshalb der Mitarbeit zahlreicher Mitmenschen. Die Kooperation beruht regelmässig auf einer komplexen, vernetzten **Arbeitsteilung** (Nr. 70).

440  Die *Arbeitsteilung*, d.h. die Aufteilung verschiedener Teilaufgaben auf Spezialisten, steigert die Effizienz.⁵²⁰ Die Arbeitsteilung beruht auf dem (ökonomischen) Effizienzprinzip, nämlich dass *Spezialisten* je auf ihrem eigenen Fachgebiet Leistungen besser, rascher und kostengünstiger erbringen. Für den Spezialisten sind Risiken besser beherrschbar.⁵²¹ Er ist oft in der Lage, selbst zur Optimierung des Mitteleinsatzes beizutragen und entsprechende Vorschläge zu unterbreiten. Z.B. kann ein spezialisierter und erfahrener Asphaltunternehmer raten, bei der Sanierung eines Flachdaches auf ein Notdach zu verzichten, weil die Behebung allfälliger Wasserschäden erheblich billiger als die Kosten eines Notdaches wäre.

441  Das Bauwesen ist durch eine besonders stark verästelte *Arbeitsteilung* (Spezialisierung) charakterisiert. Für die Planung und Ausführung moderner Bauten, insbesondere von hochkomplexen Grossprojekten, ver-

---

⁵¹⁸ BORNER, S. 20 f.

⁵¹⁹ BORNER, S. 22.

⁵²⁰ Vgl. BORNER, S. 27; MANKIW, S, 4: „combined actions"; zur Arbeitsteilung vgl. auch GAUCH/SCHLUEP, Nr. 2898 f.

⁵²¹ Vgl. NIKLISCH, FS Lukes, S. 154: „Soweit Verträge, wie typischerweise bei neuen Technologien, den Umgang mit den entsprechenden Risiken jedenfalls auch zum Gegenstand haben, stellt man immer stärker darauf ab, welcher der Vertragspartner welche Verpflichtungen mit dem Ziel der Risikobewältigung übernommen hat." Ein Beispiel: Mit Baugrunduntersuchungen (Art. 5 Abs. 2 SIA-Norm 118; vgl. Nr. 72) will der Bauherr das Baugrundrisiko minimieren.

pflichtet der Bauherr regelmässig zahlreiche *spezialisierte Personen bzw. Betriebe*, mit ihrem spezialisierten Sachverstand und ihren Hilfsmitteln (Personal, Geräte, Maschinen usw.) spezielle Teilaufgaben des Bauvorhabens zu erfüllen. Alle vom Bauherrn beigezogenen Baubeteiligten sind *Spezialisten* im weiten Sinne des Wortes, denen der Bauherr Teilaufgaben zuweist.[522] Möglich ist, dass der Bauherr auch eigenen Sachverstand oder eigene Hilfsmittel zur Bewältigung eines Bauvorhabens einsetzt.

442 Im Rahmen der Arbeitsteilung können die Hauptbereiche *Projektierung* und *Bauausführung* unterschieden werden. Einerseits beauftragt der Bauherr mit der Projektierung, Vorbereitung und Leitung der Bauausführung usw. verschiedene Spezialisten wie Geologe, Geotechniker, Architekt, Bauingenieur, Fachingenieure[523]. Andererseits verpflichtet der Bauherr für die *Ausführung* der zahlreichen speziellen Arbeitsgattungen verschiedene Unternehmer. Sie sind *Teilunternehmer*, weil sie nur einen Teil des Gesamtwerkes zu erstellen haben.[524] Unter sich sind sie *Nebenunternehmer*.[525] Die Arbeitsteilung kann noch weiter aufgefächert werden, indem die (Teil-) Unternehmer mit *Subunternehmern* Unterverträge abschliessen.[526] Grundsätzlich gleich verhält es sich, wenn der Bauherr einen General- oder Totalunternehmervertrag abschliesst.[527] Dann liegt die Arbeitsteilung weitgehend in den Händen des Generalunternehmers oder ausschliesslich in denjenigen des Totalunternehmers. Diese Erscheinungsformen der Arbeitsteilung werden im folgenden der Einfach-

---

[522] Vgl. SCHALCHER HANS RUDOLF, *Der Schweizerische Hauseigentümer*, vom 1. Februar 1997, S. 15: „Die klare Regelung von Aufgaben, Kompetenzen und Verantwortlichkeiten und die Wahl des fachlich und sozialkompetenten Partners ist eine der wichtigsten Bauherrenaufgaben. Dabei ist von entscheidender Bedeutung, dass sich der Bauherr von der traditionellen Rollenverteilung löst und ziel- und aufgabenspezifisch die bestgeeignetsten internen und externen Fachleute auswählt."

[523] Gemeint sind *Fachingenieure* im Sinne der SIA-Ordnung 108 *Ordnung für Leistungen und Honorare der Maschinen- und der Elektroingenieure sowie der Fachingenieure für Gebäudeinstallationen*, Ausgabe 1984; die Fachingenieure werden häufig *Spezialisten* (im engeren Sinne des Begriffs) genannt.

[524] Zum Begriff des *Teilunternehmers* vgl. GWerkV Nr. 218 ff.

[525] Zum Begriff des *Nebenunternehmers* vgl. GWerkV Nr. 219 ff.; SCHERRER ERWIN, Nebenunternehmer beim Bauen, Diss. Freiburg 1994, Nr. 75 ff., vgl. auch Art. 30 SIA-Norm 118.

[526] Vgl. Art. 29 SIA-Norm 118; CERUTTI ROMEO, Der Untervertrag, Diss. Freiburg 1990.

[527] Vgl. GWerkV Nr. 222 ff. betreffend den Generalunternehmer und GWerkV Nr. 233 ff. betreffend den Totalunternehmer.

heit halber ausser acht gelassen, soweit sich aus dem Zusammenhang nicht etwas anderes ergibt.

443 Der Bauherr ist „Herr des Bauens", d.h. Herr des gesamten Baugeschehens, das durch sein Bauvorhaben ausgelöst wird.[528] Regelmässig beherrscht er auch die Vertragsgestaltung und bestimmt die Ausschreibungsmethode. Wählt der Bauherr - wie dies häufig geschieht - das Vertragsgestaltungsmodell der *detaillierten Leistungsbeschreibung*[529], ist die Arbeitsteilung in den Grundzügen wie folgt strukturiert:

### aa) Die Optimierung durch den Bauherrn

444 Der Bauherr und seine sachverständigen Hilfspersonen (Nr. 477) optimieren das gesamte Bauwerk[530] in verschiedenen *Phasen* (Detaillierungsebenen) in der folgenden Reihenfolge:

445 - *Abklärungen* (Nr. 72),

446 - Umsetzung der Abklärungen in eine *Prognose* der Auswirkungen des Bauvorganges sowie der Einwirkungen des Bauvorganges und des vollendeten Werkes (Nr. 73 ff.),

447 - *Projektierung* (Nr. 91),

448 - *Ausschreibung* (Nr. 92 ff.),

449 - Optimierung (v.a. in finanzieller Hinsicht) durch den *Wettbewerb* unter mehreren Unternehmern in der Ausschreibung bzw. in der Submission des öffentlichen Bauherrn,

450 - *Weisungen* an den Unternehmer nach Abschluss des Bauwerkvertrages, auch in Form von Ausführungsplänen.[531]

451 - *Bauleitung* und *Baukontrolle*.[532]

---

[528] Vgl. GWerkV Nr. 208.

[529] Vgl. die Behandlung der *detaillierten Beschreibung der unmittelbaren Bauleistungen* in Nr. 51 ff. und Nr. 66 ff.

[530] GWerkV Nr. 209 verwendet den Begriff des *Gesamtwerks*; vgl. auch Art. 1 Abs. 1 SIA-Norm 118: „ganzes Bauwerk".

[531] Vgl. Art. 99 f. SIA-Norm 118; GAUCH/SCHUMACHER, KommSIA118, Anm. zu Art. 99 und Art. 100.

[532] Vgl. SCHUMACHER, ArchR, Nr. 498 ff. bzw. Nr. 501 ff.

### bb) Die Optimierung durch den Unternehmer

452 Der Werkvertrag ist ein *Austauschvertrag*. Ausgetauscht werden die Vergütung des Bauherrn und die Leistungen des Unternehmers. Deshalb bezieht sich eine getroffene Preisabrede immer nur auf eine bestimmte (unveränderte) Leistung.[533] Der Unternehmer muss den Aufwand für die vom Bauherrn verlangte Leistung veranschlagen. Er kalkuliert den Aufwand und damit auch die Kosten für eine *bestimmte* Leistung. Um angesichts des legitimen Strebens des Bauherrn nach einem günstigen Preis (Nr. 438, Nr. 449) die Chance eines Vertragsabschlusses zu haben, muss der Unternehmers seinerseits *optimieren*.

453 Aufgrund des vom Bauherrn vorgegebenen, zukünftigen Vertragsinhaltes muss der Unternehmer in der *ersten* Stufe seinen *Mitteleinsatz* planen, insbesondere:

454 - Planung der geeignetsten Baumethoden, soweit sie vom Bauherrn nicht vorgeschrieben sind; diese Planung umfasst auch die *Ablaufplanung*;[534]

455 - Bestimmung der erforderlichen Kategorien (Qualifikationen) der einzusetzenden *Arbeitnehmer* und deren Anzahl für jede Kategorie;[535]

456 - Planung der einzusetzenden Geräte, insbesondere der *Baustelleneinrichtungen*;[536] beispielsweise beauftragt der Tunnelbauer eine Maschinenfabrik, eine für das vom Bauherrn angegebene Gebirge und für die von ihm verlangte Bauzeit geeignete, d.h. leistungsfähige Tunnelbohrmaschine mit der erforderlichen Vortriebsgeschwindigkeit zu konstruieren;

457 - Berechnung des *Bauprogrammes*, d.h. des zeitlichen Fortschrittes der Bauarbeiten;[537]

---

[533] Vgl. GAUCH, KommSIA118, Anm. 10 Abs. 2 zu Art. 38 Abs. 2; vgl. auch GWerkV Nr. 917.
[534] Vgl. BRANDENBERGER/RUOSCH, Ablaufplanung, S. 21 f.; vgl. auch GAUCH/SCHUMACHER, KommSIA118, Anm. 1 zu Art. 93 Abs. 1.
[535] Vgl. GAUCH/SCHUMACHER, KommSIA118, Anm. 12 zu Art. 93 Abs. 1.
[536] Vgl. GAUCH/SCHUMACHER, KommSIA118, Anm. 13 ff. zu Art. 93 Abs. 1.
[537] Vgl. GAUCH/SCHUMACHER, KommSIA118, Anm. 2 ff. zu Art. 93 Abs. 1.

458   - Planung der *Logistik der Baustelle* (Versorgung und Entsorgung, Unterhalt und Reparatur von Baustelleneinrichtungen, Ersatz von Personal und Material usw.).

459   In der *zweiten* Stufe kalkuliert der Unternehmer die *Kosten* des geplanten Mitteleinsatzes, d.h. seines mutmasslichen Aufwandes (Nr. 22 ff.).

460   Die dritte und letzte Stufe ist die *Kostenumlage* (Nr. 184): Der Unternehmer rechnet den Aufwand um in verschiedene *Festpreise* für Einzelleistungen (Nr. 40 ff., Nr. 160 ff.) und für Aufwandpositionen (Nr. 177 ff.) oder einen Gesamtpreis für das Werk (Nr. 156 ff.). Die gängige Preisbildung ist *sehr komplex* (Nr. 184 ff.). Das Preisangebot des Unternehmers beruht auf einer vernetzten *Gesamtkalkulation* (Nr. 28 ff., Nr. 181, Nr. 188). Die Optimierung des Unternehmers bewirkt häufig hohe *zeitabhängige* Kosten für den Aufwand (z.B. für Personal und Baustelleneinrichtungen). Dies erhöht die Anfälligkeit gegen Störungen.[538] Kostenkalkulation und Preisangebot des Unternehmers beruhen regelmässig auf den Vorgaben des Bauherrn, nämlich auf dessen Ausschreibungsunterlagen, unter denen das Leistungsverzeichnis bzw. die Baubeschreibung den *Vorrang* besitzt.[539] Der Unternehmer ist deshalb darauf angewiesen, dass er auf die Ausschreibungsunterlagen des Bauherrn vertrauen darf.

### b)   Die Vertrauenshaftung im Vertragsrecht

461   Die Arbeitsteilung funktioniert nur auf der Basis gegenseitigen *Vertrauens* aller Beteiligten. Sie erreicht nur dann die bezweckte Optimierung (auch in finanzieller Hinsicht), wenn - so auch im Bauwesen - jeder Baubeteiligte darauf vertrauen darf, dass die anderen sachverständigen Baubeteiligten ihre (Teil-) Aufgaben richtig und vollständig erfüllen. Ohne dieses gegenseitige Vertrauen wäre der Nutzen der Arbeitsteilung *illusorisch*: Ohne Vertrauen müsste jeder Baubeteiligte die ihm gemachten Angaben und die Vorleistungen gründlich überprüfen, mindestens einen Teil der Projektierung nachvollziehen oder gar wiederholen usw., was

---

[538]  Vgl. VYGEN/SCHUBERT/LANG, Nr. 142 mit Verweisung auf OLSHAUSEN, FS *Korbion*, S. 323: „Gerade dieser planmässige Einsatz aller Produktionsfaktoren auf der Baustelle ist aber oberstes Gebot und Voraussetzung für ein wirtschaftliches Ergebnis, das der Kalkulation entspricht."

[539]  Zum *Vorrang* des Leistungsverzeichnisses nach dem Vertragsgestaltungsmodell der SIA-Norm 118 vgl. ausführlich Nr. 66 ff., insbesondere Nr. 119 ff.

die Kosten erhöhen würde.[540] Dass zwei oder mehrere die gleiche Arbeit verrichten, wäre ökonomischer Unsinn. Ebenso unwirtschaftlich wäre es, wenn der Unternehmer in sein Preisangebot ausreichende Reserven für alle irgendwie denkbaren Risiken, sozusagen für den „*worst case*" einzurechnen hätte.[541]

462 Vertrauen ist die *wesentlichste Grundlage* menschlichen Zusammenlebens.[542] „In Wahrheit fundiert der Vertrauensgedanke das gesamte Recht, das gesamte Sicheinlassen auf andere Menschen."[543] Vertrauen ist für das Zustandekommen wirtschaftlicher und politischer Verträge relevant.[544] „In einer Rechtskultur, die die Lösung des Knappheitsproblems der Privatautonomie anvertraut, werden sowohl Wettbewerb als auch vertragliches Vertrauen als Rechtseinrichtungen benötigt."[545]

463 Es geht um *spezielle* und gegenüber dem Deliktsrecht *höhere Sorgfaltspflichten*, wenn man es mit einem Vertragspartner zu tun hat, d.h. mit jemandem, mit dem man in *knappheitsüberwindende beidseitige Risikoüberlegungen* eingetreten ist. Der Vertrag schafft eine Sonderbeziehung, in welcher durch autonome Rechtsgestaltung die *Risiken* der Partner *begrenzt* und *gemindert* werden, aber auch gegenseitiges Vertrauen erzeugt und ein Rahmen gezogen wird, der ebenso für Fragen der Bindung und der Geschäftsgrundlage wie der Haftung Bedeutung erlangt.[546]

464 Ein Risiko kann auch übernommen werden durch das Vertrauen erweckende Verhalten eines Vertragspartners.[547] Vertrauen wird z.B. gebildet, wenn eine Vertragspartei Angaben über kostenbildende Faktoren macht und dabei für sie erkennbar ist, dass ihre Angaben die Grundlage für die Preiskalkulation bilden. Vertrauensschutz ist stets eine Wertungsfrage.[548] Die Wertung kann durch den Richter nicht willkürlich vorgenommen

---

[540] So auch WALTER, ZBJV 1996, S. 286, der sinngemäss auf die Kostenvorteile der „Verfahrensstandardisierung" als Korrelat der Vertrauenshaftung hinweist.
[541] Ebenso sinngemäss NIKLISCH, FS Lukes, S. 150.
[542] WALTER, ZBJV 1996, S. 273.
[543] LUHMANN, S. 37; derselbe S. 35: „Vielleicht liegt diese Art Vertrauen überhaupt aller Rechtsbildung, z.B. der Entstehung der Rechtsform des Vertrages zugrunde"; vgl. auch WEINGART, S. 10.
[544] OSWALD, S. 111.
[545] FIKENTSCHER, S. 170.
[546] FIKENTSCHER, S. 178 f., auch zit. von WALTER, ZBJV 1996, S. 277 f.
[547] Vgl. WALTER, ZBJV 1996, S. 278.
[548] Vgl. WALTER, ZBJV 1996, S. 283.

werden, sondern erfolgt innerhalb eines Systems der sozialen Ordnung. Das System objektiviert und stabilisiert das Vertrauen (Systemvertrauen). Das System kann eine staatliche Rechtsordnung oder ein privates, von den Parteien autonom übernommenes anderes Regelsystem sein (z.B. die SIA-Norm 118; Nr. 481 ff.).

465  Die Risikoübernahme durch Vertrauenserweckung führt zur vertraglichen[549] *Vertrauenshaftung*. Haftungsgrundlage ist das in einer Sonderbeziehung (Vertrag) erweckte und enttäuschte Vertrauen.[550] Haftung ist ein mehrdeutiger Begriff.[551] Im Ausdruck *Vertrauenshaftung* wird der Begriff der Haftung im weitesten Sinne verwendet: rechtliches Einstehenmüssen einer Vertragspartei für ihr gesamtes rechtsrelevantes Verhalten. Hier bedeutet Vertrauenshaftung, dass eine Vertragspartei aufgrund ihres eigenen, Vertrauen erweckenden Verhaltens für die Nachteile einstehen muss, welche dadurch entstanden sind, dass die Wirklichkeit nicht dem erweckten Vertrauen entsprach. Die Vertragsgestaltung des Bauherrn kann Vertrauen erwecken, das später enttäuscht wird und deshalb Nachteile verursacht. Die Vertrauenshaftung ist ein Ausfluss des *Vertrauensprinzips* im weitesten Sinne des Begriffs: Der Erklärende (hier bei der Vertragsgestaltung) wird bei seinem Verhalten nicht gemäss seinem Willen, sondern so behaftet, wie der Empfänger sein Erklärungsverhalten in guten Treuen verstehen durfte und musste.[552] Die Haftung für erwecktes Vertrauen hat sich bereits ihren *festen Platz im Rechtsalltag* erobert, insbesondere in der bundesgerichtlichen Rechtsprechung.[553]

---

[549] Zum Vertrauensschutz bei arbeitsteiligen Produktionsprozessen im *Strafrecht* vgl. BGE 120 IV 310 mit zahlreichen Verweisungen; STRATENWERTH GÜNTER, Schweizerisches Strafrecht, Allgemeiner Teil I, 2. Auflage, Bern 1996, S. 453, Nr. 50.

[550] WALTER, ZBJV 1996, S. 295 - Zur *ausservertraglichen* Vertrauenshaftung vgl. BGE 120 II 336 f., insbesondere S. 337: „unrichtige Angaben".

[551] GAUCH/SCHLUEP, Nr. 104 ff.

[552] Grundlegend: BGE 69 II 322; WALTER, ZBJV 1996, S. 279; Gauch/SCHLUEP, Nr. 209 mit Verweisungen.

[553] Vgl. BGE 122 III 236; dazu HAUSHEER HEINZ, ZBJV 1997, S. 449; zur Haftung für erwecktes Vertrauen im allgemeinen, auch für ausservertraglich erwecktes Vertrauen, vgl. insbesondere WALTER, ZBJV 1996, S. 273 ff.; WIEGAND WOLFGANG, Von der Obligation zum Schuldverhältnis, recht 1997, S. 85 ff., insbesondere S. 87 und S. 88; WIEGAND WOLFGANG, zu BGE 121 III 350 in ZBJV 1997, S. 114 ff.; WIEGAND WOLFGANG, zu BGE 120 II 331 ff. in ZBJV 1996, S. 321 ff.; vgl. auch GWerkV Nr. 2484.

## 2. Die Vertrauenshaftung des Bauherrn infolge detaillierter Leistungsbeschreibung

### a) Allgemeines

466 Im folgenden wird die Haftung für das Vertrauen des Bauherrn behandelt, das er durch die Wahl (Nr. 443 ff.) und die Durchführung der Vertragsgestaltungsmethode der *detaillierten Leistungsbeschreibung* (Nr. 51 ff.) erweckt. Die gesetzliche Rechtslage und diejenige bei Übernahme der SIA-Norm 118 werden getrennt behandelt. Diese getrennte Behandlung erfolgt bloss aus einem methodischen Grund. Sie darf jedoch nicht Anlass dazu sein, das *gemeinsame* Grundprinzip zu übersehen. Dieses lautet:

467 Im einen wie im anderen Falle, ob nach Gesetz oder nach SIA-Norm 118, immer handelt es sich um *Vertrauenshaftung* (Nr. 461 ff.). Massgebend ist das Vertrauen, das der Bauherr durch sein individuelles Verhalten erweckt, nämlich indem er die Bauarbeiten *detailliert* umschreibt und ausschreibt. Bei diesem Vertrauen wird der Bauherr behaftet, unabhängig davon, ob die SIA-Norm 118 als Bestandteil des konkreten Einzelvertrages übernommen worden ist oder nicht.

468 Massgebend ist das *individuelle* Verhalten des Bauherrn, und dies auch dann, wenn die SIA-Norm 118 Vertragsbestandteil ist. In diesem Fall wird der Bauherr nicht wegen der blossen (häufig globalen) Übernahme der SIA-Norm 118 behaftet, sondern weil er sich tatsächlich, d.h. *individuell* nach dem Vertragsgestaltungsmodell der SIA-Norm 118 verhält und damit das Vertrauen des Unternehmers erweckt. Wegen des individuellen Verhaltens des Bauherrn, das dem Vertragsgestaltungsmodell der SIA-Norm 118 entspricht, kann dem Unternehmer nicht entgegengehalten werden, die einschlägigen Bestimmungen der SIA-Norm 118 seien bloss nachrangige AGB.[554]

---

[554] Zu den *Rangordnungen* vgl. Art. 7 Abs. 2 und Art. 21 Abs. 1 SIA-Norm 118; zu den *Widerspruchsregeln* im allgemeinen und in der SIA-Norm 118 vgl. GWerkV Nr. 304 ff.; ferner Nr. 472 hiernach.

469 Im Streitfall ist die Risikotragung durch **Vertragsauslegung** zu ermitteln. Dabei sind insbesondere die folgenden Grundsätze[555] zu beachten:

470 **a.** Jeder einzelne Vertrag ist **individuell** auszulegen.[556] Alle Umstände des konkreten Einzelfalls dienen als Auslegungsmittel. Das erfordert insbesondere eine *ganzheitliche* Auslegung. Jede einzelne Vertragsbestimmung ist unter Mitberücksichtigung des *Vertragsganzen* auszulegen.[557] Bei der Auslegung von Verträgen ist immer auch das *systematische* Element zu berücksichtigen.[558]

471 **b.** Nach schweizerischer Auffassung sind AGB, zu denen auch die SIA-Norm 118 gehört, ebenfalls **individuell** auszulegen, d.h. anhand aller Umstände des konkreten Einzelfalls.[559] Der Sinn, den die Normbestimmungen (als Bestandteil eines konkreten Vertrages) haben, kann durchaus abweichen von dem, was sich die Verfasser der Norm bei deren Ausarbeitung dachten.[560]

472 **c.** Der **individuelle** Vertragsinhalt besitzt schlechthin **Vorrang** vor allenfalls übernommenen AGB.[561] Dieser Grundsatz gilt selbst dann, wenn die Parteien in einer Rangordnung (Widerspruchsklausel) ihres Werkvertrages bestimmten (ev. auch mehreren) AGB den Vorrang vor individuellen Vereinbarungen ausdrücklich einräumen wollten. In einem solchen Fall

---

[555] Selbstverständlich sind auch alle übrigen Auslegungsmittel und Auslegungsregeln zulässig und beachtlich; vgl. deren Behandlung durch GAUCH/SCHLUEP, Nr. 1196 ff. U.a. hat der Richter zu berücksichtigen, was *sachgerecht* (vernünftig) ist, weil nicht anzunehmen ist, dass die Parteien eine unangemessene Lösung gewollt haben (BGE 122 III 424; GAUCH/SCHLUEP, Nr. 1235 lit. a); im Zweifel ist der Vertrag *zu Ungunsten des Verfassers* auszulegen (sog. Unklarheitsregel; vgl. GAUCH/SCHLUEP, Nr. 1231 f.).

[556] Vgl. BGE 122 III 121; GAUCH/SCHLUEP, Nr. 1196 und Nr. 1241; GWerkV Nr. 291; GAUCH, KommSIA118, 1992, S. 36, Anm. 28.

[557] GAUCH/SCHLUEP, Nr. 1229; BGE 113 II 50, 117 II 622.

[558] GAUCH/SCHLUEP, Nr. 1210 ff., insbesondere Nr. 1210 und Nr. 1229, ferner Nr. 1241; BGE 122 III 122, auch S. 121; vgl. auch Nr. 9.

[559] GAUCH/SCHLUEP, Nr. 1241; GWerkV Nr. 291; GAUCH, KommSIA118, 1992, S. 36 f., Nr. 28 mit Verweisungen.

[560] GWerkV Nr. 291.

[561] GAUCH/SCHLUEP, Nr. 1139 mit zahlreichen Verweisungen auf die Rechtsprechung; GWerkV Nr. 196, Nr. 286, Nr. 288 und Nr. 316; GAUCH, KommSIA118, 1992, S. 35, Nr. 22; vgl. auch Nr. 93 mit FN 128 hiervor.

hat die Rangordnung insoweit keine Geltung, als sie den AGB den Vorrang vor individuellen Abreden einräumen will.[562]

## b) Die Vertrauenshaftung nach Gesetz

473 Detaillierte Leistungsbeschreibungen (z.B. in den Leistungs- und Aufwandpositionen eines Leistungsverzeichnisses) sind *Weisungen*[563] im Sinne von Art. 369 OR.[564] Bereits in solchen Leistungsbeschreibungen vor und bei Abschluss des Werkvertrages[565] legt der Bauherr *verbindlich* fest, wie der Unternehmer das Werk auszuführen hat, nämlich betreffend Konstruktion, Arbeitsverfahren usw.[566]

474 Der Bauherr schreibt *aus* und damit auch detailliert *vor*, was und wie der Unternehmer zu konstruieren und wofür er die angebotenen Preise zu berechnen hat. Eine Preisabrede bezieht sich immer nur auf eine *bestimmte* (unveränderte) Leistung.[567] In der Ausschreibung bestimmt der Bauherr nach einem von ihm frei gewählten System (hier: detaillierte Leistungsbeschreibung) die Leistungen, für die und nur für die der Unternehmer feste Preise (Pauschal-, Global- oder Einheitspreise) zu berechnen und anzubieten hat. Der Bauherr haftet für das, was er selber beschreibt (Art. 369 OR). Seine Weisungen sind verbindlich und nicht blosse Ratschläge. Der Bauherr weiss oder es ist für ihn mindestens erkennbar,[568] dass seine Weisungen zugleich die Angaben sind, welche die kostenbildenden Faktoren für die Kalkulation des Unternehmers enthalten. Nur darauf

---

[562] GWerkV Nr. 306.

[563] Zu den Weisungen im allgemeinen vgl. GWerkV Nr. 1927 ff.; vgl. auch GWerkV Nr. 1333: Die Weisungen gehören zu den *Mitwirkungshandlungen* des Bauherrn.

[564] Vgl. Nr. 51 und Nr. 356 mit den Verweisungen auf Rechtsprechung und Lehre in den FN 71 und 414; zur systematischen Gleichbehandlung von Mängelhaftungs- und Vergütungsrecht vgl. Nr. 356 hiervor mit FN 412 sowie Nr. 489 hiernach.

[565] Zu den (Ausführungs-) Weisungen des Bauherrn *nach* Vertragsabschluss vgl. GWerkV Nr. 1932 f. und Art. 99 f. SIA-Norm 118 mit Anmerkungen von GAUCH/SCHUMACHER, KommSIA118; vgl. auch GWerkV Nr. 810 betreffend Konkretisierung des Werkes durch den Bauherrn.

[566] Vgl. GWerkV Nr. 1928, dort auch Nr. 1927, wonach der Unternehmer die Ausführungsweisungen des Bauherrn befolgen *muss*.

[567] Vgl. GAUCH, KommSIA118, Anm. 10 Abs. 2 zu Art. 38 Abs. 2; GWerkV Nr. 917.

[568] Vgl. WALTER, ZBJV 1996, S. 294: objektive Erkennbarkeit des Schutzbedarfs.

kann und darf der Unternehmer bei der Kalkulation seiner Festpreise abstellen, und nur dafür will der Bauherr das Angebot des Unternehmers.

475 Wer detailliert ausschreibt, erhebt damit den Anspruch, *vollständig* auszuschreiben, oder erweckt mindestens den vertrauenswürdigen Anschein der Vollständigkeit.[569] Eine detaillierte Ausschreibung (im Rahmen der vom Bauherrn gewählten Arbeitsteilung) macht nur Sinn, wenn alle ausgeschriebenen Details zusammen das *ganze* geschuldete Werk des Unternehmers ergeben, das in der Ausschreibung umschrieben wird. Mit der Wahl der detaillierten Ausschreibung hat der Bauherr die Verantwortung dafür übernommen, dass er diese Vertragsgestaltungsmethode richtig plant und deshalb vollständig ausschreibt.[570]

476 Das Vertrauen in detaillierte, vollständige und verbindliche Leistungsbeschreibungen ist vor allem darin begründet und deshalb berechtigt, weil sie *sachverständige* Weisungen sind, die der Unternehmer im Rahmen der **Arbeitsteilung** zwischen allen sachverständigen Baubeteiligten (Nr. 439 ff., auch Nr. 70) vom Bauherrn erhält. Wegen des **Sachverstandes** der anderen Baubeteiligten, der Spezialisten (im weiten Sinne des Begriffes; Nr. 441), ist das Vertrauen des Unternehmers in die Richtigkeit und Vollständigkeit der detaillierten Ausführungsanweisungen berechtigt. Durch Aufnahme einer zwischenmenschlichen Beziehung, insbesondere durch einen Vertrag als Sonderbindung, kann jemand veranlasst werden, auf den Sachverstand des Kontaktpartners (hier: des Bauherrn) zu vertrauen.[571] Deshalb hat der Unternehmer die Leistungsbeschreibungen des Bauherrn nicht auf Richtigkeit und Vollständigkeit hin zu überprüfen (Nr. 125 ff.). Das Gegenteil wäre ökonomischer Unsinn (Nr. 461 ff.). Aufgrund der aus Art. 364 OR abgeleiteten *allgemeinen Sorgfaltspflicht*[572] ist der Unternehmer hingegen verpflichtet, Mängel und Lücken der detaillierten Leistungsbeschreibung anzuzeigen oder deren mögliche Folgen in seine Preise einzurechnen, wenn er Mängel und Lücken tatsächlich entdeckt hat oder wenn sie offensichtlich sind (Nr. 129 ff.). Auf sachverständige Angaben des Bauherrn über bestimmte Sachverhalte

---

[569] Zum Anschein der Vollständigkeit vgl. GWerkV Nr. 1096.

[570] Vgl. KAPELLMANN KLAUS, Schlüsselfertiges Bauen, Düsseldorf 1997, S. 36 f.

[571] Vgl. WALTER, ZBJV 1996, S. 282 mit FN 30; ebenso WIEGAND, recht 1997, S. 87 f.; zum Sachverstand vgl. auch GWerkV Nr. 1923 und Nr. 1956; GAUCH, KommSIA118, Anm. 14 ff. zu Art. 58 Abs. 2.

[572] Zur aus Art. 364 Abs. 1 OR abgeleiteten allgemeinen Sorgfaltspflicht des Unternehmers vgl. BGE 95 II 51; GWerkV Nr. 813 und Nr. 817.

(etwa über die Beschaffenheit des Baugrundes, die für die Herstellungskosten von Bedeutung sind), darf sich der Unternehmer für seine Preiskalkulation ohne Nachprüfung (z.B. ohne Nachprüfung durch das eigene Baulabor) verlassen. Dies entspricht dem Gebot von Treu und Glauben und setzt keineswegs voraus, dass der Bauherr die Richtigkeit seiner Angaben „positiv", d.h. ausdrücklich zusichert.[573]

477 Eine besonders stark verästelte *Arbeitsteilung* (Spezialisierung) kennzeichnet das Bauwesen. Häufig zieht der Bauherr zahlreiche spezialisierte Personen bzw. Betriebe bei, die mit ihrem spezialisierten Sachverstand und ihren Facharbeitern sowie mit ihren „High Tech"-Maschinen usw. spezielle Teilaufgaben des Bauvorhabens zu erfüllen haben (Nr. 441). Eine effiziente Arbeitsteilung verlangt deshalb, dass der Unternehmer nicht nur auf den Sachverstand vertrauen darf, der dem Bauherrn eigen ist, sondern auch auf den Sachverstand der beigezogenen Spezialisten (im weiten Sinne des Begriffes; Nr. 441), die im juristischen Sinne seine *Hilfspersonen* im Sinne von Art. 101 OR sind.[574] Sachverständige Hilfspersonen des Bauherrn sind z.B. der von ihm eingesetzte Architekt oder Ingenieur, auch ein Geologe.[575] Setzt der Bauherr sachverständige Hilfspersonen gegenüber dem Unternehmer ein, so begründet er im Unternehmer das *Vertrauen*, das er, der Unternehmer, auf den Sachverstand der Hilfspersonen des Bauherrn zählen darf. Deshalb ist dem Bauherrn nicht nur das Verhalten der Hilfspersonen anzurechnen, sondern auch deren Sachverstand. Der Unternehmer darf sämtliche Erkenntnisse erwarten, über welche die vom Bauherrn eingesetzten Fachleute verfügen müssen.[576] Besitzen die Hilfspersonen nicht den erforderlichen Sachverstand, trifft sie ein sog. *Übernahmeverschulden,*[577] für das der Bauherr gegenüber dem Unternehmer haftet.

478 Durch die (soeben behandelten) detaillierten und sachverständigen Weisungen (z.B. eines Leistungsverzeichnisses) erweckt der Bauherr beim Unternehmer das berechtigte Vertrauen in die Richtigkeit und Vollstän-

---

[573] Vgl. GWerkV Nr. 1088 f., Nr. 1096 und Nr. 1975; ebenso GAUCH, KommSIA118, Anm. 17 lit. a zu Art. 58 Abs. 2.

[574] Zur Hilfspersonenhaftung gemäss Art. 101 OR im allgemeinen vgl. GAUCH/SCHLUEP, Nr. 2824 ff.; GWerkV Nr. 1893 ff.

[575] Vgl. GWerkV Nr. 1922, auch Nr. 1089.

[576] GWerkV Nr. 1923 und Nr. 1956.

[577] Vgl. GAUCH/SCHLUEP, Nr. 2757 f. und Nr. 2767 mit zahlreichen Verweisungen; GWerkV Nr. 841; SCHUMACHER, ArchR, Nr. 577 ff.; BGE 116 II 457.

digkeit der Angaben des Bauherrn. Der Unternehmer muss und darf deshalb *nur* für die ausgeschriebenen Leistungs- und Aufwandpositionen Preise kalkulieren und anbieten sowie später vereinbaren. Das Risiko der Mehrkosten zufolge Lücken und Mängel des detaillierten Leistungsverzeichnisses trägt der Bauherr. Mangelhaft ist z.B. der Baugrund, wenn er ungeeignet ist, das Werk, wie es vereinbart wurde, mängelfrei herzustellen.[578] Das Risiko für den angewiesenen Baugrund trägt somit der (sachverständige bzw. sachverständig vertretene oder beratene) Bauherr, wenn er Angaben über den Baugrund macht oder Weisungen erteilt, die für den konkreten Baugrund geeignet sein müssen (Nr. 356). Die gleiche Risikoverteilung liegt übrigens auch Art. 376 Abs. 3 OR (betreffend die Vergütungsgefahr bei zufälligem Untergang des Werkes) zugrunde. Ob der angewiesene Baugrund im Eigentum des Bauherrn steht oder nicht, macht keinen Unterschied.[579]

479 Diese Vertrauenshaftung steht im Einklang mit dem Werkvertrag als *Austauschvertrag* (Nr. 16). Eine Preisabrede bezieht sich immer nur auf eine bestimmte (unveränderte) Leistung (Nr. 53). Diese Vertrauenshaftung steht auch auf dem Boden des Art. 1 Abs. 1 OR, der für den Abschluss eines Vertrages die übereinstimmende gegenseitige Willensäusserung der Parteien fordert: Wählt der Bauherr das Vertragsgestaltungsmodell der detaillierten Leistungsbeschreibung, so kann - mangels anderer Absprache - der übereinstimmende Wille der Parteien nur darin bestehen, dass die Festpreise (Pauschal-, Global- oder Einheitspreise) nur für die detailliert umschriebenen Leistungen vereinbart werden und gelten, die der Bauherr mittels sachverständiger und vollständiger Weisungen (Art. 369 OR) vorschreibt. Über diese Preisbestimmungsmethode sind sich die Parteien in einem solchen Falle einig, mindestens nach dem (normativen) Vertrauensprinzip.

### c) Die Vertrauenshaftung nach SIA-Norm 118

480 Im Einklang mit der gesetzlichen Vertrauenshaftung steht diejenige der SIA-Norm 118, die den Sachverstand des Bauherrn oder seiner Hilfsper-

---

[578] Vgl. GWerkV Nr. 1981.
[579] GWerkV Nr. 1979.

sonen als Normalfall voraussetzt.[580] Den Bestimmungen der SIA-Norm 118 über den Abschluss des Werkvertrages (Art. 3 - 22 sowie Art. 21 SIA-Norm 118) liegt das Vertragsgestaltungsmodell der detaillierten Beschreibung der unmittelbaren Bauleistungen (Nr. 51 ff.) zugrunde. Wenn der Bauherr die Bauleistungen tatsächlich nach diesem Modell ausschreibt und zudem die SIA-Norm 118 wählt, d.h. als Vertragsbestandteil des zukünftigen Werkvertrages bestimmt,[581] so bestätigen und verwirklichen die vorerwähnten Bestimmungen der SIA-Norm 118 die *Vertrauenshaftung*, die auch von Gesetzes wegen durch die detaillierte Leistungsbeschreibung begründet wird. Es gilt deshalb grundsätzlich das, was bereits zur Vertrauenshaftung nach Gesetz ausgeführt worden ist (Nr. 473 ff.).

481 Das Vertragsgestaltungsmodell der SIA-Norm 118 wurde bereits einlässlich dargestellt (Nr. 71 ff., Nr. 119 ff.). Die einschlägigen Bestimmungen sind vernetzt und enthalten eine *System* der Vertrauenshaftung. Dieses basiert auf einer klaren *Arbeitsteilung* (Nr. 70, Nr. 439 ff.) zwischen dem sachverständigen Bauherrn und dem sachverständigen Unternehmer. Das System der Vertrauenshaftung setzt sich aus den folgenden Bestimmungen zusammen und ist wie folgt strukturiert:

482 - *Abklärungen* (Nr. 72);

483 - Auswertung der Abklärungen in einer *Prognose* der Auswirkungen des Bauvorganges und des Werkes auf die Umgebung (insbesondere auf den Baugrund) sowie der Einwirkungen der Umgebung auf den Bauvorgang und auf das Werk (Nr. 73 ff.);

484 - Projektierung; die Ausschreibung setzt ein *„hinreichend klares Projekt"* voraus (Nr. 91 ff.);

485 - Ausschreibung mittels *bestimmter* Ausschreibungsunterlagen (Nr. 92 ff.);

486 - Leistungsverzeichnis, das der Bauherr gemäss Art. 8 SIA-Norm 118 übersichtlich und insbesondere *vollständig* zu gestalten hat (Nr. 114 ff.); auch das Pflichtenheft einer Baubeschreibung hat gemäss Art. 12 Abs. 1 SIA-Norm 118 vollständig, detailliert und klar zu sein (Nr. 117 ff.); das

---

[580] Vgl. insbesondere Art. 25 Abs. 3 und Abs. 4, Art. 33 ff., Art. 58 Abs. 2 Satz 2 SIA-Norm 118; GAUCH, KommSIA118, Anm. 14 ff. zu Art. 58 Abs. 2 und Anm. 14 lit. b zu Art. 166 Abs. 4.

[581] Vgl. Art. 7 Abs. 2 Ziff. 5 lit. a SIA-Norm 118; vgl. auch Nr. 443.

Leistungsverzeichnis bzw. die Baubeschreibung besitzt innerhalb der Ausschreibungsunterlagen bzw. der Vertragsbestandteile, welche die geschuldeten Leistungen festlegen, den *Vorrang* (Nr. 119 ff.);

487 - *Keine* Pflicht des Unternehmers zur *Prüfung* des Leistungsverzeichnisses bzw. der Baubeschreibung auf Richtigkeit und Vollständigkeit (Nr. 125 ff.);

488 - Verschuldensfiktion des Art. 58 Abs. 2 Satz 2 SIA-Norm 118 „insbesondere [für] mangelhafte Angaben [des sachverständigen Bauherrn] in den Ausschreibungsunterlagen über den Baugrund" (Nr. 360 ff., Nr. 489).

489 In diesem systematischen Zusammenhang sind die früheren Ausführungen (Nr. 360 ff.) zu **Art. 58 Abs. 2 Satz 2 SIA-Norm 118** wie folgt zu ergänzen: Diese Normbestimmung rechnet dem sachverständigen Bauherrn „*insbesondere mangelhafte Angaben in den Ausschreibungsunterlagen über den Baugrund*" als Verschulden an. Dies wird als *Verschuldensfiktion* bezeichnet.[582] Nach meiner Auffassung besitzt jedoch das Verschulden im Sinne von Art. 58 Abs. 2 Satz 2 SIA-Norm 118 die gleiche Bedeutung wie das *Selbstverschulden* des Bestellers im Sinne von Art. 369 OR (Nr. 356), Art. 44 Abs. 1 OR (Art. 99 Abs. 3 OR) und Art. 166 Abs. 4 SIA-Norm SIA-Norm 118. Dieses Selbstverschulden setzt keine Vertragsverletzung und auch kein „echtes" Verschulden des Bauherrn im Sinne eines Pflichtverstosses voraus. In Art. 369 OR wird der Ausdruck *Verschulden* in einem weiteren, untechnischen Sinne verstanden.[583] Die Haftung des Bauherrn für sein Selbstverschulden im Sinne von Art. 369 OR bedeutet insbesondere, dass er das Risiko seiner sachverständigen Anweisungen trägt. Deshalb haftet der Bauherr u.a. für das Vertrauen, das der Unternehmer in den Sachverstand der Hilfspersonen des Bauherrn haben darf.[584] Dass der Bauherr schon von Gesetzes wegen regelmässig das Baugrundrisiko trägt, ist in seinem Selbstverschulden im

---

[582] Vgl. GAUCH, KommSIA118, Anm. 13 Abs. 2 zu Art. 58 Abs. 2.

[583] GWerkV Nr. 1924, auch Nr. 1917; GAUCH, KommSIA118, Anm. 14 lit. a zu Art. 166 Abs. 4; BÜHLER, S. 332; vgl. auch Art. 167 Satz 2 SIA-Norm 118; vgl. ferner Nr. 342, Nr. 349 und Nr. 350 hiervor.

[584] Vgl. GWerkV Nr. 1923, wo der Schutz des *Vertrauens* des Unternehmers in den Sachverstand der Hilfspersonen des Bauherrn ausdrücklich erwähnt wird; zur systematischen Gleichbehandlung von Mängelhaftungs- und Vergütungsrecht vgl. Nr. 356 hiervor mit FN 412.

weiteren Sinne des Art. 369 OR begründet.[585] Art. 58 Abs. 2 Satz 2 SIA-Norm 118 vermag deshalb die Rechtslage des Bauherrn gegenüber der gesetzlichen nicht zu verschlechtern.[586] Diese Normbestimmung ist die blosse Bestätigung der Vertrauenshaftung, wie sie bereits in den vorhergehenden Bestimmungen der SIA-Norm 118 festgelegt wird (Nr. 482 ff.) und ohnehin von Gesetzes wegen gilt (Nr. 473 ff.). Auch ohne Art. 58 Abs. 2 Satz 2 SIA-Norm 118 haftet der Bauherr für seine sachverständigen Angaben. Diese Vertrauenshaftung erstreckt sich auf *alle* Angaben des Bauherrn über kostenbildende und andere Faktoren. Deshalb ist die Kontroverse, ob Art. 58 Abs. 2 Satz 2 SIA-Norm 118 auch auf andere Angaben als bloss auf die Angaben über den Baugrund anwendbar sei oder nicht (Nr. 365), gegenstandslos.

## 3. Die Vertrauenshaftung des Bauherrn bei funktionaler Leistungsbeschreibung

490 Bei *funktionaler Leistungsbeschreibung* (Nr. 55 ff.) erweckt der Bauherr ebenfalls das Vertrauen des Unternehmers in den Sachverstand des Bauherrn und seiner Hilfspersonen. Grundsätzlich ist das zu beachten, was zur vertraglichen Vertrauenshaftung im allgemeinen (Nr. 436 ff.) und zur Vertrauenshaftung infolge detaillierter Leistungsbeschreibung (Nr. 466 ff.) bereits ausgeführt worden ist. Aus dem Wesen der funktionalen Leistungsbeschreibung ergibt sich jedoch, dass bei ihr der *Umfang* des berechtigten Vertrauens des Unternehmers zum vornherein *eingeschränkt* ist. Insbesondere darf er nicht auf die *Vollständigkeit* der Projektierung des Bauherrn vertrauen. Denn der Unternehmer hat die Projektierung fortzusetzen (Nr. 55 ff.). Er trägt deshalb u.a. das Risiko der Vollständigkeit seiner konstruktiven Weiterentwicklung (Nr. 58). Damit stellt sich die Frage nach der *Schnittstelle*, wo die Verantwortung des Bauherrn und seiner sachverständigen Hilfspersonen aufhört und wo die Verantwortung des Unternehmers beginnt (Nr. 59). Aus dem individuel-

---

[585] GWerkV Nr. 1979, vgl. auch Nr. 356. - Mit dem gesetzlichen Begriff des *Selbstverschuldens* stimmt derjenige im Sinne von Art. 166 Abs. 4 SIA-Norm 118 überein; vgl. dazu GWerkV Nr. 2672, sowie GAUCH, KommSIA118, Anm. 14 lit. a zu Art. 166 Abs. 4.

[586] A.A. GAUCH, KommSIA118, Anm. 13 Abs. 2 zu Art. 58 Abs. 2: „Das belastet den Bauherrn zwar mit einem erhöhten Risiko, was den Baugrund betrifft."

len Bauwerkvertrag und aus dessen individueller Auslegung (Nr. 470 ff.) ergibt sich im Einzelfall, welches Vertrauen des Unternehmers in die Angaben und in das gesamte übrige Verhalten des sachverständigen Bauherrn berechtigt ist. Dabei darf im Rahmen der vom Bauherrn gewählten *Arbeitsteilung* regelmässig davon ausgegangen werden, dass der Unternehmer nicht zur Nachprüfung verpflichtet ist, sondern von der Richtigkeit und Vollständigkeit der durch den Bauherrn bekanntgegebenen Anforderungen, Gegebenheiten und Annahmen ausgehen darf (Nr. 59). Deshalb ist auch bei funktionaler Leistungsbeschreibung das Gleiche zu beachten, was zu Art. 58 Abs. 2 Satz 2 SIA-Norm 118 bereits ausgeführt worden ist (Nr. 360 ff., Nr. 489).

491 Das soeben Ausgeführte gilt sinngemäss auch für die *hybride* Leistungsbeschreibung (Nr. 60 ff.). Auch in diesem Fall ist mangels besonderer Abrede anzunehmen, dass der Unternehmer von der Richtigkeit und Vollständigkeit der Vorarbeiten und Angaben des sachverständigen Bauherrn ausgehen darf (Nr. 62).

492 In der Regel darf auch der Unternehmer, der mit dem Bauherrn eine *Unternehmervariante* vereinbart hat, auf die Angaben des Bauherrn vertrauen.[587]

## 4. Erhöhtes Vertrauen im Submissionswettbewerb

493 Im Submissionswettbewerb ist der Unternehmer auf ein besonders starkes Vertrauen in den Sachverstand des Bauherrn und seiner Hilfspersonen angewiesen, dies insbesondere aus den folgenden Gründen:

494 - Der Unternehmer steht unter einem grossen, vom Bauherrn beabsichtigten *Konkurrenzdruck*. Er muss danach streben, im wirtschaftlichen Wettbewerb mit seinen Konkurrenten das günstigste Angebot einzureichen. Dieser Konkurrenzdruck verbietet Reserven und Vorbehalte, ganz abgesehen davon, dass Abänderungen des Leistungsverzeichnisses häufig vom Bauherrn als submissionswidrig erklärt werden, dies mit gutem Grund, da sonst die Offerten nicht vergleichbar wären. Wenn der Unternehmer die Kosten für die Bewältigung irgendwelcher, zwar denkbarer, jedoch unbekannter Risikoszenarien in die Preise für die ausgeschriebe-

---

[587] Vgl. HÜRLIMANN, BR 1996, S. 9 f.

nen Bauarbeiten einrechnen würde, besässe er meistens keine echte Zuschlagschance.

495 - Der Unternehmer steht unter *Zeitdruck*. Die Eingabefrist ist regelmässig kurz. Innert dieser kurzen Zeitspanne wäre es dem Unternehmer regelmässig schlicht unmöglich, die Abklärungen, die Projektierung, die Ausschreibung usw. des Bauherrn und seiner oft zahlreichen sachverständigen, teilweise hoch spezialisierten Hilfspersonen zu überprüfen, sozusagen die ganze Projektierungsarbeit „nachzuvollziehen".[588] Das Leistungsverzeichnis ist regelmässig das verdichtete Ergebnis einer intensiven Abklärungs- und Projektierungsarbeit zahlreicher Sachverständiger während langer Zeit, die für komplexe Infrastrukturbauten oft mehrere Jahre beanspruchen kann.

496 - Der Unternehmer steht auch unter *Kostendruck*, nämlich unter dem Risiko, dass sein Aufwand vergeblich ist, wenn er nicht das günstigste Angebot einreicht. Den nicht berücksichtigten Submittenten wird regelmässig der Aufwand für das Angebot nicht vergütet. Bei Grossprojekten kann dieser Aufwand sehr hohe Summen ausmachen, nicht selten in sechsstelliger Höhe. Deshalb sind dem Unternehmer Abklärungen meist nicht nur unmöglich, sondern auch *unzumutbar*.

497 - Der Unternehmer steht schliesslich häufig auch unter dem *Druck*, dass er auf den *Goodwill* der Bauleitung angewiesen ist, die regelmässig die Verfasserin des Projektes und der Ausschreibung ist. Die Einrechnung von Risikoreserven in die Angebotspreise würde die Baukosten in der Regel erheblich erhöhen, was den Unwillen der Bauleitung erwecken würde. Denn dann würde sie vom Bauherrn wegen unsorgfältiger Planung und insbesondere wegen unsorgfältiger Kostenprognose gerügt. Auch Kritik am Projekt durch Hinweise auf Mängel oder Lücken des Leistungsverzeichnisses hört bzw. liest die Bauleitung nicht gern. Da sie bei der Vergabe häufig *"Regie führt"*, sieht der Unternehmer, der ja nicht zur Prüfung der Ausschreibungsunterlagen verpflichtet ist (Nr. 125 ff.), erst recht davon ab, nach Lücken und Fehlern zu suchen und damit die Bauleitung vor den Kopf zu stossen.

---

[588] Vgl. BGE 4C.275/1990 vom 13. März 1991, S. 9 f., teilweise wiedergegeben in BR 1992, S. 112: „Da ihre Submissionsunterlagen erst am 21. Februar 1975 erhältlich waren und die Eingabefrist bereits am 9. April 1975 ablief, durfte sie [die Bauherrin] in guten Treuen nicht erwarten, die Klägerin [Unternehmerin] werde eigene geologische Untersuchungen durchführen, die in dieser Jahreszeit in Berggebieten ausserdem kaum möglich gewesen wären."

## 5. Die Vertrauenszerstörung

498 Aus verschiedenen Gründen kann der Unternehmer kein berechtigtes Vertrauen besitzen und deshalb nicht zu einer Mehrvergütung berechtigt sein. Beispiele: Der Unternehmer übernimmt ausdrücklich ein bestimmtes Risiko, das sonst der Bauherr tragen würde (Nr. 432), oder die Parteien vereinbaren, dass der Unternehmer bestimmte Angaben oder bestimmte Weisungen des Bauherrn nachzuprüfen hat.[589]

499 Der Unternehmer kann sich ebenfalls nicht auf berechtigtes Vertrauen berufen, wenn der Bauherr zwar Angaben (auch Weisungen) macht, diese aber gleichzeitig oder später, aber noch vor Vertragsabschluss als *unzuverlässig* bezeichnet. Diese Fallgruppe kann als *Vertrauenszerstörung* bezeichnet werden. Diese wird im folgenden behandelt. Sie spielt in der Praxis eine bedeutsame Rolle, weil der Bauherr dem Unternehmer, der eine Mehrvergütung fordert, nicht allzu selten sinngemäss entgegnet, er, der Bauherr, hätte das Vertrauen des Unternehmers zerstört.

500 Zwar kann der Bauherr das Vertrauen in die Zuverlässigkeit seiner Angaben, z.B. in die Richtigkeit, Vollständigkeit und Übersichtlichkeit eines Leistungsverzeichnisses, zerstören. Dies ist jedoch nur unter Beobachtung von *sehr engen, strengen* Modalitäten möglich, nämlich den folgenden:[590]

501 **a.** Der Bauherr muss seine Vorstellung über die mögliche Unverlässlichkeit seiner Angaben **unzweideutig** mitteilen. An das Erfordernis der Unzweideutigkeit muss ein strenger Massstab gelegt werden. Es muss sich um eine eindeutige Willenskundgabe des Bauherrn handeln, aus welcher der Unternehmer unmissverständlich schliessen muss, dass der Bauherr die Verantwortung für bestimmte Angaben ablehnt.[591] Zum gleichen Ergebnis führt häufig die *Unklarheitsregel,* wonach im Zweifel unklare

---

[589] Vgl. GWerkV Nr. 1097 und Nr. 1976; BGE 116 II 457.

[590] Grundlegend GWerkV Nr. 1097 ff., auch Nr. 1088; vgl. auch GAUCH, Komm-SIA118, Anm. 17 lit. d zu Art. 58 Abs. 2; SCHUMACHER, BR 1997, S. 7; BGE 4C.275/1990 vom 13. März 1991, S. 7 f.

[591] Eine *hinreichende Deutlichkeit* verlangen Rechtsprechung und Lehre auch für Abmahnungen und Abweichungen vom dispositiven Recht; vgl. beispielsweise BGE 122 III 121, 116 II 308, 95 II 50; GWerkV Nr. 1115 und Nr. 1946; GAUCH/SCHLUEP, Nr. 1230 und Nr. 1235 lit. b; vgl. auch BGE 109 II 25, wonach eine Freizeichnungsklausel *unmissverständlich* sein muss, um rechtswirksam zu sein.

oder gar widersprüchliche Vertragstexte zu Ungunsten des Verfassers auszulegen sind: "In dubio contra stipulatorem."[592] Dies beruht auf dem folgenden Grund: Wenn es eine Vertragspartei (hier: der Bauherr) unterlassen hat, eine Klarstellung zu ihren Gunsten vorzunehmen, so vermutlich deshalb, weil auch ihr Wille dem ihr ungünstigen Sinn entsprochen hat. Trifft diese Vermutung nicht zu, so wäre es ihre *Sorgfaltspflicht* gewesen, den Vertragsinhalt so zu formulieren, dass dieser die ihr ungünstige Auslegung eindeutig ausgeschlossen hätte.[593]

502 **b.** Das Erfordernis der Unzweideutigkeit verlangt eine Mitteilung des Bauherrn, die sich **individuell** auf einzelne konkrete Angaben bezieht und dem Unternehmer klarmacht, welche Angaben im einzelnen unzuverlässig sind. Eine pauschale Enthaftungsklausel und erst recht eine solche in AGB, z.B. wonach der Bauherr jegliche Verantwortung für die Richtigkeit seiner Angaben ablehne, vermag dieses Erfordernis nicht zu erfüllen,[594] auch nicht eine „Vollständigkeitsklausel" (Nr. 62) und selbst nicht ein Hinweis des Bauherrn, dass seine Angaben „nur informativen Charakter" hätten.[595] Eine Preisabrede (Vereinbarung eines Festpreises) bezieht sich immer nur auf eine *bestimmte* (unveränderte) Leistung.[596] Deshalb ist gemäss Art. 11 SIA-Norm 118 der Vorbehalt, d.h. das Gestaltungsrecht des Bauherrn, eine einzelne Arbeit durch einen Dritten als Nebenunternehmer ausführen lassen zu dürfen, nur dann rechtswirksam, wenn die verzichtbare Leistung in den Ausschreibungsunterlagen vermerkt, d.h. genau bezeichnet wird.[597] Gemäss Art. 8 Abs. 2 Satz 1 SIA-Norm 118 kann eine in den *Besonderen Bestimmungen* umschriebene Ausführungsart nur dann verbindlich sein, wenn im Leistungsverzeichnis individuell auf die betreffende Stelle der *Besonderen Bestimmungen* hingewiesen wird (Nr. 122 ff.). Zuzustimmen ist auch der Auffassung, die Gründe für eine Eventualposition seien in den Ausschreibungsunterlagen

---

[592] GAUCH/SCHLUEP, Nr. 1231 mit zahlreichen Verweisungen auf Rechtsprechung und Lehre; JÄGGI/GAUCH, N 451 ff. zu Art. 18 OR.

[593] Vgl. sinngemäss JÄGGI/GAUCH, N 459 zu Art. 18 OR.

[594] GWerkV Nr. 1098.

[595] GWerkV Nr. 1098; vgl. auch BGE 4C.275/1990 vom 13. März 1991, S. 9: „Informatorisch bedeutete unter den gegebenen Umständen niemals unzuverlässig, geschweige krass falsch."; ebenso KAPELLMANN/SCHIFFERS, Bd. 2, S. 166 f.: Unwirksamkeit von Komplettheitsklauseln in AGB.

[596] Vgl. GAUCH, KommSIA118, Anm. 10 Abs. 2 zu Art. 38 Abs. 3; vgl. auch GWerkV Nr. 917.

[597] Zu Art. 11 SIA-Norm 118 vgl. GWerkV Nr. 593.

nachprüfbar anzugeben, damit sich der Unternehmer in der Submission ein hinreichendes Bild für seine Kalkulation machen kann.[598] Eine zuverlässige Kalkulation erfordert Klarheit, Eindeutigkeit und Voraussehbarkeit und damit Rechtssicherheit.[599] Weder sind Art. 86 ff. SIA-Norm 118 noch eine Klausel, mit welcher die Toleranzgrenze des Art. 86 SIA-Norm 118 aufgehoben wird, geeignet, dem Unternehmer - bei einer detaillierten Leistungsbeschreibung - Risiken zu überwälzen. Durch die blosse Übernahme solcher Klauseln fehlt es an der Unzweideutigkeit und auch an der Individualität.

503 **c.** Die Erklärung des Bauherrn, seine Angaben seien unzuverlässig, darf **nicht im Widerspruch** zu seinem sonstigen Verhalten stehen. Sonst fehlt es ebenfalls an der vorausgesetzten Unzweideutigkeit. (Meist pauschale) Enthaftungsklauseln stehen jedoch häufig im Widerspruch zum sonstigen Verhalten des Bauherrn. Dies trifft insbesondere zu, wenn dem Unternehmer ein umfangreiches Leistungsverzeichnis vorgelegt wird, das er regelmässig bloss mit seinen Preisofferten ausfüllen muss und nicht abändern darf.[600] Grundsätzlich kann ein Vertragspartner nicht etwas zusichern bzw. genau umschreiben (z.B. in einem detaillierten Leistungsverzeichnis) und gleichzeitig die rechtliche Relevanz mit einer pauschalen Klausel, die häufig eine Floskel ist, wieder aufheben.[601] Widersprüchlich verhält sich der Bauherr auch dann, wenn er weiss oder bei gehöriger Aufmerksamkeit (Art. 3 Abs. 2 ZGB) wissen müsste, dass der Unternehmer seine Preiskalkulation ausschliesslich auf den Angaben und Weisungen des Bauherrn aufgebaut und keine Reserven für Risiken, z.B. für das Baugrundrisiko, in seine Preise eingerechnet hat (Nr. 474), und wenn der Bauherr trotzdem seine Angaben als unzuverlässig betrachten möchte, um alle oder viele Risiken dem Unternehmer zu überbinden.[602]

---

[598] KAPELLMANN/SCHIFFERS, Bd. 1, Nr. 583.

[599] Vgl. BGE 115 Ib 244: „Die Rechtssicherheit ist im Rechtsstaat von grosser Bedeutung. Sie erfordert unter anderem Voraussehbarkeit, Berechenbarkeit und Verlässlichkeit des Rechts...."

[600] Vgl. GWerkV Nr. 1099; vgl. auch Art. 8 Abs. 3 SIA-Norm 118.

[601] Vgl. BGE 109 II 25; auch BGE 4C.275/1990 vom 13. März 1991, S. 8; vgl. auch FN 96 hiervor.

[602] Vgl. BGE 4C.275/1990 vom 13. März 1991, S. 10, teilweise wiedergegeben in BR 1992, S. 112: „Ausserdem wusste die Beklagte [die Bauherrin], dass die Klägerin [Unternehmerin] bei der Kalkulation des Festpreises lediglich 5,6 % für Risiko und Gewinn eingerechnet hatte. Diese geringe Marge verbot die Annahme, die Klägerin habe sich unbekümmert um Abweichungen von der geologischen Prognose zur Einhaltung des offerierten Festpreises verpflichtet."

504 Das vom Bauherrn erweckte Vertrauen wird auch nicht zerstört durch eine allfällige *Skepsis* des Unternehmers aufgrund der Erfahrungstatsache, dass Bauen im allgemeinen komplex ist und bestimmte Bauarbeiten (z.B. im Untertagbau) besonders anfällig für Bauerschwernisse zufolge anderer als der prognostizierten geologischen und geotechnischen Verhältnisse sind. Abgesehen davon, dass der Unternehmer nicht prüfungspflichtig ist (Nr. 125 ff.), können nur konkrete, begründete Zweifel beachtlich sein. Jedes Bauwerk ist *individuell*, und sei es bloss wegen seiner Integration in die Umgebung. Latente Risiken müssen sich nicht in jedem Einzelfall verwirklichen.[603] Über das Wissen aufgrund allgemeiner Erfahrungen (z.B. Schwierigkeiten im Tunnelbau) verfügt auch der sachverständige Bauherr. In dieser Hinsicht kann nicht von einem „überschiessenden" Sachverstand des Unternehmers die Rede sein. Wenn sich der sachverständige Bauherr trotz seines eigenen allgemeinen Wissens und trotz seiner individuellen Erfahrungen (z.B. gewonnen bei anderen Tunnelbauten) für ein bestimmtes Preisbildungssystem entschieden hat, häufig für das Modell der detaillierten Leistungsbeschreibung gemäss SIA-Norm 118, die u.a. in Art. 8 ein richtiges, vollständiges und übersichtliches Leistungsverzeichnis vorsieht, so trägt der Bauherr die entsprechenden Konsequenzen. Das ergibt sich regelmässig nicht nur aus der individuellen Vertragsgestaltung, sondern auch aus dem Prinzip der *Vertragstreue*.

## D. *Exkurs 1: Weitere Rechtsbehelfe des Unternehmers*

505 Schwerpunkt der vorstehenden Ausführungen war die Risikozuweisung bzw. -verteilung durch *Vertragsgestaltung*. Der Vollständigkeit halber

---

[603] LEIMGRUBER THOMAS, Chef der Rechtsabteilung der Generaldirektion der SBB, Referat an der Tagung *150 Jahre Eisenbahnen in der Schweiz / Aktuelle Rechtsfragen beim Bau von Eisenbahnen* vom 19. September 1997 in Fribourg: „Von wenigen Ausnahmen abgesehen, gilt die statistische Verteilung zwischen kleinen, mittleren und grossen Verträgen auch für die grossen Infrastrukturprojekte der SBB. Erfahrungsgemäss ist mit einem Konfliktpotential von 1 - 5 % des Investitionsvolumens zu rechnen." Vgl. auch Tagesanzeiger vom 3. April 1997, S. 11: Das Bundesamt für Verkehr (BAV) attestierte den SBB, dass mehrere Tunnelbauten problemlos abgeschlossen werden konnten.

folgt nun eine Übersicht über weitere Rechtsbehelfe, die dem Unternehmer zustehen können, um zu einer Mehrvergütung bzw. zu einer höheren Mehrvergütung zu gelangen.

## 1. Nichtige Haftungsausschlussklauseln

506 Gemäss Art. 100 Abs. 1 OR ist der Ausschluss der Haftung für rechtswidrige Absicht oder grobe Fahrlässigkeit nichtig. Ebenfalls nichtig ist die blosse Haftungsbeschränkung durch Ausschluss eines einzelnen Rechtsbehelfes (z.B. Ausschluss des Rücktrittsrechtes) für rechtswidrige Absicht oder grobe Fahrlässigkeit.[604] Gemäss Art. 100 Abs. 2 OR kann selbst ein zum voraus erklärter Verzicht auf Haftung für leichtes Verschulden nach richterlichem Ermessen als nichtig betrachtet werden, wenn der Verzichtende zur Zeit seiner Erklärung im Dienste des Schuldners stand oder wenn „die Verantwortlichkeit aus dem Betriebe eines obrigkeitlich konzessionierten Gewerbes folgt."

507 Gemäss Art. 101 Abs. 2 OR kann die Haftung für *Hilfspersonen* umfassend, also auch für rechtswidrige Absicht und Grobfahrlässigkeit der Hilfspersonen aufgehoben oder beschränkt werden. Ob und inwieweit eine generelle Haftungsbeschränkungsklausel auch die Haftung für Hilfspersonen, insbesondere auch diejenige für Absicht und grobe Fahrlässigkeit, ausschliesst oder beschränkt, ist eine Frage der Auslegung des konkreten Einzelvertrages.[605]

## 2. Anfechtung wegen Übervorteilung oder Willensmängeln

508 Preisabsprachen können gestützt auf Art. 21 OR wegen Übervorteilung[606] oder nach Massgabe der Art. 23 - 31 OR wegen Willensmängeln (Irrtum,

---

[604] Vgl. sinngemäss BGE 102 II 264 f.

[605] Vgl. GAUCH/SCHLUEP, Nr. 2879.

[606] Vgl. den neuen Grundsatzentscheid BGE 123 III 292 ff.: Die formale Vertragsfreiheit wird zunehmend durch *materielle Vertragsgerechtigkeit* verdrängt. Die Möglichkeit richterlicher Vertragsgestaltung entspricht augenfällig dem Zeitgeist (S.

Täuschung, Furchterregung) nach Massgabe der Art. 23 - 31 OR[607] als nichtig[608] oder als einseitig unverbindlich angefochten werden.

## 3. Schutz gegen übermässige Bindung

509 Absprachen, die dem Unternehmer ein Risiko überbinden bzw. überhaupt keine oder keine angemessene Vergütung des Mehraufwandes gewähren, können den Unternehmer übermässig binden und daher wegen übermässiger Beschränkung seiner wirtschaftlichen Handlungsfreiheit gemäss Art. 27 Abs. 2 ZGB nichtig sein. Beispielsweise können Vertragsbestimmungen, welche die Toleranzgrenze des Art. 86 SIA-Norm 118 in der Weise beseitigen, dass sie dem Bauherrn erlauben, die zu leistende Menge bei gleichbleibendem Einheitspreis beliebig (also „grenzenlos") zu ändern, den Unternehmer je nach Art der Mengenänderung in erheblicher, mit Art. 27 Abs. 2 ZGB nicht zu vereinbarender Weise belasten.[609] Das Gestaltungsrecht des Bauherrn, die vertraglich um-

---

298). Die geltungserhaltende Reduktion fehlerhafter Kontakte durch richterliche Inhaltskorrektur führt dazu, dass eine *teilweise Unwirksamkeit* des wucherischen Vertrages geltend gemacht und dessen Fortbestand mit geändertem Inhalt beansprucht werden kann (S. 300). Die Notlage im Sinne von Art. 21 Abs. 1 OR setzt nicht voraus, dass ein Vertragspartner durch den Abschluss des für ihn ungünstigen Vertrages in eine Notlage geraten ist, sondern nur, dass er sich *aus* einer Notlage heraus gezwungen sah, den mit dem konkreten Inhalt nicht gewollten Vertrag abzuschliessen (S. 302). Dem notleidenden Bewucherten kann keine arglistige Täuschung im Sinne von Art. 28 OR angelastet werden, wenn er bereits bei Abschluss des wucherischen Vertrags dessen spätere Anfechtung in Aussicht nimmt (S. 301). Die Ausbeutung setzt nicht voraus, dass die Anregung zum Vertragsabschluss vom Übervorteilenden ausgegangen ist (S. 305). Vgl. dazu die einlässliche Kommentierung durch GAUCH PETER, Der Fussballclub und sein Mietvertrag: Ein markanter Entscheid zur Übervorteilung, recht 1998, S. 55 ff.; ferner GAUCH PETER, Die Übervorteilung - Bemerkungen zu Art. 21, recht 1989, S. 91 ff.; schon damals postulierte er, den Begriff der Notlage möglichst weit auszulegen (a.a.O., S. 93 und S. 97).

[607] Vgl. GAUCH/SCHLUEP, Nr. 760 ff.

[608] Zur Frage der Nichtigkeit ungerechter Klauseln, die vom öffentlichen Bauherrn durchgesetzt werden, vgl. Nr. 518 ff.

[609] Vgl. GWerkV Nr. 802 a.E.; entgegen GAUCH ist eine solche übermässige Belastung grundsätzlich auch möglich, wenn das Leistungsverzeichnis besondere Positionen (Aufwandpositionen) für Baustelleneinrichtungen enthält. Massgebend für die Beurteilung der Verletzung im Sinne von Art. 27 Abs. 2 ZGB ist das gesamte, individuelle Preisgefüge; vgl. dazu Nr. 707 hiernach.

schriebene Werkleistung einseitig zu ändern, kann sittenwidrig und deshalb nichtig sein.[610] Die Wirksamkeit einer Abrede, welche die Vertragsanpassung nach Art. 373 Abs. 2 OR ausschliesst, findet ihre Schranke in Art. 27 Abs. 2 ZGB.[611] Eine vertragliche Beschränkung der wirtschaftlichen Handlungsfreiheit gilt jedoch nur dann als übermässig im Sinne des Art. 27 Abs. 2 ZGB, wenn sie den Verpflichteten der Willkür seines Vertragspartners ausliefert, ihn der wirtschaftlichen Handlungsfreiheit beraubt oder diese dermassen einschränkt, dass die Grundlage seiner wirtschaftlichen Existenz gefährdet ist.[612]

## 4. Geltungsschranken für AGB

510   Werden vorformulierte Vertragsbestimmungen wie AGB (z.B. die SIA-Norm 118) als Vertragsbestandteile übernommen, sind die Geltungsschranken zu beachten, welche die Rechtsprechung für AGB aufgestellt hat.[613] Hinzuweisen ist insbesondere auf die *Ungewöhnlichkeitsregel*. Auch ungewöhnliche Risikoüberwälzungsklauseln, mit denen eine nur global zustimmende Partei nicht gerechnet hat und aus ihrer Sicht zurzeit des Vertragsabschlusses auch nicht rechnen musste, erlangen ihr gegenüber keine Geltung.[614]

511   Vorformulierte Risikoüberwälzungsklauseln können auch *missbräuchlich* im Sinne von Art. 8 UWG sein. Danach sind unlauter „vorformulierte allgemeine Geschäftsbedingungen...., die in irreführender Weise zum Nachteil einer Vertragspartei: a) von der unmittelbar oder sinngemäss anwendbaren gesetzlichen Ordnung erheblich abweichen oder b) eine der Vertragsnatur erheblich widersprechende Verteilung von Rech-

---

[610] GWerkV Nr. 382 und Nr. 776.

[611] GWerkV Nr. 1130.

[612] BGE 123 III 345 f. mit Verweisungen auf die ständige restriktive Rechtsprechung des Bundesgerichtes; vgl. auch GAUCH/SCHLUEP, Nr. 661 ff. mit weiteren Verweisungen.

[613] Vgl. GWerkV Nr. 196 ff. und Nr. 286; GAUCH/SCHLUEP, Nr. 1138 ff.

[614] Vgl. GAUCH/SCHLUEP, Nr. 1141 ff. mit zahlreichen Verweisungen; GWerkV Nr. 197; vgl. auch SCHUMACHER, ArchR, Nr. 411 mit FN 81 zur Frage der Unerfahrenheit in bezug auf die betreffende Risikoklausel.

ten und Pflichten vorsehen".[615] Beispielsweise kann die Aufhebung der Toleranzgrenze des Art. 86 SIA-Norm 118 in vorrangigen vorformulierten Vertragsbestimmungen des Bauherrn (Nr. 704 ff.) irreführen, weil der Eindruck erweckt wird, die Angaben und Weisungen des Bauherrn (insbesondere im Leistungsverzeichnis) seien ausserordentlich genau, so dass der Bauherr seinerseits auf eine Preisvergünstigung verzichtet. Gemäss Art. 10 Abs. 2 lit. a UWG sind auch Berufs- und Wirtschaftsverbände, die nach den Statuten zur Wahrung der wirtschaftlichen Interessen ihrer Mitglieder befugt sind, legitimiert, rechtsmissbräuchliche Geschäftsbedingungen durch Klage beim Zivilrichter anzufechten.

## 5. Kartellrecht

512    Gegen die Risikoüberwälzung ohne bzw. ohne angemessene Vergütung kann auch das *Kartellgesetz*[616] Schutz bieten. Anzumerken ist folgendes:

513    - Als marktbeherrschende Unternehmen gelten einzelne oder mehrere Unternehmen, die auf einem Markt als Anbieter oder Nachfrager in der Lage sind, sich von anderen Marktteilnehmern in wesentlichem Umfang unabhängig zu verhalten. Dies ist eine sog. „überlegene Marktposition" im Sinne von Art. 4 Abs. 2 KG.[617] Deshalb ist auch die Teilnahme an der Nachfragekonkurrenz durch „Nachfragemonopolisten" dem Kartellrecht unterworfen.[618] Auch ein einzelner öffentlicher Bauherr (z.B. SBB) kann den Bestimmungen des Kartellrechtes unterworfen sein.

514    - Marktbeherrschende Unternehmen verhalten sich u.a. unzulässig, wenn sie unangemessene Preise oder sonstige unangemessene Geschäftsbedingungen erzwingen (Art. 7 Abs. 2 lit. c KG). Zwang in der

---

[615]    Vgl. GWerkV Nr. 198 ff. und GAUCH/SCHLUEP, Nr. 1151 ff. mit zahlreichen Verweisungen.

[616]    *Bundesgesetz über Kartelle und andere Wettbewerbsbeschränkungen*, abgekürzt KG (SR 251) vom 6. Oktober 1995.

[617]    Vgl. MEIER-SCHATZ CHRISTIAN J., Unzulässige Wettbewerbsbeschränkungen, Art. 5 - 8, in: ZÄCH ROGER [Hrsg.], Das neue schweizerische Kartellgesetz, Zürich 1996, S. 21 ff., insbesondere S. 58 f.

[618]    Vgl. AMSTUTZ MARC, Vom Kartellrecht der öffentlichen Unternehmen / Vorstudien zur Anwendbarkeit des Kartellgesetzes auf die staatliche Wirtschaftstätigkeit, in: Aktuelle Fragen zum Wirtschaftsrecht / Zur Emeritierung von *Walter R. Schluep*, Zürich 1995, S. 73 ff., insbesondere S. 89.

Form des impliziten Druckes genügt.[619] „Insbesondere hat ein Bauherr mit marktbeherrschender Stellung keine Befugnis, diese Stellung missbräuchlich auszunutzen, namentlich nicht durch die Ausübung eines übermässigen Preisdruckes."[620] Die Anwendung des Art. 7 Abs. 2 lit. c KG gegenüber dem marktmächtigen öffentlichen Bauherrn kann eine wirksame Antwort auf den folgenden Kassandraruf sein: „Der Gedanke, wonach der Staat an finanziell gesunden Unternehmungen interessiert ist, damit Arbeitsplätze und Steuersubstrat erhalten bleiben, scheint sich weitgehend verflüchtigt zu haben, was sich über kurz oder lang zum Nachteil des gesamten Gemeinwesens auswirken wird".[621]

515 - Zur Durchsetzung eines Beseitigungs- bzw. Unterlassungsanspruches kann das Gericht auf Antrag des Klägers namentlich anordnen, dass Verträge ganz oder teilweise *ungültig* sind (Art. 13 lit. a KG). Steht in einem zivilrechtlichen Verfahren die Zulässigkeit einer Wettbewerbsbeschränkung in Frage, so wird die Sache der Wettbewerbskommission zur Begutachtung vorgelegt (Art. 15 Abs. 1 KG). Deshalb kann die Wettbewerbskommission auch unverhältnismässige Vertragsbedingungen des öffentlichen marktmächtigen Bauherren beurteilen.

516 - Die *zivilrechtlichen Rechtsfolgen* einer unzulässigen Wettbewerbsbeschränkung sind kontrovers. Teils wird die anfängliche Nichtigkeit der nach Art. 5 - 8 KG unzulässigen Wettbewerbsbeschränkung befürwortet.[622] Andere Autoren gehen von einer Nichtigkeit ab Zeitpunkt des

---

[619] MEIER-SCHATZ, a.a.O., S. 59.

[620] TERCIER PIERRE, BRT 1997, Bd. I, S. 34 Abs. 1; für Deutschland vgl. Urteil des BGH vom 27. Juni 1996, ZfBR 1997, S. 29 f. und KAPELLMANN/SCHIFFERS, Bd. 2, S. 214, Nr. 570.

[621] GAUCH PETER, Anm. zu BR 1996, S. 113, Nr. 230 mit Verweisung auf BR 1994, S. 105, Nr. 211; vgl. auch GAUCH, BRT 1993 I, S. 24 f. mit der Forderung einer *ausgewogenen Verteilung* von Rechten und Pflichten; vgl. ferner SCHUMACHER, BR 1997, S. 9, Ziff. 3; zum Interesse des Staates, auch von den Unternehmern finanzielle Mittel wie Steuern zu erhalten, vgl. KLEINEWEFERS, S. 80; derselbe S. 87: "In einer Konkurrenzwirtschaft muss eine Unternehmung nach Gewinn streben, wenn sie überleben will."

[622] STOFFEL W.A., Das schweizerische Kartellrecht 1996: Neues und Altes bei der Wachtablösung nach zehn Jahren, SZW 1996, S. 106 ff., insbesondere S. 121; STOFFEL W.A., Das neue Kartell-Zivilrecht, in: ZÄCH ROGER [Hrsg.], Das neue schweizerische Kartellgesetz, Zürich 1996, S. 87 ff., insbesondere S. 113; BAUDENBACHER CARL, Vertikalbeschränkungen im neuen schweizerischen Kartellgesetz, AJP 1996, S. 826 ff., insbesondere S. 831.

richterlichen Urteils aus.[623] Für die anfängliche Nichtigkeit sprechen auch praktische Gründe, insbesondere in der Schweiz, „wo seit jeher eine einfache und praktische Rechtsauffassung vorgeherrscht hat"[624] und die Gerichte „jeder Komplizierung abhold sind".[625]

517 - Die früher zulässige Verbandsklage (vgl. Art. 8 Abs. 2 alt KG) ist nach dem revidierten Kartellgesetz nicht mehr zulässig. Sie wurde meines Wissens im Bereich des Bauwesens nie erhoben. Hingegen können sich nun Berufs- und Wirtschaftsverbände, die nach den Statuten zur Wahrung der wirtschaftlichen Interessen ihrer Mitglieder befugt sind, zur Beteiligung an der Untersuchung einer Wettbewerbsbeschränkung anmelden, sofern sich auch Mitglieder des Verbandes oder eines Unterverbandes an der Untersuchung beteiligen können (Art. 43 Abs. 1 lit. b KG).

## 6. Gerechtigkeitsbindung des öffentlichen Bauherrn

518 Die Frage, ob bzw. inwieweit der öffentliche Bauherr an die vom schweizerischen Rechtsstaat sich selber gegebene Gerechtigkeitsordnung gebunden sei, ist *kontrovers*. Dies geht aus den folgenden Meinungsäusserungen hervor:

519 „Dieser Anspruch [auf chancengleiche Behandlung in der Submission] besteht selbstverständlich auch gegenüber einem Gemeinwesen, das die Arbeiten ausschreibt. Das gilt umso mehr, als die juristischen Personen des öffentlichen Rechts ohnehin und auch dann an die verfassungsmässigen Grundrechte gebunden sind, wenn sie privatrechtlich handeln, was ihnen eine rechtsungleiche Behandlung der privaten Partner schon aus rechtsstaatlichen Gründen verbietet."[626]

---

[623] Zur Kontroverse vgl. WALTER REGULA, Zivilrechtliches Verfahren nach dem revidierten KG - unauffällige Revision mit Knacknüssen, AJP 1996, S. 893 ff., insbesondere S. 897.
[624] BGE 67 II 74.
[625] GAUCH, BauR 1988, Heft 6, S. II.
[626] GWerkV Nr. 471 mit Hinweis auf BGE 109 Ib 155; HANGARTNER YVO, Öffentlichrechtliche Bindungen privatrechtlicher Tätigkeit des Gemeinwesens, in: FS *Mario Pedrazzini*, Bern 1990, S. 143.

520 „Zu Gunsten des Unternehmers ist im Zweifel anzunehmen, dass vom öffentlichen Bauherrn vorgeschlagene Vertragstexte auf einen *gerechten Interessenausgleich* zwischen den Parteien abzielen. Darüber hinaus wird neuerdings die Idee vertreten, dass mit Rücksicht auf die 'Gerechtigkeitsbindung des staatlichen Bauherrn' die von ihm verwendeten Vertragstexte (auch bei individueller Vereinbarung) einer besonderen Inhaltskontrolle unterlägen und deshalb nichtig seien (Art. 20 OR), soweit sie den Unternehmer in Abweichung vom dispositiven Recht erheblich benachteiligen.[627] Diese Idee wirkt als Postulat zwar überzeugend, lässt sich aber kaum auf das geltende Recht, auch nicht auf das 'Unsittlichkeitsverbot' (Art. 19 Abs. 2/20 Abs. 1 OR), abstützen."[628]

521 Als Meilenstein wurde das Urteil des *deutschen* Bundesverfassungsgerichtes vom 19. Oktober 1993 bezeichnet, wonach der Richter den Inhalt des Vertrages zu kontrollieren und korrigierend einzugreifen hat, wenn eine Partei ein so starkes Übergewicht hat, dass sie ungewöhnlich belastende und als Interessenausgleich offensichtlich unangemessene Vertragsbestimmungen durchsetzen konnte.[629]

## E. *Exkurs 2: Mehr Verantwortung des Unternehmers ?*

522 Wenn der Unternehmer Nachforderungen stellt und sich auf die Vertrauenshaftung des Bauherrn beruft, beklagt sich dieser (insbesondere der öffentliche Bauherr) häufig darüber, die Vertrauenshaftung verunmögliche die Vereinbarung „echter" Festpreise; die Vertrauenshaftung würde die bisherige Vertragspraxis „auf den Kopf stellen" und den Abschluss „sicherer" Bauwerkverträge verunmöglichen. Deshalb wird nicht allzu selten gefordert, der Unternehmer müsse *mehr Verantwortung* tragen.

---

[627] SCHUMACHER RAINER, Der Staat als Auftraggeber, BRT 1991, Bd. I, S. 47 ff., insbesondere S. 79 ff.

[628] GWerkV Nr. 215.

[629] GAUCH PETER, Familienschuldrecht, in: Festschrift *Bernhard Schnyder*, Fribourg 1995, S. 267. - Zur richterlichen Inhaltskontrolle vgl. auch Nr. 508 mit FN 606.

523 Selbstverständlich ist es möglich und grundsätzlich, d.h. in den Schranken der Rechtsordnung (Art. 19 Abs. 1 OR), zulässig, dem Unternehmer mehr Verantwortung aufzubürden. Dies erfordert aber den *Verzicht* auf das Preisbildungssystem der detaillierten Leistungsbeschreibung und eine *andere* Vertragsgestaltung mit allen Konsequenzen für beide Parteien. Jedes Modell der Vertragsgestaltung hat seine Vor- und Nachteile. Das ist eine Binsenwahrheit.

524 Wählt der Bauherr die funktionale Leistungsbeschreibung (Nr. 55 ff.), projektiert der Unternehmer teilweise selber. Damit verliert der Bauherr einen Teil der Entscheidungsfreiheit. Dann benötigt er weniger technische Fachleute innerhalb der Bauherrschaft (z.B. innerhalb der SBB mit vier Bauabteilungen der Generaldirektion und der drei Kreisdirektionen) und weniger Aufträge bzw. nur Teilaufträge an Architekten und Ingenieure, weil der Unternehmer seinerseits für die Detailbearbeitung des Bauprojektes (Nr. 58) selber sachverständige Hilfspersonen wie Architekten und Ingenieure beizieht.

525 Der Bauherr kann auch die Nachprüfung seiner Angaben und Weisungen durch den Unternehmer verlangen, wobei er jedoch konkret und unzweideutig mitzuteilen hat, welche einzelnen Angaben vom Unternehmer nachzuprüfen sind.[630] Fast auf das Gleiche kommt es hinaus, wenn der Bauherr dem Unternehmer ein bestimmtes Risiko (z.B. das Baugrundrisiko) überwälzt. In beiden Fällen muss der Unternehmer im Rahmen einer vernünftigen, sachgerechten Kalkulation den Aufwand für seine eigenen Abklärungen oder - wenn solche in der meist knappen Eingabefrist unmöglich sind - Risikoreserven in die Festpreise einrechnen. Dann stellt sich die Frage, ob bzw. inwieweit der Bauherr die Vorteile der ökonomischen Arbeitsteilung nicht ausnützt und Ressourcen verschleudert. Zudem stellt sich die weitere Frage, ob bzw. inwieweit der Bauherr unnütz Geld und Zeit verloren hat, nämlich für den bereits bezahlten Aufwand seiner eigenen Fachleute und denjenigen der beigezogenen sachverstän-

---

[630] Vgl. GWerkV Nr. 1097 und Nr. 1976; eine Nachprüfung bestimmter Angaben oder Weisungen kann auch deshalb geschuldet sein, weil es vom Ermessen des (viel später entscheidenden) Richters abhängt, wenn sich der Bauherr einfach darauf verlässt, dass der spezielle Sachverstand des Unternehmers bedeutend weiter reicht als sein eigener, oder darauf, dass die Überprüfung vom Unternehmer „in guten Treuen erwartet werden darf"; die Nachprüfung kann zu einer *Qualitätssicherung* gehören, zu der sich der Unternehmer allenfalls gegenüber dem Bauherrn verpflichtet hat; vgl. dazu GWerkV Nr. 1976 und Nr. 2559 ff.

digen Hilfspersonen wie Geologe, Geotechniker, Architekt, Bauingenieur, Fachingenieure.

526 Um diese Nachteile zu vermeiden, wählt der Bauherr trotzdem häufig das Vertragsgestaltungsmodell der detaillierten Leistungsbeschreibung. In der Submission will er *vergleichbare* und vor allem möglichst *günstige* Preise[631] erzielen. Die (teilweise) spekulative Kostenkalkulation (mit entsprechenden Reserven) ist im Normalfall seitens des Bauherrn und/oder des Projektverfassers unerwünscht, weil Kostenüberschreitungen bereits vor Baubeginn vermieden werden sollen (häufig wegen eines begrenzten Baukredites) und weil eine geordnete Submission mit vergleichbaren Offerten schlicht ausgeschlossen wäre. Deshalb wird regelmässig in der Ausschreibung ein hochgradiges Vertrauen des Unternehmers erweckt und wird es unterlassen, dieses gemäss den genannten engen Kriterien „zurückzunehmen" (Nr. 498 ff.).

## F. Exkurs 3: *Zum Regressrecht des Bauherrn*

### 1. Zur Rechtslage

#### a) Allgemeines

527 Wenn der Bauherr dem Unternehmer Mehraufwand vergüten muss, kann er unter Umständen auf eine seiner Hilfspersonen, wie Architekt, Ingenieur, Geologe usw. Regress nehmen, weil eine oder mehrere Hilfspersonen ihre Verträge mit dem Bauherrn unsorgfältig erfüllt haben, sei es, dass sie dem Bauherrn *unnötige Mehrkosten* verursacht haben, sei es, dass das *Kostenmanagement unsorgfältig* war und dem Bauherrn ein *Vertrauensschaden* erwachsen ist, weil er mit geringeren Baukosten

---

[631] Vgl. SINNIGER RICHARD, Der Baugrund / Möglichkeiten und Grenzen der Erkundung und Beschreibung, BRT 1993, Unterlage für die Vortagung, S. 2: „Dabei ist festzustellen, dass eine eindeutige Tendenz zu optimistischen Annahmen besteht, da ja das Einbeziehen von baugrundbedingten Schwierigkeiten zu höheren Kostenvoranschlägen und Unternehmerofferten führen würde."

rechnen durfte. Die Regressfrage bzw. die Haftung der Beauftragten[632] des Bauherrn wird hier nicht behandelt. Es wird bloss auf eine kleine Auswahl einschlägiger Literatur verwiesen, wo sich umfangreiche Literaturverzeichnisse sowie zahlreiche weitere Verweisungen auf Rechtsprechung und Literatur finden.[633] Im folgenden werden bloss drei Probleme besonders behandelt.

### b) Umfang der Pflichten

528 Die Hilfspersonen des Bauherrn haften diesem insbesondere wegen der Verletzung einzelner Pflichten, die sie im Vertrag mit dem Bauherrn eingegangen sind, insbesondere auch durch die Übernahme von Pflichten, die in den SIA-Honorarordnungen 102, 103 und 108 umschrieben sind. Verschiedene Pflichten der Hilfspersonen des Bauherrn können auch in anderen AGB (als den SIA-Honorarordnungen) enthalten sein, die vom Bauherrn als Vertragsbestandteile seiner Verträge mit Dritten, insbesondere mit Unternehmern, übernommen werden. Beispielsweise umschreibt die SIA-Norm 118 viele Rechte und Pflichten, welche die *Bauleitung* als Hilfsperson des Bauherrn gegenüber dem Unternehmer wahrzunehmen hat, z.B. die Pflicht des Architekten oder Bauingenieurs (häufig als Gesamtleiter; Nr. 74), die örtlichen Gegebenheiten, insbesondere die Beschaffenheit des Baugrundes, zu ermitteln (Art. 5 Abs. 2 SIA-Norm 118) und die Bauarbeiten übersichtlich und vollständig auszu-

---

[632] Hilfspersonen des Bauherrn sind nicht nur seine Beauftragten, sondern auch seine Angestellten; zur Haftung der angestellten Architekten und Ingenieure gegenüber ihren Arbeitgebern für Fehlkalkulationen bei Offerten und zum Mitverschulden des Arbeitgebers wegen ungenügender Kontrolle vgl. BGE 110 II 344 ff. = Pra 1985, S. 161 ff.; STREIFF ULLIN, Besondere Fälle der Haftung des Arbeitnehmers: Manko, Schäden am Geschäftsauto, Kalkulationsirrtümer, AJP 1997, S. 797 ff., insbesondere S. 802.

[633] Vgl. JEANPRÊTRE CORINNE, La responsabilité contractuelle du directeur des travaux de construction, thèse Neuchâtel 1996; FELLMANN WALTER, Der einfache Auftrag, Art. 394 - 406 OR, 4. Auflage, Bern 1992, N 372 ff. zu Art. 398 zur Haftung des Architekten und N 441 zu Art. 398 zur Haftung des Ingenieurs; SCHUMACHER RAINER, Die Haftung des Architekten aus Vertrag, ArchR, Nr. 367 ff., insbesondere Nr. 725 ff. betreffend die Haftung des Architekten für seine Kosteninformationen; SCHUMACHER RAINER, Die Haftung des Architekten für seine Kosteninformationen, recht 1994, S. 126 ff.; WERRO FRANZ, Les particularités du contrat d'ingénieur. Questions choisies, ArchR Nr. 2175 ff.; ZEHNDER HANNES, Die Haftung des Architekten für die Überschreitung seines Kostenvoranschlages, 2. Auflage, Diss. Freiburg 1994.

schreiben (Art. 8 Abs. 1 und Abs. 2 bzw. Art. 12 Abs. 1 SIA-Norm 118; Nr. 71 ff.). Indem der Architekt oder Bauingenieur widerspruchslos zur Kenntnis nimmt, dass der Bauherr derartige AGB in Verträge mit den Unternehmern übernommen hat bzw. übernehmen will, oder indem er dem Bauherrn solche AGB (insbesondere die SIA-Norm 118) zur Aufnahme in Verträge des Bauherrn mit den Unternehmern selber vorschlägt (häufig durch seine eigene Vertragsredaktion; Nr. 529), verpflichtet sich der Architekt oder Bauingenieur stillschweigend gegenüber dem Bauherrn, auch die darin zu Lasten der Bauleitung festgelegten Pflichten zu erfüllen. Dadurch wird der betreffende Architektur- oder Bauingenieurvertrag ergänzt. Denn wenn der Architekt oder Ingenieur derartige Pflichten nicht übernehmen möchte, hätte er Anlass zu ausdrücklichem Widerspruch. Sein Stillschweigen erweckt jedoch beim Bauherrn das berechtigte *Vertrauen*, dass die Bauleitung auch diese Pflichten übernimmt und erfüllen wird. Dem Stillschweigen des Architekten oder des Bauingenieurs kommt rechtserzeugende Kraft (konstitutive Wirkung) zu.[634]

## c) Vertragsgestaltung

529 Häufig liegt auch die Vertragsredaktion in den Händen des Architekten oder Bauingenieurs. Er bereitet die Verträge unterschriftsreif für den Bauherrn vor.[635] Die Vertragsgestaltung ist (auch) eine *juristische* Tätigkeit.[636] Baufachleute sind nicht allzu selten damit überfordert.[637] Sie haften für eine unsorgfältige Gestaltung der Werkverträge. Beispielsweise kann sich die Frage nach der Haftung des Vertragsverfassers gegenüber dem Bauherrn stellen, wenn der Unternehmer wegen einer oberflächlichen, insbesondere lückenhaften Vertragsgestaltung einen Mehrvergütungsanspruch besitzt. Die Haftungsfrage kann sich auch stellen, wenn der Vertragsredaktor es versäumt hat, bestimmte Angaben als unzuverlässig hinzustellen und deren Nachprüfung zu verlangen (Nr. 498).

---

[634] SCHUMACHER, ArchR, Nr. 467 f.
[635] Vgl. Z.B. Art. 4.4.1 SIA-Ordnung 102: Aufstellen der Verträge mit den Unternehmern und Lieferanten; Art. 4.1.7 SIA-Ordnung 103: Ausfertigen der Werkverträge.
[636] Vgl. SCHUMACHER, BR 1997, S. 3 ff., insbesondere S. 10, Ziff. VI/1.
[637] Zum Übernahmeverschulden Nr. 477.

### d) Die Ohnehin-Kosten

530 Möglich ist, dass der Mehraufwand, den der Bauherr dem Unternehmer zusätzlich vergüten muss, *ohnehin* für das tatsächlich erstellte Bauwerk erwachsen wäre. Solche Ohnehin-Kosten sind grundsätzlich *kein Schaden* des Bauherrn. Es kann sich allerdings die Frage stellen, ob die Hilfsperson (Architekt oder Ingenieur) dem Bauherrn wegen unsorgfältiger Kostenprognosen oder Kostenüberwachung einen ersatzpflichtigen *Vertrauensschaden* verursacht hat.[638]

## 2. Zur Praxis

531 Die allfälligen Regressmöglichkeiten werden vom Bauherrn in der Praxis oft *übersehen* (unter Umständen wegen falscher oder fehlender Information durch seine Bauleitung) oder aus Bequemlichkeit bewusst *vernachlässigt*. Denn es ist für den Bauherrn sehr bequem, Mehrkosten durch den Unternehmer „vorfinanzieren" zu lassen, indem er diesem den Mehraufwand einstweilen nicht vergütet. Der Bauherr spekuliert dabei häufig mit der Erwartung, dass es der Unternehmer nicht wagt, trotz des Zahlungsverzuges die Arbeit zu unterbrechen oder gar den Werkvertrag aufzulösen (Nr. 380 ff.). Für den Unternehmer ist die Rechtsprechungsprognose oft unsicher (Nr. 381), und das Verlassen einer Baustelle kann den Ruf des Unternehmers beeinträchtigen. Hinzu kann die Angst vor einem (stillschweigenden, gelegentlich auch offen angedrohten) *Boykott* durch einen marktbeherrschenden Bauherrn bei weiteren Arbeitsvergaben kommen.

532 Nicht allzu selten kann der Widerstand des Bauherrn gegen Nachforderungen des Unternehmers auf falsche oder fehlende Information seiner Bauleitung zurückgeführt werden. Diese kann sich in einer heiklen *Interessenkollision* befinden.[639] Dazu ist folgendes anzumerken:

---

[638] Vgl. SCHUMACHER RAINER, Die Haftung des Architekten für seine Kosteninformationen / BGE 119 II 249 ff., recht 1994, S. 126 ff.; SCHUMACHER, ArchR, Nr. 725 ff.

[639] Zu möglichen Interessenkollisionen der Bauleitung vgl. SCHUMACHER, BR 1997, S. 8 f.

533 a. Der Architekt oder Ingenieur, der die Ausschreibungsunterlagen erstellt, unterliegt häufig der Versuchung, Freizeichnungsklauseln für eigene Fehler (falsche oder lückenhafte Projektierung und Ausschreibung usw.) in den Vertrag einzubauen, z.B. Vollständigkeitsklauseln (Nr. 60), mit denen das Risiko für unvollständige oder fehlerhafte Pläne, Leistungsverzeichnisse usw. pauschal dem Unternehmer überwunden werden soll. Später ist der Verfasser solcher Ausschreibungsunterlagen bestrebt, sie gegen den Unternehmer durchzusetzen, auch wenn sie häufig rechtlich unwirksam sind (Nr. 60 ff., Nr. 505 ff.).

534 b. Bei und nach der Bauausführung ist die Bauleitung häufig versucht, von den eigenen Fehlern abzulenken, indem sie die Ansprüche des Unternehmers auf Mehrvergütungen bestreitet, z.B. mit dem Einwand, seine Baustelleneinrichtungen oder sein Personal seien ungeeignet. Damit begeht die Bauleitung jedoch eine weitere Vertragsverletzung. Denn stellt sie ihre eigene Verantwortung bzw. Mitverantwortung fest, hat sie dies dem Bauherrn zu offenbaren und diesem damit zu ermöglichen, Haftungsansprüche (auch) gegen die Bauleitung selbst geltend zu machen. Diese Pflicht zur „Selbstanzeige" ist in der allgemeinen Treue- und Sorgfaltspflicht (Art. 398 Abs. 2 OR) der Bauleitung begründet. Diese ist zur umfassenden Wahrung der Interessen des Bauherrn verpflichtet. Daraus ergibt sich eine umfassende Informations- und Aufklärungspflicht der Bauleitung, zumal es dem Bauherrn häufig unmöglich oder unzumutbar ist, Fehler der eigenen Bauleitung selbst aufzudecken; dazu ist er auf die Hilfe eines Fachmannes, eben der eigenen Bauleitung, angewiesen.[640]

---

[640] Vgl. SCHUMACHER, ArchR, Nr. 523 ff.; zur *Selbstanzeigepflicht* des Unternehmers vgl. GWerkV Nr. 2046; zur Pflicht des Anwaltes zur Aufklärung über eigenes Fehlverhalten vgl. NIGG HANS, Die zivilrechtliche Aufklärungspflicht des Anwalts, im Sammelband *Die Sorgfalt des Anwalts in der Praxis,* Bern 1997, S. 76.

## IV. Das Recht des Unternehmers auf Mehraufwand

### A. Die Einteilung nach den Folgen

535 Für die Behandlung der Frage, ob der Unternehmer zu Mehraufwand berechtigt ist oder nicht, ist es zweckmässig, aufgrund der unterschiedlichen Rechtsfolgen von (eingetretenem oder bevorstehendem) Mehraufwand zu unterscheiden zwischen

536 - Mehraufwand *ohne* Leistungsänderung (Nr. 542 ff.) und

537 - Mehraufwand *zufolge* Leistungsänderung (Nr. 544 ff.).

538 Diese Differenzierung erfolgt anhand der einschlägigen Bestimmungen der SIA-Norm 118:

539 1. Eine konkrete Ursache kann die Ausführung *unveränderter* Bauleistungen erschweren. Die Art. 58 - 61 SIA-Norm 118 befassen sich nur mit dem Fall, da die Ausführung einer *unveränderten* Bauleistung durch „besondere Verhältnisse" erschwert wird.[641] Es geht somit *Verhältnisänderungen*.[642] Der Eintritt besonderer Verhältnisse im Sinne von Art. 58 ff. SIA-Norm 118 ist *keine Bestellungsänderung*.[643] Trotzdem behandelt die Norm die Vergütung dieses Mehraufwandes teilweise gleich wie desjenigen, der durch Bestellungsänderungen verursacht wird. Gemäss Art. 84 Abs. 1 sowie Art. 87 Abs. 1 und Art. 89 Abs. 1 SIA-Norm 118 sowie gemäss Art. 58 SIA-Norm 118 sollen Nachtragspreise für die Ausführung unveränderter Leistungen unter *veränderten Ausführungsvoraussetzungen* gleich wie Nachtragspreise bei Bestellungsänderungen gebildet werden.[644]

---

[641] GAUCH, KommSIA118, Anm. 6 lit. b a.E. zu Art. 58 Abs. 1.

[642] Zum Begriff der *Verhältnisänderung* vgl. GAUCH, KommSIA118, Anm. 4 zu Art. 58 Abs. 1.

[643] GAUCH/EGLI, KommSIA118, Vorbem. lit. d Abs. 1 zu Art. 84 - 91.

[644] Vgl. GAUCH/EGLI, KommSIA118, Anm. 5 lit. a letzter Absatz zu Art. 84 Abs. 1 und Anm. 3 lit. b zu Art. 87 Abs. 1.

540  2. Besondere Verhältnisse (z.B. anderer Baugrund) können *veränderte* oder *zusätzliche* Bauleistungen (Nr. 140 ff.) erfordern. Der Fall veränderter bzw. zusätzlicher Bauleistungen wird durch Art. 58 Abs. 2 SIA-Norm 118 und die darin enthaltene Verweisung *nicht* geregelt.[645] Soll der Unternehmer veränderte oder zusätzliche Bauleistungen erbringen, erfordert dies *Bestellungsänderungen* des Bauherrn, die in Art. 84 ff. SIA-Norm 118 normiert sind. In einem solchen Fall kann man von *notwendigen* Bestellungsänderungen (Nr. 142 ff.) im Unterschied zu *freiwilligen* Bestellungsänderungen (meistens zur Optimierung des Bauprojektes; Nr. 147 ff.) sprechen.

541  3. Wenn die Art. 84 ff. SIA-Norm 118 in einem konkreten Einzelfall anwendbar sind, so sind sie auch anwendbar, wenn sog. *Aufwandpositionen* (Nr. 177 ff.) geändert oder wenn zusätzliche Aufwandpositionen erbracht werden müssen, beispielsweise wenn der Bauherr den von ihm ausgeschriebenen Bauvorgang wegen besonderer Verhältnisse ändert. Dies kann z.B. dadurch geschehen, dass der Bauherr eine Änderung oder eine zusätzliche Ausrüstung einer Tunnelbohrmaschine verlangt. Denn wenn Aufwandpositionen gleich wie Leistungspositionen behandelt werden (in beiden Fällen Vergütung zu Festpreisen), müssen sie konsequenterweise auch den gleichen Rechtsregeln unterworfen sein.[646] Aus diesem Grunde müssen auch erschwerte, jedoch unveränderte *Aufwandpositionen* gleich wie erschwerte, unveränderte Bauleistungen behandelt werden (Nr. 704 ff.). Art. 88 Abs. 1 SIA-Norm 118 sieht denn auch vor, dass nicht nur wegen der Änderung von Anlage und Umfang von Baustelleneinrichtungen, sondern auch wegen einer anderen *Vorhaltezeit* ein Nachtragspreis zu vereinbaren ist.

---

[645] GAUCH, KommSIA118, Anm. 6 lit. b zu Art. 58 Abs. 1 e contrario.
[646] In diesem Sinne auch GAUCH/EGLI, KommSIA118, Anm. 5 lit. a Abs. 1 und Abs. 2 zu Art. 84 Abs. 1 und Anm. 3 lit. a Abs. 1 zu Art. 87 Abs. 1.

## B. Mehraufwand ohne Leistungsänderung

### 1. Der Grundsatz

542 Grundsätzlich *darf* der Unternehmer Mehraufwand betreiben, um die vereinbarten Bauleistungen zu erbringen. Im Einzelfall, nämlich dann, wenn der Mehraufwand einen Eingriff in die Rechte des Bauherrn erfordert, bedarf der Unternehmer dessen *Zustimmung*. Ist eine Zustimmung erforderlich, wird sie häufig *stillschweigend* erteilt, indem z.B. die Bauleitung (als Vertreterin des Bauherrn) auf eine Anzeige hin oder gegenüber dem tatsächlichen Verhalten des Unternehmers keinen Einspruch erhebt. Gemäss Art. 95 Abs. 3 SIA-Norm 118 darf der Unternehmer, den kein Verschulden an einer Verzögerung trifft, Beschleunigungsmassnahmen nur mit Einwilligung der Bauleitung durchführen, wenn er vom Bauherrn eine Mehrvergütung beansprucht.[647]

### 2. Die Anzeigepflicht des Unternehmers

543 Wenn Mehraufwand die Interessen des Bauherrn berühren kann, ist der Unternehmer zur unverzüglichen Anzeige an den Bauherrn bzw. dessen Bauleitung verpflichtet. Zu beachten ist das, was zur Anzeigepflicht des Unternehmers im allgemeinen ausgeführt wird (Nr. 716 ff.). Gemäss Art. 95 Abs. 2 SIA-Norm 118 obliegt dem Unternehmer auch dann die Pflicht zur Anzeige, wenn er wegen eigenen Verschuldens keine Mehrvergütung für Beschleunigungsmassnahmen verlangen kann. Die Anzeige bezweckt, dass die Bauleitung die Mitwirkungspflichten des Bauherrn gegenüber dem Unternehmer und dem Nebenunternehmer richtig und rechtzeitig erfüllen, insbesondere die Bauarbeiten koordinieren kann.[648]

---

[647] Vgl. GAUCH/SCHUMACHER, KommSIA118, Anm. 30 zu Art. 95 Abs. 3; vgl. auch Nr. 389 f.

[648] Vgl. GAUCH/SCHUMACHER, KommSIA118, Anm. 14 lit. b zu Art. 95 Abs. 2.

## C. *Mehraufwand zufolge Leistungsänderung*

### 1. Der Grundsatz

544 Mehraufwand kann dem Unternehmer dadurch erwachsen, dass er zufolge einer bestimmten Ursache veränderte oder zusätzliche Einzelleistungen (Nr. 40 ff., Nr. 140 ff.) erbringen muss. Je nach der *Entscheidungsfreiheit* des Bauherrn kann zwischen nötigen Einzelleistungen (Nr. 142 ff.)[649] und nützlichen oder bequemen Einzelleistungen (Nr. 147) unterschieden werden. Wenn hier von zusätzlichen Einzelleistungen die Rede ist, sind darunter immer auch veränderte Einzelleistungen zu verstehen, ohne dass dies jeweils eigens erwähnt wird.

545 Zusätzliche Einzelleistungen bedürfen der *Weisung* des Bauherrn. Er ist der „Herr des Bauens", der Herr des gesamten Baugeschehens.[650] Zusätzliche Einzelleistungen und damit auch die Änderung von Einzelleistungen erfordern deshalb *Bestellungsänderungen* des Bauherrn. Solche benötigt der Unternehmer dann, wenn besondere Verhältnisse zusätzliche oder veränderte Bauleistungen erzwingen (Nr. 540). Der Grundsatz, dass der Bauherr weisungsberechtigt ist und dass der Unternehmer der Weisungen des Bauherrn bedarf, um Einzelleistungen zusätzlich oder anders auszuführen, hat seinen Niederschlag in verschiedenen Bestimmungen der SIA-Norm 118 gefunden: Art. 33 Abs. 2 und Art. 35 Abs. 1 betreffend die Personen, die in Vertretung des Bauherrn Weisungen erteilen dürfen; Art. 44 Abs. 2 und Art. 45 Abs. 1 betreffend Regiearbeiten; Art. 84 Abs. 1 betreffend Bestellungsänderungen; Art. 95 Abs. 3 betreffend Beschleunigungsmassnahmen; Art. 99 und Art. 100 betreffend Weisungen und Ausführungspläne; Art. 102 betreffend Eventualpositionen; Art. 112 Abs. 2 betreffend zusätzliche Massnahmen zum Immissionsschutz; Art. 125 Abs. 2 betreffend längeres Vorhalten von Baustelleneinrichtungen.

546 Der Unternehmer hat keinen Anspruch auf die Vergütung *unbestellter* Leistungen.[651] „Insbesondere gelten Zusatzleistungen nicht schon deshalb

---

[649] Nötige Einzelleistungen können auch in temporären Bauleistungen bestehen; vgl. Nr. 138.

[650] Vgl. GWerkV Nr. 208.

[651] GWerkV Nr. 1310.

als stillschweigend vereinbart, weil sie für die Ausführung des Werkes erforderlich waren."[652] Zu den unbestellten Leistungen gehören auch solche, die ein vollmachtsloser Stellvertreter bestellt hat. Für unbestellte Leistungen besteht ausnahmsweise ein Anspruch des Unternehmers auf Ausgleich eines dem Bauherrn aufgedrängten subjektiven („echten") Vermögensvorteils.[653]

## 2. Die Ausnahme

547 Die allgemeine Treue- und Sorgfaltspflicht des Unternehmers schliesst seine Pflicht ein, den Bauherrn vor unmittelbar drohendem Schaden zu bewahren.[654] Der Unternehmer kann deshalb nicht nur berechtigt, sondern sogar verpflichtet sein, *ohne* vorgängige Weisung des Bauherrn oder seiner Bauleitung zusätzliche Massnahmen zu ergreifen, die zur Abwendung oder zur Eindämmung von Schaden sofort durchgeführt werden müssen, wenn keine Zeit bleibt, vorgängig die Zustimmung des Bauherrn einzuholen. Ein Ausfluss davon ist Art. 45 Abs. 2 SIA-Norm 118, wonach *dringliche Arbeiten*, die zur Abwendung von Gefahr oder Schaden unerlässlich sind, vom Unternehmer auszuführen sind, ohne eine Anordnung der Bauleitung abzuwarten.[655]

## 3. Die Anzeigepflicht des Unternehmers

548 Erfordern Bauerschwernisse Weisungen (d.h. notwendige Bestellungsänderungen) des Bauherrn, ist der Unternehmer zur Anzeige der besonderen Verhältnisse und unter Umständen sogar zur Abmahnung verpflichtet. Es ist zu beachten, was zur Anzeigepflicht des Unternehmers im allgemeinen ausgeführt wird (Nr. 716 ff.).

---

[652] GWerkV Nr. 771.

[653] GWerkV Nr. 1311.

[654] Zur allgemeinen Sorgfaltspflicht des Unternehmers vgl. GWerkV Nr. 817 ff. sowie Art. 23 Abs. 1 SIA-Norm 118; vgl. auch GWerkV Nr. 7: Viele, namentlich langfristige Werkverträge weisen einen starken „Beziehungscharakter" auf, in dem das Wohlergehen der einen Partei erheblich von jenem der anderen abhängt.

[655] Vgl. GWerkV Nr. 1312 ff.; GAUCH, KommSIA118, Anm. 3 - 10 zu Art. 45 Abs. 2.

549 Häufig ist der Unternehmer nicht nur zur Anzeige verpflichtet, sondern muss auch die Weisungen des Bauherrn verlangen, die dem Unternehmer als notwendig für eine fachgerechte und rechtzeitige Bauausführung erscheinen.[656] Der Unternehmer muss dem Bauherrn genügend Zeit einräumen, um zusätzliche Einzelleistungen zu bestellen oder frühere Weisungen abzuändern, allenfalls dem Unternehmer auch neue Pläne zuzustellen. Die Passivität des Bauherrn kann zu seinem *Annahmeverzug* führen (Nr. 348 ff.). Der Annahmeverzug des Bauherrn setzt weder eine Mahnung des Unternehmers noch ein Verschulden des Bauherrn voraus.[657] Der Unternehmer ist jedoch aufgrund seiner allgemeinen Treue- und Sorgfaltspflicht gehalten, den Bauherrn direkt auf eine allfällige wiederholte Säumnis seiner Bauleitung aufmerksam zu machen.[658]

## 4. Die Beweislast des Unternehmers

550 Für alle (notwendigen oder freiwilligen) Bestellungsänderungen des Bauherrn ist der Unternehmer *beweispflichtig*.[659]

551 Bestellungsänderungen können auch *stillschweigend*, insbesondere durch konkludentes Verhalten erteilt werden, z.B. durch die Abgabe veränderter Pläne,[660] oder dadurch, dass sich die Bestellungsänderung aus dem stillschweigend mitverstandenen Inhalt einer anderen Erklärung des Bauherrn oder seiner Bauleitung ergibt. Z.B. kann eine stillschweigende Weisung vorliegen, wenn der Bauherr oder die Bauleitung bei einem Baustellengespräch konkludent zu verstehen gibt, der Unternehmer habe sich auf eine tatsächlich veränderte Situation einzustellen, was bei technisch notwendigen oder behördlich verlangten Änderungen in der Praxis häufig vorkommt.[661]

---

[656] Vgl. Art. 99 Satz 2 und Art. 100 Abs. 1 Satz 4 SIA-Norm 118; vgl. GAUCH/SCHUMACHER, KommSIA118, Anm. 12 zu Art. 99.

[657] GAUCH/SCHUMACHER, KommSIA118, Anm. 11 lit. c Abs. 1 zu Art. 94 Abs. 2.

[658] GAUCH/SCHUMACHER, KommSIA118, Anm. 11 lit. c Abs. 1 zu Art. 94 Abs. 2; vgl. auch die Sonderregeln in Art. 99 Satz 2 und Art. 100 Abs. 1 Satz 4 SIA-Norm 118.

[659] GWerkV Nr. 786, Nr. 906, Nr. 1310; BÜHLER, S. 314. f.

[660] Vgl. GAUCH/EGLI, KommSIA118, lit. c der Vorbem. zu Art. 84 - 91; GAUCH/SCHUMACHER, KommSIA118, Anm. 1 lit. d zu Art. 100 Abs. 1.

[661] Vgl. GAUCH/EGLI, KommSIA118, Vorbem. lit. c zu Art. 84 - 91; VYGEN, FS Locher, S. 276; VYGEN/SCHUBERT/LANG, Nr. 184.

552 Häufig enthalten Werkverträge den *Formvorbehalt* (Art. 16 OR), dass Abänderungen des Werkvertrages, mithin auch Bestellungsänderungen, nur gültig seien bzw. den Bauherrn nur dann zu einer zusätzlichen Vergütung verpflichten sollen, wenn sie in Schriftform erfolgen. Ein derartiger Formvorbehalt ist zum vornherein nur gültig, wenn sich die Parteien bei Vertragsabschluss des Vorbehaltes überhaupt bewusst sind, weshalb ein derartiger vorformulierter Vorbehalt in AGB für diejenige Partei unwirksam ist, welche diese AGB global übernommen hat.[662] Zudem kann ein rechtswirksamer Formvorbehalt nachträglich aufgehoben werden, auch stillschweigend durch konkludentes Verhalten, indem eine Bestellungsänderung ohne Beachtung der (früher) vorbehaltenen Form erteilt und erfüllt wird. Die Vertragsfreiheit umfasst auch die Freiheit der Parteien, den Formvorbehalt in irgendeiner Form aufzuheben. Ob die Aufhebung bewusst geschieht oder unbewusst - weil z.B. die Parteien gar nicht mehr an die Formabrede denken, was häufig vorkommt - ist unerheblich.[663] Trotzdem ist der (beweispflichtige!) Unternehmer gut beraten, Bestellungsänderungen nur in Schriftform entgegenzunehmen oder sich schriftlich bestätigen zu lassen (z.B. in einem Protokoll), um sich den Beweis zu sichern und dem Bauherrn die spätere Ausflucht mit der Verletzung der Formvorschrift zum vornherein abzuschneiden. Wurde die Schriftform vorbehalten, kann der Unternehmer psychologisch geschickt auf ihrer Einhaltung bestehen, ohne den Anschein zu erwecken, er misstraue dem Wort des Bauherrn oder der Bauleitung.

## 5. Dialog

553 Häufig bleibt es nicht bei der blossen Anzeige des Unternehmers, sondern es kommt zu einem *Meinungsaustausch* zwischen Bauherr und Unternehmer zwecks Optimierung der erforderlichen Bestellungsänderung. Vorweg muss festgehalten werden: Es gibt *keine gemeinsamen Beschlüsse* des Bauherrn und des Unternehmers. Der Werkvertrag ist ein *Austauschvertrag*. Bauherr und Unternehmer bilden *keine einfache Gesellschaft*, die gemeinsam beschliessen könnte. Wer entscheidet, übernimmt

---

[662] GAUCH/SCHLUEP, Nr. 600; GWerkV Nr. 414.
[663] GAUCH/SCHLUEP, Nr. 594; SCHMIDLIN, Berner Kommentar, N 5 und N 45 zu Art. 16 OR; SCHÖNENBERGER/JÄGGI, N 48 zu Art. 16 OR; ZR 1983, Nr. 23, S. 50.

auch die Verantwortung, auch wenn gegebenenfalls die Gegenpartei eine Mitverantwortung treffen kann.

554 Aufgrund seiner allgemeinen Sorgfalts- und Treuepflicht[664] darf sich der Unternehmer dem Dialog mit dem Bauherrn nicht verschliessen. Der Unternehmer hat die berechtigten Interessen des Bauherrn in guten Treuen zu wahren.[665] Aus der (übergeordneten) Treuepflicht ergeben sich u.a. auch verschiedene *Aufklärungs- und Hinweispflichten* des Unternehmers.[666]

### a) Beratung durch den Unternehmer

555 Der Bauherr ist bei seinen Weisungen zu behaften,[667] und dies auch dann, wenn er vorgängig durch den Unternehmer beraten worden ist. Die blosse Beratung des Bauherrn durch den Unternehmer ist *keine Werkleistung*. Sie unterliegt nicht der werkvertraglichen Mängelhaftung, sondern höchstens der auftragsrechtlichen Verschuldenshaftung.[668] Der Bauherr entscheidet und trägt die Verantwortung, ausser er sei vom Unternehmer schuldhaft falsch beraten worden. Die Verantwortung des autonomen Bauherrn ist in seinem Sachverstand oder demjenigen seiner Hilfspersonen begründet. Die Rechtslage ist „spiegelbildlich" gleich, wenn der Unternehmer frei in der Wahl eines Werkstoffes ist und seinerseits durch den Bauherrn bloss beraten wird. Auch dann sind blosse Vorschläge, Wünsche oder Ratschläge des Bauherrn keine Weisungen, welche seine Haftung zu begründen vermöchten.[669]

### b) Unternehmervariante

556 Der Bauherr kann jedoch die Verantwortung für die Planung einer Bestellungsänderung dem Unternehmer überlassen, der dann eine Unter-

---

[664] Vgl. GWerkV Nr. 817 ff.
[665] GWerkV Nr. 820.
[666] GWerkV Nr. 836 f.
[667] GWerkV Nr. 1932; zur (Mitwirkungs-) Pflicht des Bauherrn, Weisungen zu erteilen, vgl. GWerkV Nr. 1333, auch Nr. 1949.
[668] Vgl. GWerkV Nr. 35 und Nr. 333; HÜRLIMANN, BR 1996, S. 7.
[669] GWerkV Nr. 2023; vgl. SCHOPF, Prüfpflicht, S. 37, betreffend Verbesserungsvorschläge nach österreichischem Recht.

nehmervariante ausführt. Dann trägt der Unternehmer die Verantwortung für die Richtigkeit und Vollständigkeit der eigenen Planung.[670] In diesem Fall hat der Unternehmer selber einen Entscheid (z.B. über die Ausführungsart einer zusätzlichen Massnahme) gestützt auf eigene Berechnungen und eigene konstruktive Bearbeitung gefällt.[671] Daran ändert die Genehmigung der Unternehmervariante durch den Bauherrn nichts, ausser dieser hätte ein Risiko verschwiegen, das ihm, dem Bauherrn, bekannt, jedoch dem Unternehmer unbekannt war.[672] Doch soweit der Unternehmer auf die Richtigkeit und Vollständigkeit der Projektierung und Ausschreibung, insbesondere der vom Bauherrn bekanntgegebenen Anforderungen, Gegebenheiten und Annahmen zurecht vertraute, trifft ihn keine *Mängelhaftung*[673] und somit auch keine Verantwortung, wenn die Ausführung der Unternehmervariante teurer zu stehen kommt, als der Unternehmer gestützt auf die Angaben des Bauherrn annehmen durfte (Nr. 400 a.E.).

557 Das soeben Geschriebene gilt auch, wenn der Bauherr eine Bestellungsänderung nach der Methode der *funktionalen* Leistungsbeschreibung erteilt.[674] Art. 101 Abs. 2 SIA-Norm 118 sieht vor, dass der Bauherr beim Unternehmer „weitere Studien, Pläne und dergleichen" bestellen darf (Nr. 391, Nr. 581). Solche bedürfen der Genehmigung durch die Bauleitung (Art. 101 Abs. 3 SIA-Norm 118). Die erteilte Genehmigung befreit den Unternehmer jedoch nicht von seiner Verantwortung für die vorgelegten Ausführungspläne.[675]

---

[670] Vgl. GWerkV Nr. 1466; HÜRLIMANN, BR 1996, S. 7 ff.

[671] Vgl. Art. 167 Satz 1 SIA-Norm 118: „Der Unternehmer haftet namentlich auch für Mängel seines Werkes..., die verursacht sind durch von ihm vorgeschlagene Konstruktionen oder Ausführungsarten sowie durch seine statische Berechnung und konstruktive Bearbeitung."

[672] GWerkV Nr. 1321 und Nr. 2060; GAUCH/SCHUMACHER, KommSIA118, Anm. 5 lit. d zu Art. 101.

[673] HÜRLIMANN, BR 1996, S. 8; Art. 167 Satz 2 SIA-Norm 118.

[674] Zur funktionalen Leistungsbeschreibung vgl. Nr. 55 ff.

[675] Vgl. GAUCH/SCHUMACHER, KommSIA118, Anm. 5 lit. d zu Art. 101 Abs. 3.

## V. Die Pflicht des Unternehmers zum Mehraufwand

### A. Mehraufwand ohne Leistungsänderung

558 Grundsätzlich ist der Unternehmer zum Mehraufwand verpflichtet, den die vereinbarten Bauleistungen (ohne Leistungsänderung) erfordern.

559 In einzelnen Fällen kann dem Unternehmer ein Recht zur *Vertragsauflösung* zustehen, so gemäss Art. 373 Abs. 2 OR bzw. Art. 59 Abs. 2 SIA-Norm 118[676] bei ausserordentlichen Verhältnissen oder gemäss Art. 95 OR, wenn der Bauherr seine Mitwirkung unterlässt oder verzögert.[677] Auch das Recht zur Arbeitseinstellung kann dem Unternehmer zustehen (Nr. 380 ff.). Allerdings wird der Unternehmer regelmässig mit einer *unsicheren Rechtsprechungsprognose* konfrontiert. Klagt er z.B. gestützt auf Art. 373 Abs. 2 OR auf Vertragsauflösung, läuft er Gefahr, dass seine Auflösungsklage abgewiesen und er selber wegen ungerechtfertigter Einstellung der Arbeit zu Schadenersatz verurteilt wird.[678] Hinzu kommen *praktische Probleme* (Räumung einer Grossbaustelle mit umfangreichen Baustelleneinrichtungen; geschäftspolitisches Risiko der Gefährdung des Rufes des Unternehmers usw.).

---

[676] Vgl. Nr. 359: Wenn nebst dem Tatbestand des Art. 58 Abs. 2 SIA-Norm 118 auch derjenige des Art. 59 Abs. 1 SIA-Norm 118 erfüllt ist, kann der Unternehmer auch auf Auflösung des Werkvertrages klagen.

[677] GWerkV Nr. 1342.

[678] GWerkV Nr. 1125; vgl. auch Nr. 377 und insbesondere Nr. 381 hiervor betreffend Arbeitseinstellung wegen Zahlungsverzugs des Bauherrn.

## B. Mehraufwand zufolge Leistungsänderung

### 1. Der Grundsatz

560 Grundsätzlich besitzt der Bauherr *keinen* Rechtsanspruch darauf, dass der Unternehmer zusätzliche oder geänderte Leistungen ausführt. Der Unternehmer hat sich zu nicht mehr und nicht weniger verpflichtet, als im Werkvertrag vereinbart worden ist. „Pacta sund servanda." Das auszuführende Werk ist ein *objektiv wesentlicher Vertragspunkt*.[679] Gegenstand und Inhalt des Vertrages kann nur sein, worüber ein gegenseitiger und übereinstimmender Vertragswille besteht.[680] Eine getroffene Preisabrede bezieht sich immer nur auf eine bestimmte (unveränderte) Leistung.[681]

561 Soll der Unternehmer zusätzliche oder andere Arbeiten ausführen, bedarf dies grundsätzlich einer *Vertragsänderung*, d.h. eines *Zusatzvertrages*. Dazu ist die „übereinstimmende gegenseitige Willensäusserung der Parteien" erforderlich (Art. 1 Abs. 1 OR).

562 Die *Bindungswirkung* des Vertrages erstreckt sich deshalb grundsätzlich nur auf das vereinbarte Werk, d.h. die vereinbarten Bauleistungen. Das *Gesetz* verleiht dem Bauherrn kein allgemeines Recht zur (einseitigen) Bestellungsänderung.[682]

---

[679] GWerkV Nr. 381.
[680] Vgl. GWerkV Nr. 380; GAUCH/SCHLUEP, Nr. 308 ff.
[681] GAUCH, KommSIA118, Anm. 10 Abs. 2 zu Art. 38 Abs. 3; vgl. auch GWerkV Nr. 917.
[682] GWerkV Nr. 775, auch zum Recht des Bauherrn zum Teilrücktritt als eines gesetzlichen Änderungsrechtes, das jedoch den Unternehmer nicht zu zusätzlichen Leistungen verpflichtet, sondern von (früher vereinbarten) Leistungspflichten befreit.

## 2. Die Ausnahme: Bestellungsänderungsrecht des Bauherrn

### a) Vereinbarung

563 Durch *Vereinbarung* mit dem Unternehmer kann der Bauherr sich zum voraus ein einseitiges Änderungsrecht (Gestaltungsrecht) ausbedingen (Nr. 338 ff.), wenn auch nur in den Schranken des Gesetzes (Art. 19 Abs. 1 OR), namentlich des Art. 27 Abs. 2 ZGB.[683] Z.B. kann sich der Bauherr eines Einfamilienhauses einer Gesamtüberbauung das Recht vorbehalten, durch spätere „Sonderwünsche" von der Standardausführung abzuweichen, für welche der Werkpreis (häufig ein Gesamtpreis) vereinbart wird.[684]

564 Wie weit ein vereinbartes Änderungsrecht des Bauherrn reicht, d.h. zu welchen konkreten Änderungen es den Bauherrn berechtigt, ergibt sich aus dem Inhalt der rechtsbegründenden Vereinbarung und muss im Streitfall durch Auslegung ermittelt werden.[685] Zu den Auslegungsregeln gehört auch die *Unklarheitsregel*. Sie besagt, dass im Zweifel diejenige Bedeutung den Vorzug verdient, die für den Verfasser der auszulegenden (unklaren) Vertragsbestimmung ungünstiger ist.[686] Zu beachten ist auch die Auslegungsregel, wonach im Zweifel zugunsten des Schuldners (hier des Unternehmers) auszulegen ist.[687] Weil ein einseitiges Änderungsrecht des Bauherrn einen Einbruch in den Grundsatz der Vertragstreue, d.h. der beidseitigen Bindung an den übereinstimmend ausgehandelten und vereinbarten Inhalt des Vertrages, bedeutet, ist das einseitige Änderungsrecht des Bauherrn im Zweifel *restriktiv* auszulegen.

565 Ein einseitiges Bestellungsänderungsrecht kann dem Bauherrn auch durch die Übernahme von AGB eingeräumt werden, z.B. durch die Übernahme der Art. 84 ff. SIA-Norm 118 (Nr. 568 ff.).

---

[683] GWerkV Nr. 776, auch Nr. 382.
[684] Vgl. GWerkV Nr. 776.
[685] GWerkV Nr. 777.
[686] Vgl. GWerkV Nr. 202; GAUCH/SCHLUEP, Nr. 1231 f.; BGE 122 III 121.
[687] GAUCH/SCHLUEP, Nr. 1235 a.E.; JÄGGI/GAUCH, N 448 ff. zu Art. 18 OR.

b) Vertragsergänzung

566 Das Gestaltungsrecht des Bauherrn zur einseitigen Bestellungsänderung kann sich mangels einer einschlägigen Vertragsabrede durch *Vertragsergänzung* ergeben, indem auf den sog. *hypothetischen Parteiwillen* zurückgegriffen wird. Das Änderungsrecht ist zu bejahen, wenn es von vernünftig und redlich handelnden Parteien vorgesehen worden wäre, falls sie die Frage für den konkreten Werkvertrag durch Vereinbarung geregelt und so die Vertragslücke vermieden hätten.[688] Demzufolge kann der Bauherr berechtigt sein, eine unvermeidbare, behördlich verlangte oder für die einwandfreie Ausführung des Bauwerkes erforderliche Änderung der Bauleistung einseitig anzuordnen, solange *nicht eine tiefgreifende Umgestaltung* der vom Unternehmer geschuldeten Leistungen verlangt wird.[689] Ein solches Recht zur einseitigen Bestellungsänderung entspricht einer überkommenen *Verkehrsübung* im Bauwesen. Sie erklärt sich aus der besonderen Natur des Bauwerkvertrages, nämlich daraus, dass der Bauherr bei Vertragsabschluss nur selten alle Folgen überblicken kann, die sich aus der Verwirklichung des Bauprojektes ergeben. Die Erfahrung zeigt, dass in vielen Fällen eine sinnvolle Abwicklung des Bauwerkvertrages ohne Änderungen gar nicht möglich ist.[690] Auch die *allgemeine Treuepflicht* des Unternehmers[691] kann ergeben, dass er den Bauherrn nicht im Stiche lassen darf und notwendige (z.B. korrigierende oder präventive) zusätzliche Massnahmen (Nr. 142 ff.) auszuführen hat, wenn sie der Bauherr anordnet. Die wohlverstandenen Interessen des Bauherrn erfordern eine *gewisse Flexibilität* bei der Bauausführung.

567 Für den Mehraufwand zufolge Bestellungsänderung hat der Unternehmer Anspruch auf eine Mehrvergütung, die sich mangels anders lautender Abrede nach Art. 374 OR bemisst (Nr. 644 ff.) und nicht nach Art. 373 Abs. 2 OR. Dieser Mehrvergütungsanspruch des Unternehmers besteht unabhängig davon, ob er ohnehin nach Aufwand vergütet wird oder ob feste Preise vereinbart sind. Der Anspruch auf Mehrvergütung setzt weder eine besondere Abrede noch eine Anerkennung durch den Bauherrn

---

[688] GWerkV Nr. 778.

[689] Eine tiefgreifende Umgestaltung liegt z.B. vor, wenn untergeordnete (Neben-) Kostenstellen (Leistungspositionen mit zugeordneten Einheits-, Pauschal- oder Globalpreisen) zu *Schlüsselkosten* werden.

[690] GWerkV Nr. 779.

[691] Vgl. GWerkV Nr. 820.

noch eine Ankündigung der Mehrforderung durch den Unternehmer voraus.[692]

### c) Art. 84 Abs. 1 SIA-Norm 118

568 Durch die Übernahme der SIA-Norm 118 wird dem Bauherrn in Art. 84 Abs. 1 ein einseitiges[693] Bestellungsänderungsrecht eingeräumt. Einerseits kommt damit die Norm den Bedürfnissen des Bauherrn entgegen. Andererseits wird die Einseitigkeit im Interesse des Unternehmers dahingehend eingeschränkt, dass das Gestaltungsrecht nur soweit reicht, als *„der Gesamtcharakter des zur Ausführung übernommenen Werkes unberührt bleibt"*.[694] Mit anderen Worten bedeutet dies, dass die Änderung *nicht zu einer tiefgreifenden Umgestaltung* der vom Unternehmer geschuldeten (Gesamt-) Bauleistung führen darf.[695] Das deckt sich mit der Beschränkung des durch Vertragsergänzung geschaffenen Bestellungsänderungsrechts des Bauherrn.[696]

569 Die Schranke des Bestellungsänderungsrechtes, dass der Gesamtcharakter unberührt bleibt, setzt nach *Treu und Glauben* voraus: **a.** dass das Werk trotz der Änderung seine spezifische Eigenart (seinen Charakter) beibehält; **b.** dass zusätzliche Leistungen ihrer Natur nach zu einem solchen Werk gehören, also nicht artfremd sind; **c.** dass der Umfang der vom Unternehmer geschuldeten Gesamtleistung nicht in unzumutbarer Weise verändert wird; **d.** dass der Unternehmer mit seinem Betrieb und den allenfalls beigezogenen Subunternehmern zur gesamten Werkausführung imstande bleibt.[697] Ob die verschiedenen Kriterien erfüllt sind, beurteilt sich im Einzelfall aufgrund aller konkreten Umstände. Der Begriff des Gesamtcharakters ist im Zweifel *eng auszulegen*. Der Werkver-

---

[692] GWerkV Nr. 785 ff., Nr. 905, Nr. 930; vgl. hingegen GWerkV Nr. 789, wonach die Unterlassung der Ankündigung der Mehrforderung nach den konkreten Umständen des Einzelfalles nach Vertrauensprinzip als *Verzichtserklärung* ausgelegt werden kann, was dem Bauherrn von der Leistung einer Mehrvergütung befreit.

[693] Vgl. GAUCH/EGLI, KommSIA118, lit. b der Vorbem. zu Art. 84 - 91: Die vertragliche Bestellungsänderung ist in Art. 84 - 91 SIA-Norm 118 nicht berücksichtigt.

[694] Art. 84 Abs. 1 SIA-Norm 118; dazu GAUCH/EGLI, KommSIA118, Anm. 8 zu Art. 84 Abs. 1.

[695] GWerkV Nr. 793.

[696] GWerkV Nr. 779; vgl. Nr. 566 ff. hiervor.

[697] GWerkV Nr. 793.

trag ist ein Austauschvertrag und eine einseitige Bestellungsänderung des Bauherrn ein Einbruch in die Vertragstreue.

570 Die Vergütung des Mehraufwandes zufolge Bestellungsänderungen des Bauherrn wird in Art. 85 sowie Art. 86 - 89 SIA-Norm 118 geregelt (Nr. 694 ff.).

### 3. Einzelfragen

#### a) Beizug anderer Unternehmer

571 Zusätzliche Einzelleistungen werden gelegentlich durch einen dritten (meistens spezialisierten) Unternehmer ausgeführt, sei es, weil der Unternehmer die betreffende Arbeit nicht selber ausführen kann, sei es weil der Bauherr dies wünscht. Hie und da verlangt der Bauherr, dass der Unternehmer mit einem vom Bauherrn vorgeschriebenen Spezialunternehmer einen Subunternehmervertrag abschliesse oder eine ARGE (= Arbeitsgemeinschaft, rechtlich eine einfache Gesellschaft gemäss Art. 530 ff. OR) bilde. Der Unternehmer kann jedoch vom Bauherrn nicht einseitig verpflichtet werden, einen Subunternehmer beizuziehen, der nicht bereits im ursprünglichen Werkvertrag vorgesehen war,[698] oder mit einem anderen Unternehmer eine einfache Gesellschaft einzugehen. Die Vertragstreue verdient den Vorzug vor dem Wunsch des Bauherrn nach Verbesserung seiner Lage (Haftung des Unternehmers für den Subunternehmer bzw. für den ARGE-Partner; Entlastung von der Koordination der Arbeiten der Nebenunternehmer).

572 Hingegen kann der Bauherr gemäss Art. 11 SIA-Norm 118 eine einzelne Arbeit durch einen Dritten als *Nebenunternehmer* ausführen lassen, wenn er sich dieses Recht im Werkvertrag vorbehalten und die betreffende Leistung in den Ausschreibungsunterlagen *individuell* bezeichnet hat.

---

[698] GWerkV Nr. 793 a.E.

## b) Wahlpositionen (Eventual- und Alternativpositionen)

573 Im Werkvertrag können die Parteien *Eventual-* und *Alternativpositionen* detailliert umschreiben, aber noch nicht vereinbaren.[699] Art. 102 SIA-Norm 118 räumt dem Bauherrn das Gestaltungsrecht ein, vom Unternehmer zu verlangen, dass er Positionen, die im Leistungsverzeichnis mit „eventuell" bezeichnet sind, zusätzlich oder anstelle anderer Leistungen ausführt.[700] Eventual- und Alternativpositionen enthalten ein spezielles *Änderungsrecht* des Bauherrn.[701] Die Anordnung der Ausführung einer Eventual- oder Alternativposition ist *keine* Bestellungsänderung im Sinne des Art. 84 Abs. 1 SIA-Norm 118, weshalb die Regeln über die „normale" Bestellungsänderung nicht anwendbar sind.[702]

574 Der zusätzliche bzw. alternative Vergütungsanspruch des Unternehmers kann bereits bei Vertragsabschluss festgelegt worden sein. Haben die Parteien darauf verzichtet, so ist die Leistung bzw. Mehrleistung nach Aufwand zu vergüten.[703] Eventualpositionen können auch antizipierte Mehrvergütungs-Absprachen (AMA) für die Folgen von Bauerschwernissen sein, z.B. Leistungspositionen für korrigierende oder präventive Massnahmen oder Aufwandpositionen für längeres Vorhalten von Baustelleneinrichtungen zufolge Änderung der Baugrundverhältnisse (Nr. 708).

575 Bei der Kalkulation des Mehraufwandes, welcher dem Unternehmer allenfalls infolge der Wahl von Eventual- und Alternativpositionen durch den Bauherrn erwächst, muss der Unternehmer damit rechnen, dass er diese Positionen nicht ausführen kann. Deshalb kann er in solche Posi-

---

[699] Vgl. GAUCH/SCHUMACHER, KommSIA118, Anm. 1 zu Art. 102, insbesondere Anm. 1 lit. c betreffend die *Alternativpositionen*; zu den Eventualpositionen vgl. auch GWerkV Nr. 595, 808, 1315.

[700] GAUCH/SCHUMACHER, KommSIA118, Anm. 1 lit. a zu Art. 102.

[701] Vgl. GWerkV Nr. 808.- Eine besondere Art der Eventualpositionen sind die *Verzichtspositionen*, mit denen sich Art. 11 SIA-Norm 118 befasst.

[702] GAUCH/SCHUMACHER, KommSIA118, Anm. 5 lit. b zu Art. 102; ebenso GAUCH/EGLI, KommSIA118, Vorbem. lit. d Abs. 2 zu Art. 84 - 91.

[703] Vgl. GAUCH/SCHUMACHER, KommSIA118, Anm. 7 lit. a zu Art. 102; GAUCH, KommSIA118, Anm. 4 lit. b zu Art. 44 Abs. 1; vgl. auch GWerkV Nr. 943; ZR 1996, S. 86.

tionen keine Zuschläge (Nr. 32, Nr. 33 ff.) einrechnen.[704] Mehraufwand zufolge der Wahl von Eventual- oder Alternativpositionen kann dem Bauherrn später insbesondere in den folgenden Fällen erwachsen:

576 1. Der Bauherr ordnet die Ausführung von Alternativ- oder Eventualpositionen *verspätet* an. In einem solchen Falle ist Art. 85 Abs. 3 SIA-Norm 118 anzuwenden, d.h. es sind dem Unternehmer mit der Vergütung auch die nutzlos gewordenen Arbeiten zu vergüten. Auch für Eventual- und Alternativpositionen gilt die kluge Empfehlung des Art. 85 Abs. 1 SIA-Norm 118, wonach dem Unternehmer Bestellungsänderungen so frühzeitig bekanntzugeben sind, dass sie die Vorbereitung und Ausführung der Arbeiten nicht beeinträchtigen. Zudem ist es eine Auslegungsfrage, ob der Bauherr sein Wahlrecht nach Abschluss des Werkvertrages überhaupt noch ausüben kann, wenn er sich die spätere Entscheidung über Eventual- und Alternativpositionen in den Ausschreibungsunterlagen nicht ausdrücklich vorbehalten hat. Die Auslegung kann im Einzelfall ergeben, dass sich der Bauherr bis zum Abschluss des Werkvertrages zu entscheiden hat und mangels eines ausdrücklichen Vorbehaltes des Bauherrn die Bindung des Unternehmers an das Angebot von Alternativ- und Eventualpositionen mit Vertragsabschluss entfällt. Anders kann es sich verhalten, wenn aus technischen Gründen bis zum Vertragsabschluss noch keine Wahl möglich ist.[705]

577 2. Dem Unternehmer kann bei der Ausführung von Alternativ- und Eventualpositionen Mehraufwand erwachsen, weil sie in sehr grossem Ausmass erbracht werden müssen und deshalb der Aufwand nicht zuverlässig kalkulierbar war.[706] Dann stellt sich die Frage, ob der Unternehmer im betreffenden konkreten Einzelvertrag mit (für solche Fälle) ungenügend kalkulierten Eventual- und Alternativpositionen sich verpflichtet hat, mit einer reduzierten Vergütung teilweise ein Risiko des Bauherrn zu tragen. Von Eventual- und Alternativpositionen sollte nur sehr zurückhaltend Gebrauch gemacht werden. In der Praxis werden sie allerdings häufig dazu missbraucht, um Mängel einer unzureichenden Planung auszugleichen, „wie dies in letzter Zeit immer häufiger zu beob-

---

[704] Vgl. dazu KAPELLMANN/SCHIFFERS, Bd. 1, Nr. 588 ff.; das gleiche Problem stellt sich für den Unternehmer, wenn sich der Bauherr gemäss Art. 11 SIA-Norm 118 den entschädigungslosen Verzicht einzelner Leistungspositionen vorbehält. - Vgl. auch Nr. 707.

[705] Vgl. dazu ausführlich VYGEN/SCHUBERT/LANG, Nr. 198.

[706] Vgl. VYGEN/SCHUBERT/LANG, Nr. 188 - 223, insbesondere Nr. 205 und Nr. 210; KAPELLMANN/SCHIFFERS, Bd. 1, Nr. 569 ff.

achten ist".⁷⁰⁷ Die Ausschreibung von Eventual- und Alternativpositionen steht im Widerspruch zu Art. 5, Art. 8 und Art. 12 SIA-Norm 118, wonach die Bauarbeiten klar, übersichtlich und vollständig auszuschreiben sind. Sie erhöhen den Aufwand des Unternehmers für die Ausarbeitung des Angebotes und vermindern die Transparenz (Vergleichbarkeit) in der Submission.⁷⁰⁸ Sie schaffen ein zusätzliches Risiko der Manipulation und sogar der Korruption⁷⁰⁹.

578 Von den Wahlpositionen sind die *Auswahlpositionen* zu unterscheiden: Eine Eigenschaft der auf jeden Fall zu erbringenden Leistung ist bei Vertragsabschluss noch nicht bzw. noch nicht genau bestimmt und bedarf der *Konkretisierung* meistens durch den Bauherrn, z.B. „Farbe nach Wahl des Bauherrn".⁷¹⁰

## c) Dringliche Arbeiten

579 Die Bauleitung kann *dringliche Arbeiten zur Abwendung von Gefahr und Schaden* in Regie ausführen lassen (Art. 44 Abs. 2 Satz 1 SIA-Norm 118). Darunter sind Arbeiten zu verstehen, die vom Unternehmer zwar nicht von vornherein geschuldet, zur Abwendung von Gefahr und Schaden aber dringlich erforderlich werden. Die Gefahr oder der Schaden, die es abzuwenden gilt, können z.B. dem Werk des Unternehmers, dem Werk eines Nebenunternehmers, irgendwelchen Baustelleneinrichtungen, den auf dem Bauplatz beschäftigten Personen, der Nachbarschaft oder der weiteren Umgebung der Baustelle drohen. Immer aber muss die Bedrohung so drängend sein, dass sie nur durch eine rasche Anordnung und Ausführung der angeordneten Arbeiten bekämpft werden kann und dies keinen Aufschub zulässt.⁷¹¹

---

⁷⁰⁷ So VYGEN/SCHUBERT/LANG, Nr. 195 f.

⁷⁰⁸ Vgl. VYGEN/SCHUBERT/LANG, Nr. 196; KAPELLMANN/SCHIFFERS, Bd. 1, Nr. 576, 589 und 590.

⁷⁰⁹ Vgl. PIETH MARK, Korruption - ein Thema, BRT 1997, Bd. II, S. 31 ff., insbesondere S. 39: „Einbau von Scheinpositionen", auch S. 38 f.: „gezielter Einbau verdeckter Fehler".

⁷¹⁰ Vgl. dazu KAPELLMANN/SCHIFFERS, Bd. 1, Nr. 570 Abs. 2.

⁷¹¹ Vgl. GAUCH, KommSIA118, Anm. 5 zu Art. 44 Abs. 2 SIA-Norm 118.

### d) Beschleunigungsmassnahmen

580 Gemäss Art. 95 Abs. 3 SIA-Norm 118 kann der Bauherr vergütungspflichtige Beschleunigungsmassnahmen verlangen, wenn vertragliche Fristen nicht eingehalten werden können und den Unternehmer kein Verschulden an der Bauverzögerung trifft (Nr. 389).

### e) Studien

581 Eine besondere Art der Bestellungsänderung ist die Bestellung von „*Studien, Plänen und dergleichen*" durch den Bauherrn beim Unternehmer, die keine Ausführungspläne sind und vom Unternehmer nur aufgrund einer besonderen Vereinbarung geschuldet sind.[712] In einem solchen Fall besitzt der Unternehmer Anspruch auf eine *Mehrvergütung*. Art. 101 Abs. 2 SIA-Norm 118 räumt dem Unternehmer ausdrücklich den *Anspruch auf angemessene Vergütung ein*, die sich nach den Grundsätzen des Art. 374 OR richtet, wobei sich Anhaltspunkte für die Bemessung auch aus den einschlägigen SIA-Honorarordnungen ergeben können.[713] Eine solche Bestellung kann im Zusammenhang mit einer anderen bestimmten Ursache stehen (z.B. Bestellungsänderung oder anderer Baugrund, der korrigierende oder präventive Massnahmen erfordert) und deshalb mit einem weiteren Anspruch des Unternehmers auf Mehrvergütung zusammenhängen.[714]

---

[712] GAUCH/SCHUMACHER, KommSIA118, Anm. 3 zu Art. 101 Abs. 2.
[713] GAUCH/SCHUMACHER, KommSIA118, Anm. 3 lit. a zu Art. 101 Abs. 2.
[714] Vgl. GAUCH/SCHUMACHER, KommSIA118, Anm. 3 lit. b zu Art. 101 Abs. 2 mit dem Hinweis, es könne sich um Studien zur Vorbereitung von Bestellungsänderungen handeln.

## VI. Der Mehraufwand

### A. Die Erscheinungsformen des Mehraufwandes

#### 1. Zum Mehraufwand im allgemeinen

582  Sind die Voraussetzungen eines Mehrvergütungsanspruches des Unternehmers erfüllt, so hat ihm der Bauherr *alle* nachteiligen Folgen zu ersetzen. Im Einzelfall kann eine *Ursachenkonkurrenz* (Nr. 430) zu einer anteilsmässigen Reduktion der Vergütungspflicht des Bauherrn führen, z.B. wenn eine bestimmte nachteilige Folge sowohl vom Bauherrn als auch vom Unternehmer verursacht worden ist (*kumulative Kausalität*). Der Fall der Ursachenkonkurrenz wird im folgenden nicht mehr erwähnt, bleibt jedoch immer vorbehalten. Möglich ist, dass ein Mehraufwand teils auf mangelhafte Angaben des Bauherrn über den Baugrund und teils auf den Einsatz von unqualifiziertem Personal oder von ungeeigneten Baustelleneinrichtungen durch den Unternehmer zurückzuführen ist. Dann sind in einer sog. *Kausalitätsabgrenzung*[715] die Verantwortungsquoten zu ermitteln, häufig mittels Schätzung eines Experten. Vorweg ist jedoch zu überprüfen, ob die Schwierigkeiten des Unternehmers mit seinem Personal oder mit seinen Baustelleneinrichtungen auf eigenes Ungenügen zurückzuführen oder die mittelbaren Folgen einer einzigen Ursache, z.B. anderer Baugrundverhältnisse, sind.

583  Eine bestimmte Ursache kann verschiedenartige Nachteile bewirken. Im Vordergrund steht der Mehraufwand für die *Bauausführung*. Dieser wird im folgenden eingehend behandelt. Zusätzlich kann *spezieller* Aufwand entstehen, z.B. Kosten für die Verlängerung von Ausführungsgarantien, für verlängerte Rückbehalte, für die Erfassung des Mehraufwandes und die Kalkulation der Mehrkosten, für den Aufwand der Verhandlungen mit dem Bauherrn, für Expertisen und Anwaltskosten.[716] Solcher spezi-

---

[715]  BGE 116 II 459.

[716]  Vgl. SWOBODA, 1991/1, S. 9; zu den vorprozessualen Kosten, auch Interventionskosten genannt, vgl. 766 f.; zum Schaden und Schadenersatzanspruch vgl. Nr. 326 ff.

eller Mehraufwand wird im folgenden nicht mehr erwähnt, bleibt aber immer vorbehalten.

584 Bauen ist sehr komplex. Die verschiedenen Arten von Bauerschwernissen können zahlreiche Erscheinungsformen von Mehraufwand in unzähligen Varianten und Kombinationen verursachen. Einige *Beispiele*:[717] Mehraufwand zur Aufbewahrung und zum Schutz der bereits ausgeführten Bauleistungen; Mehraufwand infolge Leistungsverschiebungen in eine ungünstigere Jahreszeit; Mehraufwand zufolge Hinderung am wirtschaftlich sinnvollen Einsatz des Personals, der Geräte und des Kapitals; Mehraufwand zufolge Umdispositionen wie Änderung des Arbeitskonzepts, Einsatz vermehrter Arbeitsgeräte und Arbeitskräfte, zusätzlicher Einsatz von Subunternehmern, Überstunden, Mehrschichtenbetrieb, zusätzliche Energiekosten, auch der Mehraufwand, mit dem der Unternehmer den Zeitverlust von Behinderungen aufholt.[718]

585 Mehraufwand kann sich auf alle Kostenstellen des Unternehmers auswirken, auf die direkten Kosten wie Lohn, Material, Inventar und Fremdleistungen (Nr. 31), auf die indirekten Kosten der Baustelle (Nr. 32) und auch auf die Verwaltungs- und Geldkosten (Nr. 35 f.). Erhebliche Mehrkosten entstehen, wenn zusätzliches Aufsichts- und Führungspersonal auf der Baustelle eingesetzt werden muss.[719] Dann kann sich innerhalb der Endzuschläge der Aufsichtsanteil ändern,[720] insbesondere wegen stärkerer Beanspruchung des Personals bis hinauf zur Geschäftsleitung.[721]

586 Nicht nur bei der Bauausführung, sondern auch bei der *Arbeitsvorbereitung* kann Mehraufwand erwachsen, beispielsweise wenn Bestellungsänderungen verspätet erfolgen[722] oder wenn die Bauleitung dem Unterneh-

---

[717] Vgl. GWerkV Nr. 1337.

[718] Es sind dies die Kosten *freiwilliger* Beschleunigungsmassnahmen, freiwillig deshalb, weil der Bauherr nicht verlangen kann, dass der Unternehmer rascher arbeitet, als er nach Werkvertrag müsste; vgl. dazu GAUCH/EGLI, KommSIA118, Anm. 5 lit. b Abs. 1 zu Art. 84 Abs. 1 und Anm. 5 zu Art. 90; ebenso GAUCH/SCHUMACHER, KommSIA118, Anm. 26 zu Art. 95 Abs. 3.

[719] Vgl. LIEB, S. 41 und S. 157.

[720] Vgl. LIEB, S. 41 f. und S. 159 ff.

[721] Vgl. LIEB, S. 160.

[722] Vgl. dazu GAUCH/EGLI, KommSIA118, Anm. 1 zu Art. 85 Abs. 1: „Erfolgen die Bestellungsänderungen, gemessen am 'Fortschritt der Arbeiten' (Art. 94 Abs. 1), verspätet, so dass sie die Vorbereitung und Ausführung der Arbeiten erschweren, ist

mer die Ausführungsunterlagen wie Pläne, Materiallisten usw. verspätet zustellt.[723]

## 2. Unmittelbarer und mittelbarer Mehraufwand

587  Die Wirklichkeit (= das „Bewirkte") ist meistens sehr komplex. Eine Ursache bewirkt häufig mehrere Folgen, die in einer *Kausalkette* „hintereinander geschaltet" sind. Jede Folge ist ihrerseits auch eine (Zwischen-) Ursache für die nächste, weitere Folge, die dadurch eine mittelbare (indirekte) Folge der primären (auslösenden) Ursache ist („Dominoeffekt"). Die Zwischenglieder einer Kausalkette können beliebig zahlreich sein. Eine Kausalkette kann bald länger, bald kürzer sein.

588  Bauen ist sehr vernetzt. Im Bauwesen bestehen viele wechselseitige, technische und betriebliche *Abhängigkeiten*. Es ist für das Bauwesen typisch, dass eine Bauerschwernis (Ursache) zahlreiche und verschiedenartige Folgen bewirkt, die in einer Kausalkette miteinander verknüpft sind.

589  Eine Ursache kann verschiedene Arbeitsvorgänge beeinflussen, die sich auf dem sog. *kritischen Weg* befinden.[724] Verschiedene Arbeitsvorgänge befinden sich auf dem kritischen Weg, wenn ihre *Reihenfolge unverschiebbar* ist. In solchen Fällen wirkt sich die Erschwerung bzw. die Verzögerung eines einzelnen Arbeitsvorganges („Vorgänger") auf die nächstfolgenden Arbeitsvorgänge („Nachfolger") aus.[725]

590  - Eine Kausalkette kann sich „verästeln", und innerhalb jedes „Astes" können Zwischenglieder ihrerseits weitere Wirkungen erzeugen.

591  - Möglich ist auch, dass sich zwei oder mehrere Kausalketten „vereinigen" (kumulative Kausalität), z.B. wenn im Tunnelbau sowohl Gebirge mit anderen

---

dies bei der Bildung der Nachtragspreise (Art. 86 ff.) ... entsprechend zu berücksichtigen."

[723] Vgl. Art. 94 Abs. 2 und Art. 100 Abs. 1 SIA-Norm 118 mit einschlägigen Anmerkungen von GAUCH/SCHUMACHER, KommSIA118.

[724] Zum Begriff des *kritischen Weges* vgl. z.B. GAUCH/SCHUMACHER, KommSIA118, Anm. 1 lit. g zu Art. 93 Abs. 1 und Anm. 5 lit. c zu Art. 96 Abs. 1 mit Verweisungen.

[725] Vgl. dazu ausführlich BRANDENBERGER/RUOSCH, Projektmanagement, S. 112 ff.

Gesteinskennwerten als auch anderes Gebirgsverhalten (z.B. Niederbrüche) den Vortrieb einer Tunnelbohrmaschine verlangsamen.

592 Mehraufwand, den eine bestimmte Ursache bewirkt, setzt sich deshalb regelmässig zusammen aus *unmittelbarem* (direktem) Mehraufwand und *mittelbarem* (indirektem) Mehraufwand. Jedes Glied der Kausalkette stellt Mehraufwand dar und verursacht Mehrkosten[726] (erhöhte Werkkosten samt Zuschlägen). Der *gesamte* Mehraufwand ist - unter gegebenen Voraussetzungen - vergütungspflichtig, gleichgültig, ob es sich um unmittelbaren oder mittelbaren Mehraufwand handelt.[727]

## 3. Zum mittelbaren Mehraufwand im besonderen

593 Bauerschwernisse können „durchgreifend" sein, d.h. zahlreiche oder fast alle Tätigkeiten auf der Baustelle erschweren und damit Mehraufwand für zahlreiche Kostenstellen verursachen (Nr. 585). Moderne Grossbaustellen zeichnen sich durch einen hohen Mechanisierungsgrad aus. Mittelbarer Mehraufwand entsteht häufig dadurch, dass *Baustelleneinrichtungen* überlastet werden, dass Unterhalts- und Reparaturarbeiten aufgeschoben werden müssen oder bei Beschleunigungsmassnahmen mehr Arbeitszeit (statt Arbeitspausen) dafür benötigt wird (z.B. beim Betrieb der Baustelle rund um die Uhr). Bauerschwernisse können die ganze Logistik der Baustelle, nämlich die Ver- und Entsorgungsabläufe, empfindlich stören.

594 Eine typische (unmittelbare oder mittelbare) Folge eines Bauerschwernisses ist häufig die *Verlängerung der Bauzeit* zufolge Verlangsamung oder gar zufolge Unterbruchs der Bauarbeiten. Die Bauzeitverlängerung ist ihrerseits eine folgenschwere (Zwischen-) Ursache für weitere Folgen (z.B. Mehraufwand für Personal und Baustelleneinrichtungen). Bauerschwernisse können eine nachhaltige Störung des Bauablaufes bewirken, insbesondere Arbeitsunterbrüche (mit vorübergehender Räumung und später erneuter Mobilisierung der Baustelle samt den Problemen einer neuen Wiederanlaufzeit), Leerlauf, auch längere Wartezeiten zufolge

---

[726] Es ist zu unterscheiden zwischen indirektem Mehraufwand und indirekten Kosten der Baustelle, Nr. 32; sowohl unmittelbarer wie mittelbarer Mehraufwand können zusätzliche direkte und indirekte Werkkosten verursachen.

[727] Vgl. GAUCH, KommSIA118, Anm. 6 lit. a a.E. zu Art. 58 Abs. 1.

aufgedrängter Improvisationen (allenfalls verbunden mit ein- oder mehrmaligem Umstellen von Baustelleneinrichtungen) oder wegen zusätzlicher Transport- und Informationszeiten, Änderung der optimalen Teilabschnitte (z.B. Störung eines Wochentaktes), Minderleistungen und damit erhöhtem Zeitaufwand zufolge Störung der optimalen Arbeitsequipen, Verlust des Einarbeitungseffektes, zusätzlicher Aufwand für die Sicherung der bereits erbrachten Teilleistungen oder der Baustelleneinrichtungen gegen Witterungseinflüsse, Beschädigung oder Diebstahl, Erschwernisse wegen Verschiebung einzelner Leistungen in eine ungünstigere Jahreszeit. Das alles kann zu *Produktivitätseinbussen* führen, z.B. wenn Arbeitsequipen qualitativ oder quantitativ nicht mehr optimal zusammengesetzt sind.[728] Produktivitätseinbussen entstehen auch dann, wenn der kontinuierliche Arbeitsfluss gestört wird.[729] Die *Arbeitsintensität* nimmt ab. Die Änderung der *Kapazitätsplanung* (Planung des Einsatzes von Personal, Maschinen usw. nach den spezifischen Bedürfnissen der ungestörten Baustelle) führt zu einem *Abfall der Leistungsintensität*.[730] Das Personal wird demotiviert.[731]

595 Der Unternehmer besitzt jedoch das berechtigte Interesse an einem *optimalen Bauablauf*.[732] „Gerade dieser planmässige Einsatz aller Produktionsfaktoren auf der Baustelle ist aber oberstes Gebot und Voraussetzung für ein wirtschaftliches Ergebnis, das der Kalkulation entspricht".[733] Störungen im Arbeitsablauf, unter ihnen auch die mittelbaren Folgen (auch Sekundärfolgen) genannt, bilden eine grosse *Verlustquelle* in der Bauausführung. Die Mehrkosten können nicht selten eine Grössenordnung von 30 % bis 50 % der kalkulierten Kosten erreichen oder sogar überschreiten.[734] Moderne Baustellen, insbesondere für komplexe Grossprojekte, sind besonders anfällig auf Störungen und reagieren empfindlich,

---

[728] Vgl. VYGEN/SCHUBERT/LANG, Nr. 488, auch Nr. 380, Nr. 456; vgl. auch die Checkliste in Nr. 503.

[729] Vgl. VYGEN/SCHUBERT/LANG, Nr. 496 ff.

[730] Vgl. KAPELLMANN/SCHIFFERS, Bd. 1, Nr. 530.

[731] Vgl. VYGEN/SCHUBERT/LANG, Nr. 497 mit der Begründung in Nr. 498, dass mittelbare Auswirkungen auch auf psychologische Ursachen zurückgeführt werden können.

[732] Vgl. GAUCH/SCHUMACHER, KommSIA118, Anm. 8 lit. a zu Art. 94 Abs. 1 und Anm. 3 lit. d zu Art. 92.

[733] VYGEN/SCHUBERT/LANG, Nr. 142.

[734] Vgl. GWerkV Nr. 1335 und VYGEN/SCHUBERT/LANG, Nr. 142, je mit Verweisung auf Erhebungen in Deutschland.

nämlich dadurch, dass eine Ursache eine lange Kausalkette von mittelbaren, schwerwiegenden Folgen auslösen kann. Werkverträge beruhen regelmässig auf beidseitigen *Optimierungen.* Die Kalkulation günstiger Preise, von denen jeder Bauherr profitieren will, setzt immer eine Optimierung der Kosten und der Bauvorgänge durch den Unternehmer voraus, die auf der Annahme beruhen muss, dass die Bauausführung (Summe der Einzelleistungen) mit einem Minimum an Aufwand und in minimaler Zeit erbracht werden kann.[735] Dabei muss der Unternehmer auch auf die Richtigkeit und Vollständigkeit der Angaben des Bauherrn (z.B. über den Baugrund) vertrauen. Die Optimierung des Mitteleinsatzes und des Zeitaufwandes bedingt eine komplexe, engmaschig koordinierte und deshalb besonders störungsempfindliche *Baubetriebsorganisation* (insbesondere in bezug auf Bauvorgänge (Nr. 99 ff.), Bauzeit, Personaleinsatz, Baustelleneinrichtungen, Logistik usw. Eine nachhaltige Störung des Baubetriebes kann deshalb bis zur *Desorganisation* des Produktionsprozesses und sogar zum *Chaos* führen.[736] Insbesondere im Untertagbau (Tunnel- und Stollenbau) beeinflussen Bauerschwernisse regelmässig alle oder die meisten wesentlichen Teile der Kostenstruktur, insbesondere sowohl die Lohnkosten als auch die Kosten der Baustelleneinrichtungen.[737]

## B. *Die Ermittlung des Mehraufwandes*

### 1. Das Problem

596 Der Unternehmer besitzt gegebenenfalls den Anspruch auf eine Mehrvergütung, d.h. auf eine Vergütung des *Mehraufwandes,* der ihm aus einer bestimmten, vom Bauherrn zu vertretenden Ursache erwachsen ist. Das bedeutet, dass dem Unternehmer *zwei* verschiedene Vergütungen zustehen, nämlich die *Grundvergütung* des Aufwandes, den er gemäss Werkvertrag ohnehin zu leisten hat und der ihm zu den im Werkvertrag

---

[735] Zur Optimierung durch den Unternehmer vgl. Nr. 452 ff.
[736] Vgl. ÁGH/KUEN, BauR 1991, S. 550.
[737] Vgl. LIEB, zit. in FN 719 - 721 zu Nr. 585 hiervor.

vereinbarten Preisen (= Vertragspreisen) zu vergüten ist, und die Mehrvergütung des Mehraufwandes.

597 Die Ermittlung des Mehraufwandes erfordert deshalb die „Zerlegung" des gesamten Aufwandes in den *Ohnehin-Aufwand*, d.h. den Aufwand, den der Unternehmer für die vereinbarte, störungsfrei gedachte Vertragserfüllung (Bauausführung) zu erbringen hat, und den *Mehraufwand*, der durch eine bestimmte Bauerschwernis verursacht worden ist. Ohnehin-Aufwand und Mehraufwand können für die gesamte Bauausführung ermittelt werden oder nur für einen oder mehrere Teilbereiche. Für die Wahl des *Bereichs* der Ermittlung dürften regelmässig Gründe der Praktikabilität und der Transparenz massgebend sein. Wenn im folgenden vom Gesamtaufwand die Rede ist, wird darunter immer der Aufwand verstanden, der sich aus dem Ohnehin-Aufwand und dem Mehraufwand zusammensetzt, ohne zu differenzieren, ob im konkreten Einzelfall der Aufwand für die gesamte Bauausführung oder nur für einen Teilbereich ermittelt wird.

598 In der Regel haben die Parteien die Vergütung zu Festpreisen (Einheits-, Pauschal- und Globalpreisen) und nicht die Vergütung des Aufwandes vereinbart. Das erfordert, dass zuerst Art und Umfang der *Leistungen* ermittelt wird, die zu den vereinbarten Festpreisen zu vergüten sind. Denn der seinerzeit abgeschlossene Werkvertrag wird durch Bauerschwernisse nicht etwa aufgehoben, mit dem Ergebnis, dass alle Bauarbeiten nach Aufwand zu vergüten wären. Den Leistungen, die nach dem Werkvertrag ohnehin geschuldet sind, ist der dafür erforderliche Aufwand (Ohnehin-Aufwand) zuzuordnen. Der übrige Aufwand ist Mehraufwand.

599 Das soeben Geschriebene gilt auch für die ebenfalls zu Festpreisen zu vergütenden *Aufwandpositionen* (Nr. 177 ff.). Auch ihnen ist derjenige Aufwand (Ohnehin-Aufwand) zuzuordnen, der dem Unternehmer bei störungsfrei gedachtem Bauablauf erwachsen wäre.

## 2. Die ohnehin geschuldeten Leistungen

600 Der Werkvertrag bestimmt Art und Umfang der vom Unternehmer geschuldeten Leistungen. *Massgebend* für die Ermittlung der Ohnehin-Leistungen (und damit auch des Ohnehin-Aufwandes) ist die **konkrete Leistungsbeschreibung** des Werkvertrages. Die Leistungen können

nach verschiedenen Methoden umschrieben und damit bestimmt werden. Die folgenden Ausführungen beruhen auf der Darstellung der *verschiedenen Methoden* der Vertragsgestaltung (Nr. 49 ff.).

### a) Bei detaillierter Beschreibung der unmittelbaren Bauleistungen

601 Die Vertragsgestaltungsmethode der detaillierten Leistungsbeschreibung (detaillierte Beschreibung der unmittelbaren Bauleistungen) wurde bereits umfassend dargelegt (Nr. 51 ff., Nr. 112 ff.). Nach dem Vertragsgestaltungsmodell der SIA-Norm 118 besitzt das *Leistungsverzeichnis* den *Vorrang* vor den Ausschreibungsunterlagen und damit auch innerhalb der Vertragsbestandteile (Nr. 66 ff., Nr. 119 ff.).

#### aa) Im Einheitspreisvertrag

602 Wurde ein Einheitspreisvertrag abgeschlossen (Nr. 160), ergeben sich Art und Umfang der geschuldeten Leistungen, die zu den vereinbarten Preisen zu erbringen sind, aus dem *Leistungsverzeichnis* (Nr. 161). Wird eine einzelne Leistung nicht umschrieben, ist sie vom Unternehmer nicht zum vereinbarten Preis geschuldet, ausser der Unternehmer hätte es pflichtwidrig unterlassen, dem Bauherrn die Unrichtigkeit oder Unvollständigkeit des Leistungsverzeichnisses anzuzeigen (Nr. 54). Bei der Vereinbarung von Einheitspreisen ist die genaue Menge der zu erbringenden Leistungs- und Aufwandeinheiten unbestimmt. Die schlichte Mengenabweichung kann jedoch nur marginal sein (Nr. 371 ff.). Es sind deshalb die Mengen zu ermitteln, die der Unternehmer bei störungsfrei gedachter Bauausführung hätte ausführen müssen, und diesen Mengen ist der entsprechende Aufwand zuzuordnen.

#### bb) Im Gesamtpreisvertrag

603 Als Gesamtpreisvertrag wird nach der Terminologie des Art. 42 Abs. 2 Satz 2 SIA-Norm 118 jeder Werkvertrag bezeichnet, bei dem sich die vereinbarte Vergütung grundsätzlich nach Global- oder Pauschalpreisen bestimmt, unter Vorbehalt der Vereinbarung von Regiepreisen für einzelne bestimmte Arbeiten. Der *Pauschalpreis* besteht in einem zum voraus bestimmten, festen Geldbetrag, entweder für eine einzelne Leistung oder für einen Werkteil (Komplex von Einzelleistungen) oder für das ge-

samte Werk[738] des Unternehmers.[739] Der *Globalpreis* ist ein Pauschalpreis mit vertraglichem Teuerungsvorbehalt.[740] Nach der Terminologie der SIA-Norm 118 unterscheidet sich der Pauschalpreis vom Globalpreis einzig dadurch, dass die Bestimmung über die Teuerungsabrechnung auf den Pauschalpreis nicht anwendbar sind.[741]

604  Auch beim Gesamtpreisvertrag wird der geschuldete Leistungsumfang durch die *Leistungsbeschreibung* festgelegt. Diese ist von ausschlaggebender Tragweite.[742] Wählt der Bauherr die Vertragsgestaltungsmethode der *detaillierten Leistungsbeschreibung*, so werden Art und Umfang der geschuldeten Leistungen abschliessend (unter Vorbehalt der Mengenpauschalierung; Nr. 605) festgelegt. Zusätzliche Leistungen und damit auch zusätzlicher Aufwand sind zum Gesamtpreis nicht geschuldet.

605  Die *Baubeschreibung*, die für den Gesamtpreisvertrag vorgesehen ist, hat - gleich wie das Leistungsverzeichnis - *vollständig, detailliert und klar* zu sein (Art. 12 Abs. 1 SIA-Norm 118). Auch die Baubeschreibung ist ein Anwendungsfall der detaillierten Beschreibung der unmittelbaren Bauleistungen (Nr. 117). Bisweilen ist ein Leistungsverzeichnis Bestandteil des Gesamtpreisvertrages, insbesondere dann, wenn sich der Bauherr zuerst verschiedene Festpreise (Einheits-, Pauschal- und Globalpreise) für die Positionen des Leistungsverzeichnisses offerieren lässt, der Vertrag jedoch später zu einem Gesamtpreis für alle einzelnen umschriebenen Leistungen abgeschlossen wird.[743] Nur für die detailliert umschriebenen Leistungen ist der Ohnehin-Aufwand zu ermitteln. Wird ein Gesamtpreisvertrag (Pauschal- oder Globalvertrag) mit einer detaillierten Leistungsbeschreibung abgeschlossen, so werden nur die Mengen, jedoch nicht der Gesamtleistungsumfang pauschaliert. Art. 40 Abs. 1 Satz 2 SIA-Norm 118 hält dies fest. Auch wenn die SIA-Norm 118 nicht

---

[738] Werk im Sinne von Art. 363 OR und Art. 1 SIA-Norm 118.

[739] GWerkV Nr. 900.

[740] GWerkV Nr. 910.

[741] Art. 40 Abs. 3 und Art. 41 Abs. 1 SIA-Norm 118; GWerkV Nr. 911 f.

[742] Vgl. GWerkV Nr. 905: „Was aber der Unternehmer zum vereinbarten Pauschalpreis im einzelnen leisten muss, ergibt sich aus dem konkreten Werkvertrag und ist durch Auslegung des ganzen Vertrages zu ermitteln." Ebenso KAPELLMANN/SCHIFFERS, Bd. 2, Nr. 204 Abs. 1: „Die Leistungsbeschreibung ist also auch beim Pauschalvertrag der zentrale Begriff zum Verständnis des geschuldeten Bausolls. Der Begriff *Leistungsbeschreibung* ist sehr anschaulich. Die Leistungsbeschreibung *beschreibt*, welche Leistung der Auftragnehmer schuldet - das Bausoll."

[743] Vgl. GWerkV Nr. 932 f.; GAUCH, KommSIA118, Anm. 10 lit. b Abs. 2 zu Art. 40.

Vertragsbestandteil ist, ergibt sich die *Mengenpauschalierung* aus der detaillierten Leistungsbeschreibung. Die blosse Mengenpauschalierung ist zudem die für den Unternehmer *günstigere* Auslegung, die bei unsicherem Auslegungsergebnis vorzuziehen ist.[744] Bei der Pauschalierung einer Einheitspreis-Offerte aufgrund eines Leistungsverzeichnisses fallen die einzelnen Einheitspreise und damit auch die einzelnen Mengenangaben weg. Unter der Menge ist die *Leistungsmenge* zu verstehen.[745] In bezug auf die (ohnehin) geschuldeten Mengen kommt es auf die *Pläne* an, nicht auf die Mengenangaben in den anderen Ausschreibungsunterlagen.[746] Bei der Ermittlung des Ohnehin-Aufwandes ist zu ermitteln, welche Mengen (von Leistungs- und Aufwandpositionen) der Unternehmer bei ungestört gedachtem Bauablauf hätte erbringen müssen. Diesen Mengen ist der erforderliche Aufwand zuzuteilen, der durch den Gesamtpreis vergütet wird. Erhebliche Mengenabweichungen können jedoch zu einer Mehrvergütung berechtigen, weil sie durch eine andere Ursache als die blosse Ungenauigkeit der Mengenangaben (Vorausmass) bewirkt worden sind (Nr. 375).

606   Es kommt auch vor, dass in einem Gesamtpreisvertrag mit detaillierter Leistungsbeschreibung Regiearbeiten oder Eventual- und Alternativpositionen zusammen mit Leistungs- und Aufwandpositionen pauschaliert werden. Dann ist zu ermitteln, welcher Aufwand dafür bei ungestört gedachtem Bauablauf hätte geleistet werden müssen.

## b)   Bei funktionaler Leistungsbeschreibung

607   Die Vertragsgestaltungsmethode der funktionalen Leistungsbeschreibung wurde bereits ausführlich dargestellt (Nr. 55 ff.). Der Bauherr kann sie für das ganze vom Unternehmer geschuldete Werk oder nur für einen Werkteil wählen.

608   Bei funktionaler Leistungsbeschreibung übernimmt der Unternehmer einen Teil der Planungsverantwortung und damit auch ein entsprechendes Kostenrisiko, nämlich das Risiko der vollständigen Aufwand- bzw. Kostenkalkulation des Angebots (Nr. 58). Denn durch die funktionale Leistungsbeschreibung wird der *Gesamtleistungsumfang* für das Werk

---

[744]   Vgl. GAUCH, KommSIA118, Anm. 9 zu Art. 40 Abs. 2.
[745]   Vgl. GAUCH, KommSIA118, Anm. 6 zu Art. 40 Abs. 1.
[746]   Vgl. GAUCH, KommSIA118, Anm. 10 lit. a und lit. b zu Art. 40 Abs. 2.

bzw. für einen ausgewählten Werkteil pauschaliert (meistens in einem Gesamtpreisvertrag, gelegentlich auch in einem Einheitspreisvertrag für einen Werkteil). Die Wahl der funktionalen Leistungsbeschreibung kann durch *Vollständigkeitsklauseln* (Nr. 60) verdeutlicht werden. Für die Vereinbarung der funktionalen Leistungsbeschreibung ist der Bauherr beweispflichtig (Art. 8 ZGB).

609 **Anmerkung:** Innerhalb der Gattung der Gesamtpreisverträge (Pauschal- und Globalverträge) ist je nach Art der Leistungsbeschreibung zu differenzieren zwischen Gesamtpreisverträgen mit detaillierter Leistungsbeschreibung und Gesamtpreisverträgen mit funktionaler Leistungsbeschreibung. Aus der Bezeichnung eines Werkvertrages als Pauschal- oder Globalvertrag kann nicht eine Pauschalierung (bzw. „Globalisierung") des Gesamtleistungsumfanges abgeleitet werden.

610 Bei funktionaler Leistungsbeschreibung ist zur Ermittlung der ohnehin geschuldeten Leistungen bzw. des Ohnehin-Aufwandes die *Schnittstelle* massgebend, wo die Verantwortung des Bauherrn und seiner sachverständigen Hilfspersonen aufhört und wo die Verantwortung des Unternehmers (auch für die Vollständigkeit seiner „weiterführenden" Projektierung) beginnt (Nr. 59). In der Regel, insbesondere im Zweifelsfall, darf in Rücksicht auf die vom Bauherrn gewählte *Arbeitsteilung* davon ausgegangen werden, dass der Unternehmer auf die ihm vorgelegte Planung und auf die Angaben des Bauherrn vertrauen und diese nicht überprüfen muss (Nr. 59), ausser er hätte Mängel und Lücken tatsächlich festgestellt oder solche wären offensichtlich (Nr. 130 f.).

### c) Bei hybrider Leistungsbeschreibung

611 Hybride Leistungsbeschreibungen, wie sie bereits definiert wurden (Nr. 60 ff.), sind *widersprüchlich*. Ähnlich wie bei der funktionalen Leistungsbeschreibung stellt sich auch hier die Frage nach der Schnittstelle zwischen der Verantwortung des Bauherrn und derjenigen des Unternehmers (Nr. 62). In der Regel, insbesondere im Zweifelsfalle, darf auch hier mit Rücksicht auf die vom Bauherrn gewählte *Arbeitsteilung* der Unternehmer darauf vertrauen, dass die bisherige Planung und die Angaben des Bauherrn richtig und vollständig sind, ausser Mängel und Lücken der Ausschreibung des Bauherrn seien offensichtlich oder vom Unternehmer erkannt worden (Nr. 61 f.). Insbesondere vermag eine Vollständigkeitsklausel, wie sie gelegentlich auch in vorformulierten Vertragsbestimmungen anzutreffen ist, nicht die Kriterien der Zerstörung

des Vertrauens des Unternehmers in die Vollständigkeit und Richtigkeit einer vom Bauherrn ausgearbeiteten detaillierten Leistungsbeschreibung zu erfüllen (Nr. 500 ff.). Es fehlt sowohl an der Unzweideutigkeit und Individualität als auch an der Widerspruchslosigkeit (Nr. 503). Bei einer hybriden Leistungsbeschreibung ist die Ermittlung der ohnehin geschuldeten Leistung bzw. des Ohnehin-Aufwandes in besonders starkem Masse von der individuellen Vertragsauslegung abhängig.

### 3. Die Ermittlungsmethoden

#### a) Die Abzugsmethode

612 Die Abzugsmethode besteht darin, dass vom *gesamten* Aufwand bzw. von den *gesamten Kosten* für den ausgewählten Bereich (Nr. 597) derjenige Aufwand bzw. diejenigen Kosten abgezogen werden, die durch die Grundvergütung abgegolten werden. Diese Methode kommt vor allem in Frage, wenn Ohnehin-Aufwand und Mehraufwand zwar miteinander vernetzt sind, aber doch einigermassen zuverlässig unterschieden werden können, so dass der Ohnehin-Aufwand vom gesamten Aufwand abgezogen werden kann. Es ist zwischen den folgenden zwei *Untervarianten* zu differenzieren:

#### aa) Abzug des Ohnehin-Aufwandes

613 Zuerst wird der *effektive* Gesamtaufwand ermittelt. Davon wird der Ohnehin-Aufwand für die erbrachten Ohnehin-Leistungen und für nicht ausgeführte, d.h. eingesparte Ohnehin-Leistungen abgezogen. Einerseits wird der (tatsächliche und eingesparte) Ohnehin-Aufwand durch die Grundvergütung abgegolten und andererseits der durch Subtraktion ermittelte Mehraufwand durch die Mehrvergütung. Die beiden Vergütungen werden addiert. Ob eingesparte Ohnehin-Leistungen durch die Grundvergütung zu vergüten sind, ist aufgrund des individuellen Werkvertrages zu entscheiden (Nr. 637 f., Nr. 639).

### bb) Abzug der Grundvergütung

614 Für den gesamten Aufwand werden die Kosten berechnet. Von diesen Gesamtkosten wird die Grundvergütung abgezogen, nämlich diejenige Vergütung, die für die tatsächlich ausgeführten Leistungs- und Aufwandpositionen und für die nicht ausgeführten, d.h. eingesparten Leistungs- und Aufwandpositionen, vereinbart wurde. Damit wird die vereinbarte Vergütung für die ohnehin geschuldeten Leistungen bzw. für den Ohnehin-Aufwand ebenfalls nicht verändert, d.h. weder verbessert noch verschlechtert. Diese Methode kann in Frage kommen, wenn der Unternehmer wegen eines Bauerschwernisses eine *alternative Lösung* ausführen musste. In einem solchen Falle rechtfertigt es sich, von den gesamten Kosten für diese Lösung diejenige Vergütung abzuziehen, die ohnehin geschuldet ist. Wird diese Methode angewandt, ist die Grundvergütung netto abzuziehen, also nach Abzug von Rabatten (von prozentualen Rabatten und/oder pauschalen, d.h. summenmässigen Rabatten). Wurde eine Einheitspreis-Offerte nachträglich *pauschaliert*[747] und damit die Gesamtsumme um einen summenmässigen Rabatt reduziert, sind die der Einheitspreisofferte entnommenen Einheitspreise verhältnismässig zu reduzieren, allenfalls um einen weiteren prozentualen Rabatt, bevor sie abgezogen werden. Auch in diesem Falle werden die Grundvergütung für die tatsächlichen und eingesparten Leistungs- und Aufwandpositionen und die Vergütung der Mehrkosten addiert. Ob eingesparte Ohnehin-Leistungen durch die Grundvergütung zu vergüten sind, ist aufgrund des individuellen Werkvertrages zu entscheiden (Nr. 637 f., Nr. 639).

### b) Die Trennmethode

615 Die Trennmethode besteht darin, dass für den ausgewählten Bereich (Nr. 597) der gesamte Aufwand oder die gesamten Kosten ermittelt werden, unabhängig, d.h. *getrennt* von den im Werkvertrag vereinbarten Leistungen bzw. unabhängig von den werkvertraglichen Preisvereinbarungen. Dabei ist zwischen den folgenden zwei *Untervarianten* zu differenzieren:

---

[747] Vgl. GWerkV Nr. 932 f.

### aa) Ausschliesslich zusätzlicher Aufwand

616 Die Trennmethode kommt vor allem in Frage, wenn der Unternehmer im gewählten Bereich (Nr. 597) *ausschliesslich* zusätzlichen und keinen alternativen Aufwand betreiben musste, z.B. wegen korrigierender oder präventiver Bauhilfsmassnahmen (Nr. 142 ff.). Im gewählten Bereich (Nr. 597) wird nichts addiert, weil hierfür keine Grundvergütung vereinbart worden ist.

### bb) Überwiegend zusätzlicher Aufwand

617 Die Trennmethode ist auch geeignet, wenn wegen wesentlich veränderter Ausführungsvoraussetzungen der Ohnehin-Aufwand überhaupt nicht oder nicht einigermassen zuverlässig berechnet und abgezogen werden kann. Es kann nicht einmal hypothetisch ermittelt werden, welche Leistungs- und Aufwandpositionen bei gedachten ungestörten Verhältnissen hätten erbracht werden müssen. Dann stimmen z.B. die Einheitspreise überhaupt nicht mehr und können für die Ermittlung der Grundvergütung für den gewählten Bereich (Nr. 597) nicht angewandt werden.

618 Die Trennmethode ist auch dann geeignet, wenn die Bemühungen für eine hypothetische Berechnung des Ohnehin-Aufwandes unverhältnismässig gross und erst noch mit erheblichen Fehlerquellen behaftet, somit unzumutbar wären. Die mühsame Ermittlung der Ohnehin-Vergütung würde lächerliche Beträge ergeben, weil der zusätzliche Aufwand bei weitem überwiegt. Es rechtfertigt sich deshalb ein *Wahrscheinlichkeitsbeweis* (Nr. 633 ff.). Dieser ergibt, dass der Unternehmer wahrscheinlich nicht mehr erhält, als wenn die hypothetische Vergütung des Ohnehin-Aufwandes zu Einheitspreisen und die Vergütung des Mehraufwandes ermittelt und addiert würden.

619 In komplexen Fällen kann es sich deshalb rechtfertigen, dem Unternehmer für den betreffenden Bereich (Nr. 597) den *gesamten Aufwand* bzw. die *gesamten Kosten* zu vergüten. Dies entspricht auch dem Sinn von Art. 87 Abs. 1 SIA-Norm 118, wonach Nachtragspreise zu vereinbaren sind, wenn das Leistungsverzeichnis keinen Einheitspreis mit zutreffender Beschreibung enthält oder wenn die Ausführung einer umschriebenen Leistung unter veränderten Ausführungsvoraussetzungen erbracht werden muss.

620 Eine ungerechtfertigte Bereicherung des Unternehmers wird dadurch vermieden, dass er für den betreffenden Bereich keine Grundvergütung erhält.

### c) Zur Methodenwahl

621 Welche Methode vorzuziehen ist, ist aufgrund der individuellen Umstände des Einzelfalles zu entscheiden. Praktikabilität und Transparenz (Übersichtlichkeit und Prüfbarkeit) sind in der Regel die ausschlaggebenden Kriterien. Zusätzlich ist folgendes zu beachten:

622 - Nach dem Grundsatz der *Vertragstreue* sind die Parteien an die für die Grundvergütung vereinbarten Festpreise gebunden. Eine Bauerschwernis berechtigt zwar den Unternehmer zu einer Mehrvergütung, vermag jedoch nicht die schlechten Preise, die er bewusst oder unvorsichtig (z.B. trotz Offensichtlichkeit eines Ausschreibungsmangels) bei der Vereinbarung der Grundvergütung eingegangen ist, nachträglich zu „verbessern".

623 - Andererseits ist *im Zweifel* die für den Unternehmer günstigere Methode zu wählen, weil der Bauherr als Risikoträger (z.B. als Träger des Baugrundrisikos) auch das Risiko der oft schwierigen Abgrenzung zwischen Grundvergütung und Mehrvergütung bzw. zwischen Ohnehin-Aufwand und Mehraufwand eingegangen ist, insbesondere wenn die Ausschreibung mangelhaft, z.B. das Leistungsverzeichnis entgegen Art. 8 SIA-Norm 118 nicht vollständig, nicht übersichtlich oder nicht eindeutig war.

## *C. Der Beweis des Mehraufwandes*

### 1. Die Beweispflicht des Unternehmers

624 Für seinen Mehrvergütungsanspruch und damit auch für den Mehraufwand ist der *Unternehmer* beweispflichtig (Art. 8 ZGB). Dies bedeutet:

625 **a.** Der Unternehmer hat die *Existenz* und den *Umfang* des Mehraufwandes zu beweisen.

626 **b.** Der Unternehmer hat die *Ursache* des geltend gemachten Mehraufwandes zu beweisen. Demgemäss obliegt ihm die Beweislast dafür, dass die Ursache in den Risikobereich des Bauherrn fällt und dass der geltend gemachte Mehraufwand nicht zum ursprünglich vereinbarten Leistungsinhalt gehört. Bei der Auslegung des Vertragsinhaltes profitiert der Unternehmer von der *Unklarheitsregel*, sofern die Leistungsumschreibung vom Bauherrn stammt; alsdann hat im Zweifel die *für den Unternehmer günstigere Bedeutung* den Vorzug.[748]

627 **c.** Der Unternehmer hat auch den *Kausalzusammenhang* (Nr. 628 ff.) zwischen der Ursache und den unmittelbaren und den mittelbaren Folgen zu beweisen, die den Mehraufwand bewirkten.

## 2. Der Beweis des Kausalzusammenhanges

628 Zwischen der Ursache und dem Mehraufwand muss ein *natürlicher* (tatsächlicher) Kausalzusammenhang bestehen, d.h. die Relation zwischen Ursache und Wirkung. Dies ist die Beziehung innerhalb einer *Kausalkette* (Nr. 587 ff.), die bald kürzer, bald länger ist. Es ist immer möglich, durch genauere Untersuchungen mehr oder weniger zahlreiche *Zwischenglieder* festzustellen.[749] Die geltend gemachte Ursache ist die oder eine nicht wegzudenkende Ursache des konkreten unmittelbaren und mittelbaren Mehraufwandes.[750]

629 Der Unternehmer muss den natürlichen Kausalzusammenhang zwischen der Ursache (z.B. andere Baugrundverhältnisse) und den unmittelbaren und mittelbaren Folgen nachweisen, d.h. den Kausalzusammenhang zwischen dem geltend gemachten Mehraufwand und der Ursache. Somit obliegt dem Unternehmer der Nachweis der *Kausalkette*.

630 Das Ende einer Kausalkette, d.h. die letzten mittelbaren Folgen einer Bauerschwernis, sind gelegentlich, insbesondere bei nachhaltigen und wiederholten Störungen des Bauablaufes, erst nach Bauende zuverlässig

---

[748] Vgl. sinngemäss GWerkV Nr. 906.
[749] OFTINGER/STARK, zit. in FN 758, S. 145, Nr. 104; vgl. auch BGE 112 II 128: „Peu importe à cet égard que la chaîne causale soit plus ou moins brève."
[750] Vgl. BGE 113 II 427 = Pra 1988, S. 403 mit Verweisungen; BGE 119 V 337; GAUCH/SCHLUEP, Nr. 2712 f.

feststellbar.[751] Dem Unternehmer ist deshalb zu empfehlen, in Abschlagsrechnungen für Mehrvergütungsansprüche (z.B. für den unmittelbaren Mehraufwand) einen ausdrücklichen *Vorbehalt* betreffend die spätere Geltendmachung von weiterem, mittelbarem Mehraufwand anzubringen.

631 Der natürliche Kausalverlauf muss auch *adäquat* sein. Das bedeutet: Zwischen der Ursache und dem Mehraufwand muss ein ursächlicher Zusammenhang in der Weise bestehen, dass die Ursache *nach dem gewöhnlichen Lauf der Dinge und der allgemeinen Lebenserfahrung geeignet ist,* den entstandenen Mehraufwand herbeizuführen.[752] Die Beurteilung der Adäquanz ist eine *Rechtsfrage.* Sie verlangt vom Richter ein *Werturteil,* wieweit es als gerecht und billig erscheint, die Verantwortung (hier des Bauherrn) auf die einzelnen Folgen einer Kausalkette auszudehnen.[753] Aus der Einzigartigkeit des Kausalverlaufes darf (noch) nicht auf das Fehlen eines adäquaten Kausalzusammenhanges geschlossen werden.[754]

## 3. Der Wahrscheinlichkeitsbeweis

632 Wegen der wechselseitigen technischen, betrieblichen und zeitlichen *Abhängigkeiten* im Bauwesen ist ein *direkter* Beweis (auch konkreter oder strikter Beweis genannt) der Existenz und des Ausmasses aller Auswirkungen, insbesondere der mittelbaren Folgen einer Bauerschwernis in einer häufig langen Kausalkette, oft unmöglich oder unzumutbar. Eine gewisse Hilfe kann die *Netzplantechnik* bieten, indem die Netzpläne des geplanten und des effektiven Bauablaufs miteinander verglichen werden.[755]

---

[751] Vgl. VYGEN/SCHUBERT/LANG, Nr. 34 betreffend Feststellung der gesamten Bauzeitverzögerung.
[752] Vgl. dazu BGE 123 III 110 ff., 119 Ib 334 ff. = Pra 1994, S. 277 ff.; GAUCH/SCHLUEP, Nr. 2715; SCHUMACHER, Beweisprobleme, S. 179.
[753] Vgl. GAUCH/SCHLUEP, Nr. 2714 mit Verweisungen.
[754] . Vgl. BGE 119 Ib 345 = Pra 1994, S. 280 f.
[755] Vgl. VYGEN/SCHUBERT/LANG, Nr. 582 Abs. 1: „Alle massgebenden Behinderungen und Störungen müssen in den Netzplan eingearbeitet und dieser neu berechnet werden. Dadurch ist die *Ursächlichkeit* zwischen der Behinderung und den Auswirkungen ausreichend nachgewiesen, und alle *mittelbaren* Folgen sind bedacht."

633 Bei einer Desorganisation der Baustelle (Nr. 595) mit ihren unzähligen, verschiedenartigen Begleiterscheinungen ist ein direkter Beweis in der Regel unmöglich. Praktisch unbeweisbar ist beispielsweise der unrationelle Einsatz bzw. das verlangsamte Arbeitstempo der auf der Baustelle beschäftigten Personen. Es ist unmöglich, die unproduktiven Teile jener Arbeitszeit auszufiltern, in denen das Personal zwar tätig war, jedoch wegen einer Störungsursache unproduktiv arbeitete, z.B. während der Wiederanlaufphase nach dem Wegfall einer Störung.[756] Wenn jeder Arbeiter auf der Baustelle genau Buch führen müsste, während welchen bestimmten Stunden und Stundenbruchteilen er überhaupt nicht oder weniger intensiv arbeiten konnte, würde dies einen immensen zusätzlichen Aufwand für die Rapportierung sowie für die Auswertung der Belege erfordern. Zudem wären viele Arbeitnehmer damit überfordert, und der Bauherr (als Beweisgegner) würde höchstwahrscheinlich Zweifel an der Glaubwürdigkeit derartiger Rapporte anmelden.[757]

634 Der Unternehmer ist deshalb häufig auf einen *Wahrscheinlichkeitsbeweis* angewiesen. Der Wahrscheinlichkeitsbeweis ist zulässig, wenn ein direkter Beweis entweder unmöglich oder unzumutbar wäre, z.B. wenn der direkte Beweis einen Aufwand verursachen würde, der in keinem vernünftigen Verhältnis zum geltend gemachten Mehrvergütungsanspruch stünde und trotzdem erhebliche Fehlerquellen nicht vermeiden könnte.[758] Beim Wahrscheinlichkeitsbeweis wird aufgrund allgemeiner Lebenserfahrung und nach dem gewöhnlichen Lauf der Dinge, also gestützt auf Erfahrungssätze, die über den Einzelfall hinausreichen, der konkrete Verlauf innerhalb einer Kausalkette vermutet. Beispielsweise wird aus einer oder mehreren, bestimmten und nachgewiesenen Ursachen der

---

[756] Vgl. VYGEN/SCHUBERT/LANG, S. 173 Abs. 2; SCHUMACHER, Beweisprobleme, S. 180.

[757] SCHUMACHER, Beweisprobleme, S. 174 f.

[758] Zum Wahrscheinlichkeitsbeweis im allgemeinen vgl. OFTINGER KARL/STARK EMIL W., Schweizerisches Haftpflichtrecht, Bd. I, 5. Auflage, Zürich 1995, S. 122 ff., S. 129 und S. 258 ff.; FELLMANN WALTER, Berner Kommentar zum Auftragsrecht, N 449 und N 451 zu Art. 398 OR; SCHUMACHER, Beweisprobleme, S. 157 ff., insbesondere S. 169 ff., S. 180 und S. 193 ff. mit zahlreichen Verweisungen; SCHUMACHER, ArchR, Nr. 433, auch Nr. 571 betreffend die Höhe der erlitten Nachteile; neueste Gerichtsentscheide: BGE 123 III 243, 122 III 221, 121 III 363; Pra 1996, S. 937 und Pra 1995, S. 551: Die überwiegende Wahrscheinlichkeit spricht für einen bestimmten Kausalverlauf. - Vgl. auch DIEDERICHS C.J., Schadensabschätzungen nach § 287 ZPO bei Behinderungen gemäss § 6 VOB/B, BauR, Beilage zu Heft 1/1998; ROMMÉ OLIVER, Der Anscheinsbeweis im Gefüge von Beweiswürdigung, Beweismass und Beweislast, Diss. Saarbrücken 1989.

Schluss gezogen, dass sie höchstwahrscheinlich bestimmte unmittelbare und mittelbare Folgen in bestimmtem Umfang (Mehraufwand) bewirkt haben. Der Wahrscheinlichkeitsbeweis ist kein erleichterter oder gar minderwertiger Beweis, sondern nur eine besondere Beweisart. Im Grunde genommen sind alle Beweise Wahrscheinlichkeitsbeweise. Dem Richter scheint das eine Mal eine Zeugenaussage und das andere Mal eine logische Schlussfolgerung einen Wahrheitsgehalt zu vermitteln.

635 Ein solcher Wahrscheinlichkeitsbeweis lässt sich auf Art. 42 Abs. 2 OR stützen. Gemäss dieser gesetzlichen Bestimmung hat im Prozessfall der Richter den nicht ziffernmässig nachweisbaren Schaden nach seinem Ermessen mit Rücksicht auf den gewöhnlichen Lauf der Dinge und auf die vom Geschädigten getroffenen Massnahmen *abzuschätzen*. Rechtsprechung und Lehre haben den Anwendungsbereich des Art. 42 Abs. 2 OR auf andere Tatbestandsmerkmale des Schadenersatzanspruches ausgedehnt, insbesondere auf den Beweis der Widerrechtlichkeit und des Kausalzusammenhanges. Zufolge des Verweises in Art. 99 Abs. 3 OR ergänzen die Bestimmungen über das Mass der Haftung bei unerlaubten Handlungen die Regeln über die *Vertragshaftung*.[759] Entsprechende Anwendung finden insbesondere die Vorschrift des Art. 42 Abs. 1 OR betreffend den Schadensbeweis[760] und des Art. 42 Abs. 2 OR betreffend die Schadensschätzung, d.h. die Schätzung der Schadenshöhe.[761] Ein *Sachverständiger* ist in der Lage, aufgrund technischer und betriebswirtschaftlicher Erfahrungssätze die Folgen einer Bauerschwernis festzustellen und abzuschätzen, wobei eine Bandbreite quantitativer Unsicherheit in Kauf genommen werden muss. Dies liegt in der Natur der Sache, d.h. des Begriffs der Schätzung, die keine exakte Berechnung ist.[762]

---

[759] BGE 111 II 161, 110 II 374; GWerkV Nr. 1897 ff.; BRUNNER HANS-ULRICH, Die Anwendung deliktsrechtlicher Regeln auf die Vertragshaftung, Diss. Freiburg 1991.

[760] BGE 115 II 2, 111 II 116; Pra 1995, S. 551.

[761] BGE 110 II 374, 105 II 88 ff.; Pra 1995, S. 552

[762] Vgl. SCHUMACHER, Beweisprobleme, S. 175, lit. bbb.

## D. Einzelfragen

### 1. Der Abzug des unnötigen Mehraufwandes

636 Betreibt der Unternehmer mehr Aufwand (z.B. an Arbeitsstunden oder Materialverbrauch), als bei *sorgfältigem* (insbesondere auch bei zweckmässigem) Vorgehen erforderlich und genügend wäre, so hat er für diesen unnötigen Mehraufwand keinen Anspruch auf Vergütung. Diese Einschränkung gründet in der allgemeinen Sorgfaltspflicht des Unternehmers.[763] Der unnötige Mehrverbrauch wird vom gesamten Mehrverbrauch abgezogen und ist nicht vergütungspflichtig.

### 2. Die Vorteilsausgleichung

637 Eine Bauerschwernis kann dem Unternehmer im Einzelfall neben Nachteilen „beiläufig" auch Vorteile bewirken. Sein Aufwand für einzelne Leistungen kann verringert werden oder einzelne Leistungen müssen überhaupt nicht erbracht werden. *Beispiel*: Beim Aushub einer Baugrube erweist sich der Baugrund als viel härter, als er prognostiziert worden ist. Aushub, Abtransport, und Entsorgung des viel härteren Aushubmaterials verursachen einerseits einen Mehraufwand. Andererseits verringert der viel härtere Untergrund den Aufwand des Unternehmers für die Sicherung der Baugrube (keine oder weniger Spriessung, steilere Böschungen). Der Unternehmer ist zur Schadensminderung verpflichtet. Was er an Aufwendungen erspart oder durch anderweitigen Einsatz von Personal, Baustelleneinrichtungen usw. erwerben kann, muss er sich anrechnen lassen und vermindert seinen Mehraufwand.[764] *Beispiel*: Während einer längeren Stillegung der Baustelle kann der Unternehmer einen Teil des Personals auf einer anderen Baustelle einsetzen; vergütungspflichtiger Mehraufwand sind jedoch die Kosten der Demobilisierung und der Wiedereröffnung der Baustelle mit neuer Anlaufphase usw.

---

[763] GWerkV Nr. 839, 856, 928 und 964 f.; GAUCH, KommSIA118, Anm. 2 lit. b Abs. 1 zu Art. 48.
[764] Vgl. GWerkV Nr. 1337 a.E.

638 Die Vorteile muss sich der Unternehmer anrechnen lassen. Sie vermindern den Mehraufwand. Auszugleichen sind jedoch nur diejenigen Vorteile, die in einem *adäquaten* Kausalzusammenhang (Nr. 631) mit der Ursache stehen; zudem muss sich die Vorteilsanrechnung wertmässig rechtfertigen.[765] Möglich ist, dass Vorteile bereits berücksichtigt sind, indem die Grundvergütung auch für die eingesparten Leistungen abgezogen wird (Nr. 613 und Nr. 614). Vorteile dürfen nur einmal ausgeglichen werden.

## 4. Keine Kompensation mit Reserven

639 Rechtserheblich bei der Ermittlung des (Netto-) Mehraufwandes sind nur Vor- und Nachteile, die in einem *adäquaten Kausalzusammenhang* mit einer bestimmten Ursache stehen (Nr. 631). Dieser Grundsatz verbietet es, Mehraufwand mit Reserven zu kompensieren, welche der Unternehmer bei Vertragsabschluss „erhalten" oder sich später erarbeitet hat (z.B. durch eine kostengünstigere, auch zeitsparende Arbeitsweise). *Beispiel*: Wenn ein Pauschalvertrag mit Mengenpauschalierung (Nr. 605) abgeschlossen worden ist, wäre der allfällige Einwand des Bauherrn unzulässig, der Mehraufwand würde (ganz oder teilweise) durch Mindermengen kompensiert. Mit derartigen Reserven verhält es sich gleich wie mit den *Zeitreserven* des Unternehmers: Auch die Zeitreserven gehören dem Unternehmer und dürfen durch eine Bestellungsänderung nicht „konsumiert" werden.[766]

---

[765] Vgl. BGE 112 Ib 330; ausführlich zur Vorteilsausgleichung vgl. GUHL/KUMMER/DRUEY, Das schweizerische Obligationenrecht, 8. Auflage, Zürich 1991, S. 69. ff.; WYSS LUKAS, Kausalitätsfragen unter besonderer Berücksichtigung der hypothetischen Kausalität, SJZ 1997, S. 313 ff., insbesondere S. 321 mit FN 57.

[766] Vgl. GAUCH/EGLI, KommSIA118, Anm. 6 lit. c Abs. 2 zu Art. 88 Abs. 1; GAUCH/SCHUMACHER, KommSIA118, Anm. 3 lit. d zu Art. 92, Anm. 3 lit. g a.E. zu Art. 93 Abs. 1 und Anm. 5 lit. e zu Art. 96.

## VII. Die Höhe der Mehrvergütung

### A. Das Thema

640 Die Ermittlung des *Mehraufwandes*, die im Kapitel VI (Nr. 582 ff.) behandelt worden ist, führt zu *Mengen* (z.B. zusätzlichen Stunden des Personals, zusätzlichem Verbrauch von Bau-, Hilfs- und Betriebsstoffen). Nun gilt es, die *Höhe* der Vergütung des Mehraufwandes zu bemessen. Der zusätzliche Mitteleinsatz (Nr. 23) wird in Ziffern, nämlich in Geld „umgewandelt". Der Mehraufwand wird in *Geld* abgegolten. Es sind somit Geldbeträge festzulegen.

641 In diesem Kapitel (VII) wird vorausgesetzt, dass der Bauherr verpflichtet ist, dem Unternehmer den Mehraufwand zu vergüten, weil die Ursache des Mehraufwandes ausschliesslich dem Risikobereich des Bauherrn zuzurechnen ist (Nr. 337 ff. und Nr. 435 ff.). Der Werkvertrag ist ein *Austauschvertrag*. Es findet nun ein weiterer (zusätzlicher) Leistungsaustausch statt. Der *Mehraufwand* des Unternehmers wird gegen eine *Mehrvergütung* des Bauherrn ausgetauscht.

642 *Nicht* behandelt wird die Bemessung des Preiserhöhungsanspruches gemäss Art. 373 Abs. 2 OR (Nr. 408 ff.). Seine Quantifizierung hängt in einem derart starken Ausmass vom Ermessen des Richters und von den konkreten Umständen des Einzelfalles ab, dass keine systematischen Bemessungsregeln aufgestellt werden können.[767] Die gleiche Rechtslage besteht, wenn Art. 59 Abs. 2 SIA-Norm 118 angewendet und diese Bestimmung dahingehend ausgelegt wird, dass sie den Unternehmer nicht zu einer höheren Vergütung als gemäss Art. 373 Abs. 2 OR berechtige.[768] Wird jedoch dem Unternehmer gestützt auf eine andere Auslegung dieser Normbestimmung der Ersatz der nachgewiesenen tatsächlichen Mehraufwendungen ohne Gewinnzuschlag zugesprochen (Nr. 414), so gelten die nachstehenden Ausführungen mit der Einschränkung, dass eben ein Gewinnzuschlag entfällt.

---

[767] Vgl. GWerkV Nr. 1115.
[768] GAUCH, KommSIA118, Anm. 8 zu Art. 59 Abs. 2; GWerkV Nr. 1115; vgl. dazu auch Nr. 414 hiervor.

643 Ebenfalls in Kapitel VII *nicht behandelt* und deshalb vorbehalten bleiben: **a.** die Reduktion der Mehrvergütung wegen kumulativer Kausalität (Nr. 582); **b.** die *Preisminderung* gemäss Art. 368 Abs. 2 OR bzw. Art. 169 Abs. 1 Ziff. 2 SIA-Norm 118 (Nr. 210); ein allfälliger Preisminderungsanspruch erfasst die gesamte Vergütung und damit auch einen allfälligen Mehrvergütungsanspruch;[769] **c.** der allfällige (zusätzliche oder alleinige) *Schadenersatzanspruch* des Unternehmers (Nr. 326 ff.)

## B.  Die gesetzliche Vergütungsregel: Art. 374 OR

### 1.  Die Tragweite des Art. 374 OR

644 Haben die Parteien bei Abschluss des Werkvertrages für die Vergütung des allfälligen Mehraufwandes keine Vereinbarung getroffen, so sind dem Unternehmer die *tatsächlichen Kosten* (auch *effektive Kosten* genannt) des Mehraufwandes zu vergüten. Dies bestimmt die gesetzliche Vergütungsregel des Art. 374 OR, der wie folgt lautet: „Ist der Preis zum voraus entweder gar nicht oder nur ungefähr bestimmt worden, so wird er nach Massgabe des Wertes der Arbeit und der Aufwendungen des Unternehmers festgesetzt." Art. 374 OR ist sowohl auf die Mehrvergütung als auch auf die Grundvergütung anwendbar, auf diese, wenn die Parteien die Aufwandvergütung (Nr. 163) oder keinen Preis (Nr. 194) vereinbart haben. Art. 374 OR ist beispielsweise auch anwendbar auf Bestellungsänderungen[770] und beim Annahmeverzug des Bauherrn.[771]

645 Die nach Art. 374 OR geschuldete Mehrvergütung besteht in *„cost plus fee"*. Die Berechnung von *„cost plus fee"* ist die *gesetzliche Bemessungsmethode* für die Aufwandvergütung.[772]

---

[769] GWerkV Nr. 1648; GAUCH, KommSIA118, Anm. 2 lit. b Abs. 2 zu Art. 48.

[770] GWerkV Nr. 905.

[771] GWerkV Nr. 1336; BGE vom 20. Juni 1994 = Semjud 1995, S. 100 = BR 1995, S. 40, Nr. 126.

[772] GWerkV Nr. 948 f., Nr. 957 und Nr. 1026; vgl. auch BR 1995, S. 40, Nr. 126 mit Anm. von TERCIER.

## 2. Die Zuschlagskalkulation

646 Die effektiven Kosten („*cost plus fee*") sind nach dem *Zuschlagssystem* zu ermitteln.[773] Zu vergüten ist *aller* Mehraufwand, also sowohl der unmittelbare als auch der mittelbare Mehraufwand (Nr. 593 ff.). Es kann praktisch sein und insbesondere die Transparenz und damit die Überprüfbarkeit der Nachforderungen erhöhen, wenn die Kosten für den unmittelbaren und für den mittelbaren Mehraufwand getrennt berechnet werden. Dies kann sogar notwendig sein, weil der direkte Mehraufwand einzelnen Ursachen zugeordnet werden kann, während der mittelbare Mehraufwand ganz oder teilweise mehreren Ursachen zugeordnet werden muss, insbesondere wenn eine *Desorganisation* der Baustelle (Nr. 595) entstanden ist.

647 Zuerst sind die *direkten Werkkosten* (Nr. 31) zu berechnen. Der Mehraufwand besteht in erster Linie im zusätzlichen Mitteleinsatz, d.h. im zusätzlichen Einsatz der Produktionsmittel (Nr. 23). Die Ermittlung des Mehraufwandes, die im Kapitel VI (Nr. 582 ff.) behandelt worden ist, führt zu (zusätzlichen) *Mengen*, z.B. zu zusätzlichen Stunden des Einsatzes von Personal und Maschinen, zu Rechnungen für den Kauf zusätzlichen Materials und zusätzlicher Betriebsstoffe, zu Rechnungen von Dritten für Fremdleistungen wie zusätzlichen Reparaturen wegen Gewaltschäden zufolge eines nicht prognostizierten Gebirgsverhaltens usw. Für den Einsatz der Produktionsmittel wird der *Geldaufwand* (Nr. 24) ermittelt. Die *Beweislast* für die effektiven Selbstkosten für den Mehraufwand trägt der Unternehmer. Er hat im Bestreitungsfalle nachzuweisen, dass die von ihm behaupteten Kosten (z.B. Arbeitskosten, Materialkosten) im behaupteten Umfang entstanden sind.[774]

648 Die direkten Werkkosten erhöhen sich um die üblichen *Zuschläge*, zuerst um die Zuschläge für die *indirekten Werkkosten* (Nr. 32) und um die *Endzuschläge* (Nr. 33 ff.), zu denen u.a. auch die Mehrwertsteuern (Nr. 38, Nr. 329) gehören. Beim Entscheid über die Frage, welche Zuschläge angemessen sind, darf der Richter auch eine einschlägige Übung mitbe-

---

[773] Vgl. die ausführliche Darstellung des Zuschlagssystems in Nr. 22 ff.; vgl. auch GAUCH, KommSIA118, Anm. 11 lit. b zu Art. 43 Abs. 1 sowie Anm. 8 lit. b und Anm. 14 zu Art. 49 Abs. 2; SCHUMACHER, BRT 1997, Bd. II, S. 4 f. mit weiteren Verweisungen.

[774] GWerkV Nr. 1024.

rücksichtigen. Das wird in Art. 374 OR zwar nicht gesagt, ergibt sich aber aus der Überlegung, dass die Übung diesbezüglich als angemessen gilt, solange sie nicht zur Unsitte verkommen ist.[775] Der Unternehmer hat nachzuweisen, dass die von ihm berechneten Zuschläge z.B. für allgemeine Geschäftskosten oder für Risiko und Gewinn üblich sind.[776]

649 Wenn *Regietarife,* wie sie vor allem von Berufsverbänden herausgegeben werden (Nr. 170), nicht vereinbart worden sind, darf sie der Richter grundsätzlich nicht anwenden.[777] Solche Regietarife können jedoch für den Richter bzw. für den von ihm beigezogenen Experten eine wertvolle *Hilfe* im Sinne von Richtlinien sein, um die nach Art. 374 OR geschuldete Vergütung zu ermitteln bzw. zu schätzen. Denn neben (offensichtlicher oder versteckter) einseitiger Wahrung der Interessen der Verbandsangehörigen, die „herausfiltriert" werden müssen, widerspiegeln derartige Tarife doch zu einem grossen Teil auch die allgemeine Lebenserfahrung und damit auch die Bauwirklichkeit, die bei der Schätzung berücksichtigt werden dürfen.[778]

650 Der *Zuschlag für Risiko und Gewinn* wird in Art. 374 OR zwar nicht ausdrücklich erwähnt, gehört aber implizit zum „Wert der Arbeit und der Aufwendungen", von dem Art. 374 OR spricht.[779] *Gewinn* ist notwendig sowohl für die Existenz des Unternehmers als auch für die Volkswirtschaft und damit auch für den Staat (Nr. 514). Auch ein *Risikozuschlag* gehört zu "cost plus fee" im Sinne von Art. 374 OR. Je grösser der Mehraufwand, desto mehr Risiken trägt der Unternehmer, z.B. wegen Untergang und Beschädigung des Werkes (Nr. 211) oder der Baustelleneinrichtungen, Geräte, Materialvorräte usw., wegen Mängelhaftung, die u.a. zur Preisminderung führen kann (Nr. 210, Nr. 643), wegen der eventuell erhöhten Kosten der Sicherheitsleistung gemäss Art. 181 f. SIA-Norm 118 (Nr. 750), wegen der Zahlungsunfähigkeit des Bauherrn, wegen Reduktionen im (aussergerichtlichen oder gerichtlichen) Ver-

---

[775] GWerkV Nr. 957.
[776] GWerkV Nr. 1024 f.
[777] GWerkV Nr. 958 ff.
[778] Vgl. ZR 1996, S. 87 = BR 1996, S. 117, Nr. 238 mit kritischen Anm. von GAUCH: keine kritiklose Anwendung der nicht übernommenen SIA-Honorarordnung 102, jedoch *Orientierung* an ihr; vgl. ebenso sinngemäss EGLI, ArchR, Nr. 991, wonach ein Zeittarif als *Hilfsgrösse* in Frage kommen kann; GAUCH/SCHUMACHER, Komm-SIA118, Anm. 3 lit. a zu Art. 101 Abs. 2: *Anhaltspunkte* für die Aufwandvergütung nach Art. 374 OR können sich aus SIA-Honorarordnungen ergeben.
[779] GWerkV Nr. 949.

gleichsfall bzw. zufolge der Unvollkommenheiten des Rechtsweges, wegen Fehlkalkulation der Mehrvergütung, wegen der Schwierigkeiten des verschobenen, oft lange ungewissen Zeitpunktes des neuen Einsatzes des Personals und der Baustelleneinrichtungen, auch wegen des Risikos von Änderungen des Marktes und der Technik usw. Doch würde es gegen das System der Zuschlagskalkulation verstossen und wäre unzulässig, wenn aus der Retrospektive, z.B. lange nach Bauende in einem Prozess, der Risikozuschlag danach bemessen würde, welche Risiken im betreffenden Einzelfall tatsächlich eingetreten sind. Denn gleich wie der Gewinnzuschlag wird auch der Risikozuschlag durch den Betrieb des Unternehmers als *Ganzes* erfordert. Beide Zuschläge, die regelmässig einen einzigen, "zusammengesetzten" Zuschlag bilden, sind sowohl betriebswirtschaftlich als auch volkswirtschaftlich notwendig (Nr. 514). Eine Reduktion oder ein Wegfall des Zuschlages für Risiko und Gewinn stellt eine teilweise Risikoüberwälzung auf den Unternehmer dar, die der individuellen Vertragsgestaltung bedarf (Nr. 417 ff.).

651 Die Ermittlung des gesamten Geldaufwandes (Nr. 24) für den vergütungspflichtigen Mehraufwand ergibt die *Mehrkosten*, die auch zusätzliche Produktionskosten, zusätzliche Erstellungskosten oder höhere Ausführungskosten[780] genannt werden. Sie sind dem Unternehmer durch eine *Mehrvergütung* zu ersetzen.[781] Der Unternehmer macht die Mehrvergütung geltend mit seinem *Mehrvergütungsanspruch*, der auch Mehrvergütungsforderung, Nachforderung, Nachtragsforderung oder Nachtragsofferte genannt wird.

## 3. Vereinfachte Verfahren

### a) Die Nachteile der Ermittlung der effektiven Kosten

652 Bei der Vergütung nach Massgabe der effektiven Kosten wird auf die *subjektiven* (individuellen) Verhältnisse des Unternehmers abgestellt.[782] Die effektiven Kosten können vom Zufall abhängen oder sogar manipu-

---

[780] Vgl. GAUCH, KommSIA118, Anm. 6 lit. a zu Art. 58 Abs. 1.
[781] Vgl. GWerkV Nr. 904 f.
[782] Vgl. sinngemäss GWerkV Nr. 954.

liert werden,⁷⁸³ indem z.B. beim Eintritt von erheblichen Bauerschwernissen teureres Personal auf die Baustelle verlegt wird, Lohnerhöhungen gewährt werden, die sonst nicht zugestanden worden wären, oder teureres Material bei nahestehenden Firmen eingekauft wird usw. Auch wenn der Unternehmer davon absieht, ist das Misstrauen des Bauherrn latent. Die Vergütung des effektiven Aufwandes ist deshalb streitanfällig.⁷⁸⁴ Der *Aufwand für den Nachweis* der effektiven Kosten kann im Einzelfall unverhältnismässig hoch sein. Beispielsweise ist es sehr aufwendig und mit Abgrenzungsschwierigkeiten behaftet, die unterschiedlichen Löhne nachzuweisen, die jedem einzelnen betroffenen Arbeitnehmer für die Dauer der Bewältigung der konkreten Bauerschwernisse ausbezahlt worden sind, wobei diese Dauer meistens nicht mit den Lohnzahlungsperioden übereinstimmt. Der beweispflichtige Unternehmer hat die ganze Baustellenbuchhaltung vorzulegen. Der Aufwand des Bauherrn und im Streitfalle derjenige des Richters bzw. des Experten für die Überprüfung ist sehr gross. Wenn der direkte Beweis Kosten verursachen würde, welche in keinem vernünftigen Verhältnis zum geltend gemachten Betrag stünden, ist ein *Wahrscheinlichkeitsbeweis* zulässig (Nr. 632 ff.).

653 Deshalb besteht in der Praxis ein grosses Bedürfnis nach vereinfachten Verfahren⁷⁸⁵ zur Bestimmung der Mehrkosten im Sinne von Art. 374 OR. In der Regel erfolgt auch die Ermittlung der „reinen" Mehrkosten teilweise nach (verobjektivierten) Wahrscheinlichkeitsbeweisen. Es ist meistens praktisch unmöglich oder zumindest unzumutbar, bei der Ermittlung der zusätzlichen *indirekten* Werkkosten (Nr. 32) und bei weiteren indirekten Kosten, z.B. den Verwaltungskosten (Nr. 35), zuverlässig zwischen Ohnehin-Aufwand und Mehraufwand in solchen Kostenstellen zu unterscheiden. Deshalb werden auch für die Berechnung der „reinen" Mehrkosten häufig *übliche* und damit verobjektivierte Zuschläge verwendet (Nr. 649).

---

⁷⁸³ GAUCH, KommSIA118, Anm. 3 lit. c zu Art. 48.

⁷⁸⁴ GAUCH, KommSIA118, Anm. 3 lit. c zu Art. 48.

⁷⁸⁵ Vgl. Pra 1995, S. 555, zit. in BGE 4C.82/1996 vom 11. Februar 1998, S. 12 lit. d, wonach das Haftpflichtrecht auf einfache und praktikable Lösungen angewiesen ist, um aufwendige Abklärungen zu vermeiden. Vgl. auch BGE 67 II 74, wonach in der Schweiz seit jeher eine einfache und praktische Rechtsauffassung vorgeherrscht hat. Aus BGE 116 II 218 f. ergibt sich, dass das kantonale Prozessrecht derart auszulegen ist, dass es die Verwirklichung des Bundesprivatrechts auf einfachstem Weg ermöglicht.

## b) Die Mehrkostenermittlung aufgrund der ursprünglichen Kostengrundlage

654 Einige der vorerwähnten Nachteile (Nr. 652) können vermieden werden, wenn die vergütungspflichtigen Mehrkosten aufgrund der ursprünglichen *Kostengrundlage* (gegebenenfalls zuzüglich Teuerung) berechnet werden. Damit werden die nach Aufwand geschuldete Mehrvergütung *verobjektiviert*[786] und die Beweisführung erleichtert. Die Kostengrundlage enthält die *für die Preisbildung massgebenden Kostenansätze und Warenpreise am Tag der Einreichung des Angebotes* (Art. 62 Abs. 1 SIA-Norm 118). Sie kann massgebend sein für die Teuerungsabrechnung[787] und für die Bildung von Nachtragspreisen, wenn das Mehrvergütungssystem der Art. 86 - 89 SIA-Norm 118 anwendbar ist.[788] Die Kostengrundlage gilt als *„objektive, vom Ermessen unabhängige Grundlage"* zur Mitbestimmung des Kostenaufwandes des Unternehmers.[789] Sie ist insoweit *objektiv*, als sie von den Parteien bei Abschluss des Werkvertrages vereinbart oder mindestens zur Kenntnis genommen worden ist und nachträglich nicht mehr abgeändert werden kann, ausser durch objektiv feststellbare Faktoren wie z.B. die Teuerung oder einen anderen Aufsichtsanteil (Nr. 585). Für die Berechnung der Mehrvergütung werden durchschnittliche (mittlere) Aufwandansätze verwendet. *Kalkulatorische Prozentsätze machen einen wesentlichen Teil der Kostengrundlage aus.* Die Kostengrundlage ist ein bedeutendes und praktisches Element (= Bezugspunkt) eines Wahrscheinlichkeitsbeweises (Nr. 632 ff.). Sie will das Vorgehen *„einfach und klar"* gestalten[790] und *„unnötige Umständlichkeiten.... unter erheblicher Mehrarbeit"* vermeiden.[791] Die Bestimmungen der SIA-Norm 118, welche die Mehrvergütungsansprüche des Un-

---

[786] Vgl. sinngemäss GWerkV Nr. 954.
[787] Vgl. Art. 62 Abs. 2 und Abs. 3 SIA-Norm 118.
[788] Vgl. Art. 87 Abs. 3, Art. 88 Abs. 1 und Art. 89 Abs. 2 SIA-Norm 118.
[789] GAUCH/PRADER, KommSIA118, Vorbem. lit. a zu Art. 62 - 63.
[790] Vgl. GAUCH/PRADER, KommSIA118, Anm. 20 Abs. 2 zu Art. 62 Abs. 2
[791] GAUCH/PRADER, KommSIA118, Anm. 16 Abs. 2 zu Art. 66 Abs. 2; vgl. auch die Hinweise auf die *Praktikabilität* bei GAUCH/PRADER, KommSIA118, Vorbem. lit. c zu Art. 64 - 65, Anm. 2 lit. b zu Art. 66 Abs. 1 und Vorbem. lit. a zu Art. 66 - 82.

ternehmers zufolge *Bestellungsänderungen* regeln, erklären wiederholt und ausdrücklich die Kostengrundlage zum Berechnungsfaktor.[792]

655 Die ursprüngliche Kostengrundlage wird gelegentlich als *Vertragsbestandteil* bezeichnet.[793] Auf die Kostengrundlage stellt der Unternehmer bei der Bildung der Vertragspreise ab, d.h. bei seiner Angebotskalkulation.[794] *Ursprüngliche* wird sie genannt, wenn bzw. weil sie mit dem Angebot eingereicht wird.[795] Die Kostengrundlage beruht auf dem individuellen und autonomen Parteiwillen, während die Regietarife der Berufsverbände (Nr. 170) von Dritten erlassen sind und keinen konkreten Bezug zum Werkvertrag haben, sofern sie nicht als Vertragsbestandteile übernommen worden sind.

656 Die Kostengrundlage ist jedoch nur ein Hilfsmittel und nicht ein „Tarif", aus welchem die Mehrkosten (im Sinne von Art. 374 OR) „mathematisch-formelhaft" berechnet werden können. Die Preisbildung (Umlage der Kostenelemente; Nr. 28 f.) erfolgt nach eigenem Ermessen des Unternehmers.[796] Die Kalkulationsmethoden sind unterschiedlich. Beispielsweise weicht die Kalkulationspraxis bei grösseren (langfristigen) Bauvorhaben von der Regel des Art. 43 Abs. 2 SIA-Norm 118 oft insofern ab, als auch die Revisionskosten in die Global- oder Pauschalpreise der Baustelleneinrichtungen (Aufwandpositionen, Nr. 177 ff.) eingerechnet werden.[797] Die Kostengrundlage gibt keine Auskunft, aus welchen (Kosten-) Elementen sich ein Festpreis zusammensetzt. Kosten und Preise sind zwei verschiedene Dinge. Das kommt bereits in den Begriffen Kostengrundlage und Preisanalyse zum Ausdruck. Die Kostenkalkulation ist eine Aufwandkalkulation, die teilweise in der Kostengrundlage enthalten ist. Die Preisbildung hingegen beruht auf der Preiskalkulation

---

[792] Vgl. GWerkV Nr. 797; GAUCH/PRADER, KommSIA118, Anm. 16 zu Art. 66 Abs. 2; GAUCH/EGLI, KommSIA118, Anm. 6 zu Art. 86 Abs. 2, Anm. 14 zu Art. 87 Abs. 2, Anm. 10 zu Art. 88 Abs. 1 und Anm. 10 zu Art. 89 Abs. 2; vgl. auch GAUCH, KommSIA118, Anm. 8 lit. a zu Art. 49 Abs. 1 Satz 3.

[793] So GAUCH/PRADER, KommSIA118, Anm. 18 zu Art. 62 Abs. 2. - Ob die ursprüngliche Kostengrundlage zum (normativen) Vertragsinhalt gehört oder eine Information (Vertragsgrundlage) ist, muss durch individuelle Vertragsauslegung entschieden werden; vgl. dazu GWerkV Nr. 1254.

[794] GAUCH/PRADER, KommSIA118, Vorbem. lit. b Abs. 1 zu Art. 62 - 63.

[795] GAUCH/PRADER, KommSIA118, Anm. 17 zu Art. 62 Abs. 2.

[796] Vgl. GAUCH/PRADER, KommSIA118, Anm. 15 Abs. 2 zu Art. 63 Abs. 2.

[797] GAUCH/EGLI, KommSIA118, Anm. 3 Abs. 2 zu Art. 88 Abs. 1.

im Sinne der Angebotskalkulation.[798] Die Kosten (= Produktionskosten) müssen bei der Angebotskalkulation in einzelne Elemente aufgeteilt und auf die einzelnen Positionen des Leistungsverzeichnisses, d.h. auf die einzelnen Preise, umgelegt werden (Nr. 28 f.). Die Kostenumlage ist sehr komplex, weil das ganze Preisbildungssystem (Gesamtkalkulation) sehr komplex ist (Nr. 184 ff.).

657 Das Bindeglied zwischen Kostenkalkulation und Preisbildung können *Preisanalysen* im Sinne von Art. 18 Abs. 2 SIA-Norm 118 darstellen.[799] Preisanalysen enthalten Informationen über die Kostenkalkulation, d.h. die Kalkulation der (Aufwand-) Kosten eines bestimmten Festpreises. Dann handelt es sich um Analysen der *ursprünglichen* Kostenkalkulation. Analysiert werden kann auch die neue Kalkulation von (festen) Nachtragspreisen für Mehraufwand.[800] Bei Übernahme der SIA-Norm 118 besitzt der Bauherr Anspruch auf Preisanalysen.[801] Für Kostengrundlagen und Preisanalysen können Richtlinien verwendet werden, z.B. die vom SBV herausgegebenen Betriebsinternen Rechnungssätze (BIV) und die Bauinventarliste (BIL). Es kann die unveränderte oder veränderte Verwendung solcher Richtlinien vereinbart werden. Bei der Gestaltung von Kostengrundlagen und der Ausarbeitung von Preisanalysen, insbesondere bei der Interpretation einzelner Kostenstellen (direkte Werkkosten und prozentuale Zuschläge), ist zu differenzieren zwischen *ähnlichen* und *unähnlichen* Positionen (Leistungs- und Aufwandpositionen):

658 **a.** Von *ähnlichen* Positionen kann gesprochen werden, wenn die Positionen gemäss Leistungsverzeichnis einerseits und die tatsächlichen Positionen für Mehraufwand andererseits einigermassen miteinander verglichen werden können. Dann können zwei Preisanalysen beachtlich sein, die Preisanalyse für den *„alten Preis"*, d.h. die Analyse der Preisbildung im Leistungsverzeichnis für ähnlichen, vergleichbaren Aufwand, und die Preisanalyse für den *„neuen Preis"*, d.h. für die Bildung eines Nachtragspreises. Beide Preisanalysen können dabei auf eine im Werkvertrag erwähnte bzw. vereinbarte *Kostengrundlage* abgestützt werden. Aus dem

---

[798] Vgl. KAPELLMANN/SCHIFFERS, Bd. 1, Nr. 27 - 31 und Nr. 303.

[799] Vgl. GAUCH/PRADER, KommSIA118, Vorbem. lit. c zu Art. 62 - 63; GAUCH/EGLI, KommSIA118, Anm. 6 lit. b und lit. d zu Art. 86 Abs. 2.

[800] Vgl. GAUCH/EGLI, KommSIA118, Anm. 17 lit. b zu Art. 87 Abs.3.

[801] GAUCH/PRADER, KommSIA118, Anm. 25 Abs. 3 und Anm. 27 Abs. 2 zu Art. 62 Abs. 3.

Vergleich der beiden Kostenanalysen ergibt sich, welche Kostenstellen sich im betreffenden Einzelfall *geändert* haben. Damit wird nachgewiesen, *„weshalb die ursprüngliche Preiskalkulation des Unternehmers jetzt nicht mehr stimmt. Dazu reicht es, dass.... auch nur ein Kalkulationselement des Einheitspreises (z.B. Arbeitsstunden, Materialmengen oder Fremdleistungen) anders geworden ist"*.[802] Beispiele: Anderer Baustoff (z.B. anderes Betonzusatzmittel); unterschiedliche Baustelleneinrichtungen (z.B. für Pumpbeton statt für Kranbeton); anderer (grösserer oder kleinerer) Lohnanteil (z.B. für Kranbeton statt Pumpbeton).

659 **b.** Von *unähnlichen* Leistungen bzw. unähnlichem Aufwand wird gesprochen, wenn keine vergleichbaren Bezugspunkte (ähnliche Leistungs- oder Aufwandpositionen für die Ermittlung des Mehraufwandes des Unternehmers verfügbar sind.[803] In einem solchen Fall können Kostengrundlage und Preisanalyse nur dazu dienen, dass der effektive Aufwand z.B. gemäss den Rapporten für Arbeitsstunden, Baustoffe, Einsatz von Baustelleneinrichtungen usw. mittels der kalkulatorischen Prozentsätze der einschlägigen Kostengrundlage vermehrt werden.

660 Beim Rückgriff auf Kostengrundlagen und Preisanalysen darf nie übersehen werden, dass sie nur, aber immerhin, praktische Hilfsmittel sind, um die Ermittlung der effektiven Mehrkosten im Sinne von Art. 374 OR zu verobjektivieren und zu erleichtern. Eine vom Bauherrn zu vertretende Ursache hat veränderte Verhältnisse und damit den Mehraufwand des Unternehmers verursacht. Diesen veränderten Verhältnissen ist auch bei einer vereinfachten Kalkulation der effektiven Mehrkosten Rechnung zu tragen. Dabei ist zu berücksichtigen, dass die Angebotskalkulation und damit auch die ursprüngliche Kostengrundlagen und mit ihr die Preisanalyse „alter Preise" immer auf eine *Gesamtkalkulation* bezogen waren (Nr. 28 ff., Nr. 181). Beide Parteien müssen einem bestimmten Kostenbezugssystem treu bleiben, und dieses ist in der Regel die Gesamtkalkulation. Der Bauherr darf „nicht die Rosinen herauspicken".[804] Schliesslich dürfen vereinfachte Verfahren unter Benutzung von Kostengrundlagen und Preisanalysen nicht zu einer versteckten Risikoüberwälzung auf den Unternehmer führen (Nr. 688 ff.).

---

[802] GAUCH/EGLI, KommSIA118, Anm. 6 lit. c a.E. zu Art. 86 Abs. 2.

[803] Vgl. LIEB, S. 85: „Die lineare Expolation von vereinbarten Preisen kann unmöglich sein." Der Mensch denkt gerne linear. Doch komplexe System reagieren in der Regel nicht linear, sondern ebenfalls komplex, d.h. in vernetzten Kausalitätsketten.

[804] Vgl. KAPELLMANN/SCHIFFERS, Bd. 1, S. 365, Nr. 972.

### c) Die Ermittlung der Mehrkosten zu Regieansätzen

661 Von der integralen Anwendung von Regieansätzen (Preisansätzen für Mengeneinheiten bestimmter Aufwandkategorien wie Stundenlöhne; Nr. 165) zur Bemessung von Mehrvergütungsansprüchen ist in der Regel aus den folgenden Gründen abzusehen:

662 - Wenn *Regietarife*, wie sie vor allem von Berufsverbänden herausgegeben werden (Nr. 170), von den Parteien nicht vereinbart worden sind, darf sie der Richter grundsätzlich nicht anwenden.[805] Sie dienen häufig (offensichtlich oder versteckt) einseitiger Wahrung der Interessen der Verbandsangehörigen. Doch können sie für den Richter bzw. für den von ihm beigezogenen Experten eine wertvolle *Hilfe* sein, um die nach Art. 374 OR geschuldete Vergütung zu ermitteln bzw. zu schätzen (Nr. 649).

663 - *Vertragsindividuelle* (Nr. 169) und *gemischte* Regieansätze (häufig Verbandstarife abzüglich individuelle „Rabatte"; Nr. 171) können meistens nicht angewendet werden, weil sie regelmässig nur für untergeordnete Regiearbeiten in beschränktem Umfang vereinbart worden und deshalb im Rahmen der Gesamtkalkulation mit den Festpreisen vernetzt sind (Nr. 188). Sie sind deshalb nicht geeignet, bei Eintritt besonderer Verhältnisse, die vom Bauherrn zu verantworten sind, den effektiven Aufwand abzudecken, ohne dem Unternehmer das betreffende Risiko teilweise „zurückzuübertragen" (Nr. 688 ff.).

## C. *Antizipierte Mehrvergütungs-Absprachen (AMA)*

### 1. Der Begriff

664 *Antizipierte Mehrvergütungs-Absprachen* (abgekürzt: AMA) sind einzelne Vertragsklauseln oder ganze Systeme von Vertragsklauseln, in denen die Parteien *zum vornherein* (= antizipiert) vereinbaren, wie ein allfälliger Mehraufwand zu vergüten sei. *Zum vornherein* sagt aus: Die Vereinbarung wird zu einem Zeitpunkt getroffen, in welchem den Parteien,

---

[805] GWerkV Nr. 958 ff.

mindestens dem Unternehmer, (noch) nicht bekannt ist, ob vergütungspflichtiger Mehraufwand überhaupt und gegebenenfalls von welcher Art und in welchem Umfang dem Unternehmer erwachsen wird. Deshalb nenne ich sie *antizipierte* (vorweggenommene) Mehrvergütungs-Absprachen.[806] Der Zeitpunkt, in dem sie getroffen werden, ist meistens der Abschluss des Werkvertrages. Beispielsweise kann das Leistungsverzeichnis, das beim Vertragsabschluss Vertragsbestandteil wird, *Eventual- oder Alternativpositionen* (Nr. 573 ff.) enthalten, oder es werden *Regiepreise* oder *Regietarife* (Nr. 165 ff.) für unbestimmte Regiearbeiten vereinbart.

## 2. Die Beweislast

665 Eine AMA ist eine (grundsätzlich zulässige) *Abweichung* von der gesetzlichen Vergütungsregel des Art. 374 OR.[807] Die *Beweislast* für den Bestand einer AMA trägt immer diejenige Partei, die eine von Art. 374 OR abweichende Preisbestimmung geltend macht (Art. 8 ZGB), weil die Vereinbarung eines Festpreises nicht vermutet wird.[808] Wenn der Bauherr geltend macht, eine AMA ergäbe eine niedrigere Mehrvergütung, obliegt ihm die Beweislast dafür, dass die von ihm behauptete AMA vereinbart und auf den konkreten Mehrvergütungsanspruch des Unternehmers anwendbar ist. Er trägt dann das Risiko einer allfälligen Beweislosigkeit. Dies wird für die folgenden Ausführungen durchwegs vorausgesetzt, aber nicht mehr eigens erwähnt.

---

[806] Vgl. schon SCHUMACHER, BRT 1995, Bd. II, S. 25 ff.

[807] Vgl. GAUCH PETER, Die Vergütung von Bauleistungen, BRT 1987, Bd. I, S. 7, FN 8.

[808] ZR 1996, S. 86 = BR 1996, S. 120, Nr. 245; GWerkV Nr. 1014 und Nr. 1026.

## 3. Erscheinungsformen der AMA

### a) Einteilung nach der Art der Bestimmung der Mehrvergütung

#### aa) Festlegung von Vergütungsbeiträgen

##### aaa) Vereinbarung von Regieansätzen

666 Die Parteien vereinbaren Regieansätze bzw. Regietarife für Aufwandkategorien (Nr. 165 ff.), die *ausschliesslich* nur für die Vergütung allfälligen Mehraufwandes oder die *umfassend* sowohl für die Vergütung von Ohnehin-Aufwand als auch von Mehraufwand gelten sollen.

##### bbb) Vereinbarung von Festpreisen

667 Die Parteien vereinbaren für die Vergütung von Leistungs- und Aufwandpositionen Festpreise, die *ausschliesslich* für die Vergütung von allfälligem Mehraufwand (z.B. Alternativpositionen, Nr. 573 ff.) oder *umfassend* sowohl für die Vergütung von Ohnehin-Aufwand als auch von Mehraufwand gelten sollen (z.B. Art. 86 SIA-Norm 118). Innerhalb dieser Kategorie können weiter unterschieden werden:

668 - *Abstrakt-generelle* AMA für irgendwelchen Mehraufwand (z.B. Art. 86 SIA-Norm 118);

669 - AMA für *einzelne, konkrete* Erscheinungsformen von Mehraufwand (z.B. Eventual- und Alternativpositionen[809]; Nr. 573 ff.).

#### bb) Festlegung von Richtlinien

670 Die Parteien können Richtlinien vereinbaren, die für die Vereinbarung von *neuen* Beträgen für die Vergütung allfälligen Mehraufwandes gelten sollen.[810]

---

[809] Vgl. KAPELLMANN/SCHIFFERS, Bd. 1, S. 200 f., Nr. 587: „Behinderungspositionen", d.h. Eventualpositionen für künftige Behinderungsfälle; vgl. auch Bd. 2, S. 419, Nr. 1212: „Einheitspreiseventualpositionen."

[810] Zur *Neuaushandlungsklausel* im allgemeinen vgl. GWerkV Nr. 1134 ff.

### aaa) Neue Regieansätze

671  Die Parteien vereinbaren, auf welche Art und Weise fehlende bzw. lückenhafte[811] Regieansätze für Aufwandkategorien (Nr. 165 ff.) zu ergänzen sind. Gemäss Art. 49 Abs. 1 Satz 3 SIA-Norm 118 sollen fehlende Ansätze „sinngemäss ergänzt [werden], rückwirkend auf den für die ursprüngliche Kostengrundlage massgebenden Stichtag (Art. 62 Abs. 1)".[812]

### bbb) Neue Festpreise (Nachtragspreise)

672  Die Parteien können Richtlinien festlegen, wie sie später neue Festpreise (*Nachtragspreise* genannt) für die Vergütung anderer (zusätzlicher) bzw. geänderter Leistungs- und Aufwandpositionen vereinbaren werden. Dies kann in Anlehnung an den Festpreis „für die ähnlichste vertragliche Leistung" und „auf der Basis der ursprünglichen Kostengrundlage" geschehen (Art. 87 Abs. 2 SIA-Norm 118) oder durch direkten Rückgriff auf die „Basis der ursprünglichen Kostengrundlage" (Art. 86 Abs. 2, Art. 87 Abs. 3, Art. 88 Abs. 1 und Art. 89 Abs. 2 SIA-Norm 118).[813]

### cc) Verweisung auf Ersatzlösungen

673  Für den Fall, dass die Vereinbarung neuer Vergütungsbeträge (Nr. 670 ff.) misslingt, können die Parteien Ersatzlösungen festlegen, beispielsweise die Ausführung der „Arbeit", d.h. des konkreten Mehraufwandes, *in Regie*, wie dies z.B. Art. 87 Abs. 4, Art. 88 Abs. 2 und Art. 89 Abs. 3 SIA-Norm 118 vorsehen, sofern der Bauherr die Ausführung in Regie unverzüglich anordnet[814] oder sofern es sich um untergeordnete Arbeiten[815] handelt. Das „Ausweichen" auf Regieansätze führt jedoch häufig

---

[811]  GAUCH, KommSIA118, Anm. 7 lit. a zu Art. 49 Abs. 1.

[812]  GAUCH, KommSIA118, Anm. 8 zu Art. 49 Abs. 1, mit der Bemerkung: Die Vorschrift, dass fehlende Ansätze „sinngemäss zu ergänzen sind", kann in der Praxis zu *Schwierigkeiten* führen.

[813]  Vgl. GWerkV Nr. 797; zum Einbezug der Kostengrundlage ausführlich Nr. 654 ff. hiervor; vgl. auch LIEB, S. 85: „Die lineare Expolation von vereinbarten Preisen kann unmöglich sein." - Sprungfixe Kosten (Nr. 27) können Schwierigkeiten bereiten.

[814]  Vgl. GAUCH/EGLI, KommSIA118, Anm. 20 lit. b a.E. zu Art. 87 Abs. 4.

[815]  GAUCH/EGLI, KommSIA118, Anm. 24 und Anm. 26 zu Art. 87 Abs. 4.

zur Schwierigkeit, dass solche für den konkreten Mehraufwand fehlen und eine „sinngemässe Ergänzung" im Sinne von Art. 49 Abs. 1 Satz 3 SIA-Norm 118 ausgeschlossen ist, so dass „als letzter Ausweg die Vergütung nach effektiven Selbstkosten (unter Hinzurechnung eines Zuschlages für allgemeine Geschäftskosten, Risiko/Verdienst und gesetzliche Umsatzabgaben)" bleibt.[816] Kommt das „Ausweichen" auf Regieansätze nicht in Frage, gilt die gesetzliche Vergütungsregel des Art. 374 OR, wonach die effektiven Kosten des Mehraufwandes nach dem Zuschlagssystem zu vergüten sind.[817]

### b) Einteilung nach der Höhe der Vergütung

#### aa) Volle Vergütung des Mehraufwandes

674 AMA können eine *uneingeschränkte* Vergütung des Mehraufwandes bezwecken.

#### bb) Beschränkte Vergütung des Mehraufwandes

675 Wie AMA zu einer *reduzierten* Vergütung des Mehraufwandes führen können, wird am Beispiel des Art. 87 Abs. 2 SIA-Norm 118 dargestellt. Wenn Nachtragspreise zu vereinbaren sind, bildet der Festpreis „für die ähnlichste vertragliche Leistung" die Referenz für die Festsetzung des Nachtragspreises.[818] Der als Referenzpreis dienende (vertragliche) Festpreis kann aus einem Grund ein *Unterpreis* sein, der den effektiven Aufwand des Unternehmers (im Sinne der Vorschlagskalkulation) nicht vollständig deckt. Der Nachtragspreis wird aus einem vereinbarten Festpreis abgeleitet, um sicherzustellen, dass das „Leistungs-/Vergütungsverhält-

---

[816] GAUCH, KommSIA118, Anm. 8 lit. b zu Art. 49 Abs. 1; vgl. auch Anm. 14 zu Art. 49 Abs. 2 für den Fall, dass der Werkvertrag keine Regieansätze enthält und weder Regietarife der Berufsverbände noch am Ausführungsort übliche Ansätze zur Verfügung stehen.

[817] GWerkV Nr. 945; GAUCH/EGLI, KommSIA118, Anm. 17 lit. c a.E. zu Art. 87 Abs. 3.

[818] Vgl. GAUCH/EGLI, KommSIA118, Anm. 12 ff. zu Art. 87 Abs. 2 und Abs. 3 sowie Anm. 9 f. zu Art. 89 Abs. 2; zur möglichen Unterdeckung bei Anwendung der Art. 86 Abs. 1 und Abs. 2 SIA-Norm 118 vgl. Nr. 701 hiernach.

nis" des Nachtragspreises zur Preisstruktur und damit zur „Natur" des Vertrages passt, „in dem er eingefügt wird"[819].

676 Ist die Anknüpfung an einen bestimmten (einzelnen) Referenzpreis ausgeschlossen, ist auf die *gesamte Preiskalkulation* zurückzugreifen.[820] Ein einzelner Referenzpreis kann ein Unterpreis sein, jedoch nicht die Gesamtkalkulation (Nr. 28, Nr. 30, Nr. 181, Nr. 188, Nr. 460), mit der er vernetzt ist. Doch auch die gesamte Preiskalkulation (Angebotskalkulation) kann nicht kostendeckend (im Sinne von Art. 374 OR) sein, und sei dies bloss wegen eines *Rabattes* (Nr. 753 f.), den der Unternehmer im Submissionskampf um die Vergabe eingeräumt hat.

677 Eine beschränkte Vergütung des Mehraufwandes bedeutet eine *teilweise Risikoübernahme* durch den Unternehmer, genauer: die „Rückübertragung" eines Teils eines Risikos, das der Bauherr übernommen hat, auf den Unternehmer. Ob und unter welchen Voraussetzungen dies rechtswirksam sein kann, wird später behandelt (Nr. 688 ff.).

### c) Einteilung nach der Art der Vertragsgestaltung

678 Je nach Art der (meistens vom Bauherrn bestimmten) Art der Vertragsgestaltung können unterschieden werden:

679 - *Individuelle* AMA, beispielsweise Eventual- und Alternativpositionen (Nr. 573 ff., Nr. 669);

680 - *Vorformulierte* AMA in AGB; Beispiele: Art. 49 Abs. 1 Satz 3 sowie Art. 86 ff. SIA-Norm 118;

681 - *Gemischte* AMA, die dadurch entstehen, dass in AGB vorformulierte AMA teilweise und individuell abgeändert oder ergänzt werden; Beispiel: Aufhebung der Toleranzgrenzen des Art. 86 Abs. 1 und Abs. 2 SIA-Norm 118 (Nr. 704 ff.).

---

[819] Vgl. GAUCH/EGLI, KommSIA118, Anm. 13 lit. b zu Art. 87 Abs. 2, Anm. 17 lit. a zu Art. 87 Abs. 3, Anm. 9 zu Art. 88 Abs. 1 und Anm. 9 zu Art. 89 Abs. 2; ebenso Anm. 6 lit. c zu Art. 86 Abs. 2.

[820] Vgl. GAUCH/EGLI, KommSIA118, Anm. 17 lit. b zu Art. 87 Abs. 3.

## 4. Vor- und Nachteile der AMA

682  Der Zweck und damit auch der Vorteil antizipierter Mehrvergütungsabsprachen (AMA) liegen auf der Hand: Für den Fall von Bauerschwernissen sollen spätere Auseinandersetzungen und damit auch Prozesse um die Vergütung allfälligen Mehraufwandes durch klare Regelungen vermieden oder weitgehend eingeschränkt werden. Solche Auseinandersetzungen kosten erfahrungsgemäss viel Geld, Zeit und Nerven. Sie belasten nicht selten bereits das Arbeitsklima auf der Baustelle.

683  Aber auch die *Schwierigkeiten* liegen auf der Hand: Die Zukunft ist immer ungewiss, und die möglichen Erscheinungsformen aller Bauerschwernisse (Risikoeintritte) und deren (unmittelbaren und mittelbaren) Folgen sind sehr vielfältig und sehr komplex. Unzählige Kombinationen von zahlreichen Varianten sind denkbar. Die vielgestaltige und zudem zukünftige Wirklichkeit (= das Bewirkte) lässt sich nicht genau und umfassend vorausahnen, vorausformulieren und vorauskalkulieren.[821]

684  Die *Ursachen* von Mehraufwand sind vielfältig. Die AMA der SIA-Norm 118 sind nur für einen Teil der Bauerschwernisse bestimmt, die der Bauherr zu vertreten hat, nämlich für den Fall von Bestellungsänderungen (Art. 84 SIA-Norm 118) und mangelhaften Angaben des Bauherrn (Art. 58 Abs. 2 SIA-Norm 118; Nr. 710 ff.). Für andere Bauerschwernisse, die ebenfalls vom Bauherrn zu verantworten sind, fehlen AMA in der SIA-Norm 118 (Nr. 693 ff. und Nr. 710 f.). Die unterschiedliche Behandlung der Mehrvergütungsansprüche trotz Verantwortung des Bauherrn ist unverständlich und erhöht die Komplexität, statt sie abzubauen.

685  Die konkrete *Kausalkette* (Nr. 587 ff.), die von einer bestimmten Bauerschwernis ausgelöst wird, kann je nach Einzelfall bald kurz und bald lang sein und ganz verschiedenartige einzelne Folgen umfassen (Nr. 584). Insbesondere die mittelbaren Folgen, auch diejenigen einer Desorganisation der Baustelle (Nr. 595), lassen sich kaum zum vornherein beschreiben und kalkulieren. Der effektive Mehraufwand jeder einzelnen Behinderungsfolge lässt sich kaum kalkulieren. Zudem lässt sich zum vornherein kaum bestimmen, für welches einzelne Zwischenglied einer Kausalkette eine Vergütungsregelung getroffen werden soll.

---

[821] Vgl. KAPELLMANN/SCHIFFERS, Bd. 1, S. 201, Nr. 587.

686 Diese Schwierigkeiten widerspiegeln sich im „Mehrvergütungssystem" der Art. 85 ff. SIA-Norm 118. Es handelt sich um komplexe, *sehr komplizierte, abstrakte und „etappierte" Bestimmungen*. Die Anwendung dieser Bestimmungen kann im Einzelfall erheblichen Aufwand erfordern. Die angestrebte Vereinbarung von (neuen) Vergütungsbeträgen (Regieansätze und Festpreise; Nr. 670 ff.) kann nicht erzwungen werden. Auch die Anwendung der AMA der SIA-Norm 118 können erfordern, dass auf die *gesamte Preiskalkulation* zurückgegriffen werden muss.[822] Das ist sehr aufwendig. In vielen Fällen müssen neue Vergütungsbeträge aufgrund der *Kostengrundlage* ermittelt werden (Nr. 654). Diese kann auch die Ermittlung der effektiven Kosten (im Sinne von Art. 374 OR) vereinfachen (Nr. 654 ff.). Zudem ist bei der Ermittlung der Nachtragspreise zu berücksichtigen, dass Vorbereitung und Ausführung der Arbeiten erschwert werden können[823] Auch die Anwendung des „Mehrvergütungssystems" der Art. 85 ff. SIA-Norm 118 kann im Einzelfall dazu führen, dass der Mehraufwand nach der Vergütungsregel des Art. 374 OR zu vergüten ist (Nr. 673, Nr. 700). Dies drängt die Frage auf, ob es nicht in allen Fällen weniger aufwendig und ebenso gerecht ist, wenn von Anfang an die Mehrvergütung gemäss Art. 374 OR berechnet wird, allenfalls in einem vereinfachten Verfahren gestützt auf die Kostengrundlage (Nr. 654 ff.).

687 AMA führen den Bauherrn nicht allzu selten in Versuchung, eine (gegenüber Art. 374 OR) reduzierte Mehrvergütung „herauszuholen". Dies ist kontraproduktiv: Statt die Vertragserfüllung zu entlasten, wird diese zusätzlich belastet. Zudem ist die Risikoverminderung (zugunsten des Bauherrn) mittels AMA in der Regel nicht erfolgreich, d.h. nicht rechtswirksam (Nr. 688 ff.).

---

[822] Vgl. GAUCH/EGLI, KommSIA118, Anm. 17 lit. b zu Art. 87 Abs. 3. Dafür, dass Bauerschwernisse die gesamte oder wesentliche Teile der Kostenstruktur stören können vgl. die Beispiele aus dem Tunnelbau, erwähnt in Nr. 585 mit Verweisungen auf LIEB.

[823] Vgl. GAUCH/EGLI, KommSIA118, Anm. 1 zu Art. 85 Abs. 1.

## D. Teilweise Risikoübernahme durch AMA ?

688 Verschiedene AMA können bloss zu einem *reduzierten* Anspruch auf Mehrvergütung führen (Nr. 675 ff.). Dies erscheint auf den ersten Blick als widersprüchlich und unlogisch. Denn regelmässig hat diejenige Vertragspartei, welche ein bestimmtes Risiko übernommen hat, *alle* Konsequenzen des Risikoeintritts zu tragen. Die Parteien sind jedoch autonom, innerhalb der Schranken der Rechtsordnung (Art. 19 Abs. 1 OR) ihre vertraglichen Rechtsverhältnisse frei zu gestalten. Die Aufteilung eines Risikos (z.B. des Baugrundes) zwischen Bauherr und Unternehmer ist grundsätzlich zulässig. Auf entsprechenden Einwand des *beweispflichtigen* Bauherrn ist deshalb im Einzelfall zu untersuchen, ob der Unternehmer das betreffende Risiko *teilweise* durch die konkrete Vertragsgestaltung übernommen hat.

689 Massgebend für die Risikozuteilung bzw. -aufteilung ist immer der Werkvertrag in seiner konkreten Gestaltung.[824] Das Risiko trägt ganz oder teilweise, wer es ganz oder teilweise im Vertrag übernimmt. Der Inhalt des Vertrages und damit auch die Risikozuweisungen bzw. - aufteilungen werden von den Parteien autonom bestimmt.[825] Der Werkvertrag ist immer individuell auszulegen (Nr. 470 ff.).

690 Für die *Risikoaufteilung* gilt grundsätzlich das gleiche, was bereits zur *Risikozuweisung*, d.h. zur Zuweisung eines bestimmten Risikos an eine der Vertragsparteien (Nr. 417 ff.), insbesondere zur Risikoübernahme des Bauherrn durch vertrauenerweckendes Verhalten ausgeführt worden ist (Nr. 435 ff.), vor allem zur Vertrauenshaftung des Bauherrn bei detaillierter Leistungsbeschreibung (Nr. 466 ff.) nach Gesetz (Nr. 473 ff.) und nach SIA-Norm 118 (Nr. 480 ff.). Bei detaillierter Leistungsbeschreibung darf und muss der Unternehmer *nur* für die ausgeschriebenen Leistungs- und Aufwandpositionen Preise kalkulieren und anbieten sowie später vereinbaren. Das Risiko der Mehrkosten zufolge Lücken und Mängel des detaillierten Leistungsverzeichnisses trägt *vollumfänglich der Bauherr* (Nr. 478). Für erwecktes Vertrauen haftet der Bauherr auch bei funktionaler oder hybrider Leistungsbeschreibung (Nr. 490 ff. bzw. Nr. 55 ff. und Nr. 60 ff.). In dem Umfange, wie der Bauherr Vertrauen in

---

[824] GWerkV Nr. 724; vgl. Nr. 427 ff. hiervor.
[825] Vgl. WALTER, ZBJV 1996, S. 276 und S. 278 f.

die Richtigkeit und Vollständigkeit seiner Ausschreibung erweckt, muss und darf der Unternehmer keine Risikoreserven in seine Festpreise (Einheits-, Global- und Pauschalpreise) und in die vertragsindividuellen bzw. gemischten Regieansätze (Nr. 169 ff.) einrechnen.

691 Zwar kann der Bauherr ein Risiko bloss teilweise überwälzen, indem er mit dem Unternehmer ausdrücklich eine *Risikoteilung* vereinbart (Nr. 498) oder das Vertrauen des Unternehmers in seine, des Bauherrn Angaben teilweise zerstört. Die Vertrauenszerstörung ist jedoch nur rechtswirksam, wenn die bereits dargelegten kumulativen und sehr restriktiven Kriterien erfüllt sind (Nr. 500 ff.). In der Regel fehlt es jedoch sowohl an der Unzweideutigkeit als auch an der Individualität von Mitteilungen des Bauherrn, welche Angaben unzuverlässig sein könnten, und meistens erst recht an der Widerspruchslosigkeit (v.a. an der Widerspruchslosigkeit zur detaillierten Leistungsbeschreibung). Pauschale Enthaftungsklauseln sind in der Regel nicht rechtswirksam, dies erst recht nicht, wenn es sich um Klauseln in AGB handelt (Nr. 502). Solche Klauseln sind diejenigen Bestimmungen der SIA-Norm 118, welche zu einer reduzierten Mehrvergütung führen können (Nr. 675 ff.). Zudem sind die *weiteren Rechtsbehelfe* (Nr. 505 ff.) zu beachten, beispielsweise die kartellrechtlichen Bestimmungen (Nr. 512 ff.). Durch eine *andere* Vertragsgestaltung kann jedoch dem Unternehmer mehr Verantwortung und damit auch mehr Risiko überbunden werden (Nr. 522 ff.).

692 Zudem kann ein einzelner Preis (Festpreis für Leistungs- oder Aufwandposition oder Regieansatz) nur für sich allein betrachtet ein Unterpreis sein, während die in den Werkvertrag integrierte *Gesamtkalkulation* (Nr. 28) insgesamt kein Unterangebot war (Nr. 676). Für die Gesamtkalkulation ist der Unternehmer insbesondere auf das Vertrauen in die Richtigkeit und Vollständigkeit der Angaben des Bauherrn angewiesen. Die verschiedenen, meistens zahlreichen Einzelpreise (Einheits-, Global- und Pauschalpreise sowie vertragsindividuelle bzw. gemischte Regieansätze) sind miteinander eng vernetzt (Nr. 181). Der Bauherr darf nicht die für ihn günstigen „Rosinen" aus der Gesamtkalkulation „herauspicken".[826] Auch deshalb darf in der Regel aus einem einzelnen Vertragspreis keine Risikobeteiligung des Unternehmers abgeleitet werden.

---

[826] Vgl. KAPELLMANN/SCHIFFERS, Bd. 1, S. 365, Nr. 972.

## E. Zu den AMA der Art. 85 ff. SIA-Norm 118

693 Die in Art. 85 ff. SIA-Norm 118 enthaltenen AMA sind von GAUCH/EGLI ausführlich kommentiert worden. Es wird darauf verwiesen. Teilweise sind sie bereits behandelt worden (Nr. 666 ff.). Im folgenden werden bloss einige *systematische* Bemerkungen aus der und für die Vertragspraxis angebracht.

### 1. Das Kaskadensystem der Art. 85 ff. SIA-Norm 118 im allgemeinen

694 Das „Mehrvergütungssystem" der Art. 85 ff. SIA-Norm 118 ist nur beschränkt anwendbar.[827] Zudem vermag die Übernahme dieser Normbestimmungen in der Regel keine auch bloss teilweise Risikoübernahme durch den Unternehmer zu bewirken (Nr. 688 ff.).

695 Die Art. 85 ff. SIA-Norm 118 sind ein *mehrstufiges Kaskadensystem* für die Bemessung der Vergütung des Mehraufwandes zufolge (einseitiger) Bestellungsänderungen. Die einzelnen Stufen sind kurz wie folgt zu beschreiben:

#### a) Mengenänderungen

696 Wenn sich die Mengen ändern, jedoch nicht die Beschreibung von Leistungs- und Aufwandpositionen, und wenn solche Positionen auch nicht unter veränderten Ausführungsvoraussetzungen erbracht werden müssen, ist der Mehraufwand zu den Festpreisen zu vergüten, die für den Ohnehin-Aufwand vereinbart worden sind, dies jedoch nur innerhalb einer Toleranzgrenze von +/- 20 %. Dies regelt Art. 86 SIA-Norm 118, von dem später noch die Rede sein wird (Nr. 701 ff.).

---

[827] Vgl. die Abgrenzungen bei GAUCH/EGLI, KommSIA118, lit. b der Vorbem. zu Art. 84 - 91.

## b) Andere Änderungen

697 Art. 87 - 89 SIA-Norm 118 regeln in Verbindung mit Art. 85 Abs. 3 SIA-Norm 118 die Vergütung von Mehraufwand, der zufolge veränderter Leistungs- und Aufwandpositionen entsteht, wenn die *Beschreibung* dieser Positionen *nicht mehr stimmt* oder wenn einzelne Positionen (Leistungs- und Aufwandpositionen) unter *veränderten Ausführungsvoraussetzungen*[828] erbracht werden müssen (Art. 87 Abs. 1 SIA-Norm 118), ebenso wenn die Toleranzgrenzen des Art. 86 Abs. 2 SIA-Norm 118 überschritten werden. Eine besondere Art veränderter Ausführungsvoraussetzungen, nämlich zufolge verspäteter Bestellungsänderung, wird in Art. 85 Abs. 3 SIA-Norm 118 erwähnt. Bei Mehraufwand zufolge veränderter Leistungen oder Ausführungsvoraussetzungen ist wie folgt vorzugehen:

698 aa. Zuerst ist ein *neuer Nachtragspreis* zu vereinbaren (Nr. 672). Nachtragspreise sind möglichst rasch zu vereinbaren (vgl. Art. 87 Abs. 1 SIA-Norm 118: "wenn immer möglich vor Inangriffnahme der Arbeit"). Oft unterbreitet der Unternehmer sog. „Nachtragsofferten" für die Vergütung von Mehraufwand, der bereits entsteht oder schon entstanden ist. An solche Offerten ist der Unternehmer zeitlich nur beschränkt gebunden (vgl. Art. 3 - 5 OR). Möglich ist, dass der Bauherr eine Nachtragsofferte konkludent annimmt, indem er z.B. eine offerierte zusätzliche Leistung ausführen lässt.[829] An Nachtragspreise, welche die *Bauleitung* mit dem Unternehmer vereinbart, ist der Bauherr nur gebunden, sofern die Bauleitung dazu *bevollmächtigt* war, sei es generell, sei es individuell für den betreffenden einzelnen Nachtragspreis.[830] Art. 87 Abs. 1 SIA-Norm 118 *verdrängt* Art. 86 der Norm, sobald die Bestellungsänderung dazu führt, dass die zu einem Festpreis geschuldete Leistung „unter veränderten Ausführungsvoraussetzungen" erbracht werden muss.[831]

699 bb. Eine *Vereinbarung* (übereinstimmende gegenseitige Willensäusserung der Parteien im Sinne von Art. 1 Abs. 1 OR) kann oft aus einem der folgenden Gründe *scheitern*: Die Parteien übernehmen überhaupt keinen

---

[828] Zu den veränderten Leistungsvoraussetzungen vgl. GAUCH/EGLI, KommSIA118, Anm. 3 lit. b zu Art. 87 Abs. 1.
[829] Vgl. VYGEN/SCHUBERT/LANG, Nr. 250 f.
[830] Vgl. dazu SCHWAGER RUDOLF, Die Vollmacht des Architekten, ArchR, Nr. 844 ff., insbesondere Nr. 848.
[831] GWerkV Nr. 802; GAUCH/EGLI, KommSIA118, Anm. 2 zu Art. 86 Abs. 1.

Versuch, einen Nachtragspreis zu vereinbaren, sei es, weil es ihnen überhaupt nicht in den Sinn kommt, oder sei es, weil ihnen dies zum voraus als aussichtslos erscheint. Der Bauherr bestreitet den vom Unternehmer geltend gemachten Mehraufwand vollumfänglich oder teilweise. Alle mittelbaren Folgen der Bestellungsänderung sind noch nicht absehbar. Der Bauherr bestreitet seine Pflicht zur Vergütung des (bestrittenen oder anerkannten) Mehraufwandes. Die Parteien sind sich nicht einig, wie die Vergütung des Mehraufwandes zu berechnen ist. Eine *vorgängige* Einigung wird häufig nicht erzielt, weil ein Teil des Mehraufwandes bereits erbracht und eine bestimmte Arbeit ohne Unterbruch fortzusetzen ist,[832] oder weil der Unternehmer den Beginn der zusätzlichen Arbeit nicht verweigern darf mit der Begründung, der Nachtragspreis sei noch nicht vereinbart worden.[833] Wenn eine vorgängige Einigung scheitert, kann der Bauherr die betreffende Arbeit in Regie ausführen lassen, wenn er dies unverzüglich erklärt (Nr. 673), oder die betreffende Arbeit „unter voller Schadloshaltung des Unternehmers an einen Dritten vergeben" (Art. 87 Abs. 4 Satz 1 SIA-Norm 118[834]). „Untergeordnete Arbeiten werden immer in Regie ausgeführt" (Art. 87 Abs. 4 Satz 2 SIA-Norm 118).

700 cc. Fällt keine der hiervor genannten Lösungen in Betracht, hat der *Richter* die Mehrvergütung zu bemessen, dies nach der gesetzlichen Vergütungsregel des Art. 374 OR.[835] Wenn das Risiko auch nicht teilweise auf den Unternehmer überwälzt worden ist (Nr. 688 ff.), führt das Mehrvergütungssystem (Kaskadensystem) der Art. 85 ff. SIA-Norm 118 häufig zur Vergütung der effektiven Mehrkosten („cost plus fee") des Unternehmers nach der gesetzlichen Vergütungsregel des Art. 374 OR, so insbesondere wenn Kostengrundlagen für die Berechnung der Mehrvergütung benutzt werden (Nr. 654 ff. und Nr. 672 ff.) oder der Richter die Mehrvergütung nach Aufwand bemisst. Deshalb und weil es nicht zur (teilweisen) Risikoüberwälzung geeignet ist (Nr. 688 ff.), erscheint das sehr komplizierte und sehr abstrakte Mehrvergütungssystem der Art. 85 ff. SIA-Norm 118 als von geringer Tragweite.

---

[832] Vgl. GAUCH/EGLI, KommSIA118, Anm. 4 zu Art. 87 Abs. 1.
[833] Vgl. Art. 37 Abs. 1 SIA-Norm 118; GAUCH/EGLI, KommSIA118, Anm. 5 Abs. 1 zu Art. 87 Abs. 1 und Anm. 26 Abs. 2 zu Art. 87 Abs. 4.
[834] GAUCH/EGLI, KommSIA118, Anm. 22 zu Art. 87 Abs. 4.
[835] GWerkV Nr. 945; GAUCH/EGLI, KommSIA118, Anm. 17 lit. c a.E. zu Art. 87 Abs. 3 mit Verweisung auf BGE 113 II 515 = Pra 1989, S. 80 ff.

## 2. Art. 86 Abs. 1 und Abs. 2 SIA-Norm 118 und Ersatzklauseln

701 Art. 86 Abs. 1 und Abs. 2 SIA-Norm 118 regeln nur *Mengenabweichungen*. Beträgt die Mengenabweichung nicht mehr als +/- 20 %, so bleibt der vereinbarte Einheitspreis für die gesamte Menge massgebend (Art. 86 Abs. 1 SIA-Norm 118). Wird die Toleranzgrenze von 20 % über- bzw. unterschritten, „so wird auf Verlangen eines Vertragspartners für den 120 % übersteigenden Teil bzw. für die ganze 80 % nicht erreichende Menge ein neuer Einheitspreis auf der Basis der ursprünglichen Kostengrundlage (Art. 62 Abs. 2) vereinbart" (Art. 86 Abs. 2 SIA-Norm 118). Diese Regeln gelten ausdrücklich nur für Mengenabweichungen zufolge *Bestellungsänderungen*.[836] Denkbar ist es, den Anwendungsbereich von Art. 86 Abs. 1 und Abs. 2 SIA-Norm 118 mittels Lückenfüllung auf *schlichte Mengenabweichungen* (bloss wegen der wesenseigenen Ungenauigkeit der Projektierung oder Ausschreibung) auszudehnen;[837] doch weil solche bloss *marginal* sein können (Nr. 372), ist die Frage nicht von praktischer Bedeutung (Nr. 374).

702 Die Toleranzgrenze von 20 % für Bestellungsänderungen ist „im Interesse des Bauherrn grosszügig bemessen."[838] Sie betrug bereits in den Ausgaben der SIA-Norm 118 von 1946, 1948 und 1962 je 20 %. Die Ausgabe von 1933 sah für Hochbauarbeiten sogar eine Toleranzgrenze von 30 % vor.[839] Die auch heute noch „grosszügige" Toleranzgrenze scheint aus der vorindustriellen Epoche des Bauens zu stammen, in welcher mehr Flächen linear mehr Arbeit und Mehrverdienst verschafften und die Gesamtkalkulation zufolge der späteren Mechanisierung (insbesondere auf Grossbaustellen) noch nicht eine derart komplexe Gesamtkalkulation wie heute bedingte (Nr. 184 ff.). Die Anwendung von Art. 86 Abs. 1 und Abs. 2 SIA-Norm 118 kann zu einer reduzierten Vergütung des Mehraufwandes führen (Nr. 675 ff.). Dies ist auch möglich, wenn Einheitspreise (für Leistungs- und Aufwandpositionen) auch bei *erheblichen*

---

[836] Art. 86 Abs. 1 SIA-Norm 118; vgl. GWerkV Nr. 803; GAUCH/EGLI, KommSIA118, Anm. 1 zu Art. 86 Abs. 1; ferner Nr. 374 mit FN 438 hiervor.

[837] GWerkV Nr. 804; GAUCH/EGLI, KommSIA118, Anm. 9 zu Art. 86 Abs. 2.

[838] GWerkV Nr. 801.

[839] GWerkV Nr. 801; zur Toleranzgrenze von 10 % für schlichte Mengenabweichungen gemäss § 2 Ziff. 3 VOB/B vgl. GWerkV Nr. 804 a.E.

Mengenänderungen (bis +/- 20 %) unverändert gelten sollen. Es stellt sich dann die Frage, ob im konkreten Einzelfall der Unternehmer das Risiko von Bestellungsänderungen (oder weitere Bauherrenrisiken) teilweise übernommen hat. Das entscheidet sich aufgrund der bereits dargelegten Richtlinien (Nr. 688 ff.). Eine solche teilweise Risikoübernahme durch den Bauherrn scheitert häufig am Umstand, dass Abs. 1 und Abs. 2 des Art. 86 SIA-Norm 118 *AGB* sind und die strengen Kriterien der Vertrauenszerstörung (Nr. 500 ff.) regelmässig nicht zu erfüllen vermögen (Nr. 691, auch Nr. 502). Die blosse Übernahme des Art. 86 SIA-Norm 118 ist in der Regel ungeeignet, den Unternehmer an einem Bauherrenrisiko auch bloss teilweise zu beteiligen.

703 Zudem führt der Eintritt eines Risikos, das der Bauherr zu verantworten hat, in der Regel dazu, dass selbst unveränderte Leistungen „unter veränderten Ausführungsvoraussetzungen" erbracht werden müssen, so dass nicht mehr Art. 86, sondern Art. 87 ff. SIA-Norm 118 anwendbar ist. „Diese Bestimmung [Art. 87] *verdrängt* Art. 86 mit der darin enthaltenen Klausel, sobald die Bestellungsänderung dazu führt, dass die zu einem Einheitspreis geschuldete Leistung *unter veränderten Ausführungsvoraussetzungen* erbracht werden muss."[840] Der Geltungsbereich des Art. 86 Abs. 1 SIA-Norm 118 ist somit auch aus diesem weiteren Grund sehr beschränkt.

704 Art. 86 Abs. 3 SIA-Norm 118 weist darauf hin,[841] dass der Werkvertrag eine andere Toleranzgrenze als 20 % festlegen könne, „insbesondere dann, wenn das Leistungsverzeichnis für Baustelleneinrichtungen besondere Positionen vorsieht (Art. 9)". In der Praxis wird Art. 86 Abs. 1 SIA-Norm 118 nicht allzu selten, insbesondere von marktmächtigen öffentlichen Bauherren, dahingehend abgeändert, dass vereinbarte Einheitspreise „unendlich", d.h. schrankenlos ohne Rücksicht auf die ausgeführte Menge gelten sollen.[842] Der Geltungsbereich solcher und ähnlicher Klauseln ist *sehr beschränkt*, und dies insbesondere aus den folgenden Gründen:

---

[840] GWerkV Nr. 802; GAUCH/EGLI, KommSIA118, Anm. 2 zu Art. 86 Abs. 1; vgl. auch Nr. 698 a.E. hiervor.

[841] Zu den Hinweisbestimmungen vgl. GWerkV Nr. 289; GAUCH PETER, Von der revidierten SIA-Norm 118, in: Gedächtnisschrift *Peter Jäggi*, Freiburg 1977, S. 203 ff., insbesondere S. 236, Ziff. 5.

[842] Vgl. z.B. Art. 4.65 SIA-Norm 198 *Untertagbau*, Ausgabe 1993: „Die Einheitspreise bleiben bei Bestellungsänderungen unverändert, da im Leistungsverzeichnis Positionen für Baustelleneinrichtungen vorgesehen sind." Diese Klausel ist jedoch häufig unwirksam, weil die SIA-Norm 118 meistens den Vorrang vor der SIA-Norm

705 - Mangels besonderer Absprache gilt auch für eine derartige Ersatzklausel grundsätzlich das, was soeben zu Art. 86 Abs. 1 und Abs. 2 SIA-Norm 118 ausgeführt worden ist (Nr. 701 ff.). Wenn von der Hinweisbestimmung des Art. 86 Abs. 3 SIA-Norm 118 Gebrauch gemacht wird, so wird meistens nur *punktuell* in das Mehrvergütungssystem der Art. 85 ff. SIA-Norm 118 eingegriffen.[843] Die übrigen Bestimmungen dieses Mehrvergütungssystems bleiben dann unverändert bestehen. Deshalb wird die Vereinbarung von Einheitspreisen ohne Rücksicht auf die ausgeführten Mengen gegebenenfalls gleich wie Art. 86 Abs. 1 durch Art. 87 SIA-Norm 118 und die weiteren Bestimmungen des Mehrvergütungssystems *verdrängt* (Nr. 698 und Nr. 703).

706 - Die Aufhebung der Toleranzgrenze des Art. 86 Abs. 1 SIA-Norm 118 ist regelmässig ungeeignet, ein vom Bauherrn grundsätzlich zu tragendes Risiko auch nur teilweise auf den Unternehmer zu überwälzen (Nr. 688 ff., auch Nr. 511 und Nr. 702).

707 - Dass für Baustelleneinrichtungen besondere Positionen vorgesehen sind, ist kein triftiger Grund dafür, Mengenänderungen unbeschränkt, d.h. ohne Preisänderungen, zuzulassen. In der *Gesamtkalkulation* sind Leistungs- und Aufwandpositionen eng miteinander vernetzt (Nr. 28 ff., Nr. 181, Nr. 188, Nr. 460). Die Auswirkungen (unmittelbare und mittelbare Folgen) von Bauerschwernissen sind in der Regel unvorhersehbar und deshalb auch unberechenbar. Betroffen können sowohl Leistungs- wie Aufwandpositionen sein (Nr. 585). Beide Arten von Positionen müssen allenfalls wegen eines Risikoeintrittes *unter veränderten Voraussetzungen* erbracht werden, so dass dann für beide die Kostenstrukturen nicht mehr stimmen. Bei der Offertkalkulation dürfen die Zuschläge (z.B. für allgemeine Geschäftskosten, für Risiko und Gewinn) nur auf *sichere* Leistungs- und Aufwandpositionen umgelegt werden, jedoch nicht auf „Grenzpositionen" wie eventuelle Mengenabweichungen, Regiearbeiten sowie Eventual- und Alternativpositionen. Denn der Unternehmer besitzt keinen Rechtsanspruch auf Mehraufwand.[844] Allfällige Zuschläge (= Deckungsbeiträge) auf „Grenzpositionen" gehen deshalb dem Unter-

---

198 besitzt. Zur Vereinbarung von Einheitspreisen ohne Rücksicht auf Mengenabweichungen vgl. auch SCHUMACHER, BRT 1997, Bd. II, S. 27 f., mit Verweisungen.

[843] Zur Problematik bloss punktueller Abänderungen des Gesetzes und von AGB vgl. SCHUMACHER, BR 1997, S. 10, Ziff. VI/1.

[844] Vgl. GAUCH, KommSIA118, Anm. 10 Abs. 2 zu Art. 44 Abs. 2: „Der Unternehmer hat insbesondere keinen Anspruch darauf, dass Regiearbeiten im entsprechenden Umfang angeordnet werden."

nehmer verloren, falls es zu keinem Mehraufwand kommt. Grenzkosten dürfen jedoch nicht zu „Schlüsselkosten" werden, ausgenommen das Vertrauen des Unternehmers sei nach den kumulativen und restriktiven Kriterien (Nr. 498 ff.) zerstört worden. Eine Vertragsklausel, mit welcher Einheitspreise als „grenzenlos" verbindlich erklärt werden, kann in der Regel nicht dahingehend interpretiert werden, die Angaben des Bauherrn seien unzuverlässig. Dagegen spricht schon der Wortlaut einer solchen Klausel. Zudem erfüllt eine derartige Klausel nicht die Kriterien der Unzweideutigkeit, Individualität und Widerspruchslosigkeit (Nr. 501 ff.), um das Vertrauen des Unternehmers in die Richtigkeit und Vollständigkeit der Angaben des Bauherrn, insbesondere einer detaillierten Leistungsbeschreibung, zu zerstören. Eine solche Klausel ist deshalb in der Regel auch für eine teilweise Risikoüberwälzung zu Lasten des Unternehmers ungeeignet, d.h. rechtlich unwirksam.

708 Auch das blosse Ausschreiben von „mengenlosen" Wahlpositionen (Eventual- und Alternativpositionen; Nr. 573 ff.), z.B. für längeres Vorhalten von Baustelleneinrichtungen, erfüllt die Kriterien der Vertrauenszerstörung (Nr. 500 ff.) regelmässig nicht. Der Unternehmer darf und muss auf die Richtigkeit und Vollständigkeit eines detaillierten Leistungsverzeichnisses vertrauen und muss höchstens marginale Abweichungen einrechnen. Wie bereits ausgeführt worden ist (Nr. 707), darf er nicht mit Mehraufwand rechnen und deshalb keine Zuschläge in solche „Grenzpositionen" einrechnen. Zudem darf er auf seine eigene Leistungsfähigkeit vertrauen, z.B. dass er eine marginale Verlängerung der Bauzeit aus eigener Kraft vermeiden kann, etwa durch den Einsatz leistungsfähiger Baustelleneinrichtungen (z.B. Tunnelbohrmaschine), mit der er Reserven schaffen kann, die ihm „gehören" (Nr. 639). Nur die zusätzliche und detaillierte Ausschreibung von *Risikoszenarien* ist geeignet, dem Unternehmer eine zuverlässige Vorstellung zu ermitteln und ihm eine zuverlässige Kalkulation von AMA zu ermöglichen.[845] Schliesslich ist darauf hinzuweisen, dass Wahlpositionen (Nr. 573 ff.)

---

[845] Vgl. Funktionale Leistungsbeschreibung für Verkehrstunnelbauwerke - Möglichkeiten und Grenzen für die Vergabe und Abrechnung/Functional Description for Transport Tunnels - Possibilities and Limits for Awarding and Accounting, Empfehlung des DAUB Deutscher Ausschuss für unterirdisches Bauen, „Tunnel" Internationale Fachzeitschrift für unterirdisches Bauen, Gütersloh, 4/97, S. 62 ff., insbesondere S. 65: „eindeutige Regelungen für alle vorhersehbaren Störfälle."; vgl. auch VON REIBNITZ UTE, Szenario - Technik / Instrumente für die unternehmerische und persönliche Erfolgsplanung, 2. Auflage, Wiesbaden 1992.

nicht den Regeln über die Bestellungsänderung (Art. 84 ff. SIA-Norm 118) unterliegen.[846]

709 Dass Einheitspreise ohne Mengenangaben nur unter ganz restriktiven Voraussetzungen rechtswirksam sein können, ergibt sich auch aus dem Sinn von Art. 86 Abs. 4 SIA-Norm 118, der nur für schlichte Mengenabweichungen gilt. Danach soll auf Mengenangaben nur dann verzichtet werden, falls Mengen für einzelne bestimmte Positionen „aus bautechnischen Gründen" noch nicht bestimmbar sind.[847]

## 3. Die Verweisung in Art. 58 Abs. 2 Satz 1 SIA-Norm 118

710 Wird die Ausführung einer zu festen Preisen übernommenen Bauleistung durch besondere Verhältnisse erschwert und liegt ein Verschulden des Bauherrn vor, hat der Unternehmer Anspruch auf eine zusätzliche Vergütung, „die sich nach Massgabe der sinngemäss anzuwendenden Art. 86 - 91 bestimmt" (Art. 58 Abs. 2 Satz 1 SIA-Norm 118 in Verbindung mit Abs. 1 dieser Bestimmung). Das Verschulden im Sinne von Art. 58 Abs. 2 SIA-Norm 118 ist identisch mit dem *Selbstverschulden* des Art. 369 OR und des Art. 166 Abs. 4 SIA-Norm 118, und der Bauherr haftet für *alle* sachverständigen Anweisungen und Angaben, nicht bloss für solche über den Baugrund (Nr. 489).

711 Der Fall veränderter bzw. zusätzlicher Bauleistungen wird durch Art. 58 Abs. 2 SIA-Norm 118 und die darin enthaltene Verweisung auf Art. 86 ff. SIA-Norm 118 *nicht* geregelt.[848] Soll der Unternehmer veränderte oder zusätzliche Bauleistungen erbringen, erfordert dies (notwendige, Nr. 142 ff.) *Bestellungsänderungen* des Bauherrn, die in Art. 84 ff. SIA-Norm 118 normiert sind (Nr. 540). Dann kann über Bestellungsänderungen das Mehrvergütungssystem des Art. 85 ff. SIA-Norm 118 anwendbar sein. Für diesen Fall wird auf das verwiesen, was zu diesem Mehrvergütungssystem bereits ausgeführt worden ist (Nr. 693 ff.).

---

[846] Vgl. GAUCH/EGLI, KommSIA118, lit. d Abs. 2 der Vorbem. zu Art. 84 - 91.

[847] Vgl. GAUCH/EGLI, KommSIA118, Anm. 12 in Verbindung mit Anm. 9 sowie Anm. 13 zu Art. 86.

[848] GAUCH, KommSIA118, Anm. 6 lit. b zu Art. 58 Abs. 1 e contrario; vgl. auch Nr.142 ff., Nr. 339, Nr. 540 und Nr. 729.

712 Für den Fall, dass die Ausführung *unveränderter* Leistungen *durch besondere Verhältnisse erschwert* wird und ein Verschulden des Bauherrn im Sinne von Art. 58 Abs. 2 SIA-Norm 118 bzw. von Art. 369 OR gegeben ist (Nr. 489), ist die Mehrvergütung nach Massgabe der „sinngemäss" anzuwendenden Art. 86 - 91 zu bestimmen.[849] Was unter dem Zusatz „sinngemäss" zu verstehen ist, wird in der SIA-Norm 118 nicht näher ausgeführt und kann in der Praxis zu *Schwierigkeiten* führen. Diese können dadurch behoben werden, dass „als letzter Ausweg die Vergütung nach effektiven Selbstkosten (unter Hinzurechnung eines Zuschlages für allgemeine Geschäftskosten, Risiko/Verdienst und gesetzliche Umsatzabgaben)" bleibt.[850] Massgebend ist die individuelle Vertragsauslegung im Einzelfall (Nr. 469 ff.). Unter diesem Vorbehalt ist zur Verweisung des Art. 58 Abs. 2 Satz 1 SIA-Norm 118 im einzelnen folgendes anzumerken:

713 - Die Verweisung betrifft nur die Vergütung von *unveränderten* Bauleistungen, die unter erschwerten Verhältnissen ausgeführt werden müssen. Art. 86 SIA-Norm 118 ist somit trotz der ausdrücklichen Verweisung nie anwendbar. Die Ausführung einer umschriebenen Leistung unter *veränderten Leistungsvoraussetzungen* wird durch Art. 87 SIA-Norm 118 geregelt, der Art. 86 SIA-Norm 118 *verdrängt*.[851]

714 Im übrigen wird auf das verwiesen, was zum Mehrvergütungssystem der Art. 85 ff. SIA-Norm 118 bereits ausgeführt worden ist (Nr. 693 ff.). Die Anwendung dieser Bestimmungen muss in den meisten Fällen zu einer Mehrvergütung führen, die gleich hoch ist wie diejenige, die nach der gesetzlichen Vergütungsregel des Art. 374 OR berechnet wird (Nr. 700), also den Unternehmer auch zu einem Zuschlag für Risiko und Gewinn berechtigt (Nr. 650). Trotz fehlender ausdrücklicher Verweisung in Art. 58 Abs. 1 Satz 1 SIA-Norm 118 ist es selbstverständlich, dass dem Unternehmer auch nutzlos gewordener Aufwand zu vergüten ist, wie dies Art. 85 Abs. 3 SIA-Norm 118 vorsieht.

---

[849] Vgl. den kritischen Hinweis von GAUCH, KommSIA118, Anm. 10 lit. b zu Art. 58 Abs. 2, dass die Art. 90 und 91, auf die ebenfalls verwiesen wird, nicht von der Vergütung handeln. - Art. 59 Abs. 2 SIA-Norm 118 stellt nur auf den Mehraufwand ab und enthält im Unterschied zu Art. 58 Abs. 2 SIA-Norm 118 keine Verweisung auf Art. 86 ff. SIA-Norm 118.

[850] Vgl. analog GAUCH, KommSIA118, Anm. 8 lit. b zu Art. 49 Abs. 1 Satz 2, der ebenfalls den Zusatz „sinngemäss" verwendet.

[851] Vgl. GWerkV Nr. 802; GAUCH/EGLI, KommSIA118, Anm. 2 zu Art. 86 Abs. 1; vgl. auch Nr. 698 und Nr. 701 hiervor.

715    – Hervorzuheben ist, dass Art. 85 ff. SIA-Norm 118 in Verbindung mit der Verweisung in Art. 58 Abs. 2 Satz 1 SIA-Norm 118 in der Regel ungeeignet sind, dem Unternehmer das Risiko des Mehraufwandes zufolge vom Bauherrn selbst verschuldeter erschwerter Verhältnisse auch bloss teilweise zu überbinden und deswegen den Mehrvergütungsanspruch des Unternehmers zu reduzieren.[852] Da Art. 58 Abs. 2 SIA-Norm 118 dem Bauherrn ein Risiko dezidiert und uneingeschränkt überbindet, kann der Sinn der „sinngemässen" Verweisung in der gleichen Bestimmung nicht bezwecken, diese Risikozuordnung auch bloss teilweise wieder rückgängig zu machen. Auch Bestellungsänderungen, die wegen anderer Baugrundverhältnisse notwendig werden (Nr. 711), vermögen das Risiko auch nicht teilweise auf den Unternehmer rückzuübertragen.

## VIII. *Zur Anzeigepflicht des Unternehmers*

### A. *Begründung und Zweck der Anzeigepflicht*

#### 1. Die Anzeigepflicht nach Gesetz

716   Grundlage der Anzeigepflicht des Unternehmers ist seine *allgemeine Sorgfaltspflicht*, die sich aus Art. 364 Abs. 1 OR ergibt.[853] Der Unternehmer hat die berechtigten Interessen des Bauherrn in guten Treuen zu wahren.[854] Darauf ist der Bauherr insbesondere bei *langfristigen* Werkverträgen angewiesen, die einen starken „Beziehungscharakter" aufweisen, indem das Wohlergehen der einen Partei erheblich von jenem der

---

[852] Vgl. die Begründung in Nr. 688 und Nr. 700 hiervor. – Es stellt sich die Frage, ob mit der „Rückverweisung" auf Art. 58 Abs. 2 SIA-Norm 118 bei GAUCH/EGLI, KommSIA118, Anm. 9 lit. c zu Art. 86 Abs. 2, das Gleiche gemeint ist.

[853] GWerkV Nr. 813 und Nr. 817, vgl. auch Nr. 1007; ferner Nr. 129, Nr. 543, Nr. 548, Nr. 574 hiervor.

[854] GWerkV Nr. 820.

anderen abhängt.[855] Dazu gehört die (Neben-) Pflicht des Unternehmers zu Rücksichtnahme, *Aufklärung* und Schutz des Bauherrn.[856] Die richtige und rechtzeitige *Information* des Bauherrn ist eine bedeutende Sorgfaltspflicht des Bauherrn. Der Unternehmer erfüllt diese Pflicht mit *Anzeigen* und Abmahnungen[857].

717 *Zweck* der Anzeigepflicht des Unternehmers ist die Gewährleistung der *Handlungsfreiheit* des Bauherrn. Er soll durch die Anzeige des Unternehmers über eingetretene oder drohende Bauerschwernisse in Übersicht über die Lage frei entscheiden können. Beispielsweise soll ihm die Anzeige des Unternehmers ermöglichen, technische Entscheide zu fällen, z.B. konkretisierende Weisungen zu erteilen oder Bestellungsänderungen zu machen.[858] Der Bauherr muss richtig und rechtzeitig über Bauerschwernisse informiert werden, damit er die Arbeiten koordinieren kann, z.B. sich selber auf eine längere Bauzeit einstellen und den Nebenunternehmern entsprechende Informationen und Weisungen zukommen lassen kann. Selbst wenn der Bauherr auf der und für die Baustelle nichts vorkehren kann, ist er daran interessiert, sich auf die zu erwartenden *Mehrkosten* einstellen zu können, beispielsweise um sich zusätzliche Mittel zur Finanzierung des Bauvorhabens zu beschaffen oder um die Mehrkosten durch Einsparungen bei anderen Bauteilen auszugleichen.[859] Dieser Zweck der Anzeigepflicht begrenzt zugleich ihren Anwendungsbereich.[860]

---

[855] GWerkV Nr. 7; zur allgemeinen Sorgfaltspflicht des Bauherrn gegenüber dem Unternehmer vgl. z.B. GWerkV Nr. 1321.

[856] GWerkV Nr. 818.

[857] Vgl. GWerkV Nr. 833 und Nr. 1937 ff.

[858] Zum Recht des Bauherrn auf notwendige Bestellungsänderungen vgl. Nr. 540, auch Nr. 142 ff.

[859] Vgl. GWerkV Nr. 1007; zur Pflicht des *Architekten*, dem Bauherrn eine allfällige Kostenüberschreitung richtig und rechtzeitig anzuzeigen vgl. GAUCH PETER, Überschreitung des Kostenvoranschlages - Notizen zur Vertragshaftung des Architekten (oder Ingenieurs), BR 1989, S. 79 ff., insbesondere S. 81; SCHUMACHER, recht 1994, S. 126, insbesondere S. 134 ff.; SCHUMACHER, ArchR, Nr. 745 ff.

[860] Urteil des BGH vom 23. Mai 1996, BauR 1996, S. 542 ff., insbesondere S. 543.

## 2. Die Anzeigepflicht nach der SIA-Norm 118

718 In Art. 23 Abs. 1 SIA-Norm 118 wird die *allgemeine Sorgfaltspflicht* des Unternehmers ausdrücklich festgehalten.[861] Gestützt darauf enthält Art. 25 Abs. 1 SIA-Norm 118 eine *Generalklausel* für die Anzeigepflicht des Unternehmers. Danach hat dieser „Verhältnisse, die eine gehörige oder rechtzeitige Ausführung des Werkes gefährden," der Bauleitung ohne Verzug anzuzeigen. Nach Wortlaut und Sinn des Art. 25 Abs. 1 SIA-Norm 118 lassen sich keine Unterschiede zur gesetzlichen Anzeigepflicht feststellen. Es wird deshalb auf die vorstehenden Ausführungen verwiesen (Nr. 716 f.).

719 In verschiedenen Einzelbestimmungen wird die Anzeigepflicht des Unternehmers ausdrücklich festgehalten und somit Art. 25 Abs. 1 SIA-Norm 118 wiederholt.[862] Aber auch ohne ausdrücklichen Hinweis in einer Einzelbestimmung bleibt die Anzeigepflicht gemäss Art. 25 Abs. 1 SIA-Norm 118 immer vorbehalten.

## B. *Die Erfüllung der Anzeigepflicht*

## 1. Der Inhalt der Anzeige

720 Der notwendige Inhalt der Anzeige ergibt sich aus den Umständen des Einzelfalles, u.a. aus dem Wissensstand des Unternehmers und in Rücksicht auf den Empfängerhorizont des Bauherrn bzw. seiner Bauleitung. Ist der Bauherr oder seine Bauleitung sachverständig, darf ein sachverständiger Empfängerhorizont vorausgesetzt werden. Der Inhalt wird vor allem durch den *Zweck* der Anzeigepflicht wesentlich bestimmt: Der Inhalt soll derart *umfassend* sein, dass der Bauherr hinreichend informiert ist, sowie eigene (in der Regel ebenfalls sachverständige) Überlegungen

---

[861] GWerkV Nr. 817.
[862] *Beispiele:* Art. 56 Abs. 3, Art. 59 Abs. 3, Art. 95 Abs. 2, Art. 96 Abs. 1 SIA-Norm 118; GAUCH/SCHUMACHER, KommSIA118, Anm. 16 zu Art. 96 Abs. 1.

anstellen und zweckmässige Entscheidungen treffen kann.[863] Die Anzeige soll deshalb richtig und hinreichend sein. Sie soll dem Bauherrn die neu entstandene Situation und die zu erwartenden Folgen klar vor Augen führen. Die Anzeige muss deswegen deutlich und unmissverständlich sein.[864]

721 Auf jeden Fall werden dem Bauherrn *Tatsachen* angezeigt, d.h. eine neu entstandene oder neu entdeckte Situation konkret geschildert. Auch die Folgen (z.B. eine Bauverzögerung) sind dem Bauherrn mitzuteilen, sofern sie für den Unternehmer abschätzbar sind. In vielen Fällen ist der Unternehmer gehalten, der ersten Anzeigen weitere folgen zu lassen, mit denen der Bauherr nach dem Fortschritt der Erkenntnisse des Unternehmers weitere Informationen erhält. Die Frage, ob bzw. wann der Unternehmer einen *Vergütungsanspruch* anmelden muss, lässt sich nicht generell beantworten.[865] Dass eine bestimmte, angezeigte Bauerschwernis vergütungspflichtige Mehrkosten verursachen wird, ist für den Bauherrn häufig offensichtlich, insbesondere wenn der Bauherr oder seine Bauleitung sachverständig ist. Um auch die finanzielle Dispositionsfreiheit des Bauherrn (Nr. 717) zu gewährleisten, ist der Unternehmer gut beraten, seinen Mehrvergütungsanspruch anzuzeigen, selbst wenn dessen Höhe noch nicht abschätzbar ist und wegen der oft langen Kausalkette der unmittelbaren und mittelbaren Folgen (Nr. 587 ff.) manchmal erst nach Bauende berechnet werden kann. Es genügt, die Mehrvergütungsforderung *grundsätzlich* anzumelden.[866]

722 Ob die allgemeine Sorgfaltspflicht des Unternehmers auch *Vorschläge* des Unternehmers umfasst (z.B. für die Bestellung von korrigierenden oder präventiven Massnahmen; Nr. 142 ff.), ergibt sich aus den konkreten Umständen des Einzelfalles.[867]

---

[863] Vgl. SCHUMACHER, ArchR, Nr. 444, 457, 754 und 763 zur analogen Pflicht des Architekten, den Bauherrn zu informieren.

[864] Vgl. SCHOPF, Prüfpflicht, S. 35: „Kraftausdrücke sind zulässig." Vgl. auch die Musterbriefe, verfasst von SCHOPF, Prüfpflicht, S. 92 f.

[865] Vgl. zurückhaltend GWerkV Nr. 1112, ebenso Nr. 789.

[866] Vgl. die Formulierungen von SCHOPF, Prüfpflicht, S. 92 f.

[867] Zum *Dialog* zwischen Unternehmer und Bauherrn vgl. Nr. 553 ff.; vgl. SCHOPF, Prüfpflicht, S. 37, betreffend *Verbesserungsvorschläge* nach österreichischem Recht; vgl. auch GAUCH/SCHUMACHER, KommSIA118, Anm. 30 lit. a zu Art. 95 Abs. 3, wonach der (schuldlose) Unternehmer dem Bauherrn Beschleunigungsmassnahmen vorzuschlagen und mit der Grundangabe auch klarzustellen hat, dass der Bauherr im Falle der Einwilligung die Mehrkosten tragen muss.

## 2. Der Zeitpunkt der Anzeige

723 Die Anzeige hat *rechtzeitig*, nach Art. 25 Abs. 1 SIA-Norm 118 „ohne Verzug" zu erfolgen.[868] Der Zeitpunkt wird in erster Linie durch den *Zweck* der Anzeigepflicht (Nr. 717) und damit weitgehend durch die konkreten Umstände des Einzelfalles bestimmt. Der Bauherr soll derart früh informiert werden, dass er ebenfalls rechtzeitig handeln und sich damit selbst vor Nachteilen bewahren kann. Dies erfordert häufig eine *unverzügliche Anzeige*, d.h. eine Anzeige des Unternehmers ohne vorwerfbare Verzögerung.[869] Doch ist dem Unternehmer eine genügende Überlegungsfrist einzuräumen. Er soll erst aufgrund einer vernünftigen Einschätzung der Lage informieren.[870] Der Unternehmer muss Bauerschwernisse anzeigen, wenn er sie erkannt hat, wobei sichere Kenntnis (Gewissheit) nicht erforderlich ist,[871] oder wenn Bauerschwernisse entweder offensichtlich oder bei einer vom Unternehmer vorzunehmenden Prüfung mit dem von ihm zu erwartenden Sachverstand erkennbar sind".[872] Voreilige Informationen können zu einer lästigen, ja schädlichen *Überinformation* führen.[873]

## 3. Die Form der Anzeige

### a) Die Formfreiheit nach Gesetz

724 Das Gesetz enthält keine Vorschrift über die Form der Anzeige. Indem Art. 369 OR eine *ausdrückliche* Abmahnung verlangt, hat diese eindeu-

---

[868] Zur Rechtzeitigkeit von Informationen vgl. analog SCHUMACHER, ArchR, Nr. 457, 747, 752.

[869] Zum Begriff der *Unverzüglichkeit* vgl. GAUCH/SCHUMACHER, KommSIA118, Anm. 14 zu Art. 96 Abs. 1.

[870] Vgl. sinngemäss GWerkV Nr. 1113.

[871] Vgl. GWerkV Nr. 831, auch Nr. 1986: begründete Zweifel.

[872] GWerkV Nr. 831.

[873] Zur Überinformation, die ihrerseits eine Verletzung der allgemeinen Sorgfaltspflicht sein kann, vgl. SCHUMACHER, ArchR, Nr. 456 mit Verweisungen; vgl. auch Nr. 131 hiervor.

tig zu sein, um den Bauherrn unmissverständlich aufzuklären.[874] Doch ist dem Unternehmer dringend zu empfehlen, nur *schriftliche Anzeigen* zu machen, um sich den Beweis für den Inhalt und für den Zeitpunkt seiner Anzeige zu sichern. Der kluge Unternehmer sichert sich den Beweis durch eine gegen *Quittung* übergebene Anzeige, durch *eingeschriebenen Brief* oder durch eine *protokollierte Erklärung* und lässt sich nicht durch das Missfallen des Bauherrn oder seiner Bauleitung ob derartiger (privater) Beweissicherungsmassnahmen beirren. Dafür müssen Bauherr und Bauleitung Verständnis besitzen. Die Beweissicherung des Unternehmers vermag ja die materielle Rechtslage des Bauherrn nicht zu beeinflussen. Nicht ohne Grund heisst es in Deutschland: „Wer schreibt, der bleibt."

### b) Eine Formvorschrift der SIA-Norm 118

725 Gemäss Art. 25 Abs. 2 SIA-Norm 118 haben Anzeigen des Unternehmers entweder zum vornherein schriftlich zu erfolgen oder sind bei mündlicher Erklärung nachträglich zu protokollieren. Trotzdem ist eine mündlich erklärte und später nicht protokollierte Anzeige wirksam, wenn sie sich beweisen lässt.[875] Dem Unternehmer ist jedoch auch hier, d.h. bei Übernahme der SIA-Norm 118, die Sicherung des Beweises durch Schriftlichkeit zu empfehlen. Art. 25 Abs. 2 SIA-Norm 118 bietet ihm eine psychologisch geschickte Begründung der Schriftlichkeit seiner Anzeigen.

## C. *Zu den Haftungsvoraussetzungen*

726 Die Verletzung der Anzeigepflicht ist eine Vertragsverletzung. Die Haftungsvoraussetzungen richten sich deshalb grundsätzlich nach Art. 97 ff. OR. Dies bedeutet, dass eine Haftung des Unternehmers noch nicht gegeben ist, wenn er schuldhaft seine Anzeigepflicht verletzt, d.h. aus Verschulden überhaupt nicht, ungenügend oder verspätet informiert hat. Er-

---

[874] Vgl. GWerkV Nr. 1946; BGE 95 II 50, 116 II 308.
[875] GWerkV Nr. 1948; ausführlich Nr. 552 hiervor mit Verweisungen.

forderlich ist des weiteren (kumulative Voraussetzung), dass er damit Nachteile (insbesondere einen Schaden) verursacht hat und dass diese Nachteile in einem adäquaten Kausalzusammenhang zur Verletzung der Anzeigepflicht stehen. Deshalb haftet der Unternehmer trotz Verletzung der Anzeigepflicht insbesondere nicht in den folgenden Fällen. Generell gilt: Der Unternehmer ist nicht zu einer nutzlosen Anzeige gehalten.[876]

### a) Anderweitige Information des Bauherrn

727  Eine Anzeige kann unnötig gewesen sein, weil der Bauherr auch ohne Anzeige richtig und rechtzeitig informiert worden ist, z.B. durch eigene Erfahrungen und Überlegungen oder durch solche seiner Bauleitung. Da der Bauherr ohnehin informiert war, hatte er volle Handlungsfreiheit und hat den weiteren Verlauf der Ereignisse in Kauf genommen, sich also nicht anders verhalten, als er dies bei einer (überflüssigen) Anzeige des Unternehmers getan hätte. Die Kausalität zwischen den Folgen einer Bauerschwernis und der Missachtung der Anzeigepflicht des Unternehmers fehlt.[877] Der Unternehmer ist jedoch für die anderweitige Information des Bauherrn oder seiner Bauleitung beweispflichtig.[878]

### b) Keine Information des Bauherrn

728  Eine Haftung des Unternehmers entfällt auch dann, wenn zwar der Bauherr nicht bzw. nicht rechtzeitig informiert wurde - weder vom Unternehmer noch anderswie -, aber wenn die richtige und rechtzeitige Anzeige des Unternehmers nichts am Geschehensablauf geändert hätte.[879] Dabei ist zwischen den folgenden zwei Fallgruppen zu differenzieren:

---

[876]  GWerkV Nr. 832.

[877]  Vgl. Art. 25 Abs. 1 Satz 2 a.E. SIA-Norm 118, auch Art. 96 Abs. 1 a.E. SIA-Norm 118; GAUCH/SCHUMACHER, KommSIA118, Anm. 11 lit. c Abs. 3 zu Art. 94 Abs. 2 und Anm. 20 zu Art. 96 Abs. 1; ferner GAUCH, KommSIA118, Anm. 16 lit. b zu Art. 166 Abs. 4.

[878]  Vgl.Art. 25 Abs. 1 Satz 2 a.E. SIA-Norm 118: "nachweisbar"; vgl. auch GAUCH/SCHUMACHER, KommSIA118, Anm. 20 zu Art. 96 Abs. 1.

[879]  Vgl. GWerkV Nr. 832, Nr. 1994 und Nr. 2039.

### aa) Zwangsläufiges Verhalten des Bauherrn

729 Der Bauherr hätte sich auch bei einer pflichtgemässen Anzeige des Unternehmers nicht anders verhalten *können*. Es wäre dem Bauherrn beispielsweise nicht möglich gewesen, andere als die notwendigen Bestellungsänderungen (Nr. 711) für die tatsächlich durchgeführten, korrigierenden oder präventiven Massnahmen (Nr. 142 ff.) zu erteilen. Die Mehrkosten sind dann *unvermeidbare* Ohnehin-Kosten (Nr. 142 ff., Nr. 339, Nr. 540, Nr. 711).

### bb) Freiwilliges Verhalten des Bauherrn

730 Eine Haftung wegen Verletzung der Anzeigepflicht entfällt auch dann, wenn der (beweispflichtige) Unternehmer nachweisen kann, dass der Bauherr sich bei pflichtgemässer Anzeige des Unternehmers nicht anders verhalten hätte.[880]

## D. *Die Rechtsfolgen*

731 Bei gegebenen Haftungsvoraussetzungen (Nr. 726 ff.) trägt der Unternehmer die *Nachteile*, die er durch die schuldhafte Verletzung seiner Anzeigepflicht adäquat-kausal verursacht hat.[881] Auch Art. 25 Abs. 1 SIA-Norm 118 sieht diese Sanktion vor. Dies bedeutet:

---

[880] GWerkV Nr. 832 und Nr. 1989; vgl. dazu auch SCHUMACHER, ArchR, Nr. 767; STUDHALTER BERNHARD, Die Berufung des präsumtiven Haftpflichtigen auf hypothetische Kausalverläufe, Diss. Zürich 1995.

[881] Vgl. sinngemäss Art. 365 Abs. 3 OR: „widrigenfalls die nachteiligen Folgen ihm [dem Unternehmer] selbst zur Last fallen"; vgl. dazu GWerkV Nr. 829.

## 1. Anspruch des Bauherrn auf Ersatz seines Vertrauensschadens

732 Der Bauherr besitzt Anspruch auf Ersatz des *Vertrauensschadens* wegen unterlassener bzw. verspäteter Information. Durch den vom Unternehmer zu leistenden Schadenersatz ist der Bauherr so zu stellen, wie er stünde, wenn der Unternehmer seine Anzeigepflicht erfüllt hätte.[882] Beispielsweise hat der Unternehmer dem Bauherrn die Kostendifferenz zwischen billigeren und möglichen Hilfsmassnahmen und denjenigen zu ersetzen, welche wegen verspäteter Anzeige des Unternehmers nur noch durchgeführt werden konnten, z.B. Kosten eines Umgehungsstollens statt der billigeren Kosten von Vorausinjektionen im Tunnelbau.

733 Der Unternehmer hat dem Bauherrn deshalb nur, aber immerhin, den *Vertrauensschaden* zu ersetzen.[883]

734 Diese Rechtslage lässt sich mit derjenigen in der Mängelhaftung vergleichen: Der Bauherr trägt die Ohnehin-Kosten, d.h. diejenigen Kosten, die auch bei mängelfreier Ausführung entstanden wären; der Bauherr soll nicht von einem Fehler des Unternehmers profitieren.[884] Die Verletzung der Anzeigepflicht führt deshalb nicht zu einer *Rechtsverwirkung*, d.h. zum Verlust des Mehrvergütungsanspruches des Unternehmers.[885] Eine Rechtsverwirkung würde in zahlreichen Fällen zu einer ungerechtfertigten Bereicherung des Bauherrn führen. Wenn der Unternehmer beispielsweise verspätet anzeigt, hat er nur denjenigen Schaden zu tragen,

---

[882] Vgl. GAUCH, KommSIA118, Anm. 14 lit. b Abs. 1 zu Art. 56 Abs. 3; vgl. auch die Hinweise auf die Schadenersatzpflicht des Unternehmers bei GWerkV Nr. 829 und Nr. 740.

[883] SCHOPF, Prüfpflicht, S. 45 mit Bezug auf § 1168a Abs. 2 ABGB; SCHUMACHER, BRT 1997, Bd. II, S. 28 f. - Zur Haftung für den durch den Architekten dem Bauherrn zugefügten Vertrauensschaden vgl. GAUCH PETER, Überschreitung des Kostenvoranschlages - Notizen zur Vertragshaftung des Architekten (oder Ingenieurs), BR 1989, S. 79 ff., insbesondere S. 81; SCHUMACHER, recht 1994, S. 126 ff., insbesondere S. 134 ff.; SCHUMACHER, ArchR, Nr. 762 ff.

[884] Vgl. GWerkV Nr. 1728.

[885] A.A. GWerkV Nr. 788 und Nr. 1113 sowie BGE 116 II 315 f. betreffend Art. 373 Abs. 2 OR; vgl. hingegen GWerkV Nr. 1113 a.E., wonach der Unternehmer mit einer verspäteten Anzeige vor Werkvollendung nur das Recht verwirkt, sich auf solche Mehrkosten zu berufen, die noch vor der Anzeige entstanden sind.

den der Bauherr bei früherer Anzeige hätte vermeiden können und tatsächlich vermieden hätte.

735 Unterlässt der Unternehmer die Ankündigung einer Mehrforderung, kann dies nicht ohne weiteres als *Verzichtserklärung* ausgelegt werden. Doch können die konkreten Umstände eines Einzelfalles eine derartige Auslegung gestatten, insbesondere wenn der Unternehmer die Mehrkosten während langer Zeit nicht einmal in Rechnung stellt.[886] Zu beachten sind die Ausführungen betreffend den Verzicht des Unternehmers im allgemeinen (Nr. 258 ff. und Nr. 759 ff.). Wurde die SIA-Norm 118 übernommen, ist insbesondere die Verzichtsfiktion des Art. 156 SIA-Norm 118 zu beachten (Nr. 262 ff., Nr. 761).

736 Der Bauherr kann seinen Schadenersatzanspruch (Anspruch auf Ersatz des Vertrauensschadens; Nr. 732 f.) mit den Forderungen des Unternehmers, insbesondere mit dessen allfälligem Mehrvergütungsanspruch, *verrechnen* (Art. 120 ff. OR).

## 2. Kein Vergütungsanspruch des Unternehmers für vermeidbaren Mehraufwand

737 Es versteht sich von selbst, dass der Unternehmer keinen Anspruch auf Vergütung desjenigen Mehraufwandes besitzt, der durch eine pflichtgemässe, insbesondere rechtzeitige Anzeige vermieden worden wäre. Erfordert z.B. ein Bauerschwernis neue Pläne des Bauherrn und treffen diese wegen einer verspäteten Anzeige des Unternehmers mit Verzögerung beim Unternehmer ein, hat dieser den dadurch verursachten eigenen Mehraufwand selbst zu tragen. Insbesondere trägt er dann die Kosten der allenfalls erforderlichen und zumutbaren Beschleunigungsmassnahmen.[887]

---

[886] Vgl. GWerkV Nr. 785 und Nr. 789.
[887] Vgl. GAUCH/SCHUMACHER, KommSIA118, Anm. 16 f. zu Art. 95 Abs. 2.

## IX. Die Fälligkeit der Mehrvergütungsansprüche

738 Begriff und Tragweite der *Fälligkeit* wurden bereits behandelt (Nr. 212 ff.). Hier interessiert nun die Frage, wann allfällige Mehrvergütungsansprüche des Unternehmers fällig werden.

### A. Im Einheitspreisvertrag nach SIA-Norm 118

739 Die SIA-Norm 118 sieht verschiedene *Einzelabrechnungen* mit unterschiedlichen Fälligkeiten vor (Nr. 218 ff.), u.a. monatliche *Abschlagsrechnungen* beim Einheitspreisvertrag (Art. 42 Abs. 2 Satz 1 SIA-Norm 118) nach Massgabe der erbrachten Leistungen (Nr. 221). Die Norm enthält jedoch keine besonderen Bestimmungen für die Fälligkeit und für die Rechnungsstellung von Mehrvergütungsansprüchen des Unternehmers. Hinzuweisen ist auf Art. 58 Abs. 2, Art. 59 Abs. 2, Art. 85 Abs. 3 und Art. 95 Abs. 3 SIA-Norm 118, ferner auf Art. 144 ff. und Art. 153 ff. SIA-Norm 118. Dies ist eine *Lücke* der Norm, die - unter Vorbehalt der *individuellen* Vertragsauslegung (Nr. 470 ff.) - wie folgt auszufüllen ist:

740 **a.** Eine Vertragslücke ist nach dem *hypothetischen Willen* der Parteien zu ergänzen, d.h. mit einer Regel, welche die Parteien als vernünftige und redliche Vertragspartner gewollt und deshalb vereinbart haben würden, falls sie die offengebliebene Frage selber geregelt und die Vertragslücke vermieden hätten.[888] Der hypothetische Parteiwille wird nach dem Massstab von Recht und Billigkeit der Individualität des konkreten Vertrages gerecht.[889] Da Ergänzung und Auslegung des Vertrages in der Praxis oftmals ineinander übergehen und nicht scharf zu trennen sind,[890] sind auch die Auslegungsregeln zu beachten. Alle Verträge sind nach dem

---

[888] GAUCH/SCHLUEP, Nr. 1257.
[889] GAUCH/SCHLUEP, Nr. 1260.
[890] GAUCH/SCHLUEP, Nr. 1263, auch Nr. 1202.

Vertrauensprinzip auszulegen und zu ergänzen.[891] Nach dieser sog. objektivierten Auslegung hat der Richter das als Vertragswille anzusehen, was *vernünftig* und redlich handelnde Parteien unter den gegebenen Umständen ausgedrückt und folglich gewollt haben würden.[892] Im Zweifel ist diejenige Bedeutung vorzuziehen, die dem Vertrag einen *vernünftigen* Sinn gibt.[893] Der Richter hat zu berücksichtigen, was als *sachgerecht* erscheint.[894] Daraus ergibt sich:

741 In der Regel ist davon auszugehen, dass die Parteien das Fälligkeitssystem der SIA-Norm 118 auch auf die Mehrvergütungsansprüche ausgedehnt hätten, wenn sie sich dieser Vertragslücke bewusst gewesen wären. Art. 372 Abs. 1 OR, wonach die Vergütung erst bei Ablieferung des Werkes zu zahlen wäre, ist ohnehin *keine praxisbezogene Regelung*[895] und deshalb keine vernünftige Regelung. Der Bauwerkvertrag ist häufig ein *langfristiger* Vertrag[896]. Die gesetzliche Regelung des Werkvertrages ist hingegen auf den *punktuellen* Leistungsaustausch (z.B. Reparatur einer Armbanduhr) zugeschnitten, jedoch nicht auf langfristige Bauverträge, zu deren oft jahrelanger Erfüllung der Unternehmer ständig liquider Mittel bedarf, um seinen Mitteleinsatz (Nr. 23 ff.) laufend zu finanzieren. Die Preiskalkulation des Baugewerbes beruht darauf, dass der Aufwand des Unternehmers sukzessive und nicht erst nach Bauvollendung finanziert wird. Die Kalkulation des Zuschlages für Geldkosten (Nr. 36) beruht auf der Annahme periodischer (Abschlags-) Zahlungen des Bauherrn. Die Verweigerung regelmässiger Zahlungen würde eine teilweise „Rückverlagerung" des Risikos vom Bauherrn auf den Unternehmer bedeuten, was in der Regel durch die individuelle Vertragsgestaltung (Nr. 417 ff.) nicht gedeckt ist. Denn ohne Ansprüche auf laufende Zahlungen (je mit separater Fälligkeit) könnte der Unternehmer zu jahrelangen und

---

[891] Vgl. GAUCH/SCHLUEP, Nr. 207 ff. und Nr. 1226 mit zahlreichen Verweisungen; JÄGGI/GAUCH, N 419 ff. zu Art. 18 OR; BGE 122 III 121, 118 II 366.

[892] GAUCH/SCHLUEP, Nr. 1201 mit zahlreichen Verweisungen; zum normativen Massstab des *redlichen* Vertragspartners vgl. auch BGE 123 III 300.

[893] JÄGGI/GAUCH, N 419, 433, 441 und 444 zu Art. 18 OR; GAUCH PETER, Der vernünftige Mensch – Ein Bild aus dem Obligationenrecht, in: Festgabe der Rechtswissenschaftlichen Fakultät zur Hundertjahrfeier der Universität Freiburg, Fribourg 1990, S. 177 ff., insbesondere S. 189.

[894] BGE 122 III 121 und 122 III 424.

[895] GWerkV Nr. 1162.

[896] GWerkV Nr. 7 und Nr. 9.

erheblichen Vorfinanzierungen gezwungen werden, ohne einen (äquivalenten) Anspruch auf Verzugszinsen (Nr. 762) zu erlangen.

742   b. Verträge sind *ganzheitlich* auszulegen (Nr. 9) und nach dem gleichen Grundsatz zu ergänzen.[897] Insbesondere bei der Auslegung und Ergänzung breit angelegter AGB muss deren Systematik erhebliches Gewicht beigemessen werden.[898] Zu den besonderen Merkmalen der SIA-Norm 118 gehört ein ganzes *Abrechnungssystem* mit verschiedenen Einzelabrechnungen und differenzierten Fälligkeitsklauseln (Nr. 218 ff.). Nach diesem System hat der Unternehmer insbesondere Anspruch auf *Abschlagszahlungen* mit der Fälligkeitsregel des Art. 148 SIA-Norm 118 (Nr. 221). In der *Schlussabrechnung* (Art. 153 Abs. 1 SIA-Norm 118) sind auch zusätzliche Vergütungsansprüche gemäss Art. 58 Abs. 2 und Art. 59 SIA-Norm 118, abzüglich Abschlagszahlungen, aufzuführen.[899] Auf jeden Fall sind alle Forderungsansprüche, mithin auch die Mehrvergütungsansprüche, in der *Zusammenstellung* im Sinne von Art. 153 Abs. 3 SIA-Norm 118 aufzuführen.[900] Die Verzichtsfiktion des Art. 156 SIA-Norm 118 erfasst auch die allfälligen *Mehrvergütungsansprüche* des Unternehmers.[901] Daraus und auch aus Art. 181 Abs. 2 SIA-Norm 118 (Nr. 751) ist ersichtlich, dass die Mehrvergütungsansprüche in das Abrechnungs- und Fälligkeitssystem der SIA-Norm 118 integriert sind.

743   Aufgrund dieser Ergänzungs- bzw. Auslegungsregeln (lit. a und lit. b) ergibt sich, dass der Unternehmer den Anspruch besitzt, dass er für Mehrvergütungsansprüche ebenfalls *Abschlagsrechnungen* stellen kann und dass diese gemäss Art. 148 SIA-Norm 118 fällig werden.[902] Wenn bzw. soweit der Unternehmer Mehrvergütungsansprüche in oder mit der Schlussabrechnung in Rechnung stellt, gilt die Fälligkeitsregel des Art. 155 SIA-Norm 118.[903] Vorbehalten bleiben die besonderen Fälligkeitsklauseln für *Regierechnungen* (Nr. 219) und für *Teuerungsabrechnungen*

---

[897]   Vgl. GAUCH/SCHLUEP, Nr. 1229; JÄGGI/GAUCH, N 493 und N 498 zu Art. 18 OR; vgl. auch GAUCH, KommSIA118, Anm. 3 Abs. 2 zu Art. 190 Abs. 1.

[898]   Vgl. BGE 122 III 122.

[899]   Vgl. GAUCH/SCHUMACHER, KommSIA118, Anm. 5 lit. b zu Art. 153 Abs. 1.

[900]   Vgl. GAUCH/SCHUMACHER, KommSIA118, Anm. 17 zu Art. 153 Abs. 3.

[901]   Vgl. GAUCH/SCHUMACHER, KommSIA118, Anm. 4 und Anm. 7 f. zu Art. 156.

[902]   Zur gleichen Regelung in Deutschland vgl. KAPELLMANN/SCHIFFERS, Bd. 1, Nr. 278 Abs. 4, Nr. 661 Abs. 1, Nr. 928 a.E. und Nr. 1644 sowie Bd. 2, Nr. 1222 ff.

[903]   vgl. GAUCH/SCHUMACHER, KommSIA118, Anm. 6 ff. zu Art. 155 Abs. 1 und Anm. 13 zu Art. 155 Abs. 2.

(Nr. 220). Möglich ist, dass der Unternehmer seine Mehrvergütungsansprüche auf einer ersten Stufe mittels Kostengrundlagen berechnet (Nr. 654 ff.), welche die Teuerung nicht berücksichtigen, und in einer zweiten Stufe eine Teuerungsabrechnung für diese Mehrvergütungsansprüche und andere Forderungen einreicht. Die Integration der Mehrvergütungsansprüche in das Abrechnungs- und Fälligkeitssystem der SIA-Norm 118 ermöglicht es dem Unternehmer, den Bauherrn auch wegen Mehrvergütungsansprüchen zu *mahnen* (Nr. 287 ff.) und *Verzugszinsen* ab Verzugseintritt (Nr. 294 ff.) zu fordern. Die Fälligkeit darf nicht von der vorgängigen Einigung der Parteien über Nachtragspreise (Nr. 672, Nr. 698) abhängig gemacht werden. Andernfalls könnte der Bauherr die Fälligkeit und damit den Beginn des Verzugszinsenlaufes nach Belieben hinauszögern.

### B. Im Vertrag mit Teilzahlungsplan

744 Es kommt auch vor, dass die Parteien einen individuellen Teilzahlungsplan vereinbart haben und dass deshalb das Abrechnungs- und Fälligkeitssystem der SIA-Norm 118 (Nr. 218 ff.) nicht anwendbar ist, sei es überhaupt nicht oder sei es nur bezüglich der Festpreise. Art. 147 SIA-Norm 118 enthält den Hinweis, dass bei Abschluss eines *Gesamtpreisvertrages* (Art. 42 Abs. 2 Satz 2 SIA-Norm 118) die Abschlagszahlungen durch einen Teilzahlungsplan besonders zu regeln seien. Unter einem *Teilzahlungsplan* ist die von den Parteien vereinbarte individuelle Zahlungsordnung für die vorgesehenen Abschlagszahlungen zu verstehen.[904] Die Norm selber räumt dem Unternehmer im Gesamtpreisvertrag keinen Anspruch auf Abschlagszahlungen ein.[905]

745 Häufig enthalten solche Zahlungsordnungen keine Regeln für Mehrvergütungsansprüche. Sie sind deshalb lückenhaft und somit ergänzungsbedürftig. Für die Vertragsergänzung gelten sinngemäss die vorstehend erwähnten Regeln (Nr. 739 ff.). In der Regel führt dies dazu, dass der Un-

---

[904] GAUCH/SCHUMACHER, KommSIA118, Anm. 3 zu Art. 147; vgl. auch Nr. 221 hiervor.
[905] GAUCH/SCHUMACHER, KommSIA118, lit. b der Vorbem. zu Art. 144 - 148 und Anm. 4 lit. a zu Art. 147.

ternehmer zu höheren oder zusätzlichen Abschlagszahlungen, allenfalls während einer verlängerten Bauzeit, berechtigt ist.

## C. Im Vertrag ohne Zahlungsordnung

746 Enthält der Vertrag keine individuelle oder mittels AGB übernommene Zahlungsordnung, so gilt grundsätzlich die Fälligkeitsregel des Art. 372 OR (Nr. 216). Der Unternehmer besitzt keinen gesetzlichen Anspruch auf Abschlagszahlungen und damit auch keinen auf Abschlagszahlungen für Mehrvergütungsansprüche. Ein allfälliger Mehrvergütungsanspruch wird gleich wie die Grundvergütung erst bei der *Ablieferung* des Werkes fällig.[906]

747 In einzelnen Fällen kann sich jedoch selbst das Gesetz als *ergänzungsbedürftig* erweisen.[907] Folgendes Beispiel ist denkbar: Eine störungsfreie Bauausführung hätte nur kurze Zeit gedauert, weshalb der Verzicht auf Abschlagszahlungen als vernünftig erscheint. Durch den Eintritt eines Risikos, das der Bauherr zu vertreten hat, entsteht erheblicher Mehraufwand und wird die Bauzeit erheblich verlängert. In einem solchen Fall würde die Verweigerung von Abschlagszahlungen für den Mehrvergütungsanspruch des Unternehmers eine ungerechtfertigte teilweise Rückverlagerung des Risikos auf den Unternehmer bedeuten und wäre deshalb ungerecht. In einem solchen Falle ist die Gesetzes- bzw. Vertragslücke nach den Grundsätzen auszufüllen, wie sie vorstehend dargelegt worden sind (Nr. 739 ff.).

## D. Die Sicherheitsleistung bis zur Abnahme

748 Art. 149 f. und Art. 152 SIA-Norm 118 regeln für den Einheitspreisvertrag den sog. *Rückbehalt*, der eine Erfüllungssicherheit des Unterneh-

---

[906] Vgl. GWerkV Nr. 1154 betreffend Mehrvergütungsanspruch zufolge Bestellungsänderungen.
[907] Vgl. sinngemäss GWerkV Nr. 590.

mers bis zur Abnahme des Werkes oder eines Werkteils ist. Der nach Art. 150 SIA-Norm 118 bemessene *Rückbehalt* ist ein Betrag, der vom jeweiligen Leistungswert abgezogen wird und deshalb nicht als Abschlagszahlung geschuldet wird.[908] Wenn dem Unternehmer das Recht auf Abschlagszahlungen auch für Mehrvergütungsansprüche (mit der Fälligkeitsregel des Art. 148 SIA-Norm 118) zugestanden wird (Nr. 221 ff.), so ist es selbstverständlich, dass die Zahlungsordnung der SIA-Norm 118 auch dahingehend zu ergänzen ist, dass dem Bauherrn auch ein Recht auf Rückbehalt nach Massgabe der Art. 149 f. und Art. 152 SIA-Norm 118 zusteht. Dies entspricht dem *Zweck* des Rückbehaltes, nämlich dem Bauherrn eine bestimmte Sicherheit zu leisten.[909] Dieses Sicherungsbedürfnis des Bauherrn besteht auch für den Mehraufwand des Unternehmers. Regelmässig berücksichtigen die Kostengrundlagen, die häufig zur Berechnung der Höhe der Mehrvergütungsansprüche dienen (Nr. 654 ff.), bei der Kalkulation der Geldkosten (Nr. 36) die spätere Fälligkeit des Rückbehaltes gemäss Art. 152 SIA-Norm 118. Die Sicherheitsleistung für Mehrvergütungsansprüche bis zur Abnahme erweist sich auch als „systemverträglich" mit der Sicherheitsleistung nach der Abnahme (Nr. 747).

749   Für *Regiearbeiten* sieht Art. 55 Abs. 1 Satz 3 SIA-Norm 118 kein Recht des Bauherrn auf Rückbehalt vor.[910] Gleichwohl kann die Vertragsauslegung bzw. -ergänzung nach den bereits dargelegten Regeln (Nr. 739 ff.) im Einzelfall dazu führen, dass der Bauherr berechtigt ist, auch von Regierechnungen einen Rückbehalt zu machen, insbesondere wenn der Mehraufwand vorwiegend „in Regie" vergütet wird und umfangreiche Leistungen des Unternehmers umfasst. Eine Stütze für eine solche Vertragsauslegung bzw. -ergänzung kann auch der Hinweis des Art. 55 Abs. 2 SIA-Norm 118 bilden, wonach auch in Werkverträgen mit vorwiegend Regiearbeiten oder bei Regiearbeiten, welche besondere Sorgfalt erfordern, ein Rückbehalt für Regierechnungen vereinbart werden kann.

750   Bei der Anpassung bzw. Ergänzung eines individuellen Teilzahlungsplanes (Nr. 744 f.) wird auch das Recht des Bauherrn auf Rückbehalt entsprechend geregelt und damit dem Sinn von Art. 151 SIA-Norm 118 Rechnung getragen.

---

[908]   GAUCH/SCHUMACHER, KommSIA118, Anm. 2 Abs. 1 zu Art. 149 Abs. 1.
[909]   Vgl. GAUCH/SCHUMACHER, KommSIA118, Anm. 5 zu Art. 149 Abs. 1.
[910]   Vgl. auch die Wiederholung in Art. 149 Abs. 2 SIA-Norm 118.

## E. Die Sicherheitsleistung nach der Abnahme

751 Gemäss Art. 181 Abs. 2 SIA-Norm 118 bemisst sich der Haftungsbetrag des (Solidar-) Bürgen, der Sicherheit für die Haftung wegen bis Ende der Garantiefrist gerügten Mängeln leistet, nach der *Totalsumme der Vergütungen jeder Art*. Der Wortlaut dieser Bestimmung erfasst somit auch die allfälligen *Mehrvergütungsansprüche des Unternehmers*.[911] Die Regelung des Art. 181 Abs. 2 SIA-Norm 118 ist einer von mehreren Gründen, der für eine Integration der Mehrvergütungsansprüche in das gesamte Abrechnungs- und Fälligkeitssystem der SIA-Norm 118 spricht (Nr. 742).

## X. *Rabatt und Skonto*

752 Rabatt und Skonto sind zwei wesentlich verschiedene *Preisnachlässe* (Nr. 301). Sie sind auch für die Mehrvergütungsansprüche getrennt zu behandeln.

### A. *Der Rabatt*

753 Mangels einer gegenteiligen Absprache der Parteien besitzt der Bauherr *keinen* Anspruch auf Rabatt (Nr. 302 ff.) auf den Mehrvergütungsansprüchen des Unternehmers. Ein Rabatt würde der gesetzlichen Vergütungsregel des Art. 374 OR widersprechen, wonach dem Unternehmer die effektiven Kosten nach dem Zuschlagssystem zu ersetzen sind (Nr. 646 ff.). Auch die Art. 85 ff. SIA-Norm 118 (Nr. 693 ff.) sehen keinen Rabattanspruch vor. Beachtenswert ist zudem Art. 54 SIA-Norm 118,

---

[911] GAUCH, KommSIA118, Anm. 11 zu Art. 181 Abs. 2, erwähnt die Vergütungen für Regiearbeiten und die Mehrvergütung für die Teuerung.

wonach ein dem Bauherrn gesamthaft gewährter prozentualer Preisnachlass in Form von Rabatt für Regiearbeiten nur insoweit berücksichtigt wird, als dies im Werkvertrag festgelegt ist.[912] Selbstverständlich reduzieren sich die Selbstkosten (im Sinne von Art. 374 OR) um die Rabatte, die der Unternehmer allenfalls auf Fremdkosten erhält, z.B. für den Einkauf von Baustoffen oder für die Miete von Baumaschinen. Solche Rabatte beeinflussen die effektiven Kosten des Mehraufwandes.

754 Rabatt ist eine Reduktion des Reingewinnes, um im Konkurrenzkampf vom Bauherrn den Auftrag zu erhalten. Davon profitiert der Bauherr in der Submission. Nach Vertragsabschluss ist der Konkurrenzkampf vorbei. Der Bauherr schuldet einen Mehrvergütungsanspruch aus einer Ursache, die er zu vertreten hat, da sie in seinem Risikobereich liegt (Nr. 641). Es ist deshalb kein Grund ersichtlich, dass der Bauherr erneut einen derartigen Vorteil (Preisnachlass) beanspruchen bzw. aushandeln kann.[913] Ein Rabatt bedeutet eine *Risikobeteiligung* des Unternehmers, die eine entsprechende individuelle Vertragsgestaltung (Nr. 417 ff.) voraussetzt.

## B. Der Skonto

755 Aus dem individuellen Werkvertrag bzw. durch dessen Auslegung ergibt sich, ob der Bauherr auch bei der Bezahlung von Mehrvergütungsrechnungen innerhalb der vereinbarten Skontofrist Anspruch auf einen allenfalls vereinbarten Skonto besitzt.[914] Im Zweifel ist zu vermuten, dass sich

---

[912] Vgl. dazu GAUCH, KommSIA118, Anm. 4 zu Art. 54.

[913] Vgl. KAPELLMANN/SCHIFFERS, Bd. 1, Nr. 970 Abs. 4: „Für darüber hinausgehende ‚neue Preise', also für qualitativ und/oder quantitativ nennenswerte Änderungen sowie für alle Zusatzaufträge gilt dagegen, dass sie für den Auftragnehmer unkalkulierbar waren. Sein Nachgeben beim alten Vertragspreis - normalerweise erfolgt, um den Auftrag zu erhalten - drängt auf einen voraussehbaren Auftragsumfang. Darüber hinaus besteht keine Bindung. Der Auftraggeber hat sich den jetzt erhöhten Preis - ohne Nachlass und Skonto - wegen seiner unsorgfältigen Planung selbst zuzuschreiben."; ähnlich Bd. 2, Nr. 1211: „Seine Bereitschaft zur Gewährung von Nachlass und Skonto bezieht sich auf einen begrenzten Finanzrahmen."

[914] Zum Begriff und zu den Modalitäten des Skontoabzuges vgl. Nr. 305 ff.

die Skontoabrede auf *sämtliche* Zahlungen bezieht.[915] Eine Skontoabrede betrifft ja nicht den Preisaufbau, sondern bezweckt eine rasche Vergütung, um dadurch die Liquidität des Unternehmers zu erhöhen und dessen Kreditrisiko zu vermindern.[916] Diese Interessenlage des Unternehmers besteht auch in bezug auf Mehrvergütungsansprüche. Zudem dürfte die Kalkulation der Geldkosten (Nr. 36) in den Kostengrundlagen, die häufig zur Quantifizierung von Mehrvergütungsansprüchen beigezogen werden (Nr. 654 ff.), den Skontoabzug berücksichtigen.

## XI. *Weitere wichtige Einzelfragen*

### A. *Rechnungsstellung*

#### 1. Im allgemeinen

756 Was die Rechnungsstellung im allgemeinen anbelangt, wird auf die einschlägigen Ausführungen zur Grundvergütung (Nr. 225 ff.) und auf die vorstehenden Ausführungen betreffend die *Fälligkeit* der Mehrvergütungsansprüche (Nr. 738 ff.) verwiesen.

757 Die Grundsätze der *Überprüfbarkeit* (Nr. 236 ff.) gelten auch für Mehrvergütungsansprüche. Der Unternehmer hat die Ursache, die erhobenen Beweise (Nr. 624 ff., Nr. 632 ff.) und die Rechtsgrundlage (z.B. Art. 374 OR) zu nennen, muss aber keine Rechtsgutachten abliefern. Die Überprüfbarkeit ist auch dann gegeben, wenn der Bauherr begründeten Anlass hat, an der Richtigkeit der Rechnung zu zweifeln.[917] Meinungsverschiedenheiten über die Vergütungsmethoden dürfen dem Unternehmer nicht zum Nachteil gereichen, besonders dann nicht, wenn der Bauherr die Ursache des Mehraufwandes zu vertreten hat und über alle tatbeständlichen

---

[915] GAUCH, KommSIA118, Anm. 9 lit. c zu Art. 190 Abs. 1; a.A. KAPELLMANN/SCHIFFERS, zit. in FN 913 hiervor; vgl. auch Nr. 306 hiervor.
[916] GWerkV Nr. 1233; BGE 118 II 64 f.
[917] Vgl. BGE 118 II 65.

Unterlagen und Erkenntnisse (z.B. auch betreffend mittelbare, zu schätzende Behinderungsfolgen) verfügt und den Mehrvergütungsanspruch des Unternehmers nach seiner eigenen Methode ausrechnen kann.

## 2. Bindungswirkung

758 Es wird auf die entsprechenden Ausführungen zur Bindungswirkung bzw. zur fehlenden Bindungswirkung der Rechnungsstellung für die Grundvergütung verwiesen (Nr. 246 ff.).

759 Was bereits zum *Verzicht* des Unternehmers ausgeführt worden ist (Nr. 258 ff.), gilt insbesondere für Mehrvergütungsansprüche. Ein konkreter Verzicht des Unternehmers kann unter (allerdings stark eingeschränkten) Umständen angenommen werden, wenn er weder den Mehraufwand angezeigt noch während längerer Zeit Rechnung gestellt hat (Nr. 735).

760 Gelegentlich wird der Verzicht des Unternehmers auf Mehrvergütung aus einer verspäteten und vorbehaltlosen *Unterzeichnung der Vertragsurkunde*[918] abgeleitet, obwohl sich die Verhältnisse zwischen dem Vergebungsbescheid des Bauherrn (= Annahme) und der Unterzeichnung bereits geändert haben, insbesondere Mehraufwand bereits entstanden oder absehbar ist.[919] Oder ein (teilweiser) Verzicht wird gelegentlich daraus abgeleitet, dass der Unternehmer über einen Teil der Folgen einer Bauerschwernis *vorbehaltlos* abgerechnet hat, z.B. über den unmittelbaren Mehraufwand. Bisweilen sieht der Unternehmer davon ab, bei derartigen „Zwischenabrechnungen" auch die mittelbaren Folgen (Nr. 587 ff.; Nr. 593 ff.) in Rechnung zu stellen, weil ihre Mehrkosten noch nicht quantifizierbar sind. Oft sind sie erst nach Bauvollendung kalkulierbar (Nr. 630). Gelegentlich wird der Unternehmer bloss mündlich (ohne Vermerk in den von der Bauleitung geführten Bausitzungsprotokollen) vertröstet, über die Vergütung des mittelbaren Mehraufwandes werde man sich nach Bauende „dann schon einigen." Damit aus einer verspäteten und vorbehaltlosen *Unterzeichnung der Vertragsurkunde* oder aus einer *Ab-*

---

[918] Zum Begriff der Vertragsurkunde vgl. GWerkV Nr. 465; Art. 19 Abs. 1 und 2 sowie Art. 20 Abs. 1 SIA-Norm 118.

[919] Zur Unterzeichnung einer *abgeänderten* Vertragsurkunde vgl. GWerkV Nr. 310 f.; bei Abänderung der Vertragsurkunde ist festzulegen, ob die abgeänderten Bestimmungen Rückwirkung besitzen auf die bereits in der Zwischenzeit erfolgte Vertragserfüllung „nach altem Vertrag" oder nicht.

*rechnung über einen Teil von Mehraufwand*, z.B. über die Kosten der direkten Folgen einer bestimmten Ursache, trotz Art. 156 SIA-Norm 118 kein früherer, stillschweigender Verzicht auf Mehrvergütungsansprüche abgeleitet werden kann, ist dem Unternehmer zu empfehlen, in derartigen Fällen nicht ohne ausdrücklichen *Vorbehalt* von weiteren Mehrvergütungsansprüchen abzurechnen bzw. eine Preisvereinbarung (Nr. 253 ff.) zu unterzeichnen.[920]

761 Bei Übernahme der SIA-Norm 118 ist vom Unternehmer insbesondere die *Verzichtsfiktion* des Art. 156 SIA-Norm 118 unbedingt zu beachten (Nr. 262 ff.). Das erfordert, dass der Unternehmer in der *Zusammenstellung* im Sinne von Art. 153 Abs. 3 SIA-Norm 118, die er zusammen mit der Schlussabrechnung im Sinne von Art. 153 Abs. 1 SIA-Norm 118 einzureichen hat, die früher oder gleichzeitig gestellten Mehrvergütungsrechnungen aufführt und sich allenfalls noch nicht in Rechnung gestellte Mehrvergütungsansprüche ausdrücklich, d.h. schriftlich vorbehält, soweit Mehrvergütungsansprüche nicht in die Schlussabrechnung integriert sind (Nr. 222).[921] Art. 153 Abs. 3 und Art. 156 SIA-Norm 118 schützen das berechtigte Interesse des Bauherrn an einer raschen und umfassenden Kenntnis der gesamten Werkvergütung (Nr. 222 und Nr. 263). Er besitzt insbesondere das Interesse, nicht später, wenn er allenfalls bereits disponiert hat (Verkauf, Vermietung usw.), von Mehrvergütungsforderungen unliebsam überrascht zu werden.

---

[920] Ein derartiger Vorbehalt kann wie folgt lauten: „Alle Folgen des genannten Ereignisses, insbesondere das Ausmass aller durch dieses Ereignis bewirkten mittelbaren Bauerschwernisse (mittelbare Folgen), können im heutigen Zeitpunkt noch nicht bzw. noch nicht zuverlässig festgestellt und quantitativ abgeschätzt werden. Die Auswirkungen aller Erschwernisse der Bauausführung können erst nach Abschluss der Bauarbeiten zuverlässig erfasst werden, u.a. weil sich die Auswirkungen verschiedener Erschwernisse kumulieren können. Wir müssen uns deshalb vorsorglicherweise alle weiteren Nachforderungen wegen des genannten und anderer Ereignisse ausdrücklich vorbehalten."

[921] Vgl. GAUCH/SCHUMACHER, KommSIA118, Anm. 4 zu Art. 156; vgl. auch die Hinweise bei GAUCH, KommSIA118, Anm. 10 lit. d zu Art. 59 Abs. 3; GAUCH/EGLI, KommSIA118, Anm. 7 lit. b zu Art. 86; GAUCH/SCHUMACHER, KommSIA118, Anm. 31 lit. c zu Art. 95 Abs. 3, Anm. 6 lit. c a.E. zu Art. 96 Abs. 1 und Anm. 3 lit. c zu Art. 101 Abs. 2.

## B. Zahlungsverzug

762 Zu beachten sind die Ausführungen zum Eintritt des Zahlungsverzuges (Nr. 284 ff. und Nr. 330) und zum Verzugszins (Nr. 294 ff.) im allgemeinen sowie die Ausführungen betreffend die *Fälligkeit* der Mehrvergütungsansprüche (Nr. 738 ff.).

## C. Verrechnung und Abtretung

763 Es wird auf die Ausführungen zur Verrechnung und zur Abtretung der Grundvergütungsansprüche verwiesen (Nr. 308 ff.). Verrechnen darf der Bauherr auch eine allfällige Gegenforderung auf Ersatz des Vertrauensschadens, der ihm vom Unternehmer durch Verletzung der Anzeigepflicht zugefügt worden ist (Nr. 726 ff.).

## D. Verjährung

764 Mehrvergütungsansprüche verjähren gleich wie der Anspruch des Unternehmers auf Grundvergütung (Nr. 311 ff.). Auch hier sind die vorstehenden Ausführungen betreffend die *Fälligkeit* der Mehrvergütungsansprüche zu beachten (Nr. 738 ff., insbesondere Nr. 741 a.E. und Nr. 743 a.E.).

## E. Bauhandwerkerpfandrecht

765 Der Mehraufwand, der zu Mehrvergütungsansprüchen berechtigt, besteht regelmässig in (zusätzlichen) Bauarbeiten im Sinne von Art. 837 Abs. 1 Ziff. 3 ZGB. Solche Mehrvergütungsansprüche berechtigen zur Sicherung durch ein *Bauhandwerkerpfandrecht* (Nr. 318 ff. und Nr. 331).

## F. Interventionskosten

766 Der Aufwand des Unternehmers für die Ermittlung und den Beweis seiner Mehrvergütungsansprüche ist in den *Verwaltungskosten* (Nr. 35) und damit - mittels des Zuschlagssystems - in den vergütungspflichtigen Mehrkosten bereits inbegriffen. Dafür kann der Unternehmer keine zusätzliche Entschädigung geltend machen.

767 Bestreitet der Bauherr die geltend gemachten Mehrvergütungsansprüche des Unternehmers, besitzt dieser Anspruch auf den Ersatz seiner *Interventionskosten*. Dieser Anspruch ist nicht ein Vergütungsanspruch, sondern ein *Schadenersatzanspruch* (Nr. 326 ff.). Unter diesen Begriff fallen die *Rechtsverfolgungskosten*, auch vorprozessuale Kosten genannt. Dazu gehören insbesondere: Expertisekosten;[922] Kosten für weitere Beweiserhebungen, welche die Bestreitung des Bauherrn erforderlich machen; Kosten der Verhandlungen mit dem Bauherrn und seiner Bauleitung. Gemäss herrschender Lehre und Rechtsprechung stellen auch *Anwaltskosten*, die mit einer notwendigen vorprozessualen Vertretung zusammenhängen und in der Entschädigung nach kantonalem Prozessrecht nicht inbegriffen sind, ersatzpflichtigen Schaden dar.[923] Alternativ können Interventionskosten auch als *Verspätungsschaden* geltend gemacht werden. Dazu gehören auch die Kosten für die Rechtsverfolgung.[924]

---

[922] Vgl. GWerkV Nr. 1524 f.

[923] Vgl. neuestens BGE 121 III 357, ferner BGE 117 II 106 f. und 395 f., 97 II 267; AGVE 1994, S. 44; GAUCH PETER, Der Deliktsanspruch des Geschädigten auf Ersatz seiner Anwaltskosten, recht 1994, S. 189 ff.; BREHM ROLAND, Berner Kommentar, N 89 zu Art. 41 OR; OFTINGER KARL/STARK EMIL W., Schweizerischen Haftpflichtrecht, Bd. I: Allgemeiner Teil, 5. Auflage, Zürich 1995, S. 79 f.

[924] GAUCH/SCHLUEP, Nr. 2992; SCHENKER FRANZ, Die Voraussetzungen und die Folgen des Schuldnerverzugs im schweizerischen Obligationenrecht, Diss. Freiburg 1988, Nr. 293 f.

## *Leitsätze*

768  1. Im Bauwerkvertragsrecht sind die Vergütungsbestimmungen *verstreut* (Nr. 9). Die Praxis, die unter dem Einfluss der SIA-Norm 118 und des Zuschlagssystems (Nr. 28 ff.) steht, führt oft zu einem komplexen und heterogenen Gemisch verschiedenartiger Preisbestimmungen (Nr. 155, Nr. 181, Nr. 184 ff.). Das erschwert die Transparenz der Vertragsgestaltung sowie der Berechnung, Überprüfung und Vereinbarung von Nachtragsforderungen. Notwendig ist deshalb eine *systematische* Erfassung der Bestimmungen, welche die Grundvergütung und die Mehrvergütung regeln (Nr. 5, Nr. 9).

769  2. Auch *das Risiko der Mehrkosten* trägt, wer es im Vertrag übernimmt. Für die Risikozuweisung massgebend ist immer der konkrete Einzelvertrag in seiner individuellen Gestaltung (Nr. 417 ff.). Verbindlich ist die Risikozuweisung durch die autonome Vertragsgestaltung der Parteien im Einzelfall (Nr. 427). Die Risikozuweisung kann erfolgen:

770  - durch *ausdrückliche* Übernahme einzelner bestimmter Risiken im Vertrag (Nr. 432 ff.);

771  - durch Risikoübernahme des Bauherrn durch sein *Vertrauen erweckendes Verhalten* (Nr. 435 ff.); besonders grosses Vertrauen bildet der Bauherr, wenn er das Vertragsgestaltungsmodell der *detaillierten Leistungsbeschreibung* wählt (Nr. 466 ff.), das der SIA-Norm 118 zugrunde liegt (Nr. 480 ff.).

772  3. Zwar kann der Bauherr das Vertrauen in die Zuverlässigkeit seiner Angaben, z.B. in die Richtigkeit und Vollständigkeit des Leistungsverzeichnisses, *zerstören*, jedoch nur unter Beobachtung von sehr engen, strengen Modalitäten (Nr. 498 ff.). In der Praxis erfüllen viele Klauseln (insbesondere AGB) die Kriterien der Unzweideutigkeit, Individualität und Widerspruchslosigkeit nicht.[925]

773  4. Der Begriff des „Selbstverschuldens" ist zwar dem Juristen geläufig, aber unglücklich (Nr. 428). Art. 44 Abs. 1 OR ist die „Mutter-Norm", die

---

[925] Grundlegend GWerkV Nr. 1097 ff.; vgl. die weiteren Verweisungen in FN 590 hiervor.

auch für das Vertragsrecht gilt (Art. 99 Abs. 3 OR; Nr. 635) und deren Sinn und Zweck verschiedene „Tochter-Normen" entsprechen, so Art. 369 OR (Nr. 51, Nr. 489), Art. 58 Abs. 2 SIA-Norm 118 (Nr. 489) und Art. 166 Abs. 4 SIA-Norm 118.[926] „Selbstverschulden" setzt weder eine Vertragsverletzung (Nr. 342, Nr. 489) noch ein echtes Verschulden (Nr. 356) voraus. Es bedeutet hier nicht mehr und nicht weniger als die **Eigenverantwortung** des Bauherrn. Im Bauwerkvertrag trägt der Bauherr die Verantwortung für sein eigenes sachverständiges Verhalten und für dasjenige seiner sachverständigen Hilfspersonen, insbesondere die Verantwortung für seine Weisungen (Nr. 51) und für seine Ausschreibung, für die ihm verschiedene Vertragsgestaltungs-Modelle zur Verfügung stehen (Nr. 49 ff., Nr. 480 ff., Nr. 600 ff.). Damit bestimmt der Bauherr die *Schnittstellen* der (ökonomisch optimierten) *Arbeitsteilung* (Nr. 439 ff.). Die Arbeitsteilung ist die Grundlage der Vertrauenshaftung, und ohne Vertrauenshaftung gibt es keine effiziente Arbeitsteilung. Projektierung, Ausschreibung, Weisungen usw. des Bauherrn sind die „Umstände, für die er einstehen muss" (Art. 44 Abs. 1 OR).

774 **5.** Der Bauherr kann dem Unternehmer mehr Verantwortung und damit auch ein grösseres Kostenrisiko übertragen, als die „traditionelle" Vertragsgestaltung nach dem Prinzip der detaillierten Leistungsbeschreibung zulässt. Aber die Überwälzung der Haftung für *fremdes* Handeln (z.B. der projektierenden und ausschreibenden Hilfspersonen des Bauherrn) ist nicht nur unökonomisch, sondern auch juristisch der falsche Weg. Gegen einseitige Klauseln stehen dem Unternehmer verschiedene Rechtsbehelfe zur Verfügung (Nr. 505 ff.). Wenn der Unternehmer mehr Verantwortung (für Kosten, Qualität, Fristen) übernehmen soll, müssen die Schnittstellen der *Arbeitsteilung* verschoben und genau definiert werden, z.B. indem der Bauherr das Vertragsgestaltungs-Modell der *funktionalen Leistungsbeschreibung* wählt (Nr. 55 ff., insbesondere Nr. 58).

775 **6.** Die Ermittlung des *Mehraufwandes* (bzw. der Mehrvergütung) - häufig mittels Wahrscheinlichkeitsbeweisen (Nr. 632 ff.) - setzt die Feststellung des Ohnehin-Aufwandes (bzw. der Grundvergütung) voraus (Nr. 596 ff.). Dafür massgebend ist die konkrete Leistungsbeschreibung des einzelnen, individuellen Werkvertrages (Nr. 600). Verschiedene Methoden der Leistungsbeschreibung stehen dem Bauherrn zur Auswahl offen (Nr. 49 ff., Nr. 600 ff.):

---

[926] GAUCH, KommSIA118, Anm. 14 zu Art. 166 Abs. 4.

776 **a.** Die *detaillierte* Leistungsbeschreibung (Nr. 51 ff., Nr. 67 ff., Nr. 113 ff., Nr. 601 ff.);

777 **b.** Die *funktionale* Leistungsbeschreibung (Nr. 55 ff., Nr. 524 f., Nr. 607 ff.);

778 **c.** Die *hybride* Leistungsbeschreibung (Nr. 60 ff.).

779 **7.** Welche Leistungen ein vereinbarter *Gesamtpreis* (Pauschal- oder Globalpreis) vergütet, ergibt sich ebenfalls aus der konkreten Leistungsbeschreibung (Nr. 603 ff.). Aus der blossen Bezeichnung eines Werkvertrages als Pauschal- oder Globalvertrag kann nicht eine Pauschalierung (bzw. „Globalisierung") des Gesamtleistungsumfanges abgleitet werden (Nr. 609).

780 **8.** Art. 374 OR ist die *gesetzliche Vergütungsregel* für Mehraufwand (Nr. 644 ff.). Die nach Art. 374 OR geschuldete Mehrvergütung besteht in „cost plus fee" (Nr. 645 ff.). Sie schliesst einen Zuschlag für Risiko und Gewinn ein (Nr. 650).

781 **9.** Die Praxis ist auf *vereinfachte Verfahren* zur Ermittlung der Mehrkosten gemäss Art. 374 OR angewiesen. Solche sind zulässig (Nr. 652 ff.)

782 **10.** Von den vereinfachten Verfahren zur Bemessung der Mehrvergütung (im Sinne von Art. 374 OR) zu unterscheiden sind antizipierte Mehrvergütungs-Absprachen (AMA), welche die Höhe der Mehrvergütung zugunsten des Bauherrn *reduzieren* und damit den Unternehmer am Risiko des Bauherrn beteiligen sollen (Nr. 675 ff.). Mit dem Beweis solcher Absprachen ist der Bauherr belastet (Nr. 665).

783 **11.** *Antizipierte Mehrvergütungs-Absprachen* (AMA; Nr. 644 ff.) für feste Nachtragspreise (Nr. 667 ff.) oder für die Bildung von solchen (neuen) Festpreisen (Nr. 670 ff.) sind meistens *ineffizient*:

784 **a.** Die Zukunft und damit auch Art und Umfang sowohl der Bauerschwernisse (Ursachen) als auch des Mehraufwandes (direkte und indirekte Folgen einer Ursache) sind ungewiss und lassen sich meistens nicht zuverlässig „antizipieren" (Nr. 683 ff.).

785 **b.** Das Preisbildungssystem für die Grundvergütung, das oft als Referenz (Basis) für Nachtragspreise dienen soll (Nr. 675 f.), ist sehr komplex, schwerfällig und aufwendig (Nr. 184 ff.; zum Kaskadensystem der Art. 86 ff. SIA-Norm 118 vgl. Nr. 694 ff.). Es ist häufig ein heterogenes Mischsystem, dessen verschiedenartige Festpreise und Aufwandvergütungen in der Gesamtkalkulation vernetzt sind (Nr. 181). Deshalb führt

selbst das Mehrvergütungssystem der Art. 85 ff. SIA-Norm 118 häufig zu einer reinen Aufwandvergütung (Nr. 673, Nr. 700, Nr. 714).

786   c. Soll der Unternehmer nur einen reduzierten Mehrvergütungsanspruch besitzen, bedeutet dies eine Risikoteilung zwischen Bauherr und Unternehmer (Nr. 688 ff.). Eine solche bedarf der individuellen, ausdrücklichen Vertragsgestaltung (Nr. 691, Nr. 708, Nr. 715). Eine ausdrückliche Risikoteilung scheut der Bauherr in der Regel, weil er die Einrechnung von Risikoreserven vermeiden will.

787   d. Vorzuziehen ist deshalb die Vereinbarung eines einfachen Verfahrens zur Bemessung der Mehrvergütung für allfälligen Mehraufwand, insbesondere die Vereinbarung von besonderen Regieansätzen für allfälligen Mehraufwand, die eine uneingeschränkte Mehrvergütung im Sinne von Art. 374 OR gewähren (Nr. 666).

788   12. Zum Schluss an den Anfang, nämlich zur *Vertragsgestaltung*. Dringend zu empfehlen ist: Weg von den Versteckspielchen! Mut zur Offenheit! Problembewusstsein ist gefordert, vor allem das Bewusstsein, dass die Zukunft ungewiss ist und sich nicht alles antizpieren und zum vornherein normieren lässt. Dazu gehört auch die Einsicht des Bauherrn in den latenten Interessenkonflikt seiner Bauleitung (Nr. 532 ff.).

Beiträge aus dem Institut für Schweizerisches
und Internationales Baurecht, Universität Freiburg

*Herausgegeben von:*
Peter Gauch – Pierre Tercier – Jean-Baptiste Zuffrey

| | | |
|---|---|---|
| 1. | Claudia Schaumann | **Rechtsprechung zum Architektenrecht**<br>**Jurisprudence sur le droit de l'architecte**<br>3. Aufl./éd., 148 Seiten/pages, broschiert/broché<br>ISBN 3-7278-0598-6 |
| 2. | Pierre Tercier/<br>Roland Hürlimann<br>Hrsg. | **In Sachen Baurecht**<br>2. Aufl., 208 Seiten, broschiert<br>ISBN 3-7278-0659-1 |
| 3. | Nicolas Michel | **L'ouverture européenne**<br>**des marchés publics suisses**<br>72 pages, broché<br>ISBN 2-8271-0529-2 |
| 4. | Franco Pedrazzini | **Terminologie zum Baurecht**<br>**Terminologie du droit de la construction**<br>**Terminologia del diritto della costruzione**<br>192 Seiten/pages, broschiert/broché<br>ISBN 3-7278-0757-1 |
| 5. | Pierre Tercier | **Introduction au droit privé**<br>**de la construction**<br>296 pages, broschiert/broché<br>ISBN 2-8271-0669-8 |
| 6. | Nicolas Michel | **Les marchés publics**<br>**dans la jurisprudence européenne**<br>Exposé systématique des arrêts et ordonnances<br>de la Cour de justice des Communautés européennes<br>164 pages, broché<br>ISBN 2-8271-0713-9 |
| 7. | Nicolas Michel | **Das öffentliche Auftragswesen in**<br>**der europäischen Rechtsprechung**<br>**Systematische Darstellung der Urteile und Beschlüsse**<br>**des Gerichtshofes der europäischen Gemeinschaften**<br>XII – 220 Seiten, broschiert<br>ISBN 3-7278-1036-X |
| 8. | Nicolas Michel | **Droit public de la construction**<br>2e éd., XVI–424 pages, broché<br>ISBN 2-8271-0762-7 |
| 9. | Benoît Carron | **La loi fédérale sur le contrat d'assurance**<br>Exposé systématique de jurisprudence<br>228 pages, broché<br>ISBN 2-8271-0782-1 |

Universitätsverlag Freiburg Schweiz